KB252788

고려 속가의 연구

김쾌덕 지음

국학자료원

책 머리에

고려 속가는 아악, 당악과 함께 고려 궁중에서 사용된 '속악의 가사'를 이르는 말이다. 이러므로 속가는 고려 시대 전반을 통하여 고려의 궁중에서 가창되어졌지만, 이들 중 일부는 조선 초 궁중 연향 때에 연행되기도 했다. 선초에 사용된 이들 노래들은 고려 때에는 악사나 교방여기들에 의하여 구전되다가 조선조에 들어와서야 국문으로 기사되어 가사가 지금까지 전하는 <정과정곡>과 <청산별곡>, <만전춘별사>, <쌍화점> 등 10여 수이다. 만약 조선조에서 이들 고려 속가가 사용되지 않아 그 결과 국문으로 기록되지 않았더라면, 한국문학 중 중요한 갈래의 하나인 고려 속가의 바른 모습을 우리는 지금 접할 수도 없을 것이다.

고려의 속가는 고려 초기부터 고려가 멸망할 때까지 몇 백년간 궁중악으로 사용된 노래이기 때문에 그 수와 종류는 상당했으리라 여겨진다. 그런데도 조선조의 사관들에 의하여 편찬된 『고려사』 악지에는 삼십여 수의 많지 않은 가요 이름만 주로 전해지고 있을 뿐, 그 가사는 대부분 부전이다. 그리고 그것조차도 조선건국자들의 입장이나 편찬자들의 왜곡된 역사관에 의하여 그 실상이 많이 그르쳐졌다고 볼 수 있다. 그렇기 때문에 속가에 대한 바르고도 완전한 이해는 근본부터 많은 한계를 갖는다고 할 수 있다.

고려의 속가 중에는 고려의 사회 역사적 상황과 관련되어 형성된 민요가 궁중 악장으로 승화된 것들도 상당수 있으므로 이들 고려 속가에 대한 연구는 반드시 고려의 역사와 사회에 대한 깊이 있는 연구와 함께 이루어져야 되리라 본다. 그런가 하면 이들이 조선조의 궁중에서도

불려졌기 때문에 조선 초의 역사적 상황이나 배경, 조선 건국자들의 의식에 대한 고찰도 필요하다고 생각한다.

　그런가 하면, 속가는 음악의 가사이지 문학의 시가 아니다. 그래서 이에 대한 연구는 음악적인 측면에서의 고구가 필수적이라 하겠다. 그러나 당시 연행된 음악적 상황을 정확하게 전해 주는 문헌이 많지 않고 소략하기도 하여 이 방면으로의 연구가 사실상 쉽지 않다. 또한 고려 속가는 아악이나 당악 등 외래악과 함께 궁중에서 사용되었기 때문에 이것들과의 영향관계 여부도 살펴야 되리라 본다.

　이 책에서 고려 속가의 형성배경에 대한 전반적인 논급은 먼저 제1부에서, 개별 가요들에 대한 연구는 제2부에서 이루어졌다. 제2부에서 다루어진 가요들은 대개 역사성이나 사회성이 짙은 노래들이다. 그래서 필자는 고려의 역사나 사회 상황이 녹아 들어가서 이들 노래가 생성되었다는 기본 입장을 전제로 하여 이들 작품을 살펴보았다. 이들 고려 노래를 이해하거나 해석함에 있어서 고려의 역사나 사회 현상이 많이 원용되었으므로 제1부나 제2부는 결국 많은 관련성을 갖고 있다.

　끝으로 이 책은 『고려 노래 속가의 사회배경적 연구』를 수정보완하고, 다른 원고를 첨가하는 등 체재를 개편하여 만들면서 서명을 『고려 속가의 연구』로 하였음을 밝혀 두는 바이다.

2006년 2월
저자 삼가 아룀

제2부 俗歌 작품론

제1부 俗歌 형성배경론

Ⅰ. 俗歌 형성과정의 역사적 배경

1. 문학과 사회

문학은 사회와 역사를 완전히 떠나서는 생성될 수도 없고 존립할 수도 없는 하나의 유기체다. 이는 문학 연구에 역사주의 연구 방법을 강조한 많은 분들과, 문학과 사회와의 관계를 여러 각도에서 새롭게 정립한 숱한 문학 이론가들에 의하여 주창되어 왔다. 필자는 본고에서 문학이 필연적으로 지니게 되는 역사성과 사회성을 개괄적으로 검토해 본 후 속가가 고려시대의 어떠한 사회·역사적 상황에 영향을 받아 형성되었는가에 대하여 논급하고자 한다.

문학이 당대의 사회·역사적 상황에 얼마만큼 영향을 받아 형성되며 그것의 변화와 발전을 어떻게 수용하는가에 대한 문제는 간단한 논의로 밝혀질 일이 아니다. 그러나 문학 작품이 사회·역사적 상황과 전혀 무관하게 형성될 수 없으며, 또 그것 없이는 존속할 수 없음은 자명한 일이다. 문학 작품이 사회·역사적 사건이 될 수 있는 가장 중요한 이유는 그것이 사람에 의하여, 사람에 관하여, 사람을 위하여 의지적으로 창작된 사건이라는 점 때문이다. 그렇기 때문에 이것도 넓게는 인류 문화의 한 부분임이 확실하다.[1] 문학 작품은 상상적 산물이어서 비록

---

1) 이상섭, 『문학연구의 방법』, 탐구당, 1979, p.9 참조.

개성적이고 독창적이라 하더라도 거기에는 문학 속성 중의 하나인 보편성이 언제든지 뚜렷이 존재하게 된다. 이 보편성이라는 것은 한 시대나 한 사회를 특징적으로 관류하면서 그것을 얽고 있는 정서나 사상을 밑바탕으로 하여 형성된 공동의 인식 내지는 이해 영역이므로 정도의 차이는 있을지라도 문학 작품은 역사성과 사회성을 띨 수 밖에 없다. 그리고 문학 작품은 이 보편성으로 인하여 공감대를 형성하여 생명을 유지한다고 볼 수 있다.

문학이 사회나 역사와 깊게 관련되어 생성된다 함은 생트 비브·테느 등에 의하여 일찍이 주장되어 온 터다. 그리고 이에 대하여 르네 윌렉도 다음과 같이 논급하였다.

> 문학은 사회제도의 하나이며, 그 매개의 수단으로서는 사회가 만든 언어를 사용하고 있다. 상징법과 운율과 같은 따위의 전통적인 문학상의 意匠도 그 본질 자체부터가 사회적이다. 이러한 것은 사회에서만 발생할 수 있었던 습관과 규범이다. 그러나 더욱이 문학은 '인생'을 '모방'한다. …… 사실상 문학은 보통 특정된 사회제도와 밀접한 관계를 가지고 생겨나서 오늘날까지 내려 온 것이다. 그리고 원시사회에서는 우리들은 시가라는 것을 제식이나 마술이나 일이나 노름 따위와 구별하지 못할 정도이다. 문학은 또 사회적 기능, 즉 효용을 가지고 있다. 그리고 이 효용이라고 하는 것은 순수하게 개인적일 수 없다.[2]

그런가 하면 드 보날은 문학을 사회의 표현이라 지적했는데, 이는 문학 작품이 사회적이기도 하고 역사적이기도 한 어떤 대상의 모습을 필연적으로 전달하게 됨을 가리킨 것이라 하겠다. 그는 만일 사람들이 어느 나라의 문학 작품이든지 주의 깊게 읽어 본다면 그 나라 국민들이 어떻게 변천해 왔는지에 대해 말할 수 있다고 주장했다. 문학이 그 시대

---

2) 르네 웰렉·오스틴 웨렌(김병철 역), 『문학의 이론』, 을유문화사, 1982, p.139.

나 사회를 떠나 존재할 수 없음은 인간이 시대나 사회를 완전히 초월하거나 그것들과 유리된 채 생존할 수 없음과 같다. 즉 실제든, 상상이나 느낌을 통해서든 그 사회로부터 자신을 단절시킨다는 것은 존재의 근원과 절연을 의미할 뿐이므로 그렇다.3) 인간은 사회와 역사의 영향을 받아 성장하고, 그 속에서 전체적인 것을 획득하므로 인간이 영위하는 문학은 아무리 독창적이라 하더라도 사회나 역사와는 별개일 수 없다. 문학에서의 모든 대상물은 현실 세계에 존재하는 대상물과 유추적 관계를 가지며4), 제도·습관·사상·정서·행위·인품·문학을 창출하는 지혜 등 그 모든 것이 사회나 역사와 관계 맺지 않고는 생겨날 수 없다. 그래서 문학이 시대의 영향을 받음은 마치 인간의 개성이 환경에 의하여 좌우됨과 같은 것이다. 그렇기 때문에 문학 전통과 미학적 기준까지도 역사성을 지닌다고 볼 수 있다.

따라서 어느 시대의 문학을 바르게 파악하기 위해서는 그 문학이 탄생된 그 시대의 사회·역사적 특성을 알지 않으면 안 된다. 다시 말하면 하나의 개별적인 작품 출현은 그 시대 문화의 전 체험을 통하여 가능해지는 것이기 때문에 작품 속에는 당연히 한 시대의 의식을 통하여 수렴된 기원과 소망, 사건 등 사회 전반적인 현상이 투영되어 작품의 어디엔가에 나타나게 된다. 설령 지적할 수 있는 구체적인 사건으로는 남아 있지 않을지라도 한 작가의 작품 속에 이런 것들이 분위기나 암시로 남아 있을 수도 있는 것이다. 그렇기 때문에 어떤 특정의 사회·역사적 사실로써 그 시대 문학 작품의 성격을 규정하고 그것의 내용을 밝혀낼 수도 있는 것이다.

문학이 사회적 과정이든5), 실제에 있어 사회 과정의 반영이 아니라

---

3) 조셉 캠벨(이윤기 역), 『천의 얼굴을 가진 영웅』, 평단문화사, 1985, p.577.
4) 그래엄 하프(고정자 역), 『비평론』, 이화여자대학교 출판부, 1982, p.69.
5) 포올 헤르나디 편(최상규 역), 『문학이란 무엇인가』, 창학사, 1983, p.122.

역사 전체의 본질과 축도와 요약이든지6) 간에 그것은 사회·역사적
상황과 명백하게 관련되어 있고, 또 그런 관련 밑에서 탄생되어 생명을
유지한다고 말할 수 있는 근거는 다음의 말에서도 충분히 인식할 수
있다.

> 헤겔의 비평이나 테느의 비평에서는 역사상에 나타난 위대성이나 사회
> 상에 나타난 위대성은 오직 예술상에 나타난 위대성과 동등한 것이라
> 고 생각된다. 예술가는 진리를 전달한다. 그리고 반드시 또한 역사적이
> 기도 하고 사회적이기도 한 진리를 전달한다.7)

또 이 문제는 테느가 문학 결정의 중요한 요소로 종족과 환경, 그리고
시대를 잡은 데에서도 쉽게 이해할 수 있다. 그는 문학이 환경에 의하여
영향을 받으면서 결정되는 데에 관하여 그 근거로 사람은 혼자 존재하
지 않는 점과 자연과 동류의 인간이 그를 둘러싸고 있는 점, 그리고
우연 및 후천적 성향에 의하여 원초적 성향이 뒤엎인다는 점과 구체적
또는 사회적 환경에 의하여 인물의 성격이 격동되거나 안정되는 점들
을 들었다. 어쨌든 종족과 환경과 시대는 문학을 존재하게 하는 직접·
간접의 동기가 되므로 어느 시대의 사회·역사적 배경의 특성이나 상
황을 고려하여 문학 작품의 내용에 효과적으로 접근해서 그 작품이
갖고 있는 여러 중요한 문제를 보다 쉽게 파악할 수 있는 것이다. 이는
역으로 보면 문학 작품에 나타나 있는 제반 요소와 현상을 통하여 문학
이 생성된 당대의 사회·역사적 상황을 재구성까지 해 볼 수도 있다는
의미다.

원래 문학가는 예부터 넓은 의미에서는 역사가였고, 당대 문화의 해석

---

6) 르네 웰렉·오스틴 워렌, 앞의 책, p.141.
7) 르네 웰렉·오스틴 워렌, 앞의 책, p.141.

자였으며, 국민의 예언자라는 입론을 굳이 가져오지 않더라도 문학은 사회·역사적 삶의 표피를 뚫고 들어가 사람들이 그 역사와 사회에 대하여 느끼는 방식을 보여 줌으로써 단순한 묘사나 분석을 넘어 서기도 한다. 그렇기 때문에 리처드 호가트가 말한 바와 같이 만일 충분한 문학적 증거가 없다면 역사와 사회를 연구하려는 학생이 이를 충분히 깊이 있게 이해할 수도 없게 될 것이다.[8] 이러므로 문학 작품이 그것을 있게 한 역사나 사회적 제반 요소와 관련하여 해석되고 이해되어짐은 충분한 근거가 있으며, 다양한 문학연구 방법이 있음에도 불구하고 계속 이 방법이 위세를 잃지 않고 원용되고 있음은 당연한 일이라 하겠다.

특히 고려시대에 생성된 속가는 <정과정곡>과 같은 개인 창작의 작품도 있지만 대체로 민중계층이 향유했던 저층의 문학, 즉 민요였던 것이 악장으로 승화된 작품도 많기 때문에 이것에는 애초부터 당대의 사회성과 역사성은 물론, 다른 시대의 사회·역사성도 짙게 침투되어 있음은 확실하다. 환언하면 속가에는 개인적이며 민족적이기도 한 과거와 현재의 지식과 지혜·고통과 기쁨·바람과 거부·암울과 희망·일상적인 것과 초월적인 것 등 모든 것이 전체적으로 통합, 용해되어 있다고 생각된다. 그렇기 때문에 속가에 대한 이와 같은 방법으로의 연구는 불가피한 것이며, 그 당위성은 계속 견지될 수 있다고 보아진다.

2. 형성의 역사적 배경

앞 장에서는 사회·역사적 상황과 문학과의 일반적인 관계를 소략하게나마 살펴보았다. 본 장에서는 속가가 고려의 사회·역사적 상황에 깊게 관련되어 생성되었다고 볼 수 있는 몇 가지 근거를 들면서 속가

---

8) 앨런 스윈지우드(정혜선 역), 『문학의 사회학』, 한길사, 1984, p.11 참조.

형성과정의 역사적 배경을 설명해 보고자 한다.

　원래 문학의 위대성은 문학적 기준만으로 결정되는 것은 아니다. 당시의 도덕, 윤리 또는 그 시대의 다른 절실한 문제도 문학예술의 가치를 결정하는 데 배제되어서는 안될 것이다. 그렇기 때문에 문학의 위대성과 가치성은 사회 상황과 변혁의 효과적인 수용에 의한 현실성 문제 여부로도 따져질 수 있을 것이다.[9] 이렇게 볼 때 속가의 사회·역사성 여부는 속가의 가치성을 생각해 볼 수 있게 하는 한 잣대가 되기도 할 것이다. 그러면, 다음에 속가의 사회·역사성에 대해 서술해 보기로 한다.

　첫째, 현존하는 속가 중에는 개인이 창작한 것으로 추정되는 노래도 더러 있지만[10] 대부분이 작자를 알 수 없고, 그것의 내용이나 다른 정황으로 보았을 때 민요성이 짙은 노래라는 점이다.[11]

　원래 민요는 공동작이며, 이것이 민요의 가장 뚜렷한 특징이기도 하다. 공동작이라 함은 그 노래 속에는 개인적 정서가 주류를 이루는 것이 아니라 일반 민중의 보편적이며 구체적인 정서가 밑바닥에 깔려 있는 백성들의 노래임을 말하는 것이 된다. 일반 민중의 노래이기 때문에

---

9) T. S. 엘리어트(최종수 역), 『문예비평론』, 박영사, 1983. p.97.
10) 속가 중에 〈정과정곡〉·〈자하동〉·〈동백목〉·〈오관산〉·〈총석정〉·〈벌곡조〉 등은 개인 창작가요다. 물론 〈정과정곡〉만 가사가 전하고 그 외는 가사부전이다. 그런데 이런 노래들은 작자가 밝혀져 있지만, 작가불명의 속가 중에도 개인창작으로 볼 수 있는 노래도 있다. 정병욱은 『고전시가론』에서 〈청산별곡〉은 구조의 세련성에서, 〈쌍화점〉은 『고려사』 등의 기록에 힘입어 개인 창작가요일 가능성이 높다고 주장했다. 그러나 이들 노래가 작자가 밝혀져 있는 개인 창작가요이거나, 작자불명의 개인 창작가요이거나 간에 모두가 민요적 성격이 짙은 노래라는 점에서는 동일하다. 예컨대 〈정과정곡〉도 관습적인 어구의 사용이나, 〈만전춘별사〉 등 다른 가요와 서로 가사의 교호현상을 빚고 있는 점으로 보아 민요적 성격이 짙다. 이 점에 대하여 보다 상세한 것은 제2부 '〈만전춘별사〉의 민요적 성격과 시적 화자'를 참고하기 바람.
11) 속가를 민요로 파악한 대표적인 분으로는 다음의 사람들을 들 수 있다.
　　고정옥, 『조선민요연구』, 수선사, 1949, pp.30~31.
　　정동화, 『한국민요의 사적연구』, 일조각, 1981, pp.180~181.
　　임동권, 『한국민요사』, 집문당, 1974, p.29.

민요의 생성 환경이나 종류와는 관계없이 그 속에 그들의 현실적이고 구체적인 삶의 체험이 원형 그대로, 혹은 변형되어 나타나게 된다. 다시 말하면 체험 대상에 대한 백성들의 온갖 반응이 노래라는 구조 속에서 생명을 얻어 질서 있게 역사적 존재로 계승되고 있다. 그렇기 때문에 민요를 통해 우리 민족의 민족성을 밝힐 수도 있는 것이다.

민요는 민중에 의해 생산된 심리적·체험적 결과의 가요로서, 이 속에는 대개 하층민중의 현실적 삶에서 생겨난 비극적·부정적 양상이 희망적·긍정적 양상보다 두드러지게 나타남이 특색이다.[12] 왜냐하면 이는 민요의 뿌리가 대체로 민중의 현실적 생활에서 돋아 난 것이며, 또 그들의 생활이란 상층계층의 그것과는 확연히 달라서 대단히 열악하기 때문이다. 일반 백성들은 피지배계층이므로 항상 지배계층에 의하여 모든 면에서 혹심한 억압을 받아 왔다. 그러므로 그들이 영위한 삶의 양태는 한(恨)으로 점철되었고, 불안과 위축의 연속이었다. 그런 관계로 이를 기반으로 하여 형성된 민요도 당연히 어두운 색채를 많이 띠게 되는 것이다. 우리 민요 중에 불행하고도 비극적인 삶의 반영에서 나온 애한과 체념의 노래가 많음과 역사적인 격변기마다 민중의 고난을 중심 제재로 한 민요가 항상 발생하였음이 이를 잘 대변해 준다.[13]

속가 중 민요성이 뚜렷한 것으로는 『고려사』 권71 악2 고려속악조에 게재되어 있는 ＜楊州＞·＜定山＞·＜金剛城＞·＜元興＞·＜長生浦＞·＜松山＞·＜沙里花＞·＜西京＞·＜大同江＞·＜月精花＞·＜長湍＞ 등과 『악

---

12) Herbert Read는 『Phases of English Poetry』(London. Faber and Faber, 1957, p.26)에서 민요의 특질을 서술의 선명한 직접성, 초자연적 요소의 원용, 반복, 여음, 낭만적인 비극적 사랑에서 오는 애한 등을 들고 있다. 그런데 그가 말한 낭만적인 비극적 사랑에서 오는 애한은 필자가 말한 현실적 삶에서 유로된 비극적 부정적 양상의 다른 표현이라 할 수도 있다.
13) 고려후기의 혼탁한 사회 상황과 관련하여 참요가 많이 생겨났음도 이를 잘 말해 준다. 그 때 발생한 참요로는 ＜普賢刹謠＞·＜瓠木謠＞·＜萬壽山謠＞·＜墨冊謠＞·＜阿也謠＞·＜牛大吼謠＞·＜木子謠＞ 등이다.

장가사』·『악학궤범』을 비롯하여 여러 가집에 전하는 <청산별곡>을 위시한 속가들을 들 수 있다.

『고려사』에 전하는 <양주> 등 노래는 대개 지방 민요로서 당시의 사회·역사적 상황과 관련되어 생성되고 이것들이 백성들에 의하여 불려졌음을 기록은 전하고 있다. 즉, <양주>는 양주의 남녀가 다른 고을보다 살기 좋은 지방에 살면서 그 기쁨을 즐거운 봄날에 부쳐 부른 노래다.[14) <금강성>은 거란의 침입으로 회진(灰塵)되어 버린 개성의 궁궐을 현종이 다시 구축했는데 이를 나라 사람들이 기뻐하면서 부른 노래라고 적혀 있다.[15) 이 두 노래 외에 위에 적은 다른 것들도 당시의 특수한 사회적 현실이 기저가 되어 생성되었음을 알 수 있는데, 이는 문학예술이 실제의 생활과 관련되어 많이 발생하였다는 원론에 힘입지 않더라도 많은 수의 속가가 삶의 현장에서 생활과 관련되어 생성된 것임을 쉽게 유추할 수 있게 한다. 그리고 이들 노래들은 부대기록으로 보건대 백성들의 공동체적 소산인 민요이기 때문에 특별하고도 객관적인 생성 환경이 존재하지 아니했을 경우에는 발생하지 않았을 것이라 생각된다. 그리고 『악학궤범』·『악장가사』 등 가집에 실려 전하는 <청산별곡>·<서경별곡>·<만전춘별사>·<정읍사> 등의 노래도 형태상으로나 내용상으로 민요로서의 제반 특징을 많이 갖고 있다.[16) 그러면서 이들 노래들은 상실의 비애를 주로 읊고 있어 고려시대의 비극적 사회·역사적 상황이 형성배경으로 작용되었음을 알 수 있다. 원래

---

14) 『고려사』 권71 지권 제25 악2 고려속악조 <양주> 부분에 "楊州卽高麗漢陽府 北據華山南臨漢水 土地平衍富庶繁華非他州比 州人男女方春好遊相樂而歌之也"라 씌어 있다.

15) 위의 책 같은 조 <금강성> 부분에 "契丹聖宗侵入開京 焚燒宮闕顯宗收復 開京築羅城 國人喜而歌之……"라 씌어 있다.

16) 고려의 속가가 갖고 있는 민요적 성격은 대략 다음과 같다. ①작자불명 ②구비전승 ③후렴구의 사용 ④반복어구의 빈번한 사용 ⑤관용어구의 사용 ⑥연장체로 구성 ⑦내용이 애한으로 치우쳐 있는 점 ⑧직설적으로 표현되어 있는 점. 이에 대한 보다 구체적인 것은 제2부의 '<井邑詞>의 성격과 상징성의 辨正'을 참고할 것.

시나 노래는 일상적이지 않은 이상한 문제나 상황을 표현하는 데 제격이므로 고려 민중들은 비정상적이고 일탈된 고려의 사회를 노래로써 드러냈던 것이다. 또 속가 중 개인 창작가요인 정서의 <정과정곡>까지도 민요적 속성을 갖고 있으며, 고려 의종 때의 사회·역사적 상황과 연계시켜 그 내용을 해석할 수 있기 때문에 이런 현상을 더욱 강하게 느낄 수 있다.[17]

속가 중에는 <정과정곡> 등을 비롯, 개인에 의하여 창작된 노래도 물론 여러 편 있지만 그것의 많은 수가 처음의 발생적 측면에서 볼 때는 분명 서민 대중의 노래인 민요였다. 그러나 그것이 향유계층이나 가창자, 가창 내지 연향된 공간이 민요였을 때와는 전혀 다른 악장으로 승화된 뒤부터는 왕을 중심으로 한 향유계층의 욕구와 궁중 악장으로서의 체제와 면모를 갖추기 위하여 노래 자체의 내용과 형태 등에 괄목할 만한 변화가 필연적으로 수반되면서 민요적 색채가 많이 퇴색되었으리라 생각된다. 그러므로 이들 속가를 순수한 민요 그 자체로 보기는 어렵다.[18]

그런데 민요가 기층문화(基層文化)로서 민간에 의하여 발생된 후 악장으로 취택되었다고 해서 이것들이 일반 민간 계층에서 완전히 소멸되었다고 보기는 어렵다. 아마도 궁정에서 상층문화로 존립하는 것과 동시에 이원적인 전승축(傳承軸)을 유지하면서 민간계층에서 강한 자생력으로 계속 구비전승되어 왔으리라고 짐작되며, 이것이 후에 조선 시대 서민층 문학의 발생과 형성에 큰 역할을 했다고 생각된다.

---

17) 이 점에 대하여는 제2부의 '<鄭瓜亭曲>의 戀君對象과 창작시기' 부분을 참고하기 바람.
18) 이 문제도 그리 간단히 결론지을 성질의 것은 아니다. 왜냐하면 고려 당대에 불리어진 고려 속가는 그렇다 치더라도 조선 초에 계속 사용된 고려 속가는 조선조에 들어 와서 여러 원인에 의하여 변개의 손길이 닿았기 때문이다. 그렇기 때문에 국문으로 기사된, 조선 초에 악장으로 사용된 고려 노래는 실상 고려 때의 원 모습을 얼마나 간직하고 있는지 의문이다.

둘째, 속가는 대부분 그 내용이 비리(鄙俚)한데, 이는 속가가 민중의 삶과 그것에서 유로(流露)된 애한을 바탕으로 해서 생성되었음을 드러낸다. 『고려사』 편찬자들은 속악의 내용이 속되고 천박하다고 했으며, 그 중 비속의 정도가 심한 것의 내용은 문헌에 기재하지도 않고 다만 곡명과 지은 뜻만을 적는다고 밝히고 있다.[19] 사실 속가의 내용적 특성을 여러 측면에서 규정할 수 있지만 가장 뚜렷한 것 중의 하나가 남녀간의 애욕을 노골적으로 노래한 점과 이런 것에서 풍기는 비리함, 즉 비속성일 것이다. 속가들의 내용이 비리하다 함은 이들 노래를 창작한 계층의 성향과 심리적 바탕이 비속함을 시사한다고 볼 수도 있다.

그런데 문학 작품의 내용이 갖는 숭고함과 천박함은 작자 계층의 성분이 갖는 그것과 꼭 일치하거나 비례한다고 단정할 성질의 것이 아닐는지 모른다. 그러나 문학 작품의 질과 품격은 그것을 창작한 사람의 계층적 위치나 개인적 품격과 매우 상관있게 창작된다고 생각할 수 있다.[20] 특히 신분이 낮은 일반 민중의 생활과 깊게 관련되어 생성된 민요의 경우는 더욱 그렇다고 보아도 될 것이다. 그러므로 민요적 속성이 강한 속가도 고려시대의 비천한 민중계층의 속성이 짙은 노래로 탄생되었다고 생각해도 괜찮을 것이다. 이는 <만전춘별사>나 <쌍화점>과 같은 속가가 가장 대표적인 예가 될 것이다. 이들 노래는 고려 중기나 그 이후 고려 사회에 조성된 느슨한 애정관이나 성적 타락, 그리고 이로써 야기된 문제점을 배경으로 하여 형성되었는데, 조선시대에는 그 내용이

---

19) 『고려사』 권70 악1에 "語多鄙俚其甚者但記其歌名與作歌之意"라 적혀 있다. 그런데 노래의 내용이 비리하지 않은 것에 대하여도 이름과 지은 뜻만을 기록한 것이 많아 『고려사』의 기록은 상당히 모순된 점이 많다. 즉 <오관산>, <총석정>, <동백목> 등의 내용은 남녀의 애정을 읊은 것이 아니며, 또한 내용이 비속하지도 않은데 작가의 이름과 지은 뜻만을 기록하고 있다.
20) 이 문제는 간단하게 단정할 수 있는 것이 아니다. 좀 더 깊게 연구를 한 후에 결론을 내려야 된다고 생각한다. 그러나 여기서는 우선 잠정적으로 이렇게 규정하여 놓고 논지를 전개시켰다.

비속하다 하여 <後庭花> 등과 함께 모두 배척의 대상이 되었다.[21]

각기 다른 특성을 갖고 있는 여러 문화계층은 그것에 부합이 되는 수준과 성향의 문화와 예술을 창출해 냄이 보편적 현상이다. 그렇기 때문에 문학의 질과 수준에서, 또는 내용면에서 층위가 생기게 되는 것이라 보겠다. 예컨대, 평시조의 작가층과 사설시조 작가층의 대부분은 서로 다른 내용과 형태의 문학을 창조, 향유했는데 이는 인식과 생활 태도 등이 다른 두 계층에서 나온 필연적인 결과라 하겠다. 이렇게 볼 때 속가도 앞에서 언급한 바와 같이 고려의 암울하고도 절망적인 사회 분위기를 배경으로 하여 생겨난 특징 있는 문학 현상이라고 볼 수 있다.

셋째, 많은 속가들에 이별의 모티프가 있고, 또 이들 노래의 대부분이 상실하는 데서 오는 한의 정서를 깔고 있다는 점에서 또 하나의 근거를 찾을 수 있다.

예술과 노이로제는 사회적 현실에 대한 적응의 실패를 뜻하는 것이므로 살아가면서 억울하게 당했다는 느낌과 모든 것을 빼앗겼다는 감정이나, 삶의 국면에 속아 본 경험 없이는 예술은 창조되지 않는다고 프로이트는 설파했다. 그런가 하면 그는 문명 사회에 대한 인간의 욕구불만이 예술을 발생시킨다고도 했는데[22] 이로 볼 것 같으면 이별의 한을 주된 정서로 한 속가는 고려사회에 대한 고려 민중들의 거부적 대응

---

21) 『성종실록』 권219 19년 8월조. "眞勺은 비록 속된 말이나 충신이 임금을 그리는 가사이드로 쓴다 해도 무방하나, 다만 듣건대 노래에 비루하고 저속된 가사로 後庭花·滿殿春 같은 종류도 많습니다. 致和平·保太平·定大業 같은 것은 곧 조종의 공덕을 칭송하는 가사로서 마땅히 이를 부르도록 해서 성덕과 神功을 포양하여야 할 것입니다. 지금의 妓工들은 누적된 관습에 젖어 있어 正樂을 버리고 음탕한 음악을 좋아하니, 심히 적당하기 못합니다. 청컨대, 일체의 속된 말들은 모두 연습치 말게 하소서"(…… 眞勺雖俚語 乃忠臣戀主之詞 用之無妨 但聞歌鄙俚之詞 如後庭花 滿殿春之類亦多 若致和平保太平定大業 乃祖宗頌功德之詞 固當歌之 以襃揚聖德神功也 今妓狃於積習 舍正樂而好淫樂 甚爲未便 一應俚語請皆勿習 ……).
같은 책 21년 5월조. "先時. 命西河君任元濬 武靈君柳子光 判尹魚世謙 大司成成俔 刪改雙花店 履霜曲 北殿歌中褻之辭 ……."
22) 한태선, 「예술과 사회」, 『현상과 인식』 통권 18호, 1981, p.196.

심리를 구체적으로 표현한 것이라 할 만하다. 그리고 이 시대는 중세의 암흑기라 불릴 만큼 비극적 정황의 연속이었기 때문에 이별의 아픔과 한을 담은 감상적인 노래가 자위적 도구로 이용되어 특히 많이 불려졌던 것이다. 이는 문학의 기능을 혼란된 심리 상태에 질서를 가져다 주는 것으로 파악하는 보편적 입장과 일치한다.

그리고 "민중의 노래는 그 성격상 단체 의사소통의 장치로 사용되어 그들이 갖고 있는 관심과 독특한 세계관에 대한 중요한 정보를 제공한다"[23]고 했다. 또 예술 창작은 외부 현실과 관계를 맺으며, 그렇지 않은 예술은 향수에 빠진 몽상과 다름없다. 그리고 예술가는 집단에서 통용되는 가치에 무관할 수 없다고 할 것 같으면[24] 예술 창작에 전문적 소양이 없는 민중계층에서 가요가 발생할 때 현실과 무관할 수는 더욱 없으리라 생각된다. 그리고 생명과정의 전부를 체험이라 부를 때, 문학은 가치 있는 인간적 체험의 기록이라 할 수 있으므로 고려인들에게 불가항력적으로 다가온 여러 양상의 의미 깊은 쓰라린 체험이 속가 형성에 절대인자(絶對因子)로 작용했음을 알 수 있다. 따라서 속가에 이별의 모티프가 많은 것은 결코 우연한 일이 아니다.

몽고와 거란의 침입 등에 따른 극심한 혼란으로 야기(惹起)됐던 대량 유민과 이로 인한 불가피한 이별, 원 나라에 의하여 강요된 공녀(貢女) 문제와 부수되어 일어났던 여러 양상의 비극적인 헤어짐, 그 외 내란 등의 극한 상황이 빚은 무수한 이별 등에서 촉발된 고통의 심리는 시와 노래를 생성케 하는 열정(熱情. passion) 바로 그것이며[25] 우리 민족의 전통 정서인 한을 낳게 한 원천이다. 이 한의 정서가 고려 민중의 주된

---

23) Pierre Maranda And Elli Kongas Maranda, 『Structural Analysis of Oral Tradition』, University of Pennsylvania Press, 1971, p.237.
24) 쟝 뒤비뇨(김채현 역), 『예술사회학』, 문학과 지성사, 1983, pp.30~31 참조.
25) 최재서, 『문학원론』, 춘조사, 1962, p.277 참조.

정서로 자리 잡아 속가를 형성케 하는 동인이 되었다. 가사가 현전하는 20여 편의 속가 중에 <서경별곡>·<가시리>·<만전춘별사>·<정읍사>·<이상곡>·<동동>·<정석가>·<정과정곡> 등 대부분의 노래가 이별을 중심 제재로 삼고 있다. 달리 말해 이는 고려의 백성들이 겪은 통한스러운 사회·역사적 상황이 속가의 형성배경으로 깊게 작용했음을 구체적으로 보여 준다. 원래 어느 시대를 막론하고 봉건사회 체재 아래에서는 거의 같은 상황이겠지만, 특히 고려시대는 개인의 행복이 스스로의 노력과 의지와는 전혀 무관하게, 외부적 환경과 요인에 의하여 결정되었다. 그만큼 그들의 운명은 고려사회가 겪어야 했던 숙명적인 비극과 함께 강한 고리로 맺어져 있었다. 속가는 이와 같은 환경적 요인의 산물로 생겨났기 때문에, 자연히 이들 노래에는 이별의 모티프가 많아졌고, 동시에 이별의 한 등 비극적 정조가 주요 제재로 채택된 것이라 하겠다.

넷째, 속가 중에 <정과정곡>과 같은 작품은 개인 창작가요이긴 하지만 당시의 사회·역사적인 상황이 가요 생성의 직접적인 계기가 되었음은 앞에서 누차 언급했다. 그런데 고려중기 이후 지배계층의 이름난 학자들이 지은 한시문 가운데도 역사와 사회의 암담함과 처절함에 비분강개하면서 그 실상을 드러내기 위해 현실에서 취재한 비극적인 노래가 많다. 이 점 또한 속가의 사회·역사성을 간접적으로 시사한다고 할 수 있겠다.26)

그러나 상층계층이 창작한 한시문은 일반 평민에 의하여 사회·역사

---

26) 이 점에 대하여는 고려의 상층계층이 창작한 한시문 가운데 사회·역사성을 띤 많은 종류의 것을 예로 들어 설명해야겠지만 여기서는 생략한다. 다만 다음의 논문이 이 방면에 참고가 되겠기에 적어 둔다.
김성기, 「고려한시 연구」, 서울대학교 대학원 석사학위논문, 1978, p.55.
김시업, 「이규보의 현실인식과 농민시」, 『한국문학론』, 우리문학연구회편, 1981, pp.43~60.

적 산물로 생성된 속가와는 의식면에서나 생성 조건면에서 상이점이 많기 때문에 같은 시대에 창작되었다고 하여 동일한 목적을 지향한다고 단정하기는 어렵다. 하지만 문학이 개인의 정신세계나 추상적 형식세계, 혹은 집단적 구조의 세계를 집중적으로 나타내는 것에 중점이 두어진다면 속가나 한시문은 같은 시대의 정신이나 환경이 낳은 상관물로 보아도 이상할 것이 없을 것이다. 다시 말하면 상층계층과 서민계층의 목적하는 바가 다르고 문학적 표현 양태가 동일하지는 않다 하더라도 상황이 같은 방향으로 영향을 미치는 인자(因子)로 작용하면 시대상황과 관련된 동일 의미차원의 작품이 두 계층에서 생겨날 수 있는 것이다. 사실 고려의 상층계층은 열악한 사회적 환경에 영향을 받아 평민처럼 삶의 터전을 송두리째 말살당하는 경우는 드물었을 것이다. 그렇기 때문에 절박한 심정은 일반 백성에 비하여 훨씬 그 정도가 약했을 것이다. 그런데도 상층계층은 농촌 농민 등 일반 서민의 어려운 생활상을 중심제재로 하여 한시문을 많이 창작했다. 즉, 상층계층조차도 사회 현실에서 취재를 했거나 그것에 바탕을 둔 시문을 많이 창작했던 점으로 미루어 보더라도 상층계층보다 고난을 더 많이 겪었던 민중계층에서 발생한 속가가 당시의 역사와 사회적 상황에 영향을 받거나 관련을 맺어 생성되었다고 추론함은 당연한 일이라 하겠다.

고려의 하층민들은 빈번한 외침과 격심한 내란 등으로 먹고 입는 기본적인 일상생활까지도 염려해야 할 정도로 비참한 삶을 살았다.[27] 이와 같은 사정은 정도는 다를지언정 고려의 상층계층도 예외는 아니었

---

27) 고려후기, 즉 속가가 주로 발생할 당시 고려 사회가 얼마나 참담했는지는 이 곡의 『稼亭集』 권7 <市肆說>에 나오는 다음의 글에서도 확연하게 알 수 있다. "지난해부터 수해와 한해로 먹을 것이 없는 농민 중에 힘센 자는 도적의 무리가 되고 약한 자는 유랑 걸식하게 되었다. 이들 중에 부모가 자식을 팔아먹고 지아비가 계집을, 상전이 종을 팔아먹기도 했는데, 저자에 늘어놓고서 값을 천하게 매기는 형상은 개, 돼지만도 못했다. 그런데도 관리들은 못 본 체 했다."

을 것이다. 그런데도 그들이 당하는 일상의 고통이나 괴로움을 감쇄시켜 줄 어떤 사회적 장치도 마련되어 있지 않았으며 그렇다고 이를 도외시한 채 유유자적할 심경은 더욱 아니었을 것이다. 그래서 그들은 문학이 갖고 있는 정화의 작용으로 그들이 겪는 삶의 고통을 조금이라도 덜어 보려고 했으며 그 결과 민중계층에서는 민요가, 상층 지식층에서는 한시문이 속출했다 하겠다. 그리고 자연히 그 노래 속에는 현실적인 삶의 나쁜 여건을 개선하려는 의지와 함께 그것의 좌절로 인한 비극적 정서가 주조를 이루게 된 것이라 할 수 있다. 이는 고려의 현실이 고려인들로 하여금 그렇게 의식하게 하고, 또 그렇게 의식한 것을 노래로 불러 차탄(嗟歎)하도록 작용했다고 보아도 되겠지만, 다른 한편으로는 고려인들이 본래적으로 갖고 있던 현실지향적 속성에서 더 크게 말미암았다고 보는 것도 타당한 일면이 있을 것 같다.[28]

문학 예술이 실제 생활과 깊게 관련된 실용적 목적에 의하여 단순히

---

28) 고려인들의 현실지향적 속성에 대하여는 여러 각도에서 파악될 수 있다. 이 중에서도 무신집권시대 竹林高會의 일원이었던 임춘·오세재 등의 시문에 나타난 시의 성향으로써도 고려인들의 현실지향적 기질의 일면을 설명할 수 있다. 원래 그들은 중국 魏말 晉초의 竹林七賢을 본 받아 세상과 절연할 것을 표방하여 죽림고회라는 단체를 만들었기 때문에 그들의 詩文에는 은둔도피의 사상이 강하게 나타나 있게 마련이다. 그런데도 기실 그들의 시문에는 이런 경향보다는 현실지향적 속성을 강하게 띤 시편들이 많다. 이런 것은 고려인들의 무의식 속에 내재해 있던 현실열망의 바람과 태도에서 비롯된 현상이 아니었을까 생각된다. 죽림고회의 일원으로서 현실지향적 속성의 시문을 대체로 많이 쓴 사람은 임춘과 오세재로서 그들의 이런 경향의 작품을 『동문선』에서 볼 수 있다. 즉, 『동문선』 권 13에 있는 임춘의 <病中有感>이나 <次友人韻>, 오세재의 <次韻金無迹見贈> 등이 이런 유의 작품인데, 이들 작품에는 宦路에 대한 그들의 깊은 애착과 열망이 노래되고 있다. 세 작품을 참고로 적어 본다.
· 年年虛過試圍開 臨老猶堪壘鑠哉 科第由來收俊士 公卿誰肯薦非才 長鯨欲舊波濤渴 病鶴思飛羽翼催 舊有江東隱居地 自憐頭白始歸來.(임춘의 <病中有感>)
· 十載崎嶇面撲埃 長遭造物小兒猜 問津路遠槎難到 燒樂功遲鼎不開 科第未消羅隱恨 離騷空寄屈平哀 襄陽自是無知己 明主何曾棄不才.(임춘의 <次友人韻>)
· 才先李賀賦高軒 道比楊雄入聖門 大百圍村無用用 長三尺喙不言言 仙童不寄西山藥 公子須傾北海樽 七棄蟬貂餘慶在 忠純終被漢家恩.(오세재의 <次韻金無迹見贈>)
또 위에서 설명한 임춘·오세재 외에도 죽림고회의 중심인물이었던 이인로의 행적과 시문에서도 이와 같은 성향을 찾을 수 있다.

발생하였거나, 제천의식과 음주가무가 혼합된 민요무용(ballad dance)에서 원시종합예술의 형태로 존속하다가 뒤에 분화 발전하였거나 간에 원래 인간이 예술을 창안한 일차적 목적은 삶을 보다 안락하고 순조롭게 영위하려는 데 있었음은 부정할 수 없을 것이다.

그리고 인간이 끊임없이 추구하는 항구불변의 과제나 욕망도 삶과 절연된 문제로는 성립될 수 없는 것이다. 그렇기 때문에 어느 시대든지 문학 예술이 지향하는 중요한 관심사는 구체적인 삶의 현장에서 야기되는 일상의 것을 결코 벗어날 수 없다. 이는 문학이 인간의 문제를 총체적으로 다룸을 본령으로 삼고 있기 때문에도 더욱 그러하다. 더구나 혼란이 우심(尤甚)했던 고려시대의 백성들에게는 삶의 파행을 강요했던 내외의 상황이 가장 절박하게 생각되었을 것임은 확실하다. 그렇기 때문에 평민층과 마찬가지로 상층계층의 문인정치인들도 그들의 문학적 소양을 음풍농월(吟風弄月)하는 소극적인 도구로 삼기보다는 현실개조의 바람과 의지를 표출하는 적극적인 수단으로 삼았던 것이다.

어쨌든, 상층계층의 한시문 중에서도 속가와 마찬가지로 현실적인 삶의 불행, 특히 피폐한 농촌의 참담한 정황을 제재로 하여 창작된 시편이 많은데29), 이는 평민층에서 생겨난 속가가 사회·역사적 현실을 배경으로 하여 생성되었음을 알려 주는 하나의 증좌가 된다고 말할 수 있을 것이다. 예술이 환멸의 세계에 대하여 끊임없이 의미를 추구하는 동력으로 사용될 때 진정한 가치가 있다고 웨버는 말했는데30), 이런 점에서 고려의 문학은 가치가 있는 참된 문학에 해당된다 하겠다.

(『파전 김무조박사화갑기념논총』, 화갑기념논총간행위원회, 1988)

---

29) 고려시대 지식문인 계층의 이와 같은 현실인식과 그것을 바탕으로 한 문예창작은 하나의 성과라고 하겠다. 이에 대한 글로는 「이규보의 현실인식과 농민시」(김시업, 『한국문학론』, 1981)와 「몽고 영향 시대의 고려시가」(윤영옥, 『동양문화』 19) 등 다수가 있다.

30) 한태선, 앞의 책, p.198.

Ⅱ. 俗歌에 미친 宋詞의 영향

1. 서 론

속가는 우리말의 미감을 가장 잘 살린 시가 유산 중의 하나이다. 속가는 3구6명의 사뇌가 형식과 상통되기도 하고, 또 시조나 가사 등 다른 국문 시가와도 맥이 닿기도 하나 그것들과는 다른, 그 나름의 독특한 특징을 갖고 있다. 따라서 본고에서는 이러한 속가가 송사(宋詞)의 고려에로의 유입과 더불어 그것으로부터 어떤 영향을 받았는지에 대하여 고찰해 보려고 한다.

문학도 결국은 하나의 문화현상이므로 주는 쪽 질량의 작용으로, 받는 쪽에서는 저항에 따른 충돌현상이 야기되어 수용 거부의 움직임이 거세게 형성되기도 하나 대개는 고급문화에 대한 모방심리로 인하여 그것으로 기울어지거나 그것을 닮으려 함이 일반적인 현상이라 하겠다. 이렇게 볼 때 속가에 대한 송사의 영향과 그것에로의 경도현상(傾倒現象)은 충분히 생각해 볼 수 있는 문제라고 여겨진다. 그러므로 일찍이 윤귀섭은 "고려 문학은 전반적으로 중국 송대 문학에서 영향 받음이 많았으며, 특히 송사의 영향이 컸다는 것을 부인할 수 없을 것이다"[1]고 했으며, 이명구도 "송대의 사(詞)와 악(樂)이 이 땅에 도입되어 여대의

---

1) 윤귀섭, 「고려속요와 송사의 비교시론」, 『성대문학』1, 성균관대 국문과, 1965, pp.70~83.

경기체가의 형성 내지 시가문학 전반에 큰 영향을 미쳤을 것이다"[2]고 말했다. 그런가 하면 조윤제도 "경기체가는 중국의 '詞' 혹은 '四·六'과 한국의 전통적인 시 형식을 교묘히 종합, 안출한 것으로 보인다"[3]고 했고, 김준영도 "<한림별곡>은 송의 사악(詞樂)이 대대적으로 수입되어 성행된 시기에 그것의 영향으로 이루어진 노래일 것이다"[4]고 논급했다.

물론 고려시가의 모든 면이 다 송사의 영향을 받았다고는 볼 수는 없다. 다만 당시 고려와 송과의 문물교류 관계나, 송사 유입과 그것에 대한 고려 문인계층들의 관심, 그리고 속악이나 『고려사』 악지 당악조에 실려 있는 당악의 가창을 직접 맡았던 교방기녀들을 송에서 파견한 악사들이 직접 지도한 사실, 그리고 이들 사이의 유사성을 고려해 볼 때 속가는 송사의 영향을 어느 정도 받았을 것이라 생각한다. 이 점에 대하여 필자의 견해를 밝혀 보려고 한다.

2. 송사의 고려 유입과 속가에의 영향

1) 송 문물의 도래와 송사의 유입

사문학(詞文學)은 비록 송으로 대표되지만 송대에 처음 발흥하여 존속되어 온 것이 아니고, 당 나라 때부터 많은 문인들에 의하여 창작된 '악가문학(樂歌文學)'의 일종이다. 사는 광의로는 시문학에 포함될 수도 있다 하겠으나, 제언체(齊言體)인 일반 한시와는 여러 면에서 차이가 많이 난다.[5] 사는 처음에는 악곡의 가사로 시작되었으나 악가문학이라

---

2) 이명구, 『고려가요의 연구』, 신아사, 1974, p.157.
3) 조윤제, 『한국문학사』, 탐구당, 1979, p.90.
4) 김준영, 『한국고시가 연구』, 형설출판사, 1990, p.188 참조.
5) 오웅화(이홍진 역), 『당송사통론』, 계명대학교출판부, 1991, p.497.

고 하는 데서도 알 수 있듯이 곡보(曲譜) 위주이므로 가사보다는 노래가 중심이며, 문학적인 면보다는 음악적인 면이 오히려 더 많이 강조되었다. 그래서 사를 '곡(曲)'이나 '곡자(曲子)', 혹은 '곡자사(曲子詞)'라 부르기도 한다.[6] 사는 당송 양대에 걸쳐 창작된 작품만도 2만여 수가 훨씬 넘는다.[7]

이렇게 당송 양대에 걸쳐 사 작품이 많이 창작되었지만, 사가 본격적으로 우리나라에 유입된 시기는 당 나라 때이기보다는 송 나라 때라고 하겠다. 왜냐하면 지금까지 신라시대의 문인들에 의하여 창작된 사 작품이 발견되지 않고, 또 문무왕 4년 3월에 왕이 성천(星川)·구일(丘日) 등 28명을 웅진부성으로 파견하여 당악을 배우게 했으며[8], 또 가야국의 가실왕이 당의 악기를 보고 가야금을 만들었다[9]는 기록 등으로 보건대 당의 음악과 악기가 우리나라에 그 당시 많이 들어왔음은 알 수 있으나[10] 당의 사문학이 신라로 유입되었다는 문헌상 기록은 아직까지 어디에서도 발견되지 않기 때문이다. 더구나 나말의 최치원이 <토황소격문>을 짓는 등 당에서 그 문명(文名)을 떨치면서 과거에도 합격하였고, 또 『계원필경』을 남기기도 했으나 그에게 정작 사 작품은 없으므로 더욱 그렇다. 그는 실용적인 문장에 능하였지 당시 당에서 유행했던 사에는 별 관심이 없었던 것으로 알려져 있다.[11] 당에서 크게 활약한

---

6) 이수웅, 『중국문학개론』, 대한 교과서주식회사, 1993, p.231.
7) 하신휘 편, 『송사감상사전』, 북경연산출판사, 1966, p.1288.
8) 『삼국사기』 권26 문무왕 4년 3월조.
9) 『삼국사기』 권32 잡지 제1음악조.
10) 장사훈, 『한국전통무용연구』, 일지사, 1947, p.40. 그런데 당악은 신라 시대 音聲署를 중심으로 수용되었을 것이다. 이때 들어 온 악기로는 『삼국사기』 악지에 보이는 柏板과 大鼓 등이며, 三竹에 쓰인 黃鐘調, 船涉調, 越調는 당악의 악조명이다.
11) 신라의 대문호 최치원이 당에 거주하면서 詞에 접했을 것은 틀림없지만, 그가 사 작품을 창작하지 않았던 이유를 차주환은 당시 신흥문학인 사에 최치원이 관심이 없었음과, 詞作에 필요한 음률에 정통하지 않았음을 들고 있다. (차주환, 「한국사문학연구」, 『아세아연구』 제7권 제3호(통권 제15호), 고려대학교 아세아문제연구소, 1964, p.107 참조.)

최치원의 경우가 이러한 것으로 미루어 보아서 신라 때에는 당으로 간 유학생이 많기는 하나 그들에 의한 사의 유입은 거의 이루어지지 않았다고 여겨지며, 일반 문인들에 의한 사 창작도 거의 없었던 것으로 보아도 틀리지 않는다고 생각한다.

송이 960년에 건국되자 고려는 2년 뒤인 962년 광종 13년에 본격적으로 송과 교류를 하게 되었다. 거란과 여진 등의 흥성과 이들의 연이은 침구로 고려는 송과의 국교를 유지함이 쉽지 아니하고 이들 나라 사이에서 고려의 입장도 미묘하게 된 적도 있으나, 두 나라의 관계는 계속 긴밀하였다. 그 이유는 고려가 송의 선진화된 문물을 받아들이려는 의지가 강하게 작용하였던 때문이기도 했으나, 송이 자기 나라에 매우 위협적인 존재인 거란과 여진 등에 효과적으로 대처하기 위한 방안의 하나로 바다 건너 있는 고려를 이용하려는 목적 아래 적극적으로 포용하면서 그들의 문물을 고려로 많이 보낸 것 또 하나의 주요 원인이 되기도 했었다.[12] 남송이 멸망할 때까지 2세기 반 동안 230여 회에 걸쳐 송 상인이 고려에 내항(來航)한 것으로도 충분히 그 사정을 알 수 있다.

이 때 고려가 송으로 보낸 국신물(國信物)은 말·향유·인삼·세포·금기(金器) 등이 주종이며, 송에서 고려로 보낸 국신물로는 각종 비단과 금대(金帶) 등 다양하지만 유서(儒書)나 불교서적·역서·음양서·의학서적·악기 등이 주류였다. 고려와 송과의 문화적인 교류는 이러한 문물 교류를 통해서 뿐만 아니라 고려 문인들의 송 빈공과(賓貢科) 응시와 국학에의 입학을 통해서도 활발히 이루어졌다. 즉, 경종 때 김행성과 성종 때의 최한·왕림 등은 여기에 입학하였으며, 뒤에 이들 전부가 등과했는데 이는 당시의 사정을 이해하는 좋은 예가 될 것이다.

4대 광종과 6대 성종을 거쳐 11대 문종 시대로 내려오면서 고려의

---

12) 김상기, 『고려시대사』, 동국문화사, 1961, pp.71~76 참조.

대외정책이 문제가 되어 송과의 교류가 일시 소원해진 적도 있었다. 그러나 송 신종의 적극적인 친려정책으로 서로 사신을 빈번하게 교환하면서 양국의 관계는 복원되었고 문물의 교류도 더욱 왕성해졌다. 이 때 특히 송에서 서적류가 다량으로 고려에 들어왔는데, 주요한 것으로는 송조(宋朝) 대장경과 『文苑英華』·『資治通鑑』·『太平御覽』·『神醫補救方』 등이었다.

그런데 사의 대가인 소동파는 송이 고려와 교역을 계속하는 것을 반대하였다. 그는 고려에 송의 문물을 제공하는 것은 고려에만 이익이 될 뿐 송 나라에는 털끝만큼의 이익도 없다면서 일반 문물은 물론, 서적류까지도 일절 보내지 말자고 송의 조정에 재삼 주청하기도 했으나[13], 송의 문물은 고려에 꾸준히 들어오게 되었다. 이처럼 송과 고려의 교류가 활발하게 진행되는 동안 송의 일반 문물은 물론 특히 많은 서적류가 고려로 들어왔으므로 송의 사문학도 자연스레 많이 유입되었을 것이다. 특히 송의 신종은 고려에 국서(國書)를 보낼 때 사에 능한 신하들로 하여금 글을 짓게 해서 그 중에 잘된 것을 보내거나, 문장을 시험하여 보냈으므로 송의 글이 고려 조정에 많은 영향을 미쳤을 것이다.

2) 문인계층의 송사 수용과 속가에 미친 영향

송의 사문학이 어느 때부터 본격적으로 고려에 전해졌는지는 문헌 기록에 나타나 있지 않으므로 알기는 어렵다. 다만 앞에서 살펴 본 바와 같이 고려초기부터 많은 서적류가 송으로부터 들어왔으므로 송의 문인들이 창작한 사 작품도 그것들과 함께 유입되었을 것은 쉽게 알 수 있다. 그런데 고려초기나 훨씬 그 뒤에까지도 고려의 유명 문인들은 송의 사에 경도되기보다는 오히려 성당·만당(晚唐)의 시인들을 흠모

---

13) 김상기, 위의 책, p.167 참조.

하면서 그들의 문풍(文風)을 본받으려는 경향이 짙었다. 그래서 고려 문인들의 의식 속에는 이백과 두보는 물론이고, 두목과 이상은까지도 최고의 가치로 자리잡고 있었으며, 그들이 추종의 대상이었다. 이는 고려 고종 때 지어진 <한림별곡>의 2연에 한유(韓愈)와 유종원(柳宗元) 등 당의 문인들이 대거 나오는 사실을 보아도 알 수 있는 일이다. 그런 만큼 고려전기에는 만당의 문풍인 유흥적 경향이 자못 성행하였다.[14] 송사가 송과의 교류가 빈번했던 고려전기에 그렇게 흥성하지 못했던 한 이유는 이와 같이 고려 문인들이 만당(晚唐)의 풍조에 탐닉(耽溺)해 있었기 때문이었다. 그러나 이 외에도 사는 비제언체(非齊言體)로서 제언체인 시보다는 그 형식·율조 등이 지나치게 까다로워 고려의 문사들이 그것을 소화하여 창작하기까지에는 어려움이 많았기 때문이기도 했던 것이다.[15]

그러나 고려전기에서 중기와 후기로 내려오면서 문인들이 사문학에 점차 관심을 갖고 이를 창작하기도 했음을 여러 예로써 알 수 있다. 즉, 왕으로서 문예에 뛰어났던 16대 예종은 재위 중 신하들과 더불어 40여 회의 시회를 열었다. 예종은 11년에 금강·흥복의 두 절에 행차하였다가 영명사로 돌아와 그 곳의 누선에 거동하여서는 선려조(仙侶調)의 <臨江仙> 3수를 지어 신하들에게 선시(宣示)하기도 했는데[16], 이 선려조의 <임강선>은 송의 사 대가인 유영도 2수를 지었다.[17] 그리고 예종은 <유구곡>과 같은 속가도 창작하는 한편, 친히 <壽星明詞>와 같은 사 작품도 지어 이를 악공들로 하여금 부르게 했다.[18]

---

14) 이종문, 「고려전기의 문학사상」, 『한국문학사상사』, 계명문화사, 1991, p.51.

15) 차주환, 앞의 논문, p.106 참조.

16) 『고려사』권14 예종 11년 4월 경오조. …… 庚午幸金剛興福兩寺 還至永明寺御樓船 宴諸王宰樞侍臣復以御製仙呂調臨江仙三関 宣示臣僚…….

17) 이 <임강선>은 唐 教坊曲의 이름이라고 『御製詞譜』에서는 밝히고 있는데, 賴橋本의 『柳永詞校注』(중국 여명문화공사)에 유영이 지은 <임강선> 2수가 소개되어 있다.

18) 「고려사」권14 예종 15년 9월 계축조에 …… 宴君臣於長樂殿 親製壽星明詞 使樂工歌之

왕의 이와 같은 일련의 행위들은 당시 궁중 음악관서의 악공들이나 속악 가창자들인 교방기녀들에게 사의 분위기나 형식과 내용을 본뜨게 하는 데 큰 영향을 주었을 것이다. 이와 아울러 조정의 행신(倖臣)들과 문인들이 사곡(詞曲)에 대하여 관심을 갖고 이들이 사를 창작하는 데에도 크게 도움 역할을 했다고 볼 수 있다. 실제로 청연각에서 시경 노송(魯頌) 편의 반수(泮水)를 왕에게 강(講)했던 김부일 같은 이는 팔관회의 치어(致語)와 구호(口號)를 사 형식으로 짓기도 했으며, 예종이 관심을 가졌던 사 창작에 박춘령·한안인 같은 이도 재능을 보였던 인물들이다.[19)]

또한 사문학에 익숙해진 왕과 고려 조정의 행신이나 일부 문인들이 결국은 속가의 창작이나 취택에 관여한 부류들이거나 주된 향유층이므로 궁중가악인 속가는 사의 영향을 어떻게든 받을 수밖에 없었을 것이라고 생각된다. 그리고 17대 인종은 수사공참지정사(守司空參知政事) 윤보[20)]에게 명하여 고사(古詞) 3백 수를 찬집케하여 『唐宋樂章一部』라 명명했는데[21)], 이러한 일은 더욱 고려의 속가가 사의 내용과 형식을 본뜨게 되는 촉진제가 되었으리라 생각된다. 이 때 조정관리 출신의 문인이 아닌 민간 문사인 황보약수 같은 이도 사를 창작하였는데[22)] 이는 사 창작에 대한 관심이 일부 특수계층에만 한정됐던 것이 아니며, 사에 관한 열기가 상당히 광범위하게 고조되어 결국은 궁중의 속악가 사로 사를 취하게끔 했다고 여겨진다. 이는 사로 여겨지는 <풍입송>이나 <야심사> 등의 작품이 속악조에 있는 것으로도 이러한 정황을 어느

......

19) 차순자, 「고려속요 생성자 연구」, 계명대 박사학위논문, 1993, p.122.
20) 윤보는 13대 선종에서 18대 의종 때까지 여섯 왕을 걸쳐 벼슬을 하였는데, 이들과 같은 식자 계층이 『고려사』 악지 속악조에 있는 <풍입송>이나 <야심사> 등 詞의 갈래로 보이는 한문체 시가를 창작해 냈으리라 여겨진다.
21) 이우성, 『한국중세 사회연구』, 일조각, 1991, p.267 참조.
22) 이우성, 위의 책, p.268 참조.

정도 알 수 있다.

고려는 11대 문종에서 16대 예종에 이르는 80여 년 간은 국가 체제가 정비되면서 나라가 융성하여 이른 바 '고려의 황금기'라 할 수 있다. 그러나 17대 인종 때부터 외척·권신들의 난이 일어나는 등 국가적인 큰 변고가 잇달아 발발했다. 특히 '태평호문지주(太平好文之主)'라는 별칭을 얻기도 했던 18대 의종은 놀이를 위해서 경치 좋고 이름난 곳을 골라 이궁(離宮)과 누정(樓亭)을 지어 황음연락을 일삼았으며, 이러한 향락과 관련된 토목공사에 징발되어 간 역졸의 아내가 두발을 깎아 남편의 식사를 마련하는 일도 있었다. 그리고 그가 보현원(普賢院)에 행차하였을 때 9명의 위졸(衛卒)들이 얼어 죽기도 했다. 무신멸시 풍조와 지나친 문신우대 정책을 쓴 나머지 의종은 결국 보현원의 난을 당하여 정중부 등 무신 일파에 의하여 척출(斥黜)되었다. 그 후부터 약 백년 동안 무신의 무단정치에 의하여 고려는 암흑시대·공포시대를 맞이했다. 문신들이 도륙을 당함으로써 그들 사이에는 산야에서 은거하는 풍조가 팽배하여23) 위진 남북조시대의 도피사상이 고려에서 재현되었다. 그러나 이규보·이인로·최자·하천단·이장용 등 일부의 문인은 당시의 최씨 정권에 부합하여 그들로부터 관직을 받아 일상의 생활을 어렵지 않게 영위하기도 했다. 이러함이 <한림별곡> 등의 내용에 어느 정도 드러나 있다.

특히 23대 고종 때의 이규보는 서거정이 찬탄하여 말한 것처럼 '동방의 시호(詩豪)'로서 일세를 풍미했던 문인이었으며, 74세로 생을 마칠 때까지 주로 최충헌·최우 막하에서 그의 문재(文才)를 유감없이 발휘하기도 했다. 그는 스스로를 이당백(李唐白)이라 칭할 정도였으며24),

---

23) 정중부의 난이 일어 난 후 문신이나 유자들은 심산궁곡에 들어가 승복을 입고 여생을 마치는 자도 많았으며, 특히 그들의 자제까지도 산 속의 절로 들어가 승려로부터 章句를 학습하기도 했다. (김상기, 앞의 책, p.842 참조.)

말년에는 상국(相國)의 지위에까지 오르게 되었다. 그는 최충헌 저택의
왕을 영접하는 연회석상에서 시일장(詩一章)의 형식으로 구호(口號)를
짓는 등 『고려사』 악지 당악의 대곡에 사용된 것과 흡사한 것을 창작했
으며[25], 특히 직접 6조 11편의 사를 짓기도 했다.[26] 이규보는 당시의
고려 문인들에게 시문에 있어서 하나의 본보기가 될 수 있는 위치였으
므로 이러한 그의 사 창작 행위는 단순한 개인적인 차원을 넘어 당시의
문풍에 큰 영향을 주었을 것이다.

당시 고려 문인들이 송의 문예에 기울어져 있은 예로는, 임춘의 『西河
集』 권4에 나오는 <동파의 글을 논하여 미수에 보낸 편지>라는 것을
보아도 알 수 있다. 즉, 여기에는 동파의 문장이 크게 유행하여 배우는
사람들이 감탄하여 읊지 않는 사람이 없다[27]고 기술되어 있는데, 이로
보면 고려후기에 소동파의 시문이 고려의 시단을 풍미했음을 잘 보여
주고 있다. 그리고 최자의 『보한집』에는 "이인로의 시를 보면 일곱 자
에 다섯 자는 『동파집』에서 따 왔다."[28]라는 말이 나오는데, 고려후기
미수(眉叟) 이인로의 글이 그렇고, 또 소식에 기울어진 정도가 이러하다
면 당시 다른 문인들도 소식이나 송의 다른 문인들을 본뜨려고 했을
것으로 보아도 틀리지는 않을 것이다.[29] 이런 문예상의 모방의지 외에

---

24) 『동문선』 권123에 있는 李需가 찬한 이규보의 墓誌에 "…… 公九歲能屬文 至之十五六 治
   聞强記 凡著述不倣古人陳語 平生(缺)自名唐白 時人指之曰走筆李唐白 ……"라고 씌어 있
   다.
25) 이규보가 희종 4년 최충헌의 개인 저택에서 지은 <晋康侯邸迎聖駕次教坊致語口號> 중
   口號는 다음과 같다. 朱門望幸日日年 井鈇參旗下九仙 萬戶國侯迎道左 八鑾宸駕駐街前 路
   塡珠翠疑無地 風送笙簫認自天 海變桑田金母老 吾皇享壽更三千.
26) 차주환, 『중국사문학논고』, 서울대학교 출판부, 1982, p.242 참조.
27) 『西河集』 권4의 <與眉叟論東坡文書>에 "僕觀近世東坡之文 大行於時 學者誰不伏膺呻吟"
   라는 내용이 나온다.
28) 최자의 『보한집』 卷中에 "林先生椿贈李眉叟書云 今觀眉叟詩 或有七字五字從東坡集來 觀
   文順公詩 無四五字奪東坡語 基豪邁之氣富贍之體 直與東坡吻合 ……"라는 내용이 나온다.
   이 외에도 이러한 사정을 알려 주는 글들은 여러 곳에서 볼 수 있다.
29) 차순자, 앞의 논문, p.131 참조.

도 특히 그들은 자신들의 성명 호칭에 있어서까지도 함부로 중국의 향관(鄕貫)을 차용하였고 시문에서는 당치도 않은 중국 지명을 예사로 사용하기까지 했다고[30] 하는데, 이러한 사정도 송사의 유입과 그것에의 경도현상을 짐작할 수 있게 한다. 이러한 경향이었으므로, 이규보 같은 문장의 대가가 직접 송의 사를 창작한 일은 당시 일반 문인들에게 큰 반향을 일으켰으리라 여겨지며, 결국 알게 모르게 교방기녀들이나 악사들에게도 영향을 끼쳤을 것으로 보여진다. 특히 이규보는 속가가 흥성하게 된 충렬왕 때와 맞물린 시기의 사람이므로 송사가 속가에 영향을 미칠 수 있도록 누구보다도 크게 작용했다고 볼 수 있다.

그러므로 고려후기에 들어와서는 송사가 문인관료들 사이에 성행되어 유흥석상에서 불릴 정도였다. 즉, 충숙왕 때 먼 섬에 귀양가서 왕을 그리움의 대상으로 하여 <冬栢木>을 짓기도 한 시중(侍中) 채홍철이 송산의 자하동에 있는 그의 중화당(中和堂)에 모인 여러 원로들을 위하여 고려 궁정에서 당시 교방기녀들에 의하여 불려지던 송사 <萬年歡>을 불렀다[31]는 사실과, 『東文選』 권19에 나오는 이지저의 <東都戱頭>란 7절(七絶)에 송사 <西江月>이 인용되고 있는 실정[32]은 당시 사의 유행과 고려 문인들의 이것에 대한 이해와 애호 현상을 단적으로 드러낸다고 할 수 있다.

그런데 이러한 시기에 사작(詞作)에 두드러진 능력을 발휘하여 사의 창작과 보급에 영향을 준 사람으로는 이제현을 들 수 있다. 그의 문집 『益齋亂藁』에는 시(詩)·기(記)·비명(碑銘)·표(表)·논(論)·사(詞) 등 다양한 양식의 글이 실려 있는데, 특히 그의 사 작품은 전부 15조 53편

---

30) 이우성, 「고려말기의 소악부」, 『한국한문학연구』 1집, 한국한문학회, 1976, p.8 참조.

31) 『고려사』 악지 권71 악2 속악조의 <자하동>의 내용과 관련 기록 참조.

32) 『東文選』 권19에 나오는 이지저의 7언 절구는 다음과 같다. 乘醉昏昏曉夢顚 不知帳下玉人眠 故應解賦西江月 莫笑風情減少年.

으로서 작품 수로 볼 때 그가 고려 전체를 통하여 사의 제일인자임을 알 수 있게 한다.[33] 그런 만큼 그는 앞 시대의 누구보다도 고려에 사문학이 성행하게 하는 데에 공헌이 큰 사람이다.

그는 원 복속기에 충선왕이 연경에 세운 만권당(萬卷堂)에서 조맹부·원병선·우집·요수·염복·장양호 등 원의 거유들과 교우하면서 문맹을 떨쳤는데, 이들 중 조맹부·장양호·우집 등은 사작에도 이름이 났던 사람들이다. 특히 장양호는 익재에게 사를 지어 준 일도 있었다. 이러한 사정으로 보건대, 이제현은 연경의 만권당에 있을 즈음부터 사에 대한 식견을 넓혔으며, 그것에 대한 연찬도 부지런히 했으리라 짐작이 된다.[34] 이런 그는 당시 원에서 성행했던 산곡(散曲)보다는 사에 힘을 쓴 나머지 원의 사 창작 수준을 오히려 능가했던 것이다. 『익재집』에 있는 그의 연보를 보면 익재의 나이 30세 되던 해 4월에 진현관제학(進賢館提學)으로 사명을 받들고 서촉으로 갔는데, 이르는 곳마다 시를 지어 그 곳 사람들이 이들을 애송했다 한다. 이 중의 하나가 소동파의 고향인 미주(眉州)에 들러 그를 회억하면서 지은 <眉州>라는 시이다.

특히 그의 『益齋亂藁』에 있는 사 작품 중 <大江東去>는 소동파의 적벽회고를 작은 제목으로 한 시 <염노교>의 첫구를 딴 것으로서, 이 작품의 운(韻)도 동파 사와 같다. 소동파가 사의 대가인 점을 생각할 때 이제현의 사에 대한 관심이 컸음을 보여 주는 한 근거가 될 수도 있을 것이다.

이제현은 그가 살았던 당대의 문인들에 의하여서 뿐만 아니라 후세의 사람들에 의해서도 찬탄과 숭앙을 받은 인물이다.[35] 한(漢)의 사마천에

---

33) 이제현의 詞作品은 그의 문집인 『益齋亂藁』 권10에 長短句라 명명되어 전하는데, 여기에 <심춘원>·<자고천>·<완계사> 등의 작품 15조 53편이 수록되어 있다. 익재의 사는 중국 쪽에서도 인정이 되어 朱孝藏(1857~1921)이 편찬한 중국 역대 詞集인 『彊村叢書』에도 익재사 전부가 원 나라 시대의 사로 편입되어 있다.
34) 서경보, 「익재사연구」, 『한문학연구』, 국어국문학회, 정음사, 1981, p.29.

비유되기도 했던 그는 이색이 찬한 묘비명에서는 도덕과 문장의 수종(首宗)으로 받들어 지기도 했다.36) 그런가 하면 김택영은 그를 조선 3천년 이래 가장 뛰어난 대문장가라 지적하기도 했다. 그러나 그의 진면목은 우국충정에 있었다. 충숙왕 10년에 원이 오잠·유청신 등 친원 부역자들의 소청을 받아들여 고려를 원의 한 '행성(行省)'으로 삼으려 했을때, 그는 『중용』 구경장의 대의를 바탕으로 한 기본정신에 입각하여 "그 나라는 그 나라에 맡기고 그 백성은 그 백성들끼리 살게 해달라"라는 논지를 전개하여 원의 야욕을 막았던 것이다.37) 당시 원의 입장에 배치되는 의견을 개진하는 것은 어려운 일 중에서도 가장 어려운 일이었다. 그런데도 그는 서슴지 않고 그의 주장을 폈던 것이다. 이런 그였으므로 충렬왕에서 공민왕에 이르기까지 일곱 왕을 거치면서 문하시중의 벼슬을 위시하여 네 번이나 정승의 자리에 올랐으며, 나이 칠십에는 김해후(金海候)에 봉해졌다. 실로 그는 덕업과 문장으로 당세를 창도한 인재였다.38) 이러한 그가 사문학에 관심을 갖고 작품을 많이 지은 일은 당시 문인들의 관심과 주의를 사문학 쪽으로 기울게 하는 충분한 동기가 될 수 있는 일이었다고 생각된다.39)

특히 그는 『소악부』에 11수의 우리말 가요를 한문으로 번역해 놓았다. 이들 중 7 편만이 『고려사』 악지에 있으므로 이제현이 이들 한역가

---

35) 이병혁, 「이제현론」, 『한국문학작가론』(나손선생추모 논총간행위원회), 현대문학사, 1991, pp.182~196. 여기에는 이제현의 학문적 연원과 문학활동, 그리고 문학정신, 문학사적 위치까지 소상히 밝혀져 있다.

36) 『익재집』에 있는, 이색이 찬한 묘비명에는 "…… 名益域中身居海東道德之首文章之宗 ……"라고 적혀 있다. 그런가 하면 유성룡도 문집 跋文에서 "고려 5백년 동안 세상에 명예를 드날린 사람이 많지만 그 본말을 겸비하고 시종이 일치되어 우뚝하게 높이 솟아 의논을 제기할 수 없는 사람을 찾는다면 오직 선생뿐이다." 했다.

37) 이병도, 『한국사』 중세편, 을유문화사, 1980, p.638. 이에 대하여는 『익재집』에 있는 익재선생연보에도 잘 나와 있음.

38) 김빈 『익재집』 발문. 高麗益齋公以德業文章倡於當也.

39) 익재와 같은 시대의 사람인 정보와 이곡도 詞를 창작했는데, 이러한 사실도 이제현의 영향과 전혀 무관한 일은 아니라고 여겨진다.

를 전부 속악에서 취했다고 단정하기는 지금으로서는 무리이다. 그러
나 11편 중 7편은 확실히 악지에도 있는 것이므로, 그는 악장으로 사용
된 속악을 늘 접했거나 이에 관심을 갖고 있었음을 알 수 있다. 이와
같이 당시 사문학의 제일인자인 익재가 속악에 보여준 관심은 속악의
실제 담당자들인 교방기녀나 악공들로 하여금 사에 많은 관심을 갖게
해서, 사가 가사로 다량 취택되어 있는 송의 교방악인 고려 당악을 본뜨
게 하는 데에도 여러 모로 영향을 끼쳤다고 여겨진다. 고려에서 사의
창작이 가장 왕성했던 시기가 익재가 활약했던 시기를 전후한 원 지배
기이며, 현전 속가 중 많은 작품들이 이 기간 중에 민요에서 취택되거나
개인에 의하여 창작되어 악장으로 사용되었으므로 사문학의 형식과
내용 등은 결국 속가의 가사 형성이나 내용, 그리고 곡조 등에 큰 영향
을 끼쳤을 것이다.

3) 敎坊妓女들의 宋樂 습득과 주변 상황

송(宋)의 음악으로 고려에 들어 온 것은 송의 교방악과 대성악(大晟
樂)이다. 이 중 송의 교방악은 송대에 들어와서 새로 만들어진 대성악과
는 달리 당 나라 때에 창작된 당악(唐樂)도 많으며, 그렇기 때문에 당대
의 음률 체계를 송에서도 대개 습용하였다. 이것의 일부가 고려로 전래
되어 고려의 궁정에서 사용됐고[40], 이 위에 송대에 새로 만들어진 교방
악이 수용, 첨가되어 현전의 『고려사』 악지 당악조에 실려 있는 고려
당악으로 형성된 셈이다. 그러므로 『고려사』 악지 당악조의 당악은 명
칭만으로 볼 때 오로지 당 나라의 음악인 것처럼 생각할 수 있지만
기실은 송대까지 써 오던 음악의 통칭이라고 할 수 있다.

---

40) 『고려사』 악지 권71 악2 당악조에 '당악은 고려에서 섞어 썼기 때문에 모아서 부기한다
　　(唐樂高麗雜用之故集而附之)'고 했다.

그리고 『고려사』 악지 당악조의 당악의 구성은 당 나라 때에 신라로
전해졌으나 고려에서 계속 사용된 당의 교방악과 송에서 고려로 전래
된 당악, 그리고 송 시대에 접어들어 창작된 송악 등 송의 궁정에서
사용한 송 교방악으로 이루어져 있다. 그러나 이들 대부분은 송의 사악
(詞樂)이다.[41] 다시 말하면 필자가 속가에 영향을 미쳤을 것으로 생각하
면서 본 장에서 논급하려는 것은 『고려사』 악지 당악조에 있는 고려
당악의 가사이고, 이 고려 당악이라는 것이 송 교방악으로 주로 송에서
사용된 사악이며 이들의 가사가 바로 송사(宋詞)다. 이렇게 『고려사』
악지 당악조에 있는 송악의 가사인 송사가 어떻게 속가에 영향을 미쳤
을 것인가에 대하여 이 장에서 살펴 보려는 것이다.

　『고려사』 악지에 게재되어 있는 고려 당악은 당악정재(唐樂呈才)인
헌선도(獻仙桃)·오양선(五羊仙)·연화대(蓮花臺) 등을 제외해도 43편
에 이른다. 이는 『고려사』 악지 삼국속악조에 있는 삼국속악까지 합친
속가의 수와 비슷하지만, 고려 속악의 수보다는 많은 편수이다. 이처럼
악지에 실려 있는 가요의 편수만 볼 때에도 송악이 고려 조정에서 중히
여겨졌고, 또 많이 사용되었음을 충분히 알 수 있다.

　그런데 송의 교방악으로 사용되었던 『고려사』 악지 당악조의 당악
중 송악이 고려의 어느 시기에 송으로부터 본격적으로 전해졌는지 정
확히는 알 수 없다. 다만 조선의 『태종실록』 권22에 고려 광종 때에
송에 사신을 파견하여 당악기와 악공을 구했다[42]는 사실과 송의 신종
이 1078년 고려에 당악기를 보냈다[43]는 기록 등으로 볼 때 이들 악기와

---

41) 『고려사』권71 악지 당악조에 나오는 당악기 10가지 중 당비파(唐琵琶)나 박(拍)을 제외한
　　나머지 악기는 송의 교방악이나 사악의 연주를 위하여 송나라에서 고려 조정에 새로 소
　　개되어 연주되었던 것이다.
42) 『太宗大王實錄』 권22 11년(신묘) 12월 신축조. 定雅樂 禮曹上言 前朝光王遣使請唐樂器及
　　樂工 其子孫世守其業 至忠烈王朝金呂英掌之 忠肅王朝其孫得雨掌之 又按宋樂書 元豊年間
　　高麗求樂工而敎之 然則吾東方之樂實出中國也 …….
43) 『고려사』 권9 문종 32년 4월 신미조. 여기 기록에는 송 신종이 고려로 보낸 국신물(國信

함께 송 교방악도 상당히 일찍부터 고려로 유입되었을 것으로 생각된다. 그러나 보다 구체적인 것은 『고려사』 악지의 마지막에 기재되어 있는 '속악을 사용하는 절도(節度)'에 관한 기록이다. 즉, 여기에는 고려 문종 27년 2월 을해에 교방에서 여제자 진경(眞卿) 등 13인이 송에서 전해 온 답사행가무(踏沙行歌舞)를 연등회에서 사용하기를 주청하므로 조정에서 그 청을 들어 주었다는 것과 또 그 해 11월 신해에는 교방 여제자 초영(楚英)이 새로 전래된 포구악(抛毬樂)과 구장기별기(九張機別伎)를 팔관회에서 연주했으며, 같은 왕 31년 2월 을미 연등 행사 때에도 교방 여제자 초영이 왕모대가무(王母隊歌舞)를 연주했다고 씌어 있다.[44]

위의 기술 내용으로 보건대 송 초기부터 당악기와 당악이 고려로 들어 왔으며, 이들 송의 교방악인 포구악이나 구장기별기 등이 연등회나 팔관회에서 대악서(大樂署)나 관현방(管絃房) 소속의 교방여기에 의하여 연주되었음을 알 수가 있다.

그리고 이들 송의 교방악은 송에서 파견된 교방악사(敎坊樂師)나 악공(樂工)들에 의하여 고려의 악공들이나 교방여기(敎坊女妓)들에게 직접 가르쳐졌으며,[45] 또 이들 송 교방악사의 자손들 가운데 충렬왕대의 김여영(金呂英)이나 그의 아들인 충숙왕 대의 김득우(金得雨) 같은 이는

物)의 물목(物目) 가운데 鏤金黃碟 牙拍板과 紅黃牙笛一十管, 그리고 紅黃牙篳篥一十管 등이 있다.

44) 『고려사』 권71 '用俗樂節度'에 관한 기록 중에 "…… 文宗二十七年二月乙亥 敎坊奏女弟子 眞卿十三人 所傳踏沙行歌舞 請用於燃燈會制從之 十一月辛亥設八關會 御神鳳樓觀樂 敎坊 女弟子楚英奏新傳抛毬樂九張機別伎 抛毬樂弟子十三人 九張機弟子十人 三十一年二月乙未 燃燈御重光殿觀樂 敎坊女弟子楚英奏王母隊歌舞 一隊五十五人 ……."라는 내용이 있다.

45) 송 대의 아악이나 연악을 고려에 전파한 것과 궁정 악공을 고려에 보내서 음악을 전수한 기록은 중국 쪽의 논저에도 나온다. 즉, 양인리우(楊蔭瀏)의 『중국고대음악사』(이창숙 역, 솔, 1999, p.608.)에 이에 대한 기록이 비교적 상세히 기술되고 있다. 중국에서 주변 민족에게 음악을 전래한 것은 주변국에서 요청했기 때문이기도 하지만, 음악을 다른 민족에게 전파함으로써 그들 민족을 복속시키거나 그들의 세력권 밑에 두려는 의도 때문이었던 것이다. 이는 중국 민족이 갖고 있는 '음악관'에서 연유한 것이다.

고려 조정에 남아서 송 교방악을 계속 지도하기도 했던 것이다.[46)]

이처럼 송의 교방악사가 자기 나라의 교방가무인 포구악이나 구장기별기·왕모대가무를 대악서나 관현방의 여기들인 진경과 초영 등에게 가르쳤고, 이들에 의한 교습이 당악을 습득하는 데는 절대적인 관건으로 여겨졌기 때문에 악지에 특별히 '여제자'란 말을 사용한 것 같다. 다시 말하면 음악에 능한 교방여기들이라도 자력에 의한 당악의 습득은 불가능하여 송에서 파견한 교방악사들의 지도를 필수적으로 받았다. 이들에 대한 교방여기들의 신뢰도 막중했으며, 그래서 '전수하는 자'와 '전수받는 자'를 정확히 구분하기 위하여 '여제자'란 말을 특별히 사용했던 것이다. 특히 이들 송 파견 교방악사들의 후손인 김여영이나 그의 아들 김득우가 고려후기인 충렬왕·충숙왕대에 송의 교방악을 교방여기들에게 지도했다는 사실에 관한 기록이 유독 남겨져 있는 것은 충렬왕 이후 원 복속기에 이들 송 교방악에 대한 관심이 어느 때보다 컸고, 이 때 들어서서 본격적으로 송사의 영향이 속가에 나타났을 가능성을 시사한다고 하겠다.

이처럼 교방여기들이 송의 교방악사들을 스승으로 여기면서 송 교방악을 교습받은 실정이고 보면 교방기녀들의 송악에 관한 관심도 또한 컸을 것이며, 송악을 배우는 긍지와 자부심도 상당했으리라 여겨진다.[47)] 이런 여러 가지 사정에 의하여 교방에서 이들에 의한 송악의 연주

---

46) 이에 대한 관련 기록은 주42)에 있다.

47) 고려시대 기녀들이 속가의 형성이나 창작에 끼친 영향은 컸으리라 여겨진다. 고려시대의 기녀들은 신분상으로는 천민계층이지만 예능인이기 때문에 귀족 문인 계층들과 더불어 상당히 높은 수준의 문예활동도 했다. 본장에서 거명되는 초영이나 진경은 교방기녀들로서 직접 송악이나 속가의 가창과 연주를 맡았기 때문에 고려음악에 미친 그들의 영향은 필연적이라 여겨진다. 이들 여기들 외에도 玉肌香·帶御香·一枝紅·吁咄·一點紅·原玉·豹皮·眞珠·動人紅·紅粧 등 많으며, 이들도 명창이면서 가야금 등 악기의 명수들이었다. 예컨대, 표피는 <漁父詞>를 잘 불렀으며, 옥기향은 최이의 애첩으로 가야금의 명수였다. 그리고 우돌과 동인홍·홍장은 娼妓였지만 시적 재능이 뛰어났다.

를 허락해 주도록 주청하자 궁정에서는 팔관회 석상에서 연주하도록 했던 것이다.

그런데 이들 송 교방악인 송악의 가창, 그리고 연행 방법을 습득하고 궁중 연회석상이나 팔관회 등 여타의 실연 장소에서 송악의 실제 연주를 맡은 교방여기들은 속악의 가창과 연행을 맡은 부류들이다. 이와 같이 송의 교방악이나 속악의 가창과 연행 담당층이 같다는 점은 결국은 송악의 형식과 내용, 그리고 연행 방법 등이 속가에로 이행, 접목되었을 가능성이 아주 농후(濃厚)했음을 보여 준다.

더구나 고려 조정이 고려초기부터 송의 선진문물을 흠모하여 그것을 적극적으로 수용하여 본뜨려 한 형편이고 보면48), 고려의 왕이나 행신(倖臣)들이 속가에 송 교방악의 여러 요소를 수용하려 했을 가능성도 배제할 수 없는데, 이러한 사정도 송의 교방악에 익숙해져 있던 교방여기들로 하여금 그것에 영향받도록 하는 데 상당한 역할을 했을 것이다.

즉, 고려는 초기부터 송에 청하여 당악과 당악기를 구한 것이나, 송 휘종이 왕자지(王字之)와 문공미(文公美) 등을 통해 보낸 대성신악을 예종 11년부터 수용하기 시작하여 그것을 아악으로 정착, 연주시킨 일이며 또 문종 때 송에서 국신물을 보낼 때 왕 이하 신료들이 보여 준 모습은 고려가 송 문물을 받아들임에 아주 열렬했음을 잘 드러내 주고 있다.49) 이와 같은 실정은 그렇지 않아도 선진화된 송의 문화에 경도되

---

48) 이는 여러 사실로써 설명될 수 있을 것이나, 대표적인 예로는 송 자기의 유입과 그것의 발전적인 수용을 들 수 있다.

49) 『고려사』 권9 문종 32년조 참조. 이 해의 기록에는 문종이 송에서 國信物을 보내자 迎詔의 예를 마친 후 좌우에 있는 사람들에게 말하기를 "어찌 황제 폐하께서 小國을 잊지 않으시고 멀리까지 대신을 보내어 특히 優賜함을 보이실 줄을 알았으랴. 영광스럽고 감사함이 지극하다"고 했다. 그런데 송의 임금은 문종을 卿으로 스스럼없이 지칭했는데도, 문종은 이에 조금도 개의치 않고 감사하게 여겼는데, 이는 당시 고려가 송에 편중되지 않는 외교 정책을 펴긴 했으나 송 문물을 선호하고 그것의 유입을 열망했음을 알 수 있다. 그리고 이 때 송의 사신에 대한 예우 등도 대단히 극진했음을 이 기록 등에서 알 수 있다.

어 있던 고려의 음악문화 담당층들이 송의 궁중음악의 형식과 내용을 본뜨면서 거기에 빠져들 수 있었음을 말해준다 하겠다.

이 중에서도 특히 충렬왕 이후 고려후기의 궁중 분위기는 교방여기들로 하여금 송악에 영향받을 수 있도록 크게 작용을 한 것으로 여겨진다. 충렬왕과 그 이후의 왕들은 원에 질자(質子)로 있으면서 원의 궁중 풍습을 익혔고, 그들이 뒤에 고려로 돌아와서 왕이 된 이후에는 그것을 그대로 모방하여 고려 궁정에서 행했다. 그런데 원 시대는 천박한 예술이 성행했으며, 원의 궁정에는 탄트라 의식 등 성적 의식들이 많이 행해졌는데 이와 같이 궁정의 성 풍습은 대단히 문란하다 할 정도였다.[50] 따라서 원 황실의 이런 분위기를 닮으려 했던 원 복속기의 고려 왕과 왕후들의 해이한 성적 관념[51]이 속가를 송 교방악, 특히 남녀 애정에 관련된 송 교방악의 내용을 닮게 하는 데에 상당한 부추김 역할을 하지 않았나 싶다.

그런가 하면, 지금 『고려사』 악지에서 접할 수 있는 속악의 가사들 중 대부분의 작품들이 고려후기에 집중적으로 형성된 것이라 볼 때, 위와 같은 여러 상황적인 여건 외에 왕 주변에서 왕의 성색을 맞추기에 급급한 부패한 권문세족들의 행태도 속가를 송의 교방악이 주종을 이루고 있는 『고려사』 악지 당악조의 송악을 닮게 하는 데 큰 역할을 했다고 볼 수 있다. 이런 시각에서 미루어 보면 김원상이 충렬왕 때

---

50) 고라패, 『중국고대방내고』, 상해인민출판사, 1990, pp.334~335 참조.
51) 고려후기 왕들의 성적 문란 행위는 수 차례 언급이 되었지만 충렬왕의 경우가 더욱 심했다. 예컨대 충렬왕은 왕 21년 4월 갑오에 향각(香閣)에서 상화연(賞花宴)을 베풀고는 각후(閣後)에 따로이 장전(帳殿)을 개설하여 여악(女樂)을 즐겼다 (『고려사』 권31 충렬왕 21년 4월조). 그리고 같은 해 22년 5월 경오에는 향각에서 당현종의 야연도(夜宴圖)를 보면서 음기(淫伎)를 즐겼다 (같은 책 22년 5월 경오조). 이 외에도 충렬왕의 분별없는 행위는 그칠 줄 몰랐는데, 이와 같은 왕의 행위가 당시의 상황을 잘 말해 준다 하겠다. 그런데 원에서 시집온 왕비들도 왕들에 못지 않는 도덕적 문란행위를 많이 하였는데 그 대표적인 사람이 계국대장공주(薊國大長公主)다. 그는 원나라 진왕(晉王)의 딸로서 고려에 시집 왔으나 충선왕이 조비를 총애하자 친정의 힘을 이용하여 고려 왕실을 협박했고, 내궁(內宮)의 신하들과 공공연히 통정했다. (『한국여성관계 자료집(中)』, 이화여자대학 출판부, 1985, p.56 참조.)

지은 <태평곡>도 송악를 본뜬 한문체 가요라고 여겨진다.[52]

김원상·오잠과 같이 음악에 조예를 갖고 있는 폐행(嬖幸)들은 왕의 성색(聲色)을 맞추기 위해서 자신이 스스로 가요를 짓기도 했지만, 한편으로는 고려 궁중의 악장으로 사용될 가요의 선정에도 깊이 관여했다. 이는 지방에서 유행된 민요를 취택하는 경우는 물론이고, 송에서 유입된 송악의 수용과 선별에도 크게 역할했음을 의미한다. 즉, 많은 음악이 송에서 유입되는 그런 실정이고 보면, 그것의 취택 여부와 선별은 왕 주변의 폐행들이 맡을 수밖에 없을 것이다. 그렇기 때문에 송의 교방악이 고려에 많이 유입되자 폐행들은 송의 교방악 중에서 그들의 취향에 맞는 것을 주로 골라서 교방여기들에게 가창하거나 연주케 했을 것이다. 즉, 속악의 향유자들이기도 한 이들은 속악 가사의 내용과 형식도 자연 송악의 제반 특성을 닮게하는 데 주도적인 역할을 했을 것으로 생각된다.

3. 형성배경과 내용의 유사성

지금까지는 송사가 속가에 영향을 미쳤을 것이라는 점에 대하여 몇 가지로 나누어 논급했다. 본 장에서는 발생과정과 내용 등에서 이 둘 사이에 어떠한 유사성이 있는지를 살펴보고자 한다. 이는 속가에 대한 송사의 영향 여부를 확인해 주는 일이 된다.

먼저, 발생과정 면에서 이 둘의 유사성을 살펴보겠다. 속가는 삼국시

---

52) 김원상이 지은 <태평곡>은 呈才 때 부른 노래이다. 충렬왕은 기녀 적선래가 <태평곡>을 부르는 것을 듣고 성을 냈다고 했는데, 이는 왕의 투기심을 부채질할 수 있는 남녀상열의 노래였음을 알려 주는 대목이라 할 수 있다. 그리고 '글을 잘 하는 자'가 아니면 지을 수 없다고 한 것은 음악에 전문적인 소질이 있는 지식계층이 아니면 지을 수 없다는 것인데 이는 일반적인 속악 형식이나 내용이 아닌 송사를 본뜬 한문체 시가임을 암시하는 것이라 볼 수 있다.

대부터 궁중에서 사용된 삼국의 속악들이 고려로 넘어 오면서 흡수 변형되어 계속 사용된 것과 고려에 들어와서 개인에 의하여 새로 창작된 가요, 그리고 민간 가요에서 취택하여 사용한 것들의 혼합이라고 말할 수 있다. 그러나 지금 전하는 속가들의 면면을 보면 고려시대의 민간 유행 가요에서 취택한 것이 주종을 이룬다.[53]

그리고 송사는 양해명이 지적한 바와 같이 원래 마을 거리의 악곡에서 기원했으며, 현존하는 돈황곡자사(敦煌曲子詞)도 변방의 농촌과 산골 마을 및 강촌에서 광범하게 유행했던 것들이다. 그 뒤 이것이 도시 등지로 옮겨져 문인들의 손에 의하여 본격적으로 창작되기 시작하였다.[54] 그러나 지금 『고려사』 악지 당악조에 실려 있는 사들의 경우는 대개 유영(柳永) 등 사(詞)를 전문적으로 창작하는 사람에 의하여 지어진 것으로, 중앙적이며 도시적인 성향을 보여 주고 있어서 일반 민간에서 창작되어 불려진 것이 아님을 알 수 있다.

그런데 발생 초기의 사(詞)는 농촌이나 산촌 등 지방적인 특색을 갖고 지방의 여러 곳에서 유행했던 것이다. 이는 속가가 대개 여러 지방의 유행 민요이었을 것이라는 점과 상당히 통한다고 하겠다. 그런가 하면 민간곡자에 의거하여 유영 등 많은 전문 사인(詞人)들이 사를 창작했다고 했는데, 이 점도 민요가 악장으로 승화되는 과정에서 김원상·오잠 등 행신들이 내용과 형식 등의 변조에 깊이 관여한 일과 어느 정도 유사성이 있다.

---

53) 삼국시대에도 '예악'이 발달되었으므로, 악장도 그 수는 많았으리라 여겨진다. 이는 『삼국사기』 권32 잡지 제1 악편에도 비교적 소상히 그 내용이 밝혀져 있다. 그러나 노래의 가사가 전하는 것은 없는 형편이다. 그러므로 어떤 가요들이 고려로 전해져 왔는지 구체적으로 알 수는 없으며 지금까지 전하는 고려의 속가는 고려 이전의 노래보다 고려 건국 이후에 생겨난 노래들이 주종을 이룬다고 보는 것이 옳겠다. 이들 노래 중에는 개인 창작도 있지만 민간 유행가요를 궁중의 음악 곡조에 맞도록 형식과 내용을 많이 변개시킨 것이 다수를 차지한다 하겠다.

54) 양해명(송용준, 유종목 역), 『唐宋詞史』, 신아사, 1995, p.31 참조.

어쨌든 사의 발생과 발달이 속가의 그것과 꼭 일치하는 것은 아니라 하더라도 몇 가지 면에서 견주어 볼 때 그것들 사이에 유사성 내지 동질성이 있음을 확인할 수 있다. 이와 같이 두 노래 사이에 발견되는 유사성은 별개의 상황에서 발생한 우연한 결과라고도 하겠으나 사의 형성과정과 배경·창작 방법 등이 속가의 형성과정과 창작 방법 등에 영향을 준 때문으로 이해될 수도 있다고 본다. 즉, 사의 형성과 발생·발달이 속가의 형성과 발달에 한 본보기나 틀이 되어 고려에서도 속악을 민요에서 취택하고, 또 음악적 소양과 재질이 있는 폐행들이 직접 이들 노래의 가사는 물론이고, 음곡에까지도 손을 대어 악장으로 사용했던 것이 아닐까 한다.

양 인리우도 『중국고대음악사』에서 사 창작과 그것의 번성(繁盛)에 대하여 다음과 같이 자신의 견해를 밝히기도 했는데, 이는 양해명의 논급과 궤를 같이한다.

> 송대에 이르러 민간곡자는 더욱 많은 문인들의 주의를 끌었다. 민간곡자의 형식을 모방하여 가사를 지은 유명 사인(詞人)만 보아도 200명이 넘는다. 그들이 의거한 사패(詞牌)는 870 종 이상이다. 문인들이 모의 작품을 왕성하게 창작한 사실은 이전과 당시의 민간가곡이 얼마나 활발하게 창작되었는가를 설명한다. 민간에서 끊임없이 가곡을 창작하여 문인들이 의거할 수 있는 가사의 형식도 갈수록 다양해졌다. 그러므로 문학사에서 볼 수 있는 사 창작의 번영은 음악사에서 민간가곡 창작이 가져온 결과로 보아야 한다.[55]

위의 인용문은 문학사에서 볼 수 있는 사 창작의 번성은 민간가곡과 깊은 연관이 있음을 상기시켜 주는 내용이다. 그만큼 속가와 송사는 발생적인 측면에서 볼 때 유사한 배경을 갖고 있으며, 그 결과 이 두

---

55) 양인리우(이창숙 역), 『중국고대음악사』, 솔, 1999, p.443.

가요는 민요의 틀을 자체 내에 많이 유지하고 있는 것이다. 그렇기 때문에 이 둘 사이에는 애초부터 유사성과 동질성을 갖고 있었으며, 그래서 쉽게 영향을 주고 받을 수 있는 관계였다.

다음으로 속가는 내용에 있어서도 송사의 그것과 매우 흡사한 점이 많은데, 이 점도 이 둘 사이의 영향 관계를 짐작케 하는 요소다.

속가의 내용 특성을 하나로 가닥을 잡아서 결론 내리기란 어렵다. 그런데 궁중악이란 대개의 경우 송도(頌禱)나 송수(頌壽)가 주된 내용이요, 흐름이다. 그런데도 많은 속가는 그 내용에서 남녀상열로서 음설스럽기까지 하며, 또 그것의 주된 정서가 한이라 해도 좋을 만큼 체념적이고 소극적이며, 암울한 분위기를 갖고 있어 비극적인 면모가 두드러짐이 하나의 특징이다. <만전춘별사>·<가시리>·<정읍사>·<쌍화점>·<청산별곡> 등 대부분의 현전 가요들이 여기에 해당된다. 가사가 전하지 않으면서 창작동기 등 관련 기록만이 남아 있는 속가들의 많은 수도 비극적 정서인 한을 노래하고 있다.56) <사리화>·<제위보> 등이 모두 그렇다고 할 수 있다.

이 노래들은 참담한 삶에서 비롯된 아픔을 노래하거나 사랑하는 임과 이별함에서 오는 고통을 노래하는데 모두가 비극성을 갖고 있음이 공통적이다. 이는 고려 백성들이 꾸려 온 삶이 암울하여 비극적 상황을 유발하는 것이었으며 이런 터전이기 때문에 남녀 간, 부모형제 간의 별리는 다반사가 될 수밖에 없었던 것이다. 이와 같은 현실적인 정황 때문에 고려 백성들 사이에는 심리적인 낭패감이 팽배하게 되었으며, 이로써 삶의 의욕이 상실되고 내일에 대한 희망을 버리고 말초적인 환락과 퇴폐에 빠져 결국 그들은 남녀상열의 가요에 탐닉할 수밖에 없었던 것이다.

원래 송사도 속가와 마찬가지로 그 내용이 일반적으로 규정(閨情)이

---

56) 이에 대한 것은 제1부의 '俗歌에 나타난 恨의 양상과 형성배경'을 참고할 것.

나 이별에서 비롯되는 애한과 애상, 그리고 춘원(春怨)과 규정(閨情) 등
으로 비극적·감상적인 것이 주조(主調)임은 잘 알려진 일이다. 이렇기
때문에 시가 장중전아하며 씩씩한 문학인데 반하여 사의 체재는 오히
려 아름답고 날씬한 여자와 같아서 싸우고 고함치는 것은 잘 못하지만
가냘픈 노래와 부드러운 춤에는 뛰어나며, 또 깊고 섬세한 미인의 문학
이므로 내면에 감추어진 슬픔과 원망을 서사하는 데에도 뛰어나다57)고
했다.

그리고 송사의 내용에는 비극성이나 우환의식 등이 많이 드러나는데
이것도 우리의 한에 비견될 수 있으며, 그런 비극성은 개인 정서에서
비롯된 것이 아니고 주로 당대의 사회·역사적 상황에서 연출된 것으
로 집단적이라고 볼 수 있다. 이는 북송의 사나 남송의 사에 다 통용되
는 것이다. 그리고 여기에는 사회적 위기와 통치집단 내부의 모순과
대립이 주요 기반을 이룬다. 그렇기 때문에 사인(詞人)들도 대부분 우수
(憂愁) 때문에 사를 지었다 할 정도였다.58) 그래서 당송사(唐宋詞)는 내
용에 있어서 이별의 슬픔이나 세상살이의 험난함·덧없이 흘러가는
세월 등이 주요한 것으로 되어 있었으며, 그래서 당송사에 출현하는
인물의 대부분은 사랑에 신음하고 그리움을 호소하는 남녀이거나 실의
에 찬 떠돌이 및 길 잃은 호걸들이며 그들은 외롭고 적막하며 고민하고
슬퍼한다59)고 했다.

송사의 이와 같은 내용상 특질은 거의 그대로 속가의 내용상 특질로
대입시킬 수 있다. 다만 속가의 인물 형상 내지 화자는 길 잃은 호걸들
이 아니며, 그 내용에 있어서도 영웅의 늙어감을 노래하지 않은 점에서
는 송사와 다르다. 그러나 총체적으로 볼 때 내용 면에서 속가와 송사는

---

57) 권덕주, 황병국 역주, 『송사선주』, 신아사, 1992, pp.14~15.
58) 양해명, 앞의 책, pp.27~28.
59) 양해명, 앞의 책, pp.28~29.

거의 같거나 일치하는 점이 많다.

그러면 『고려사』 악지 소재 당악조의 송사와 속악조의 속가 사이에서 발견되는 내용의 유사성에 대하여 좀더 구체적으로 살펴보자.

『고려사』에 있는 속가는 소위 경기체가인 <한림별곡>을 제외하면 총 31편인 셈이다. 물론 여기에는 무고나 동동정재의 <정읍사>와 <동동>도 들어 간다. 당악은 당악정재를 제외하면 당악곡은 총 43편인데, 이 43편 모두가 송사로서 대곡(大曲)과 산사(散詞)로 이루어져 있다. 속가와 『고려사』 악지 당악조의 송사는 애정가요가 많은 편이며, 제재의 편협성을 띠고 있는데[60] 이런 현상 자체가 이 둘 사이에 무슨 영향 관계가 있었음을 시사한다 하겠다. 물론 이와 같은 애정편중 현상은 성색을 즐기는 고려후기 왕실의 특수성에서 말미암은 것으로 해석될 수도 있다. 그러나 고려 왕실이 아무리 성색을 즐기는 분위기로 기울어져 있다 해도, 문화적인 우위를 점하면서 고려에 영향을 끼친 송 교방악의 내용과 색깔이 전혀 그렇지 않았다면 속악의 가사가 애정의 편중현상을 보이기는 어려웠을 수도 있을 것이다. 왜냐하면 본(本)이 된 현상을 그대로 모방하려 함이 예사이지 본에서 벗어나려 함은 일반적인 이치가 아니기 때문이다.

연정가요 속가로는 <정읍사>·<가시리>·<서경별곡>·<이상곡>·<만전춘별사>·<쌍화점>·<정석가>·<동동>이 해당된다. 이들은 상열의 노래이며, <제위보>·<예성강> 등은 속악조에 창작 동기만 밝혀져 있을 뿐 가사가 전하지 않는 남녀상열에 관계되는 노래이다.

---

[60] 지금까지 전하는 속가는 그리 많지가 않다. 많은 속가가 인멸된 상황에서 현전 속가로써 속가 전반의 성격을 추정하는 것은 무리일 수 있다. 그러나 조선시대에 들어와서 고려의 속가 중에서 가사가 俗되거나 釋敎에 관련된 것은 문헌에 싣지 아니했으므로, 만약 그러한 노래가 지금까지 남아 있다면 속가의 내용이 더욱 애정 편중화를 띠었으리라 여겨진다. 어쨌든, 속가의 주제가 효, 군신 관계 등 다양했을 것이나 남녀상열로 볼 수 있는 것이 많았을 것이며, 현전 속가에서도 역시 남녀상열을 내용으로 한 것이 많다. 이에 대하여는 제1부의 '俗歌의 애정 편향성과 그 배경'을 참고 바람.

이 외에도 남녀상열의 노래가 고려 때에는 많이 불려졌으나 조선으로 넘어오면서 대부분 일실되었다. 실제로 지금까지 가사가 전하는 속가 중 그 정도가 상당히 노골적이라고 볼 수 있는 <만전춘별사>나 <쌍화점>의 내용으로 미루어 보건대, 가사가 속되다 하여 문헌에 실려지지 아니한 속가들의 내용은 그 음설의 정도가 상당했으리라 여겨진다. 어쨌든 속가들은 그 주제나 내용에 있어서 대체로 다양하긴 하나 남녀상열이 주류였음을 여러 경우로 충분히 짐작할 수 있다.

그런데 『고려사』 당악조에는 당악정재인 헌선도·수연장·오양선·포구악·연화대를 제외하면 송사는 43편이다. 이 중에 내용이 남녀연정인 것은 대개 16편 정도이다.61) 물론 고려대에 들어 온 송악(宋樂) 중에는 송축 등의 내용을 제외한 남녀상열이 그 수에 있어서 상당했으리라 여겨지나 지금 『고려사』 악지 당악조에 실려 있는 것으로는 이 정도다. 같은 책에는 내용이 실려 있지 않으면서 전답가무(轉踏歌舞)에 속하는 구장기별기(九張機別伎)는 상당히 비속하며, 교방기녀들이 문종 27년 11월에 새로 전래된 포구악과 함께 이를 연주했다.

어쨌든 이들 송사는 주로 북송의 사가 주를 이루며, 이 중에서도 유영 한 사람의 작품이 4편이나 된다. 원래 사 중에서도 북송의 것이 춘원(春怨)과 연정(戀情), 그리고 이별의 정한에 치우쳐 있다. 그리고 개인 작가 별로는 유영의 작품이 소식 등 다른 작가의 작품보다 남녀상열적이며 환락과 성색에 관계되는 것이 많다.62) 그래서 우물이 있는 곳에는 모두

---

61) 남녀상열의 송사로는 견해의 차이가 있을 수 있지만 대개 다음의 16편을 들 수 있을 것이다. 즉, <억취소>만·<낙양춘>·<취태평>·<하운봉>만·<예자단>·<수룡음>만·<제대춘>만·<천추세>영·<화심동>만·<우림령>만·<낭도사>영·<서강월>만·<계지향>만·<백보장>·<임강선>만·<해패>영 등 16편이다. 이들 작품 중에서는 柳永의 창작이 <하운봉>만·<낭도사>영·<임강선>만·<우림령>만 등 4편이다. 그런데 송사 43편 중 남녀상열이 16편임은 대단히 그 수가 많은 편이다. 왜냐하면 악장은 송축이 주이기 때문이다. 그리고 詞의 작자는 다양한데도 유영 한 사람의 작품이 16수 중 4수인 것도 큰 의미를 갖는다 하겠다. 물론 『고려사』 당악조에 유영 작품이 더 있는데, 이는 남녀상열은 아니다.

가 유영의 사를 노래했다[63] 할 정도였다. 이처럼 『고려사』에 북송의 사가, 그 중에서도 특히 유영의 사가 상대적으로 많음은 고려 속가 향유자들과 창작자들이 집중적으로 이러한 성향의 사에 집착했음을 시사하며, 결국은 이런 경향의 송사가 속가의 내용을 남녀연정가요로 점점 편중화되게끔 했다고 여겨진다.[64]

그런데 당·송 양대의 사람들이 쓴 2만여 수의 사에는 봉건사회의 기본 모순이랄 수 있는 농민과 지주 계급 사이의 갈등이 그림자조차 보이지 않는다[65]고 했다. 이러한 사의 현상은 속가에서도 찾아 볼 수 있는 내용적 특징이기도 하다.

즉, 현전 속가 중에는 당대의 제도나 사회 병리현상에서 야기된 모순과 구조적인 비리로 인한 백성들의 폐해와 고통에 관한 내용을 노래한 가요가 <사리화>를 제외하고는 눈에 띄지 않는다. <청산별곡>의 5연에서 약하고, 억눌리면서 사는 민중의 모습이 잠시 비춰지기는 하지만 이런 분위기가 <청산별곡>의 8연 전체를 관류하는 것은 아니다. 또 <쌍화점>에서 왕과 승려 등 사회의 지배계층과 상층 특수계층의 음행을 적나라하게 노래하고는 있지만 모순이나 비리에 대한 고발로 보기에는 어려운 면도 있다.[66] 그렇기 때문에 이 노래를 <사리화>와 같은

---

62) 차주환, 『중국사문학논고』, 서울대학교 출판부, 1982, pp.16~17.
63) 오웅화, 앞의 책, p.315 참조.
64) 이 외에도 속가가 송사의 영향을 어느 정도 받았으리라 추측케 하는 것으로는 <정석가>와 <동동> 노래의 첫째 연이다. 이 연은 송축의 의미를 지니며, 전체의 나머지 연과는 의미상 상당히 동떨어진 느낌을 준다. 이와 같은 가요의 형식은 송사의 치어와 구호의 영향으로 이루어진 것이라 여겨진다. 원래 이 치어와 구호는 정재의 시작과 마침을 알리는 것으로 민요 등 재래의 노래가 속악의 가사로 재편되는 과정에서 차용된 것이라 보인다. 그리고 속가에서 중첩어, 반복구의 빈번한 사용과 저속한 일상적인 속어의 사용은 송사에서와 같이 속가의 한 특성이기도 한데, 이것도 속가에 대한 송사의 영향으로 볼 수 있는 한 요인이다.
65) 양해명, 앞의 책, p.23 참조.
66) 만약 이 노래가 왕을 위요한 상층계층과 고려사회 전반에 걸친 지배세력의 부정을 폭로하는 내용을 띤다 하면, 이 가요의 창작시기나 배경이 고려 때로 되기는 어려울 것이다.

계열의 작품으로 취급할 수 없다. 어쨌든 속가 중에 현실에 대한 불만이나 괴로움의 정서를 기반으로 하여 생성된 작품이 지금까지 수에 있어서는 아주 적게 전하며 이는 송사의 경우와 매우 흡사하다.

원래 역사와 관련이 없는 대중 현상이란 있을 수 없음이 사실이다. 고려의 속가가 많은 수에 있어서 민요에서 취택되었다면, <사리화>와 같은 가요가 많아야 할 것인데도 이런 유형의 노래가 적은 것은 특이하다 할 만하다. 특히 고려시대는 외부 민족의 침입이 우심했으며, 내란도 빈발했다. 그러나 이와 같은 전쟁과 내란에서 비롯된 참상이 그려진 속가는 더구나 없다. 다만 전쟁의 참화에서 일반 민중들보다는 그래도 덜 고통스러웠던 지식 문인계층에 의한 한시가 오히려 많이 전할 뿐이다.

당대의 역사적 상황과 관련이 있을 수밖에 없는 삶을 살아 가는 일반 대중들은 어떤 몸짓이나 또는 다른 여러 표현 양태나 수단을 빌려 그들의 삶의 모습을 곡진하게 드러내려 한다. 그러므로 급박한 역사적 상황 속에서는 애한(哀恨)을 읊은 많은 수의 민중적 노래가 생성되기 마련이다. 그런데도 속가에 이와 같은 사실을 내용으로 하는 노래가 거의 없는 것은 송사의 제재가 극히 제한적이며 광범하지 않은 특성을 갖고 있는 데서 영향을 받았기 때문이라고 볼 수도 있을 것이다.

4. 결 론

고려와 송과는 국교가 긴밀했으며, 문물교류도 굉장히 활발했다. 따라서 선진화된 송의 문물이 고려로 많이 유입되었으며, 이 중에 서적류는 중요한 항목이었다. 이런 과정에서 송의 사문학이 일찍부터 유입되었다.

이는 제2부의 '<雙花店>의 형성배경과 내용특성'을 참고하기 바람.

　원래 사문학은 당 나라에서 발흥하여 형성되었으나 신라 때에는 전래된 흔적이 없다. 그러다가 고려 때 본격적으로 송에서 들어오고, 이것을 왕과 문인계층에서 차츰 수용하기 시작했다. 그 결과 송사가 고려 문인과 문학에 영향을 미치게 되었으며, 그 결과 속가에도 여러 면으로 영향을 주게 되었다.

　그러면 다음에 송사가 속가에 영향을 주었을 것이라고 생각되는 몇 가지 사항을 간략하게 정리한다.

　첫째, 송에서 유입된 사문학에 대하여 예종 등의 왕과 고종대의 이규보, 이제현 등 몇몇 문인 귀족들이 관심을 가져 이를 창작하기도 했다. 특히 이규보나 이제현은 당대를 풍미한 대문인이므로 이들의 송사에 대한 관심과 창작은 다른 문인들에게 영향을 주었다. 이런 전반적인 분위기와 문인들의 의식은 궁정악이 송사를 닮게 하는 결과를 가져왔다. 특히 이규보 등 문인들은 궁정의 연향에도 참석하여 구호와 치어를 짓는 처지였으므로 악장의 창작 등에 관여하는 계층인 폐행들로 하여금 송사의 연정 중심의 내용을 본뜨게 하는 데 상당히 작용했다.

　둘째, 속가에 대한 송사의 영향이 어느 정도 불가피했음을 짐작케 하는 것은 고려의 교방기녀들이 송에서 파견한 악공과 악사들에 의하여 송의 교방악인 송사를 직접 교습받았다는 사실이다. 즉, 고려 문종 때 이들에게 지도를 받은 관현방 소속의 교방기녀인 진경과 초영 등이 송의 교방악인 포구악이나 구장기별기를 팔관회에서 연주했다. 이처럼 송 파견 악공이나 악사가 교방기녀들에게 그들의 교방악을 가르쳤고, 또 이런 일들이 고려후기까지 그들의 자손들에 의하여 계속 이루어졌는데, 이와 같은 일은 송 문물에 대한 모방의지를 갖고 있던 고려의 음악문화 담당층 중의 한 부류인 기녀들로 하여금 송사를 본받게 하는 큰 요인이 되었다.

　셋째, 속가와 송사는 발생과정과 내용면에서 유사성을 갖고 있는데,

이것도 속가에 대한 송사의 영향을 생각하게 하는 요인이 될 수 있다고 본다. 즉, 속가와 송사는 대개 민간의 노래에서 그 연원을 찾을 수 있으며, 그러므로 다 같이 민요가 갖는 특성을 구비하고 있다. 이러한 사정이 속가가 송사의 영향을 아주 쉽게 받을 수 있는 친화적(親和的) 여건을 만들었다고 볼 수 있다.

그리고 속가는 주제가 다양하기는 하나, 대체로 그 내용이 남녀상열인 것이 많은 편이다. 이러한 사정은 유영의 작품이 많은『고려사』악지 당악조의 송사도 마찬가지다. 원래 송의 사문학이 일반 시와는 다른 내용적 특성, 즉 춘원이나 규정이 많은데 이러한 사의 성향에 속가가 상당한 영향을 받았으리라 여겨진다. 여기에는 속가 향유자들의 취향과 시대적 상황이 부가적으로 작용하여 송사의 내용이 속가의 내용 형성에 더욱 많은 영향을 주었다고 생각한다.

(『한국문학논총』 27집, 한국문학회, 2000)

Ⅲ. 조선 건국 초 俗歌의 수용 상황과 변개

1. 서 론

『高麗史』권 71 악 2에 제목과 함께 창작 동기와 내용의 개요만 한문으로 소개되어 전하는 가사 부전의 고려 속가 수는 겨우 30 여 편 뿐이며, 조선에서 악장으로 사용된 고려 속가로 『악장가사』나 『악학궤범』, 『시용향악보』등에 내용이 국문으로 기사되어 전하는 노래는 더욱 적어 20편 정도에 불과하다. 그런데 본고에서는 이들 속가 중 <쌍화점>을 비롯하여, 음설지사로 지목되어 세종 이후 조선 유학자들에 의하여 배척받았던 일부 고려 속가의 가사 내용이 이성계와 정도전 등 조선 창업자들과 『고려사』편찬자들에 의하여 조선 건국 초에 왜곡 변조된 후에 수용되었을 가능성이 내재함을 주로 논급하려 한다. 즉, 고려 속가들 중에서 『고려사』악지의 가사 부전 노래들은 이 사서 편찬 시에 실제로 존재했을 많은 고려 속가 중에서 취사선택된 것들이라는 점과, 또 가사 현전 노래 중 몇 편은 조선 건국 초[1]를 전후하여 역성혁명의 필연성과 정당성 확보를 위하여 조선 창업자들에 의하여 일차적으로 그 내용이 왜곡 변개되어 사용되었다는 점을 살펴볼 것이다. 그리고

---

1) 본고에서 필자가 말하는 '조선 건국 초'는 역사에서 일반적으로 운위되는 '조선 초' 개념과는 서술의 편의상 다르게 잡았다. 본고에서는 대체로 태조 이성계가 조선을 건국하여 재위에 있었던 기간(1392년~1398년)이 주로 여기에 해당되며 세종과 성종, 중종 대는 제외된다.

일반적으로 운위되고 있는, 세종과 성종·중종 대에 이루어진 국문 기사 고려 속가에 대한 변개는 태조 이성계 재위 시에는 음란성 시비 없이 사용된 노래들을 대상으로 한 것이라 볼 수 있으며, 조선 건국 초의 변개 상황과는 전혀 다른 입장이라 하겠다.

고려 속가들 중에서 왕과 상층계층에 대해 고발성이 짙은 음설(淫褻)의 노래는 고려 궁중에서 악장으로 사용될 때의 내용과는 다르게 조선 건국 초에 그 내용이 바뀌어졌을 가능성이 있다. 그러므로 <쌍화점(雙花店)>·<후전진작(後殿眞勺)> 등과 같이 가사가 음설하다 하여 지탄을 받았던 남녀상열의 노래 중 일부는 고려 궁정에서 악장으로 불려질 때와는 내용에서 차이가 있을 것이라 여겨진다.[2]

이러한 제 문제를 고구하기 위하여 조선 건국 초 창업자들이 결행했던 정치와 경제에 대한 여러 혁신적 처방과 그들이 견지했던 음악관, 그리고 속가의 내용과 관련된 몇 가지 문제점 등을 살필 것이며, 이것을 본고에서는 주된 논거로 삼을 것이다. 왜냐하면『조선왕조실록』등의 문헌에서는 그 성격의 특성상 조선 건국 초『고려사』악지에 게재된 가사 부전의 고려 속가와 가사 현전 고려 속가의 내용 변개와 수용에 대하여는 일절 언급을 하지 않았기 때문이다.[3]

---

2) 조선 초기 악장으로 사용된 노래 중에는 우리가 고려의 노래로 알고 있지만 기실은 조선 시대에 창작된 조선의 노래도 더러 있지는 않았을까 하는 의문까지 들기도 한다. 이는 변개의 수준을 넘는 새 악장 창작 문제에 속하는 것이므로 본고에서는 구체적인 언급은 하지 않기로 한다.

3) 고려 속가 중 조선 건국 초 창업자들에 의하여 내용이 변개되었을 가능성이 있는 노래의 범주에 모든 속가가 포함된다고 보지는 않는다. 다만, 조선에서 음설지사로 지목되어 배척받았으며, 그 내용에 고려왕 등 상층계층의 음란성과 이에 따른 비행이 집중적으로 드러나는 <쌍화점>이나 <후전진작> 등 일부 남녀상열지사로 한정된다고 생각한다. 또 본고에서는 주로 조선 초의 정치와 경제, 사회적인 상황 등을 근거로 삼아 논지를 전개하는 데 주안점을 두었기 때문에 이들 작품의 내용을 구체적으로 거론하면서 논증하는 것은 소홀해졌다. 우선, 본고가 이런 논의의 출발점이 되었으면 하는 바람이며, 다음 기회에 이 논의를 더욱 확장하거나 구체화시켜 나갈 생각이다.

2. 조선 건국에 따른 반 고려적인 조처와 제도의 개혁

이성계와 정도전 등 조선 건국자들의 개국 초 고려 속악에 대한 왜곡 변개에 관하여 논급하기 전에, 먼저 건국 초에 이들에 의하여 정치·경제·종교 등 사회 전반에 걸쳐 이루어진 잡다한 변혁과 이와 관련된 조치들을 간략하게 살펴보고자 한다. 왜냐하면 고려 속악을 산개하여 활용한 것도 결국 조선 창업자들이 건국의 기반을 공고히 하고자 했던 의도에서 취해진 일련의 조처 중 하나로 생각되기 때문이다.

건국 초 창업자들이 착수한 모든 제도개혁이나 조처는 조선 건국의 완결에 초점이 맞추어졌다. 그러므로 그들은 자신들이 이념의 기치로 내걸었던 유교의 정명사상(正明思想)이나 인사상(仁思想)과 정면으로 배치되는 정치·사회적인 개혁조처나, 역사 왜곡 등의 여러 극단적인 처방까지도 서슴지 않고 획책, 실행했던 것이다. 그만큼 국가의 창업과 수성이라는 대명제를 능가하는 절대적 과제나 명분은 그들에게 결코 존재할 수 없었던 것이다.

그런데, 조선의 창업자들은 다방면에서 나타난 고려 왕조의 모순과 불합리, 그리고 그 적폐를 단숨에 척결하려 함과 동시에 각종 회유책도 함께 내놓음으로써 신왕조에 대한 불만계층인 고려의 구신은 물론, 일반 백성들까지 선무하려 했다. 이는 제도의 급속한 변혁에 의한 민중들의 불안 심리와 동요를 막기 위한 강온 양면의 전략으로, 이성계가 즉위교서에서 국호를 그대로 고려로 하고[4] '의장과 법제도 모두 전조(前朝)의 것을 따른다(儀章法制一依前朝故事).'고 한 점 등이 그 한 예라 하겠다.

그러면서 신왕조는 창업의 필연성과 정당성에 대한 논거를 면밀하게

---

4) 조선이라는 국호를 바로 사용하지 않았음은 명의 승인 문제도 있었지만 건국 초에는 술렁이는 민심을 수습하는 차원에서라고 볼 수도 있겠다. 결국 조선이라는 국호는 태조 2년(1393) 2월 15일부터 사용하였다.

개발하여 민중들에게 널리 유포·주지시켰다. 이런 까닭으로 태조 원년 10월에는 태묘조성도감(太廟造成都監)을 설치, 고려의 종묘를 헐어 버리고 새 왕조의 종묘를 세우는 일을 시발로 본격적인 신구 대체작업을 시행하였다. 그리고 대외적으로는 명으로부터 국호의 승인을 받고, 대내적으로는 고려의 부정적인 면을 의도적으로 극대화하여 이를 선전하였다. 즉, 고려 왕조의 정통성에 대한 가치를 회석시키거나 지워버리면서 다른 의미나 새로운 '대체가치(代替價値)'로 치환시키는 데 혼신의 힘을 다했다.[5]

먼저 이성계 등은 조선의 창업을 실현하고 이를 지켜가기 위하여 유이민(流移民)에 불과했던 그의 선대 가계와 자신에 대한 신비화 작업을 하는 반면, 경우에 따라서는 움직일 수 없는 고려의 역사적 진실까지도 왜곡 날조했다.[6] 그리고 이성계는 위화도 회군 후에 요동정벌의 주창자이며, 영비(寧妃)의 아버지인 최영을 귀양 보내고 우왕을 폐위시켜 건국에 현실적으로 장애가 되는 요인을 제거했다.

---

5) 사실 조선의 경우 고려 왕조를 무너뜨렸다고 하지만, 일부의 불만 계층이나 소외 세력을 제외한 기존 고려 백성의 의식을 완전히 전환시켜 고려에 대한 부정의식을 갖게 하는 것은 현실적으로 어려움이 따랐을 것이다. 그렇다고 국가의 근간이 되는 정치 제도나 사회 구조, 경제의 틀, 이념과 사상 등 고려의 것을 그대로 계속 답습하는 것은 신왕조로서는 더욱 피해야 할 일이었다. 이래서 전대 고려의 것에 대한 선별적인 수용 작업이 반드시 필요하였을 것이다. 이는 국호를 당장 고치지 않고 일정 기간 그대로 고려라고 한 점과 고려 구신들을 끈질기게 회유하려고 한 한편, 고려 분위기의 청산과 종언을 위하여 고려 왕조의 왕씨들을 강화나 거제 등 섬으로 분송시키면서 수장을 획책한 대조적인 사실 등을 봐도 알 수 있는 일이다. 이는 뒷장에서 구체적으로 언급이 된다.
6) 이는 태조의 선대인 목조·익조·도조·환조 등의 혈통에 대한 과장된 설화적 성격의 첨가로 인한 신비화가 이와 같은 맥락에서의 작업 결과라 할 수 있다. 그런데, 원래 이성계의 조상은 고향 전주로부터 전전하다가 함흥에 정착하여 살던 유이민이었다. 그러던 중 그의 부친 이자춘이 공민왕 때 쌍성총관부 정벌에 내응하여 공을 세워 동북면병마사에 임명되므로 크게 두각을 드러내게 되었다. 조선의 태조가 된 이성계는 이자춘의 둘째 아들이다. 이런 가계에 대한 신화적 윤색이 가미되어졌으나 이 때는 이미 설화적인 사고가 시대의 흐름과 함께 민중들의 의식 속에서 많이 퇴조된 시점이기 때문에 비현실적인 요소는 앞 시대인 고려 때보다는 많이 제거된 상태라 하겠다.

이런 일들은 이성계 일파에게 고려를 타도하고 실권을 쥐는 직접적인 계기를 마련해 주었다. 그리고 이렇게 확보한 권한을 이용하여 "생령을 탕화(湯火) 속에서 건져야 한다"는 명분을 내세우면서 구가세족(舊家世族)이나 중소지주적 경제기반을 가졌던 정주학자들의 반대는 물론이고,7) 이색 등 온건파의 반대에도 불구하고 새 왕조 창업의 실질적 힘이 된 사전개혁(私田改革)을 강력하게 단행했다. 이는 권문세족과 사원이 갖고 있던 막대한 농장의 소유를 인정하지 않은 것으로 명실상부한 구질서의 완벽한 파괴요, 신질서의 수립이었다. 그러다가 공양왕 3년(1391)에 새로운 토지제도의 기준이 되는 과전법(科田法)을 공포하여 결국 혁신적인 토지개혁을 결행했다.8)

또 성리학을 이념의 푯대로 삼아 고려에서 주도적인 이데올로기로 자리 잡아 500여 년간 모든 영역에 지대하게 영향을 끼쳤던 불교를 멸륜해국(滅倫害國)의 도라 하여 배척했다. 그리고는 심리적 반전과 쇄신을 꾀하기 위하여 사대부 개혁론자들이 내걸었던 숭유정책을 강력하게 밀고 나가 성리학이 불교나 도교의 자리를 대신하여 조선의 지배이념, 즉 새로운 국가의 정신적 틀로 자리 잡게 했다. 이 일은 앞에서 언급한 정치, 경제적인 혁파와 마찬가지로 기존 고려 지배계층의 와해를 초래케 하는 일대 사건으로서 사실상 고려의 정신적 기반을 뒤엎어 새로운 정신을 창출케 하는 의식개혁의 한 작업인 셈이었다. 그런데 이런 의식 개혁 작업은 태조 이성계가 무학(無學)이나 조구(祖丘) 등 승려를 왕사나 국사로 봉하여 가까이 한 것과는 대조적인 일로서, 『불씨잡변(佛氏雜辨)』이나 『심기리편(心氣理篇)』 등을 지어 불교를 폄훼한 정도전에 의하여 주도적으로 실행되었다.9)

---

7) 한영우, 「鄭道傳의 人間과 社會思想」, 『韓國古典심포지움』 2집, 일조각, 1985, p. 211 참조.
8) 이기백, 『한국사신론』, 일조각, 1981, p. 198 참조.
9) 이종익, 「정도전의 闢佛論 批判」, 『불교학보』, 1971, pp. 286~294 참조. 정도전이 불교를 배척

그러면서 이성계 등은 잔존하는 반대 세력에 대한 축출도 함께 진행
했는데, 그 중 가장 대표적인 것이 최영을 유배지에서 살해한 것과,
정적 조민수를 유배시킨 것 등이다. 또한 이색·변안렬 등의 잔재 세력을
권력 일선에서 축출하고 정몽주를 선죽교에서 시살함으로써 마침내
공양왕 4년(1392), 조선을 건국하는 데에 성공했다.

그런데 외형상으로는 조선이 건국되어 국가의 체제가 이루어졌다
하더라도 건국과 관련된 모든 일들이 일거에 완결된 것은 아니었다.
왜냐하면 당시 최영이 사형을 당하던 날, 도민(都民)이 저자를 폐쇄했는
가 하면, 길거리의 아이나 여염집 부녀자까지 다 울었다는 사실을 보아
도 최영과 같은 구신들의 영향력이 아직도 컸던 것을 알 수 있다. 이런
상황은 정몽주 죽음의 경우에도 다르지 않게 전개되었을 것임은 쉽게
짐작할 수 있다. 이런 저간의 사정은 조선 건국 직전은 물론이고, 직후
에도 조선 건국을 반대하는 정서가 상당히 만연했음을 알려 준다. 즉,
고려가 이미 만회할 수 없는 민심 이반 현상의 와중에 놓여 있어 멸망하
긴 했어도 일부 지배계층이나 일반 민중들의 고려에 대한 향수가 그래
도 짙게 남아 있는 처지였으므로 이들에 의해 형성된 반 이성계 세력이
나 분위기, 그리고 난무하는 유언비어는 개국파들에게 지속적인 위협
요인이 될 수 있었을 것이라는 점이다.[10]

원래 조선 건국의 중심 세력은 앞 왕조의 중심 세력인 상층 사대부나
유신들이 아니라 사대부 대열에서 낙오될 위기에 처한 하층 사대부들
에 국한되었기 때문에 새 왕조는 각계각층의 보다 넓은 지지와 이해가

하고 억압하기 위하여 저술한 책들이 『심기리편』(心氣理篇)과 『불씨잡변』(佛氏雜辨) 등이
다. 이들 책들은 불교를 배격해야 된다는 목적의식 하에서 이루어진 것이어서, 이론 그 자체
에는 편견과 왜곡과 오류가 많으나 새 왕조의 정신적 기틀이 되고, 불교배척의 이론적 근거
가 되었다. 이들 책들은 조선이 건국된 이후인 태조 2년과 동왕 7년에 각각 이루어졌다.
10) 태조 원년 9월 이부와 허해 등이 이성계에게 불리한 요언을 퍼뜨려 민심을 현혹케 했다
하여 유배시킨 예를 들 수 있다.(『태조실록』 권3 태조 2년 정월 무오 조 참조)

절대적으로 필요했다.[11] 그렇기 때문에 백성들의 관심을 끌 수 있는 유인책이나 새로운 제도의 창안은 물론, 그것이 설령 혁명의 논리에 맞지 않아 배제의 대상이었던 것들이라도 새 왕조의 체제 확립과 유지에 필요하다면 일단 수용하여 이용하였다. 그러나 그렇지 않은 것은 철저히 배격하든지 왜곡하면서 고려에로의 회귀심리를 민중으로부터 원천적으로 차단, 봉쇄해 나가려 했던 것이다.

그래서 건국 후에도 여러 후속 조처들이 이루어졌다. 왕도를 개경에서 한양으로 옮기는 동시에 공양왕과, 조선 창업에 계속 반대하여 참여하지 않았던 개경 부조현의 50여 집의 자손, 그리고 개풍 광덕산록 두문동 72현의 자손을 평민으로 전락시켜 상업에 종사하게 했다. 또한 왕씨 일족을 강화와 거제 두 섬으로 분송했다가, 뒤에는 왕강 등 왕씨 일족을 해중에 빠뜨려 죽였다. 또 새 왕조의 정치적 안정에 장애요소이기도 한 공양왕과 그 두 아들을 결국 교살하는 등 왕씨 일족들을 가차 없이 제거하여 후환에 철저히 대비했다.[12]

똑 같은 맥락에서 생각할 수 있는 것이 고려 후기 왕들을 중심으로 한 지배 계층의 실정과 혼란한 사회상에 대한 지나친 폭로, 그리고 이들과 관련된 설화나 민요의 의도적 조작이나 수집, 유포라 할 수 있다.[13] 예컨대 그들이 공민왕과 우왕을 변태적인 음행과 실정만을 저지른 왕으로 부각시킨 것과 같은 기록처럼 『고려사』에는 역사적 현실과 다르게 왜곡, 기술된 부분이 많은 편이다.

그들은 우왕과 창왕을 적통으로 인정하지 않고 신돈의 아들로 왜곡시켜 신우(辛禑)·신창(辛昌)으로 부르면서 폐가입진(廢假立眞)이란 명분을 내세워 이들을 폐위시켰다. 그러면서 결국 이들을 『고려사』의 반역

---

11) 한영우, 『정도전 사상의 연구』, 서울대학교 출판부, 1983, p. 6 참고.
12) 국사편찬위원회, 『한국사』 22, 탐구당문화사, 1995 p. 30 참고.
13) 조동일, 『한국문학통사』 I, 1989, 지식산업사, p. 283 참고.

열전 편에 편입시켰는데 이런 일련의 조처는 조선의 창업자들에게는 불가피한 일이었을 것이다.[14] 그렇기 때문에『고려사』의 기록 내용이 진위 여부로 계속 논란의 대상이 되는 것이라 본다. 따라서 본고에서 논하려고 하는『고려사』악지 속악 부분과 주로 관련하여 조선 건국 초 고려 속가의 수용과 내용 변개는 이런 까닭에 문제로 제기될 수 있을 것이라 생각한다.

3. 조선 건국 초 통치계급의 속가 이용과 그 배경

왕조 교체기에는 정치와 경제의 직접적인 개혁 못지않게 중요한 것이 민심의 향방을 돌리는 일이다. 이는 민심 향배의 중요성을 논한『관자(管子)』의 목민편(牧民篇)[15]에도 나오는 것으로 모든 군주들이 중요하게 여겼다. 따라서 고려를 와해시킨 조선 건국자들에게는 마지막으로 민심의 효과적인 수습과 다스림이 큰 과제였다. 그것은 "하층의 백성은 지극히 약하긴 하지만 힘으로 위협할 수 없고, 지극히 어리석지만 지혜로써도 속일 수 없는 것이다. 그들의 마음을 얻으면 복종하고 그들의 마음을 얻지 못하면 배반하게 된다."[16]고 강조한 정도전의 생각에서도 민심의 수습과 다스림이 그들의 큰 과제였음을 확인할 수 있다. 그러므로 민심의 방향을 전환시키는 데에 영향을 미칠 수도 있는 전조의 음악인 고려 속악에 관하여 이들은 필연적으로 여러 조처들을 취하여 이를 이용했다고 믿어진다.[17] 즉, 이들은 고려 속악의 내용을 왜곡 변개하든

---

14) 이병도,『한국사』중세편, 을유문화사, 1980, pp. 670~671 참조. 그리고 우왕과 창왕에 대한 자세한 기록은『고려사』열전 반역 조의 신우(辛禑)와 창(昌), 그리고 신돈 전과『태조실록』권291 홍무 23년 정월 계미조 등에 나와 있다.

15) "政之所興在順民心政之所廢在逆民心民惡憂勞我佚樂之."

16)『삼봉집』제 13권 조선경국전 상의 정보위(正寶位)조.

17) 고려 멸망 직전에 고려의 왕립 음악기관은 전악서와 아악서였는데, 이들 기관은 이태조

지 정치 목적에 부합되는 노래만을 선별적으로 수용하여 정략적으로 이용했을 것이라 할 수 있다.[18] 특히 고려 멸망의 필연성을 잘 드러내 주는 고려왕들의 퇴폐적 면모와 사회 부패상이 중심인 내용의 민요를 취택하든지,[19] 그렇지 않으면 기존의 속가를 그와 같은 내용으로 변개하여 사용하였을 것이라고 생각된다. 다시 말하면 고려 속가에 대한 단순한 배척은 물론이고 필요한 경우에는 고려에 부정적인 영향을 미칠 수 있는 내용으로 산개(刪改)하거나 새로운 가사로 치환시켜 연향이나 적절한 곳에서 적극적으로 이용한 것이라고 하겠다. 이처럼 조선의 창업자들이 고려 음악, 특히 그들이 격렬하게 비판하면서 배척하려 했던 음란성이 짙은 고려 속가까지도 건국 초에 아무 논란 없이 사용한 것은 고려를 건국할 때 왕건 등 고려 창업자들에 의해 삼국의 속악이 정치적으로 적극 수용된 것보다 더한 목적성을 띤 조처였다고 볼 수 있다.

원래 왕을 비롯한 왕조의 통치계층들은 건국이나 수성, 그리고 평소 그들의 효율적 통치를 위해서 음악의 이용에 전력을 다했다. 먼저 이웃 중국의 경우를 소략하게 살펴본다.

가 왕위에 즉위한(7월 17일) 직후 태조 원년 7월 28일 문무백관의 관제를 선포했을 때 조선의 왕립음악기관으로 일단은 계승시켰다. 그렇기 때문에 조선 건국 직후에는 고려의 음악을 담당했던 악사나 악공들이 종묘제향이나 연향에서 속가를 사용했음을 알 수 있다. 그 뒤 "왕자(王者)는 공(功)이 이루어지면 악을 만들어야 한다"는 『예기』 악기의 전통적인 음악관에 의하여 정도전 등은 새로운 악장을 만들어 사용했다.

18) 지금까지 김문태 「고려속요의 조선조 수용양상」, 『한국시가 연구』 5, 1999. pp. 158~189.) 등 조선조의 고려 속악 수용에 대한 고찰은 주로 성종과 중종 대의 고려 속가에 대한 산개와 배척, 그리고 그것의 수용에 논의를 집중하고 있다.

19) 조선 건국 이전의 민간 음악이 조선 초에 이미 궁정연향에서 사용되고 있었다. 단적인 예로 세종 15년 9월 예조 계문의 다음과 같은 기록이 나오는데, 이로 보아 조선 초부터 계속 사용된 것을 알 수 있다. "성악의 이치는 시대 정치와 관계가 있는 것입니다. 지금 관습도감의 향악 50 여 편의 노래는 신라·백제·고려 때의 민간 이어(俚語)로서 그래도 그 당시의 정치의 득실을 살펴볼 수 있으므로 족히 권계가 됩니다."(禮曹啓聲樂之理今慣習都監鄕樂五十餘聲竝新羅百濟高麗時民間俚語猶可想見時政得失足爲勸戒我朝開國以來禮樂大行.)

중국의 통치계층은 예악의 영향이나 역할을 굳게 믿었다. 그래서 통치계급들은 음악을 자신들의 통치권을 굳건히 하기 위한 수단으로 삼았다. 그들은 민중의 음악을 자신들의 필요에 부합되는 것으로 선택하고 왜곡 해석하여 이를 독점 한 채 정치 현실에 이용했다.[20] 이는 음악으로써 역사의 흐름을 뒤바꿀 수도 있고, 맺혀 있는 결정적 정치 상황을 해결할 수도 있다는 중국인들 음악관의 한 표현이라 하겠다.

특히 음악 관련 기록이 산재해 있는『시경』이나『논어』,『예기』등의 음악에 관한 기록에서도 치국과 관련된 악의 효용성이 논급되고 있다.『모시』의 서(序)에 "정치의 잘잘못을 바로잡고 천지를 움직이고, 귀신을 감동시키는 데에는 시보다 더 좋은 것이 없다."[21]고 말하고 있으며,『논어』태백 편에는 "시로써 일어나고 예로써 서고 악으로써 완성된다."[22]고 하였다. 그리고『예기』권제 19 악기(樂記)에는 "악은 천지의 화순이며 예는 천지의 차례이며"[23], "예는 민심을 조절하지만 악은 민성을 순화시킨다."[24]고 하였다. 그러면서 여기에서 "악은 궁극적으로는 예와 정(政), 그리고 형(刑)과 동일하다."[25]고 했다.

이러므로 중국 쪽에서는 일찍이 순 임금이 악무를 이용하여 이민족인 묘족까지도 순화시키려고 하였으며,[26] 중국 주대(周代)의 통치자들은

---

20) 양인리우(이창숙 역),『중국고대음악사』, 솔, 1999, p. 69 참조.

21) "故政得失動天地感鬼神莫近於詩先王以是經夫婦成孝敬厚人倫美敎化移風俗."

22) "興於詩立於禮成於樂." 이외에도 陽貨 편 등 여러 곳에 음악과 관련된 공자의 견해가 다수 있다.

23) "樂者天地之和也禮者天地序也…樂由天作禮以地制過制則亂過作則暴明於天地然後能興禮樂也."

24)『예기』권 19 악기조. 禮節民心樂和民聲政以行之刑以防之禮樂刑政四達而不悖則王道備矣.

25)『예기』권 19 악기조. 禮以道其志樂和其聲政以一其行刑以防其姦禮樂刑政其極一也所以同民心而出治道也.

26) 이와 같은 음악관 때문에 중국에서는 자기 나라의 악사나 악기 등을 주변국들에 보내거나 전달하기도 했으며, 더러는 주변국들의 음악을 가져다가 자신들의 연례에 사용하기도 했다. 이는 삼국 시대 등 우리나라 음악에 관하여『삼국지』위지 동이전이나 『후한서』·『수서』동이전 등 여러 사서에 기록하여 설명한 것을 보아도 알 수 있다.

악무의 역할을 특별히 중하게 여겨 고급 악관들을 시켜 자신들의 의도를 악무로써 선전하고 백성들을 교육하기도 했다.27) 특히 주공은 그의 조카인 성왕을 경계하며 올바르게 이끌기 위하여 『시경』 대아에 있는 <문왕(文王)>이나 <대명(大明)> 등 여러 시편을 지어 이를 적극 활용하기도 했다. 이는 전조인 당 나라의 교방악을 송이 적극 수용하여 활용한 것에서도 알 수 있다. 중국에서의 이러한 현상은 그 이후에도 마찬가지였다. 그러므로 예악 면에서 일찍부터 중국의 영향을 철저하고도 심대하게 받았던 조선의 경우도 예외일 수는 없다.28)

그러면 우리나라, 특히 조선 시대의 통치자들이 갖고 있었던 음악관을 그 활용을 중심으로 하여 살펴보기로 하겠다.

음악의 대중 교화성이나 효용성에 대한 관념은 고대 우리나라 선인들의 음악관에서도 잘 나타나고 있는 편이다. 이에 대한 예로는 먼저 『삼국유사』의 저자 일연 선사의 기술29)과, 같은 책 권2 가락국기조나 권5의 월명사 <도솔가>조나 융천사의 <혜성가> 등의 많은 관련 기록을 들 수 있다. 가락국기조의 <구지가>는 주술에 능한 김수로가 노래의 주술적인 효능을 효과적으로 이용하여 자신이 등극했음을 말해준다.30) 그리고 특히 <도솔가>조의 부대기록에 "향가는 천지귀신을 감동시키는 것이 한 두 번이 아니다."31)라고 한 점으로 볼 때 음악으로써 천지의 신명은 물론이고 백성들을 교화하거나 정치적으로 유도하는 것도 가능

---

27) 양인리우(이창숙 역), 앞의 책 p. 71 참조.
28) 이에 대한 잡다한 예를 듦은 피하겠지만, 『악학궤범』에 나오는 음악의 효용이나 영향 등에 관한 내용은 『예기』 악기나 중국의 다른 문헌에 나오는 이론을 집중적으로 그대로 차용하고 있음이 구체적인 한 예가 될 것이다.
29) 일연은 이 책의 권1 기이 제1에 "대체로 옛날 성인이 예악으로써 나라를 일으키고 인의로써 가르침을 베푸는데(大抵古之聖人方其禮樂興邦仁義說教)…"라 적고 있다.
30) 『삼국유사』 권 제3 탑상 제4 어산불영(魚山佛影)조에 김수로왕이 나찰녀와 독룡의 해악을 주술로써 막으려 했다는 기록이 있는데, 이는 수로가 주술적 능력을 소유하고 있었음을 알려주는 내용이라 보겠다.
31) "羅人尙鄕歌者尙矣蓋詩頌之類歟故往往能感動天地鬼神者非一."

하다고 믿었던 것을 알 수 있다. 그리고 음악에 대한 이러한 생각은 후대인 고려의 태조 왕건을 중심으로 한 지배계층이나 이성계 등 조선 건국자들에게도 기본적인 면은 변하지 않은 채 그대로 계승되었다.

고려에서도 고려의 속악과 함께 신라와 백제, 고구려 지방의 중요한 속악을 악장으로 사용했음이 『고려사』 악2 삼국 속악조에 기록되어 있다.[32] 이는 왕건이 후삼국을 통일한 후에도 삼국의 각 지방음악을 사용했음을 말해주는 기록이다. 왕건은 후삼국을 통일한 이후에도 각 지역에서 여전히 세력을 떨치고 있던 지방호족들의 심리 속에 잔존해 있을 수 있는 신왕조 고려에 대한 이반감을 줄이면서, 그들과 정서적 융합을 꾀하고 일체감을 강화하고자 삼국의 속악을 사용하였던 것이다.[33] 이에는 고려에 의하여 병합되거나 망했던 신라와 백제 · 고구려 백성들의 가슴 속에 응어리로 남아 있는 망국의 한을 그들의 정서가 밴 지방 음악을 철폐하지 않고 고려 궁정에서 고려 음악과 같이 사용해 줌으로써 일체감 내지 동질성을 인식시키려고 한 고도의 정치적인 계산도 함께 담겨 있었던 것이라 보겠다. 이는 왕건이 백제를 멸망시킨 후 천호산에 개태사를 창건, 미륵삼존불을 조성하여 이 지역 민심을 수습하려고 한 종교적인 노력이나,[34] 또 그가 삼국을 통일하는 전후과 정에서 지방호족의 자녀를 적극적으로 왕후나 빈으로 삼은 결혼정책과 같은 정치적 계산과도 동궤의 차원이라 하겠다.[35] 이로 볼 때 조선 창업 자들이 조선 건국 초 고려의 속악을 악장으로 사용한 배경도 고려가

---

32) "新羅百濟高句麗之樂高麗竝用之編之樂譜故附着于此詞皆俚語."
33) 김학성, 「고려 가요의 작자층과 수용자층」, 『한국학보』 3집, 일지사, 1983, p.224. ; 노지영, 「삼국 속악가사의 고려조 수용 연구」, 부산대 대학원, 1999, p. 24 참조.
34) 김삼룡, 『한국미륵신앙의 연구』, 동화출판공사, 1983, p. 152.
35) 왕건은 결혼정책에 의하여 신라 경순왕에게 그의 장녀 낙랑공주를 시집보냈는가 하면, 각 지방호족들의 딸들을 왕후나 빈으로 삼았다. 이렇게 함으로써 신라의 세력과 결속을 꾀하고, 지방호족의 세력을 상호 견제할 수 있어 삼국을 통일하는 데 크게 도움을 받았 다. 이 결과 왕건에게는 왕후가 6명이고, 빈이 23명이나 되었다.

삼국의 속악을 사용한 경우와 크게 다르지는 않다.[36]

다음에 조선 초 지배계층들의 음악관을 한 번 보기로 한다.

『고려사』 권 70 악1에 "음악은 그것으로 순미한 풍속과 교화를 수립하고 조종의 공훈과 은덕을 형상화한다."[37]라고 한 사관들의 생각이나, 『악학궤범』 서문에 "같지 않은 소리를 합해서 능히 하나로 만드는 것은 임금의 지도 여하에 달렸다. 지도함에는 정(正)과 사(邪)의 다름이 있으니, 풍속의 성함과 쇠함도 여기에 달렸다. 이러므로 악의 도가 정치와 크게 관련을 갖는 것이다."[38]고 한 기록 등도 그들이 음악을 정치에 이용하려는 음악관의 일단을 잘 대변해 주고 있다.

그렇기 때문에 건국 초인 태조 2년(1393)에 정도전은 <문덕곡>·<신도가>·<납씨가>·<정동방곡>·<몽금척>·<수보록>·<궁수분> 등의 새로운 악장의 가사를 지어 조선 건국의 필연성과 이태조의 공적을 집중적으로 찬양했다.[39] 정도전은 악은 당대는 물론이고 후세까지도 피지배자들에게 지배자의 존엄과 권위를 당연한 것으로 받아들이도록 하는 작용을 한다고 보았으며,[40] 자신이 태조 3년에 저술한 『조선경국전』 상 악조에서 공덕이 이루어지면 악이 지어지고 악을 보면 공덕을

---

36) 고려는 후삼국을 통일해 가는 과정에서 이미 힘과 지혜 등, 전략적 차원에서 우위를 점하여 통일의 결정적 상황을 만들었다. 그 결과로 건국에 성공했으므로 고려 태조 왕건은 나름으로 백성들로부터 많은 민심을 얻었으며, 지방호족들을 중심으로 한 비호세력의 지지와 심리적 기반을 확보하고 있어서 건국 후에는 반대 세력에 의한 장애는 조선보다 으히려 적었다고 볼 수 있다. 그러나 조선은 고려와는 사정이 달랐다. 치열한 전쟁을 벌여 적대 세력을 굴복시키고 새 나라를 세운 것이 아니라 무혈혁명이라 할 정도로 술수와 지모와 계책에 의하여 고려를 무너뜨리는 데 성공했으므로 조선 건국 후에도 지지와 비지지 세력으로의 양분됨이 심화될 수 있었고, 그 저항도 강하면서도 지속적이었던 것이라 하겠다. 그러므로 철저하게 전조를 부정하는 작업이 강도 높게 진행되어야 했다고 생각할 수 있다.

37) "夫樂者所以樹風化象功德者也高麗太祖草創大業而成宗立郊祀."

38) "…能合其聲之不同而一之者在君上導之如何耳所導有正邪之殊而俗之隆替係焉此樂之道所以大關於治化者也…."

39) 태종 2년(1402)에는 하륜이 <근천정>과 <수명명> 등 두 악가를 창작했다.

40) 한흥섭, 『한국의 음악사상』, 민속원, 2000, p. 84.

알 수 있다고 하면서 악에 대하여 다음과 같이 설파했다.

> "악은 올바른 성정에서 근원하여 성문을 빌려서 표현되는 것이다. 종묘의
> 음악이라는 것은 조상의 성덕을 찬미하게 하는 것이고 조정의 음악은 군
> 신간의 장경(莊敬)을 극대화하는 데 있다. 향당과 규문에서까지도 각기 일
> 에 따라서 악을 짓지 않음이 없었다. 그러므로 유계에서 악을 사용하면 조
> 상이 감격하고 명계에서 사용하면 군신이 화합하며, 이를 향당과 방국에
> 확대하면 교화가 실현되고 풍속이 아름다워지는 것이다. 악의 효과는 이
> 렇게 시원한 것이다.…또 문덕·무공의 곡을 새로이 지었는데, 이것은 전
> 하의 거룩한 덕과 신기로운 공을 서술하여 창업의 어려움을 형용한 것이
> 다. 이 악곡에는 고금의 문장이 갖추어져 있다. 이른바 공덕이 이루어지면
> 악이 지어지고 악을 보면 공덕을 알 수 있다는 말을 어찌 믿지 않겠는
> 가"[41]

그런가 하면 앞서 언급한 『세종실록』 권61, 15년 9월 신묘조[42] 또한 세종
때 위정자들의 음악에 대한 생각이므로 참고로 할 수 있는 대목이라 생각된다.

이와 같이 정도전이나 뒷시대 세종 때 위정자들의 음악관은 새 왕조의
기반을 다지거나 민심을 회귀시키기 위하여 조선 건국 초 새로운 악장의
창작은 물론이고, 고려 노래들의 내용을 왜곡하여 수용했을 것이라는 데에
대한 확신을 주는 한 근거가 된다. 물론 조선의 건국과 함께 고려 속악에
대한 손질이 정치적인 의도에 의해 본격적으로 가해지기 시작했지만, 기실
은 고려 속악에 대한 부분적인 비판이나 비난은 고려 말에 이미 있었다.

고려 말 궁정에서 방종과 음란성이 짙은 퇴폐적 노래와 향연을 중지
할 것을 시중의 자리에 있던 최영이 우왕에게 강력하게 요청한 바가

---

41) 『조선경국전』은 정도전의 문집 『삼봉집』 권제 13에 들어 있는데, 그가 갖고 있었던 음악
   에 대한 생각을 알게 하는 글이다. "樂者本於性情之正而發於聲文之備宗廟之樂所以美祖考
   之盛德朝廷之樂所以極君臣之莊敬以至鄉黨閨門莫不因其事而作焉故幽則祖考格明則君臣和
   椎之鄉黨邦國而化行俗美樂之效溾矣哉…又新製文德武功之曲述殿下盛德神功以形容創業之
   艱難古今之文備於此矣所謂功成樂作觀樂而知德者不其信歟."
42) 주 19)를 참고하기 바람.

있었고[43], 또 이태조의 위화도 회군 후 고려 조정에서 내용이 비리한 속악을 연향에 사용하는 데 대한 논란도 이미 있었다. 고려 말 개혁논자이며 조선 건국에 공을 많이 세웠던 조준 같은 이는 비천한 속악을 연향에서 계속 사용함에 대하여 다음과 같이 개탄조로 말했음이 『성호사설』에 전해온다.

> "본조의 풍악에는 손님을 대접할 때 반드시 당 나라의 음악을 먼저 아뢰고, 다음에는 광대의 가무로 계속하는데 이는 중정과 화평의 뜻에 어긋나 예악의 근본을 잃은 것이다. 중국의 의례를 상고하건대 다만 영인을 시켜 풍악을 아뢰게 하고 창기는 참여하지 않았으니 원컨대 그 법을 실행하여 창기를 가까이 하지 말아야 한다."[44]

조준의 위와 같은 말은 고려 말 조선 건국이 무르익을 무렵, 음란성이 짙은 속가들을 궁정 연향 등에서 계속 사용했음을 말해 주는 것으로서, 이런 유형의 속가는 조선의 창업자들이 가장 금기시하던 음풍으로 유교의 이념에 철저히 반하는 것이며, 고려의 말기적인 실정이 담긴 내용이다. 이처럼 조준 같은 사람의 시무소(時務疏)가 있었는가 하면, 조선 건국 초기에도 기악(妓樂)을 혁파하자는 논의가 있었다.[45] 그리고 '북리(北里)의 춤'이나 '미미(靡靡)의 음악'과 같은 것은 사람의 몸과 마음을 다 녹여 왕조를 멸망케 한다는, 중국 쪽 악무의 영향과 효과에 대한 견해를 조선의 일반관료들이면 다 알고 있었을 터이고, 또 당시 누구보다 예악에 정통한 정도전은 "음악이 사치스럽고 방종할수록 백성들이 맺히고 쌓여 즐거워하지 않고, 군주의 지위는 갈수록 약해진다."[46]는

---

43) 이병도, 앞의 책, p.683 참고.
44) 『성호사설』 권15 인사문 <헌선도>조 本朝樂節凡宴饗賓客必作唐樂繼以鄕樂倡優歌舞不合中和失禮樂之本矣按中朝廷儀只使伶人按樂倡妓不與焉願遵此法宮中宴饗無令娼妓.
45) 『성호사설』 권23 경사문조.
46) 『여씨춘추』 중하기 대악편. "故樂愈侈而民愈鬱國愈亂主愈卑則亦失樂之情矣."

이치 정도는 분명히 알고 있었을 것임에도 그들 자신이 비속하다고 말한 고려의 음설지사를 그대로 사용한 상황이었다.

그런데 공양왕 등 고려의 왕까지도 임의대로 폐위시킨 이 태조나 정도전 일파가 그런 고려의 음설적 음악을 배척하려고 용심했다면 그 정도는 못 했을 리가 없다. 특히 조선 건국 1년 뒤인 1392년에 정도전이 <몽금척>·<수보록>·<납씨가>·<궁수분>·<정동방곡>·<문덕곡>을, 그리고 1395년에 권근이 <천감>·<신묘>·<용산>을, 1402년엔 하륜이 <근천정>과 <수명명> 등 일련의 악장을 창작하기도 했다. 이러므로 고려 속가의 가사를 새로 제작하는 것은 하등 어려움이 없는 실정이었다. 그런데도 건국 직후에는 음설한 속가에 대하여 보다 더 구체적인 개찬논의나 산개를 하지 않은 채[47), 연향에서 영인(伶人)들로 하여금 그런 부류의 노래를 계속 부르도록 한 것은 고려 멸망의 필연성을 부각시키려는 의도 때문이라 여겨진다.

이런 맥락에서 볼 때 조선 개국 초에도 고려의 부패가 적나라하게 노래된 고려 속가들을 당분간 사용할 뿐, 오히려 물리치려 하지는 않았을 것이다. 그렇기 때문에 지금까지 가사가 전하는 고려 속가 가운데 남녀상열 내지 음설지사로 볼 수 있는<서경별곡>·<정읍사>·<쌍화점>·<만전춘별사>·<이상곡>과 가사 부전의 <후정화>, 그리고 불교 내용의 무애정재 등 고려 음악들은 조선 건국 초에는 별 말없이 불려지다가 세종 때부터 가사의 내용이 문제가 되어 배척되기 시작했던 것이라 여겨진다.[48)

---

47) 태종 2년 6월 5일 정사(丁巳) 조에 "전조에서 삼국 말년의 음악을 이어받아 그대로 썼고, 또 송조의 악을 따라 교방의 악을 사용토록 청하였으니 그 말년에 이르러 또한 '음란한 소리(哇淫之聲)'가 많았사온데 조회와 연향에 일체 그대로 썼으니 볼 만한 것이 없습니다"라는 기록이 나온다. 그러나 이 때는 고려 속악에 대한 산개 논의가 구체적으로 나오지 않았다.

48) 석교(釋敎)와 남녀상열이 내용인 속악 중에서 무애정재는 세종 원년에, 그리고 <후정화>나 <만전춘별사>·<서경별곡>·<쌍화점>·<이상곡> 등은 성종 때, <정읍사>는 중종 때

조선의 창업자들은 조선 건국 직후에는 주로 고려 속가의 기존 음률과 내용, 형식을 그대로 두거나, 또는 음률은 원래대로 보존한 채 내용이나 형식을 전체 혹은 부분적으로 변개하거나 다시 짜서 악장으로 사용하였다. 그렇지 않으면 <신도가>·<정동방곡>·<납씨가> 등 새로운 악장을 다수 창제하여 사용하거나, 더러는 민간의 노래를 가져다 사용했다고 생각된다. 이러므로 고려 속가 <쌍화점>이나 <후정화>처럼 고려의 왕과 상층계층의 도덕적 타락상과 부패의 내용이 집중적으로 들어 있는 많은 노래나, 음설지사로 알려진 <만전춘별사>나 <이상곡> 등은 고려 궁중에서 실제로 불려진 것이라기보다는 조선의 건국자들이 자신들의 정치적 목적을 달성하는 데 도움이 되게끔 원래 속가의 내용을 수정했든지, 고려 때 민간의 유행가요 중에서 취택하여 악장으로 사용한 것 중의 일부분일 수도 있다고 여겨진다.

왜냐하면 조선에서 불려진 이 노래들이 악장으로 불려졌다면 당연히 다른 속가들과 마찬가지로 이들 노래의 제목 정도는 『고려사』 악지에 나와야 될 것이다. 그런데도 『고려사』 악지에는 이 노래에 대한 가명이나 관련 기록이 전혀 보이지 않고 후대인 성종 대에 왕명으로 편찬된 『악학궤범』이나, 편찬자와 그 시기를 단정하기 어려운 『악장가사』와 『시용향악보』 등에만 있을 뿐이다. 다만 <쌍화점> 2연에 해당하는 가사 내용의 일부가 충렬왕조의 기록에 <삼장>이란 가명으로 한역되어 전해질 정도이다.49)

고려를 멸망으로 치닫게 했던 요인 중, 왕들의 황음연락도 주요한 원인이었음이 사실이다. 그러므로 음란성이 짙은 고려 속가는 나라를 망하게 했던 것 중의 하나로서, 멸망한 나라의 음악(亡國之音)인 셈이

에 이르러서야 음설지사로 문제가 되어 비로소 배척이 본격적으로 논의되었다.

49) <쌍화점>의 2연에 해당하는 <삼장>이 충렬왕 25년 5월에 창작되었다는 『고려사』의 기록 자체가 상당히 의문시될 수 있는 점이라고 본다. 이 문제는 조선의 역사 편찬자들에 의하여 『고려사』가 여러 부문에 걸쳐 왜곡 기술되었다는 점을 논급한 이 다음의 장을, 또 <쌍화점>이 고려 궁중에서는 악장으로 불려지기 어려운 내용의 노래라는 점을 언급한 제2부의 '<雙花店>의 형성배경과 내용특성'을 참고하기 바란다.

다. 멸망한 나라인 고려의 속악, 그것도 조선 창업자들 자신이 멸망시킨
고려 교방악인 속가는 그들이 일차적으로 폐기시킬 대상이었다. 그렇
기 때문에 고려 말이나 조선 건국 초 기악(妓樂)의 혁파가 논의되기까지
했다. 그런데도 이 논의는 더 이상 진전되지 못 한 채 그것들은 곡연(曲
宴)이나 관사(觀射), 행행(行幸)할 때 등 여러 연향이나 행사에서 그대로
사용되었다. 이처럼 조선의 창업자들을 중심으로 여말이나 조선 건국
초에 음란성이 짙은 내용이 담긴 고려 속가를 배척하자는 일부의 논의
가 잠시 제기되었음에도 건국 초에는 오히려 이들 노래가 계속 사용되
었는데, 그 이유는 앞에서 언급한 정치적인 목적과 필요성에서 찾는
것이 타당하리라고 본다.

4. 조선 건국 초 속가의 변개 내용과 방향

앞 장에서는 조선 창업자들에 의하여 이루어진 고려 속가의 왜곡 변
개에 대하여 조선 건국 초의 역사적 배경과 상황, 그들의 음악관을 중심
으로 살펴보았다. 본 장에서는 조선 초 건국창업자들이 『고려사』 악지
속악에 대한 기술 내용과 가사 현전 속가를 어떠한 방향과 내용으로
왜곡 변개했으며, 그 근거는 어디에서 찾을 수 있는지 논급하기로 한다.

조선 창업자들이 고려 속가를 정치적으로 이용하고 활용함에는 여러
방법이 동원되었을 것이다. 이에는 고려 속가의 내용을 변개하여 이용
하거나 그렇지 않으면 그대로 가창케 하거나, 아예 제외하는 등의 방법
이 해당될 것이다. 그런데 노래의 내용을 왜곡 변개시키는 데에는 한계
도 있었을 것이다. 왜냐하면 고려의 모든 속가의 내용을 왜곡 변개하는
것은 오히려 역기능을 초래할 수도 있었기 때문이다. 그래서 고려왕에
대한 송축이나 문물제도의 찬양에 관한 노래는 왜곡, 변개라는 방법을

사용하지 않고 그들이 편찬한 악지의 수록에서 제외하는 방법을 썼으며, 고려의 치부를 드러내거나 사회 고발성이 짙은 고려 속가나 민간의 노래는 집중적으로 부각시킬 수 있는 방향으로 내용을 변개하든지 창작했을 것으로 보인다.[50] 그리하여 건국을 전후해서 유행했던 예언적 성격의 민요나 시도 정권 탈취에 적절히 활용했다고 여겨진다.

그러므로 진사성인출(辰巳聖人出) 등의 참설이 나돌기도 한 고려 말에 도탄에 빠진 창생을 이성계가 와서 구원해 주기를 바라는 <이원수요(李元帥謠)>[51]나 이씨가 나라를 세울 것이라는 <목자득국요(木子得國謠)> 같은 참요는 민중들 사이에서 자연발생적으로 돋아난 노래로도 볼 수 있지만, 오히려 이성계를 위요한 일파가 그들의 목적을 달성하기 위해 창작하여 교묘하게 민중들에게 전파시킨 창작가요로 간주할 수도 있다. 다음에 이런 문제들을 몇 갈래로 나누어 좀 더 구체적으로 언급한다.

첫째, 『고려사』 권 71 악 2에 실려 있는 가사 부전의 속가에 대한 왜곡 내지 변개 문제에 관하여 살펴본다.

『고려사』는 고려 말 반(反) 고려적 정서가 가장 강한 소유자로 과격한 개혁논자이며 조선 건국의 일등 공신인 정도전과 조준 등이 태조 원년 10월에 왕명을 받아 동왕 4년(1395) 정월에 완성한 『고려국사』를 준거로 삼아 편찬되었다. 그렇게 볼 수 있는 가장 큰 이유는 태종이 우왕 이후의 이 사서 기록이 특히 부실하다 하여 하륜과 남재·이숙번 등을 시켜 수정케 한 것을 시작으로, 세종 때 정인지·김종서 등에 의해 본격

---

50) 앞에서도 이미 언급했듯이, 조선의 창업자들이 고려의 속가 전부를 정치적 목적에 이용했다고 보기는 어렵다. 다만, 고려왕들의 생활 행태를 비난하기에 적합한 음설의 노래들은 그대로 수용하든지, 또는 더욱 그 내용을 강화하여 그들의 목적을 달성하는 데 이용했다고 여겨진다. 그리고 본문에서도 언급되고 있는 것처럼 <쌍화점>이나 <후정화> 등은 그 내용을 왜곡하여 사용한 것이라고 본다. 그렇기 때문에 『고려사』 악지나 『악장가사』 등의 가요집에 있는 모든 고려 노래가 다 논의의 대상은 되지는 않는다.

51) 『동사강목』과 『동각잡기』에 한역되어 전하기도 하는 <이원수요>의 내용을 참고로 적어 보면 다음과 같다. "서경 문 밖 불이 오니, 안주 성 밖에 연기 이네, 그 사이 오고 가는 이원수는 빨리 와서 우리 창생 구제하소."

적인 개찬을 거친 뒤 조선 건국 59년만인 문종 원년(1451)에야 비로소 『고려사』란 이름으로 편찬이 완료되었기 때문이다.[52] 그러므로 『고려사』는 『고려국사』의 내용이나 기본적 서술 방향, 그리고 그것의 편찬 정신을 완전히 벗어날 수 없는 원천적 한계를 갖고 있었다고 하겠다. 또 『고려사』 권 71 악 2 속악 조에 "고려의 속악은 여러 악보를 참고로 해서 실었다."[53]고 했는데 이 기록의 '참고하다'는 말에는 '살펴서 생각한다'는 뜻이 내포되어 있으므로 편찬자들의 주관에 따라 기존의 악보나 이에 관한 기록이 왜곡 내지 변개, 또는 삭제되거나 선택적으로 취택되었을 수 있는 정황이었음을 어느 정도 시사한다.[54]

실제 『고려사』 악지의 속악조에 근 500 년간 고려 궁중에서 사용한 속악들의 숫자가 30 여 편 뿐인데 비하여, 같은 권에 실려 있는 당악은 오히려 50 여 편으로 상당한 대조를 이룬다. 그리고 여기에 범패와 불교 음악은 물론 없으며, 속악의 주제나 내용도 다양하지 않다. 그러면서도 고려 불교의 부패와 승려의 성적 비행이 노래된 <삼장>은 수록하고 있다. 이런 현상들은 조선 창업자들이 자신들의 입장에 도움이 안 되는 노래들은 악지의 수록 대상에서 제외했기 때문이라 생각된다.

또 『고려사』 찬자들은 고려 말의 과격한 개혁논자들의 입장이나 견해를 답습하거나, 그들이 올린 상소문 등을 통하여 고려의 실체를 이해했기 때문에 『고려사』에는 고려의 객관적 사실과 다른 점이 많음은 필연

---

52) 『고려국사』의 찬집을 시작한 시기인 조선 태조 원년 10월은 삼국의 역사인 『삼국사기』를 고려 17대 인종 때에 와서야 김부식이 지은 시기와 비교하면 상당히 급하게 서두른 듯한 느낌을 준다. 이도 조선 건국 창업자들이 조선 건국의 필연성과 정당성 확립을 굳건히 하는 데 고려 역사의 찬술이 절대적으로 필요했음을 절감한 때문이라 여겨진다.
53) "高麗俗樂考諸樂譜載之其動動及西京以下二十四篇皆用俚語."
54) '참고한다'는 한자의 '고(考)'는 어떤 대상을 참고할 뿐이지 그대로 수용한다는 의미는 아니다. 그래서 이 말은 어떤 대상을 주관적으로 변형시키거나, 취사선택할 수 있는 정황이 어느 정도 전제됨을 암시한다고 생각한다. 그렇기 때문에 『고려사』 악지에 기존의 악보를 '그대로 싣는다'고 하지 않고 '참고하여 싣는다'고 분명히 밝히고 있는 것이다.

적이라 할 수밖에 없다. 즉,『고려사』열전의 인물 분류 기준도 애매하며,『고려사』식화지(食貨志)와 백관지(百官志)에는 오류를 범한 조준의 상소문 일부를 그대로 이용함으로 해서 역사적 사실과 다른 점이 있다.55) 또『고려사』찬자들은 유교적인 관점에서 고려를 이해하려고 했기 때문에 토속적인 풍습이나 불교적인 자료들을 제외하거나 소홀히 다룬 것도 사실이다. 고려의 국가 제사에는 아악 뿐 아니라 고유의 음악인 속악도 같이 사용되었는데도 『고려사』악지의 아악 조에는 이런 흔적이 전혀 없는 것도 그것을 말해주는 한 근거가 된다.56)

둘째, 조선 건국자들이 고려 속가 중 어떠한 성향이나 내용의 노래를 제외했는지에 대하여 한번 살펴본다.

『고려사』의 기록처럼 충렬왕을 비롯한 고려 후기인 원 복속기의 왕들은 대개 왕으로서의 자질이 부족하며, 치국의 도를 잘 수행하지 못 했음은 인정해야 할 점이다. 그러나 고려 475년간 보위에 오른 34명의 왕 중에는 개국을 한 태조 왕건을 비롯하여 성종과 현종 등, 적극적으로 국토를 확장하거나 선정을 베풀어서 추앙을 받았던 현군도 많았다. 그러므로 조종(祖宗)의 공덕이나 당대 왕의 위업을 기리는 송축의 노래가 있었어야 한다. 그리고 백보 양보한다 하더라도 <정석가>와 같은 정도의 선왕선대에 비견되는 송축의 속가는 다수 연향되었을 것으로 생각할 수 있다. 이는 조선 세종 때 <용비어천가>를 지어서 선왕들의 공업을 기린 것과 비교해 보면 잘 알 수 있는 일이다.

그런데도『고려사』악지 권70 악1의 태묘 악장57)을 제외하고는 속가

---

55) 변태섭,『고려사의 연구』, 삼영사, 1982, pp. 85~90 참조. 여기서는 「고려사 편찬에 있어서의 객관성 문제」·「고려사의 내용분석」 등을 통해 각 지(志)에 드러나고 있는 문제점 등 여러 방면에 걸쳐서 접근을 시도하고 있다. 그리고『고려사』의 내용 변개와 왜곡 등 전반적인 문제에 관한 연구는 황영호, 민현구 등에 의해서도 많이 이루어진 편이다.
56) 변태섭, 위의 책, p. 80 참조.
57) 태조 왕건 등 역대 고려왕들의 공덕과 위업을 송축하는 내용으로『고려사』권70 악1 태묘악장(太廟樂章) 조에는 태조 제일실인 정성태정지곡(正聲太定之曲)을 비롯, 혜종 제이

31편 중에는 태조 왕건의 덕을 숭앙하여 노래한 <장단>과, 어느 왕을 지칭한 것인지는 모르지만 왕의 만수무강과 치적을 기리는 내용의 <풍입송(風入松)> 정도가 고작 있을 뿐 그 외는 없는 실정이다. 다만 어떤 특정 군왕의 업적을 송축 대상으로 한 것은 아니지만 <금강성(金剛城)>이나 <송산(宋山)>, <동동> 정도는 송축 계열에 넣을 수 있을 것이다.

특히 고려 4대 광종은 왕권의 강화와 지방호족의 세력을 꺾기 위하여 노비안검법이나 과거제를 실시하는가 하면 화엄의 성상융회(性相融會) 사상까지도 이용하는 등, 전에 없던 특단의 여러 조치를 강구했다. 이런 것으로 미루어 볼 때 광종은 왕의 절대적 권위와 위업을 강화, 고취시키기 위한 효과적인 방안의 하나로 송축의 노래를 창작하여 궁중 연향 시에 악장으로 사용하도록 했을 개연성은 충분히 있는 것이다. 그러나 『고려사』 악지 등에는 이런 종류의 속가가 전혀 없다. 이도 속가에 대한 조선 시대의 왜곡 상황을 짐작케 한다.

또한 충렬왕 대의 『고려사』 기록에 의하면 폐행(嬖倖)들이 왕의 성색을 맞추기 위하여 남녀상열의 노래를 집중적으로 창작하거나 남장별대(男裝別隊)로 하여금 그러한 노래를 부르게 한 상황이었다고 한다.58) 이런 경우를 감안하면, 왕의 비위를 맞추는 데에 왕 본인을 기리는 내용의 노래보다 더 적당한 것은 없을 것이므로 남녀상열의 노래와 함께 왕의 덕을 송축하는 속가도 연행되었을 것임도 쉽게 짐작할 수 있는 일이다. 그런데도 왕의 비리를 드러내는 내용의 노래만 존재할 뿐 군왕의 공덕을 칭송한 송축가가 한 편도 없음은 조선에 들어 와서 조선 창업자들이 이런 것들은 말살했을 것으로 봄이 타당하리라 여겨진다.

실 등 9실(九室)의 등가악장(登歌樂章)이 나오고 있다. 이는 예종 11년 10월 처음 제작되었다. 그리고 공민왕 12년 5월 정해에 9실의 신주(神主)를 태묘로 환안(還安)하고 새로 악장을 지었다는데, 태조 1실부터 충목왕 9실까지가 있다.

58) 『고려사절요』 권22 충렬왕 25년 5월조 참조.

이는 당이 고구려를 멸망시키고 난 후 찬란한 고구려의 문헌이 자기들 쪽으로 전달되어 역기능을 일으킬까 염려하여 대부분 불살라버린 것과 같은 맥락이라 할 수 있겠다.59)

그리고 고려와는 시간적으로 거리가 많이 나면서 고려 왕실과도 직접 관련이 없는, 중국의 주 나라 무왕에 의해 기자조선의 왕으로 봉해졌다고 전해지고 있는 기자의 덕망을 기리는 내용인 <서경(西京)>이나 <대동강(大同江)>과 같은 노래는 오히려 『고려사』 악지에 실려 있으면서, 고려왕들의 위업이나 공덕을 내용으로 한 악장은 상기 몇 편 외에는 존재하지 않는 것도 조선 건국 초 조선 창업자들에 의해 고려 속가의 왜곡과 변개가 이루어졌음을 생각하게 하는 대목이다.

셋째, 아무리 고려 궁중이 도덕적으로 문란하여 정도가 극에 달했다 하더라도 왕을 위시한 상층계층이 향유했다고 보기에는 무리인 노래가 가사 현전 고려 속가 중에 있는데, 이들 노래 역시 조선의 창업자들에 의하여 가사가 변개되어 정치적으로 이용된 것으로 볼 수 있다.60)

그 대표적인 고려 속가의 경우가 <쌍화점>인데, 이 노래는 각 연마다 고려왕을 위시하여 승려와 회회아비, 용 등이 행동의 주체자로 나온다. 그런데 각 연의 중심인물들이 벌이는 행각은 바로 고려 여성들에 대한 성적 착취로 이해될 수 있는 것들이다.61) 이런 내용의 노래가 고려

---

59) "唐李勣旣平高句麗聚東方典籍於平壤忌其文物不讓中朝擧以焚之." 『雅亭遺稿』 권3 장7
60) <쌍화점>의 이런 점에 관하여는 '제2부 <雙花店>의 형성배경과 내용특성'을 참고하기 바람.
61) <쌍화점>의 내용이 음란성과 퇴폐성과는 거리가 있는 노래라는 견해도 관점에 따라서는 있을 수 있다. 그러나 노래 내용이 분명히 전하는 이 <쌍화점>의 각 연들을 음란성과 거리가 먼 것으로 이해하는 것은 무리가 많이 따른다고 본다. 그리고 김만중이 『서포집』 권 2 악부에서 <삼장>에 대해 언급한 것은 구체적인 증거가 없는 막연한 지적이라 여겨진다. 그리고 그는 같은 곳에서 <삼장>과 <사룡>의 말이 속되다고 서술하고 있다. 이에 대한 연구가 구체적으로 이루어지지 않는 상황에서는 『성종실록』 권 240, 21년 5월 21일 조에서 조선의 관료들이 왕 앞에서 아뢴 대로 '음설한 가사의 노래'로 받아들이는 것이 옳으리라 본다. 참고로, 야사를 다수 수록한 『대동야승』 권 23 해동잡록 6에 있는 '주세붕이 황준량에게 답한 편지' 중의 "지금의 악이라는 것은 흔히 음란한 풍속에서 나왔으니,

궁중에서 연향 된다는 것은 언어도단이다. 왜냐하면 충렬왕 등 고려왕
들이 아무리 황음연락에 빠졌더라도 왕 자신의 성적 비행이 대상으로
된 노래를 왕 자신이 그냥 듣고 즐긴다는 것은 고금동서를 막론하고
존재하지 않는 일이기 때문이다. 그리고 그 당시 김원상과 오잠, 석천보
등 폐행들은 왕의 성색(聲色)을 맞추기 위하여 갖은 노력을 했다. 그렇
다면 오히려 왕의 비위를 거스르지 않는 음설한 내용의 노래를 가져다
가 기녀들에게 부르게 하는 것이 맞는 이치다.

　이는 이 노래의 각기 다른 연에 나오는 삼장사 사주(社主)의 경우나
회회아비의 경우에도 똑같이 적용될 수 있는 일이다. 왜냐하면 고려
시대 불교의 타락이 움직일 수 없는 일이고, 승려의 파계 행위가 비일비
재하여 세간의 비난을 많이 받았다 하더라도 왕사나 국사 제도가 엄존
하고, 궁중 향연에 승려의 참여가 많은 실정을 감안하면 삼장사 사주의
성적 타락이 내용인 이 노래를 부르게 하지는 않았을 것이다. 특히 삼장
사는 개성에 있던 유명 사찰로 그 세력이 컸다. 이런 판국에 특정 사찰
인 삼장사의 주지를 대상으로 한 <쌍화점>의 2연인 <삼장>과 같은
내용의 노래는 궁중에서 불려지기는 어려웠을 것이다. 이 노래에 나오
는 회회아비도 원의 막강한 힘을 등에 업고 권력을 휘둘렀고, 왕을 초청
하여 잔치를 벌이기도 했다. 특히 장순룡 같은 이는 장군직에 오르기도
했다.[62] 이런 실정인데도 회회아비의 성적 비행이 대상인 내용의 노래
를 궁중 연향에서 불렀다는 것은 납득이 가지 않은 일이다.

　그렇기 때문에 이 <쌍화점>은 고려의 상층 내지 지배계층의 고질적

쌍화점과 청가(淸歌)의 종류들은 모두 사람을 악하게 되도록 유도합니다. 이것들이 어떠
한 말들입니까? 풍속을 미미하게 날로 저급한 데로 나아가게 하니, 음란하여 도를 무너
뜨림은 차마 듣지 못 할 것이 있기도 합니다. 설령 공자가 살아나도 이런 가악을 추방하
지 않겠는지?(今之爲歌者多出於桑濮如雙花店淸歌之束皆誘人爲惡此何等語也使風俗靡靡日
氣於下其淫藝敗理至有不忍聞者設使夫子復生其不在所放乎)"라는 내용을 부기해 둔다.
62) 『고려사절요』 권21 충렬왕 13년 3월조.

성적 비행을 적나라하게 폭로하여 건국과 그것의 완성에 도움을 받으려고 조선 창업자들이 원래 있었던 동명의 속가를 지금 내용의 노래로 변개했든지, 아니면 새로 창작한 신성(新聲)으로 보는 것이 타당할 것 같다.

그리고 이와 같은 논리는 부과되는 세금이 번중한데다 권력자들이 빼앗아 가기까지 하므로 백성들이 고달파서 그 원망의 마음을 노래로 불렀다는 <사리화(沙里花)>[63]나 충혜왕 때의 <후전진작> 등 기타 음설스러운 내용의 다른 고려 속가에도 적용시킬 수 있다고 본다.

넷째, 세종과 성종, 중종 대에 몇 차례 논의되었던 가사 현전 속가의 변개 상황과 그 실정에 대하여 한번 살펴본다.

고려 말에는 음란성과 석교(釋敎)가 주 내용인 궁중 노래에 대한 질타와 비판이 일다가 조선 건국 초에는 오히려 이 내용에 대한 논란은 희미해지면서 상기에 언급한 것과 같은 방향의 속가 왜곡과정이 계속되었다. 그러다가 세종·성종 대에 이르면서 그것의 왜곡 변개 방향과 양상은 건국 초의 입장과는 달리 본격적으로 윤리적인 기준을 적용하면서 다르게 전개되었다.

두 차례 왕자의 난을 일으켜 친형제를 죽이면서까지 상황을 자신에게 유리하게 한 후 결국 자신이 왕 위에 오른 태종 때에는 이미 고려는 역사의 뒤안길로 밀려 난 상태였다. 그렇기 때문에 고려에 대한 향수나 회고는 더 이상 조선의 존립에 위험이 될 수 없었다. 그래서 태종은 즉위 2년에 원주로 유배되어 공양군으로 봉해졌다가 결국 삼척에서 교살된 폐왕 공양왕을 군에서 왕으로 추봉했던 것이다. 또한 대업 성취에 걸림돌이 된다는 이유로 자신이 주도적인 역할을 하여 선죽교에서 추살했던 정적 정몽주와, 끝까지 고려에의 충절을 버리지 않고 은거했던 길재 등을 고려의 충신으로 현양하고, 섬으로 유배시킨 고려의 왕족을

---

63) 『고려사』 권 71 악 2 속악조.

육지에 나와 살게 한 것도 이와 같이 반전된 상황 때문이라 볼 수 있다.

이 때는 길재 자신도 그의 둘째 아들이 태종의 부름을 받아 벼슬길에 나가는 것을 굳이 말리지 않고, 오히려 감사하는 마음으로 관직을 받아야 된다고 훈계하기도 했으니 이것으로도 고려 민심를 염두에 두고 정책을 펼 시기는 완전히 지난 것이라고 볼 수 있다. 그리고 신돈의 아들로 몰아 붙여 우왕·창왕을 신우·신창이라면서 반열에 넣었던 역사 왜곡 현상도 세종 31년에 와서는 바로 잡았는데, 이도 같은 선상에서 이해할 수 있는 일이라 하겠다. 이런 정황에 따라 건국 초와 같이 반 고려적 분위기를 고취시키는 데 일조를 할 수 있었던 내용의 고려 노래를 이제는 고집할 필요가 없게 되었으므로 세종과 성종 대에 와서는 조선 건국이념인 유교 사상과 정책 방향 등에 반하는 상열이나 상사의 노래를 중심으로 산삭하거나 정리하는 데 본격적으로 손을 대었던 것이다.

다시 말하면 풍교에 도움이 되는 속가는 가려서 다시 쓰되, 그렇지 않은 것은 악장에서 제외시키느냐 마느냐의 문제가 본격적으로 거론된 시기는 이성계가 나라를 세운 1392년 전후가 아니라 국가의 체제와 기반이 확고하게 잡힌 세종이나 성종·중종 대에 이르러서라 할 수 있다. 이는 지금까지 사용하지 않던 <원흥(元興)>이나 <안동자청(安東紫靑)>과 같은 속가를 세종 13년에 풍교에 도움이 된다는 이유로 사용할 것을 건의한 사실에서도 확인할 수 있다[64]. 그리고 건국 초에는 이런 내용의 가사에 대해 별다른 언급이 없다가 성종이나 중종 대에 들어와서 속가의 내용이 음설하거나 망탄하다 하여 노래 자체를 완전히 악장의 영역에서 제외시켰거나, 신제 악장 등 다른 노래의 가사로 속가의

---

64) 『세종실록』 권54 13년 10월 정유조. 慣習都鑑啓元興及安東紫靑調請於樂歌復用元興在東北面和寧屬郡瀕于大海郡人隨海船行商以還其妻迎見悅而歌之紫靑調亦婦人所作言婦人以身事人一失其身人所賤惡故以絲之紅綠靑白反復誓之二曲雖皆載諸樂府然廢而不用久矣今見其詞紫靑調婦人有貞靜自守不爲人所汚元興曲見夫之還喜而歌之正與居士戀相爲表裏皆足以有補於風敎誠宜被之管絃俾之勿壞從之.

자리를 대체한 사실이 이를 말해준다. 특히 성종 21년에 권주는 "장악원에서 사용하는 속악은 전부가 신우 때의 가사로 망국의 음악이므로 연향에 쓸 수 없고, 그 가운데 남녀상열의 가사도 많으니 다 버려야 된다."고 왕에게 아뢴 사실이라든지[65] <쌍화점> 등 남녀상열의 내용에 대하여 건국 초에는 아무런 논란 없이 사용되다가 성종 21년(1490) 5월에 들어서야 <이상곡(履霜曲)>·<북전(北殿)> 등과 함께 내용의 음란성이 문제되어 임원준·유자광·어세겸·성현 등에 의하여 개찬된 사실에서도 더욱 이를 알 수 있다.[66]

원래 『고려사』 권70 악1의 아악 부분에는 "속악은 그 말이 대부분 비속해서 그 중에 심한 것은 다만 그 노래의 이름과 노래를 지은 뜻을 기록한다."[67]라 했다. 그러나 같은 책 권71 악2의 속악 부분 기술에는 "동동 및 서경 이하의 24편은 다 이어를 쓰고 있다." 하면서도 소위 내용의 비속성, 즉 남녀상열의 가요 내용에 대하여는 일절 언급하지 않았다. 그리고 그 노래가 남녀상열이든 아니든 관계없이 거의 다 가요 이름과 창작 동기만을 기록해 놓았다. 이는 앞뒤가 맞지 않는 기록상의 태도로, 조선 건국 초와 『고려사』가 편찬될 당시까지도 남녀상열의 노래를 심각한 문제로 보지 않았다는 것을 말해준다.

5. 결 론

지금까지 논급한 내용을 요약하여 결론으로 삼는다.

조선의 창업자들은 조선을 건국한 뒤에도 고려 속가를 물리치지 않고 계속 악장으로 사용하였는데, 이는 전래의 악장을 갑자기 혁파하기 어

---

65) 『성종실록』 권236 21년 1월 17일조.
66) 『성종실록』 권240, 21년 5월 21일조.
67) 『고려사』 권70 악1. 俗謠卽語多鄙俚其甚者旦記歌名與作歌之意分類雅樂唐樂俗樂作樂志.

려운 사정 때문이기도 하지만, 그것의 정치적 활용과 필요성이 주요 원인이었다. 그리고 이성계와 정도전 등 역성혁명에 성공한 이들은 건국 후 고려 속가의 원래 내용을 그대로 사용한 것이 아니라 건국과 수성에 도움이 되는 방향으로 그것을 왜곡 변개하거나, 선별적으로 수용하여 활용했다고 여겨진다. 왜냐하면 조선 초의 모든 정치·경제적 제도나 사회의 개혁이 조선의 건국과 수성이라는 절대 목표에 필연적으로 초점이 맞추어져 행해졌으며, 또 정도전 등 조선 창업자들은 예악의 교화성이나 효용성을 굳게 믿었으므로 고려 속악에 관한 여러 조처들도 이와 같은 방향으로 결행했을 것이라 볼 수 있기 때문이다. 그리고 이는 중국이 예악을 중시하여 전대 왕조의 음악이나 민중의 노래를 변형시켜 효율적인 통치의 보조 수단으로 이용한 것이나, 고려가 삼국의 속악을 사용하여 삼국 통일의 완성에 정치적으로 이용한 것과도 같은 맥락이라 하겠다.

원래 고려 속가의 음란성에 대한 비판은 고려 말 최영이나 조준에 의하여도 일찍이 제기된 바 있었다. 그러나 조선 건국 직후 건국 창업자들은 고려 속가의 음란성과 이들 가요들의 사용 문제는 정작 심각하게 논의하지도 않았다. 그러면서 오히려 고려의 왕이나 지배계층의 부패와 타락을 드러내는 쪽으로 고려 속가의 내용을 변개하여 사용했다고 여겨진다. 이러한 일은 『고려사』의 열전 등 전반에 걸쳐 제기되고 있는 객관성의 결여 문제와 관련시켜 보면 알 수 있는 일이며, 또 가사가 현전하는 <쌍화점> 등의 속가 내용이 고려 궁정에서 악장으로 연향되기에는 지극히 부적당한 내용인 점에서도 알 수 있다. 이러므로 <쌍화점>이나 <후전진작> 등 고려왕과 지배계층의 부패나 음란상이 집중적으로 노래되고 있는 음설적 내용의 속가는 조선 건국 초에 조선 창업자들에 의하여 동일한 절주에 이종의 내용을 혼합시킨 창작물이라 할 수 있겠다.

조선 건국 전후에는 여러 비상수단들이 강구되어 전 왕조에 대한 부정적인 작업들이 본격적으로 이루어졌다. 그러면서 이태조의 탁월한 능력을 노래한 민요나 왕이 될 것을 예언한 참요들이 불리어졌는가 하면, 이와는 반대로 고려의 멸망을 필연적인 것으로 백성들에게 주지 시키는 일련의 작업도 여말선초 개혁논자들에 의하여 이루어졌다. 고려 속가의 정치적 이용도 이런 일 중의 하나이고, 그 결과 새롭게 내용이 형성된 노래 가운데 대표적인 것이 <쌍화점>이라 하겠다.

조선 창업자들이 건국 초에는 오히려 반 고려적 분위기와 고려 멸망의 필연성과 정당성 확보를 위하여 일부 고려 속가의 내용을 변개하여 적극적으로 활용하였으나 조선의 국기가 튼튼하게 다져진 세종이나 성종과 중종 대에 이르러서는 정치적인 잣대가 아닌, 엄정한 유교적인 기준이나 도덕률에 의하여 변개나 폐지가 논의되었다. 왜냐하면 건국 초와 같은 정치적 방향으로의 왜곡 변개는 이 때는 이미 국가적으로는 필요하지 않았기 때문이다. 그러므로 조선 건국 초의 속가에 대한 왜곡 변개와 수용의 성격은 세종과 성종, 그리고 중종 대의 그것과는 그 차원이 확연히 다를 수밖에 없으며, 이 둘은 구별해야 되리라 본다.

건국 초의 고려 속가 변개는 유교적인 입장이 전혀 고려되지 않고 건국과 수성이 큰 목표였기 때문에 그 수용과 변개는 유교 도덕률에 반하더라도 전혀 문제될 것이 없었다. 그렇기 때문에 조선 건국 초 음설의 내용 쪽으로 산개가 가능하였고, 그 결과 고려왕과 관료계층의 성적 부패가 중심 소재인 음설의 노래 <쌍화점>이나 <후전진작>과 같은 가요가 유교의 이념을 표방한 조선건국 초에 불려질 수 있었다고 하겠다. 그러나 세종 과 성종, 그리고 중종 이후에는 오직 유교 도덕률이 가치 결정의 잣대가 되었기 때문에 건국 초에는 별 시비 없이 사용된 음설의 노래가 배척의 대상이 되어 결국 다른 노래로 대체되거나 산삭 내지 변개를 당했다 할 수 있겠다.

(『한국문학논총』 38집, 한국문학회, 2004)

Ⅲ. 조선 건국 초 俗歌의 수용 상황과 변개 89

Ⅳ. 俗歌의 애정 편향성과 그 배경

1. 서 론

여러 이견에도 불구하고 고려는 역사적으로나 문학사적으로 볼 때 대체로 중세로 볼 수 있다. 그런 만큼 상고시대나 신라시대보다는 고려시대에 창작되어 향유된 시가가 인멸되지 않은 채 많이 전해질 가능성이 높은 것은 틀림없다. 그러나 지배계층이나 상층계층이 한문을 빌려 표기한 한시를 제외할 것 같으면 가사가 전해지는 고려의 시가는 겨우 20여 편을 상회할 뿐이다. 그것도 민간에서 전승되어 오던 민요는 구전이었으므로 거의 찾아 볼 수 없는 형편이다. 다만, 고려시대에 창작된 것으로 추정되는 순수한 국문창작가요는 궁정에서 악장으로 사용되었던 <청산별곡>·<서경별곡> 등 소위 '속악의 가사'들만 남아 있는 실정이다.

그런데 현재까지 남아 있는 '속악의 가사'들, 즉 속가의 내용들을 보면 그 주제가 애정 편향적임을 쉽게 알 수 있다. 물론 우리의 상대가요들도 찬신적(讚神的)·기원적인 내용이 아니면 거의가 남녀 연정을 노래한 것들이 주류를 이룬다. 계절 제의 때 행한 고대 시가의 특성을 보더라도 남녀의 사랑을 주제로 한 것들이 대부분임을 알 수 있다. 또 남아 있는 우리의 시가로서 <黃鳥歌>가 그렇고, <公無渡河歌>가 역시 그렇다. 이는 정치·경제적 상황이 아직도 완숙한 단계에 이르지 못한 초기 고대국가 시기에는 어쩔 수 없는 일이라 하겠다.

그런데 고려는 상대가요 시기보다 뒤인 향가시대의 신라보다도 더욱 뒷시대다. 인문의 발달은 문화적인 체질을 변전시켜 고대적 속성이나 성향을 벗어나게 했으므로, 고려시대의 속가가 애정 편향적인 특성을 띨 특별한 이유가 없었다. 그런데도 지금 남아 있는 속가는 남녀상열에 관계되는 내용을 노래한 것이 대부분으로서, 조선시대 유학자들은 이런 이유를 들어서 속가를 '음설지사(淫褻之詞)'니, '사리부재(詞俚不載)'니 하여 배척했던 것이다.[1]

그러면 속가 내용이 어떤 까닭으로 애정 편향성을 띠게 되었으며, 그 주된 배경은 무엇인지에 대하여 몇 갈래로 나누어서 살펴본다.

2. 속가와 민요 취택

속가는 아악(雅樂)·당악(唐樂)과 함께 고려시대 악장으로 사용된 '속악(俗樂)의 가사'다. 아악과 당악이 중국의 음악인데 비하여 속악은 고려 자체의 음악으로 향악(鄕樂)이며, 이를 토풍(土風)이라 하기도 했다.

---

1) 지금까지 내용이 전해지고 있는 속가를 가지고 속가 전체의 내용 특성을 운위하는 것은 무리다. 왜냐하면 더 많은 속가들이 없어졌기 때문이다. 그러나 가사가 지금까지 전하는 속가의 내용을 보면 남녀상열에 관련된 것이 주됨은 확실하다. <사모곡>과 같이 육친의 정을 그리워하면서 읊은 노래도 있지만 대개가 남녀상열이다. <동동>·<서경별곡>·<만전춘>·<이상곡>·<쌍화점>·<가시리>·<정읍사> 등은 물론이고 <정과정곡>과 <정석가>도 이들 노래의 부대기록을 전혀 고려하지 않는다면 남녀연정을 노래한 것으로 볼 수 있어 그만큼 애정 속가의 수는 많아질 수 있고, 고려시대에 이런 연정가요류가 사회 전반에 걸쳐 확산되어 있었다고 보아진다. 속가의 내용을 분류한 여러 분들의 견해도 대개가 연정가요류가 속가의 대부분을 점하고 있다고 주장하고 있다. 일찍이 고려가요를 분류한 고정옥이나 양주동의 입장은 더욱 그렇다. 특히 양주동은 <청산별곡>까지도 "짝사랑의 애상을 중심으로 하여 마음 둘 곳 없는 생의 비애를 노래한 것인데, 애닲은 가운데 해학이 있다"(『여요전주』, 을유문화사, 1947, p.11)고 하면서 애정속가로 분류했다.
만약 조선시대 음설지사니 망탄(妄誕)이니 하여 속가에 대한 배척 작업이 없었더라면 더욱 많은 애정가요류가 지금까지 전해졌으리라 생각된다.

중국 쪽에서는 자기들의 음악과 구별하기 위하여 이음(夷音)이라 불렀다. 속가는 가집 『악장가사』·『악학궤범』·『시용향악보』 등에 가사와 곡조들이 실려 있으며, 『고려사』 악지에는 명칭과 함께 내용에 대한 설명이 곁들여 있을 뿐 가사와 곡조는 없다.

이와 같은 속가의 내용이 애정 편향성을 띤 큰 이유 중의 하나는 이것의 많은 수가 전문적인 개인 창작자에 의하여 지어지지 않고 애정요가 주류를 이루는 일반 민요에서 많이 취택되어 속악의 가사로 승화된 점을 들 수 있다. 고려는 역사 사회적 상황이나 구조, 그리고 고려 백성들의 성 의식상 특성 때문에 어느 시대보다 애정 민요가 많이 유행할 수 있었던 실정이었으며 이런 내용의 민요 중에 많은 수가 궁중 악장의 가사로 전용되었던 것이다.

속가는 대개 원 복속기의 80여 년 간 집중적으로 생성되었으며 그 주된 향유층은 당시 지배세력이던 왕실과 권문세족이었다. 그런데도 그들 중에는 자신들이 즐겨 사용하던 속가의 가사를 창작할 사람이 별로 없었다. 다만 김원상 등 왕을 둘러싸고 있던 폐행(嬖倖)의 무리들이 왕의 성색(聲色)을 맞추기 위하여 <太平曲>과 같은 속악의 가사를 창작하기는 했으나2) 이는 그리 많지 않다. 그렇기 때문에 궁중에서 사용될 속악의 가사는 부족한 처지였다. 그렇다고 음악관서의 악공들이 속악의 가사를 마음대로 창작할 형편과 입장도 아니었다. 물론 그들에게는 속악의 가사를 창작할 능력이 충분했다고도 볼 수 없다. 설령 어떤 개인이 가요를 창작했다 하더라도 속악의 가사로 임의로 사용하기는 어려웠을 것이라 생각된다. 왜냐하면 김원상이 신조(新調) <태평곡>을 지어 기녀 적선래에게 부르게 했을 때, 왕이 이를 투기하여 얼굴색이

---

2) 『고려사』 권125 열전 제38 간신1 김원상조에 김원상이 신조 <태평곡>을 지었다고 되어 있다. 金元祥忠烈朝第 稍遷注簿 有妓謫仙來 得幸於王 …… 元祥製新調太平曲 令妓習 一日 內宴歌之 王妬且變色曰 此非能文者不能 誰所爲耶 …….

변하였으며, 누가 지었는가를 물었다는 기록을 보아도 알 수 있기 때문이다. 이러한 실정으로 민요 중에서 남녀상열의 노래를 취하여 속악의 가사로 사용함이 자신이 책임져야 할 위험부담도 없고, 무리도 적었을 것이다. 그래서 가사로 사용하기에 적당한 민간의 유행요를 즐겨 취택하여 사용했던 것이다. 그런데 그 민간의 가요는 일반 민중들이 지은 민요였으므로 남녀연정을 노래한 것이 대부분이었고,[3] 또 향유자의 취향이나 당시의 궁중 분위기에 의하여 남녀연정을 노래한 것이 즐겨 취택될 수밖에 없었을 것이다.

이들 민요가 궁중의 악장으로 흘러 들어가게 된 배경과 경위를 설명해 주는 역사적 기록으로는 의종 때에 민간에 떠도는 시를 채집케 한 일[4]과 고려 충렬왕대의 다음 문헌을 들 수 있다. 즉, 『고려사』 권71 악2 속악조에 나오는 <三藏>과 <蛇龍>에 대한 설명 부분[5]을 보면

---

3) 고려는 내란과 외란이 연첩되어 역사상 어느 시대보다 민중의 고통이 컸던 시대다. 이런 시대이니만큼 민중들에게는 강요된 이별이 많이 이루어졌다. 그러므로 민중 계층에서는 다른 내용의 민요와 함께 남녀간 이별에서 오는 아픈 정서를 담은 민요가 많이 생성될 수 있었다. 그런가 하면 고려는 남성과 여성이 차별되지 않은 수평적 사회였으며, 상층신분의 여성뿐만 아니라 하층신분 출신의 여성 관인(官人)도 많아 여성의 사회활동도 비교적 자유로웠다. 또한 여자 호주제와 함께 천한 사람들은 어머니 성을 따르도록 했다. 근친상간도 유행하였으며, 외종형제(外從兄弟)와의 통혼도 충렬왕 때까지는 허용되었다. 이와 같이 성 의식이 자유로운 사회구조 속에서 고려 시대 남녀에게는 아주 자연스런 만남이 허용되고 애정의 개방성이 극대화되어 민요, 특히 애정민요가 다른 내용의 노래보다 상대적으로 많이 생성되었다고 볼 수 있었다.

4) 민간의 민요가 직접 궁정으로 들어갔음을 말해 주는 기록으로 이인로의 『파한집』 권하에 적혀 있는 의종 때의 다음과 같은 사실을 들 수도 있다. 즉, "의종이 오도와 동서양계에 조서를 내리고는 관리를 나누어 파견하여 모든 원우와 우역에 써 붙인 시를 모두 기록해서 御府에 다 바치게 했다. 이 중에서 민요와 백성들의 재물에 대한 이해를 살펴보고 그 중에서 훌륭한 문장을 뽑아내 책으로 엮어 시선을 만들게 했다.(毅王詔五道及東西兩界 分遣吏 悉錄諸院宇 郵置所題詩 悉納御府 察其風謠及民物利病 因擇名章俊語編上 以爲詩選.)

5) <삼장>이나 <사룡>이 민간에서 흘러 들어와서 궁중 가악의 가사로 씌었는지에 대하여는 확인이 안 된다. 다만 이 두 노래는 충렬왕대에 창작된 것이라는 기록으로 보아 어떤 倖臣이나 전문 가요인에 의하여 지어진 것으로 이해될 수도 있다.

그러나 <삼장>이 <쌍화점>의 2연과 같은 내용이므로 민요로 보는 것이 좋을 것 같다. 왜냐하면 '사주'(社主)는 승려며, '용'은 왕 등 당시 상층지배계층을 상징한다고 볼 때, 자신들의

충렬왕대에 민간의 많은 노래가 궁중으로 들어갔음을 짐작할 수 있다.

위의 두 노래는 충렬왕조에 지어진 노래다. 왕이 군소배를 친근히 하고 연
락을 좋아했다. 행신 오기와 김원상, 내료 석천보와 석천경 등이 성색으로
왕을 기쁘게 해주기에 힘썼다. 관현방의 태악재인으로도 부족하다 하여
여러 고을에 행신을 보내서 관기로 자색과 기예가 있는 자를 고르고, 또
성중에 있는 관비와 무당으로 가무를 잘하는 자를 골라 궁중에 적치해 두
고는 비단옷을 입히고 마종립을 씌워서 따로 남장별대라 칭하여 이 노래
를 가르쳐 군소배들과 밤낮으로 가무를 하고 난잡하게 구니 군신 사이에
예가 전혀 없었다.6)

위의 인용문에서 알 수 있듯이 충렬왕은 관현방 소속 태악재인(太樂
才人)을 갖고도 오히려 만족하지 못하고 여러 도에 행신을 파견하여
자색과 기예가 뛰어난 관기를 고르고, 또 가무에 능한 성중의 관비와
무당을 골라서 궁중에 두고 이들로 하여금 가무를 담당케 했던 것이다.
그런데 행신에 의하여 뽑혀 온 제도(諸道)의 관기와 성중의 관비나 무당
은 교방여기(敎坊女妓)로 궁중에 적치(籍置)되어 있는, 신분이 비천한
계층이기는 하나 모두가 가무 등 기예에 능한 사람들이었다.7) 특히 각
지방에 흩어져 있을 때 이들은 그 지방의 민요에 능했을 것이며, 신분
특성상 남녀상열의 내용을 중심으로 한 '애정요'에 익숙해 있었을 것이
다. 이런 기녀들이 궁중으로 선발되어 왔기 때문에 대악서(大樂署)나

타락된 모습을 스스로 궁정 연향에서 불렀을 리가 없었기 때문이다.
그리고 민요가 각 지방에서 흘러들어 왔음은 백제나 고구려의 지방요들이 그대로 고려의 악
장으로 씌었다는 사실로 뒷받침할 수 있다.
6) 右二歌 忠烈王朝所作 王狃群小好宴樂 倖臣吳祈金元祥內僚石天輔天卿等 務以聲色容悅 以管
絃房太樂才人爲不足 遣倖臣諸道 選官妓有姿色技藝者 又選城中官婢 及女巫善歌舞者 籍置宮
中 衣羅綺戴馬鬃笠 別作一隊稱爲男粧 敎閱此歌 與群小日夜歌舞褻慢 無復君臣之禮.
7) 이와 관련된 기록은 충렬왕대에서 많이 찾을 수 있다. 충렬왕 5년 11월 임신에는 "命選州郡
倡妓 有色藝者 充敎坊"이라는 내용이 적혀 있으며, 또 동왕 11년 1월에는 "忠淸道安集使李英
柱 選忠州官婢有姿色者五人以獻"이라는 내용이 있다.

관현방(管絃房)의 악사와 악공들에 의하여 기예를 지도받기는 했으나[8] 이런 기녀들이 잘 아는 각 지방의 애정요가 자연 궁중연향 때 많이 불려졌을 것임은 자명한 이치다.[9] 더군다나 왕과 그 행신들이 음설스러운 분위기를 연출하면서 그 속에 밤낮으로 빠져 있는 상황이고 보면 각 지방의 기녀들이 익히 부르던 남녀상열의 가요가 전폭적으로 선호됐을 것이며, 그렇지 않은 노래들은 오히려 배척당하는 처지였으리라고 여겨진다.

그리고 이런 노래들은 궁중의 분위기나 기호에 부합되고, 악장에 알맞도록 가사의 내용과 형식을 손질하여 사용됐음이 분명하다.[10] 그러니 자연 고려의 속악들은 지금과 같은 애정 편향성을 띨 수밖에 없었던 것이다. 『고려사』 권71 악2 속악조에서 거론되고 있는 속악들의 명칭과 관련 기록을 보면 중앙을 중심으로 하여 형성된 민요보다는 지방에서 불려진 유행요가 더 많았던 것을 알 수 있는데, 이는 이러한 사정을 잘 말해 주는 것이 될 것이다.[11]

3. 왕과 嬖倖들의 연정가요 선호 경향

속가의 주된 향유층으로 볼 수 있는 고려의 지배계층인 왕과 폐행들

---

8) 송방송, 『고려음악사 연구』, 일지사, 1988, p.62 참조.
9) 이 외에도 충렬왕 때 민간의 노래가 궁중으로 유입되었음을 말해 주는 것으로는 동왕 6년 감찰사에서 낸 장계엔 대장군 윤수와 대선사 조영의 음란하며 무례한 행위를 규탄하면서, "음악을 연주할 때 '항간의 저속한 노래'(巷之俚音)는 물리쳐라" 했는데, 여기의 '항간의 저속한 노래'가 민간에서 유행하던 음설스러운 민요였다고 여겨진다.
10) 최동원 외, 『한국문학개론』, 삼영사, 1992, p.86 참조.
11) 여기에 나오는 속악은 전부 31편이다. 이 중에서 각 지방의 민요임을 분명히 알 수 있는 것들은 <서경>·<대동강>·<양주>·<월정화>·<장단>·<정산>·<원흥>·<장생포>·<총석정>·<처용>·<장암>·<안동자청>·<예성강> 등이다. 그러나 이들 지방요들이 남녀연정을 읊은 노래는 아니다. 다만 지방에서 많이 들어 왔으나, 조선시대 정인지 등 『고려사』 편찬자들에 의하여 선별되어 여기에 실렸기 때문에 이러하였으리라 여겨진다.

이 남녀상열에 관한 분위기나 의식을 직접 연출하거나 적극적으로 조장, 수용하는 실정이었는데 이런 상황도 속가가 애정 편향성을 띠게 된 중요한 이유라 할 수 있다.[12]

충렬왕의 경우는 앞에서 예로 든 사적(史的) 기록들이 잘 말해 주고 있어서 왕의 그칠 줄 모르는 문란한 생활행태를 자세히 알 수 있지만, 이 외에도 고려후기 원 복속기의 왕들은 대부분 절도 없는 생활로써 왕의 체면을 잃고 있었다. 충선왕과 충혜왕은 이 방면에서는 너무 심했다. 충선왕은 성도착 행위까지 한 왕이며[13], 충혜왕은 서모인 수비권씨를 강제로 간음하기도 했다. 그는 남의 아내나 첩인데도 얼굴이 빼어났다는 말을 들으면 친척이거나 귀천을 가리지 않고 측근자나 불량배를 시켜 빼앗아 오게 하거나 그 집에 가서 음란한 짓을 하였으므로 왕으로서의 위엄이나 품위가 전혀 없었다고 했다. 이와 같은 왕들의 절도없고 문란한 행위는 궁의 분위기를 극단의 퇴폐적 경향으로 흐르게 했으며, 그래서 <이상곡>·<만전춘별사>·<쌍화점> 같은 음설의 노래가 악장으로 사용될 수 있었던 것이다.

고려가 원의 부마국으로 전락한 이후에는 국가로서의 자주성이나 권위는 아예 찾아 볼 수 없었다. 충렬왕을 위시한 역대의 왕들은 원에 볼모로 있으면서 원의 심한 간섭을 받아야 했다. 원에 억류된 삶의 상황이 이들로 하여금 가치로움에 대한 지향과 표준적인 사고를 가로막아 일탈된, 비정상적인 생활에만 젖은 채 살아가도록 했던 것이다. 원에서 돌아온 왕들은 엄청난 보호막인 원의 비호 아래 외침이나 내란에 대한 걱정 없이 황음 일색에 빠진 채 멋대로 지낼 수 있었다. 세계를 제패한, 막강한 원의 힘을 후견세력으로 업고 있는 고려 왕들은 아무리 안일에

---

12) 최동원, 「고속가시론」, 『고시조논고』, 삼영사, 1990, p.331 참조.
13) 『고려사절요』 권23 충선왕 2년 10월조에 "王多愛男色 忠有龍陽之寵 王欲拜爲代言 忠辭曰 年少無知 驟登華要取譏多矣 願更擇人 王怒貶之 忠時年未二十"라는 기록이 있다.

만 전념해도 어떤 비판이나 위협이나 저항을 받지 않았으며, 남녀상열
의 노래를 짓게 하거나 각 지방에서 그것을 취택해 와 악장의 가사로
사용하여 연락에만 오로지 탐닉해도 무사할 수 있었던 것이다.

사실 왕들이 아악이 아닌 속악을 좋아함은 중국의 경우도 예외는 아
니었다. 즉, 위나라의 문후가 자하에게 말하기를 "내가 현단복(玄端服)
을 입고 면류관을 쓴 채 옛 음악 즉, 아악을 들으면 오직 드러누울까
걱정이 되지만 정나라·위나라의 음악을 들으면 지루한 줄을 모르겠
다."고 한 것은 이러한 사정을 잘 말해 준다.[14] 이는 선왕(先王)의 음악
보다는 세속의 음악을 좋아한다고 한 양혜왕의 경우도 마찬가지로서,
이런 이유 때문에 아악은 속악과의 경쟁에서 밀려날 수밖에 없었다.[15]
고려 왕들과 왕실의 경우도 같은 상황에서 속가가 성행했으며, 이 중
충혜왕대의 <후전진작>은 음사로서 이 당시의 분위기나 상황을 잘
드러내 주는 대표적인 시가라고 할 수 있다.

그리고 이와 관련하여 왕을 위요하고 있던 폐행들, 그 중에 왕의 성색
을 맞추려고 관기나 여무·관비를 고르기 위하여 제도(諸道)로 갔던
행신(倖臣)들의 간신적 행태나 성향이 속악의 많은 내용들을 더욱 남녀
상열 쪽으로 편중되게 했다.

앞에서도 이미 보았듯이 김원상·석천보·오기 같은 무리들은 성색
(聲色)으로 왕을 기쁘게 하기에 전력을 다했다. 그들 자신이 필요에 따
라 가요를 짓기도 했으며, 때에 따라서는 각지의 애정요를 수집하여
악장으로 변개시켜 사용했던 것이다. 원래 속악의 악곡은 앞 시대로부
터 계속 내려오는 것을 사용함이 일반이며, 가사는 새로 짓거나 유행하
던 것을 취택하여 씀이 예사다. 이럴 경우 가사는 곡조에 의하여 제약될
수밖에 없으므로 취택된 가사의 변개는 필연적이다. 이는 중국의 경우

---

14) 오웅화(이홍진 역), 『당송사통론』, 계명대 출판부, 1991, p.18.
15) 오웅화, 위의 책, p.18 참조.

로써도 우리의 경우를 충분히 추찰할 수 있는 일이다. 즉, 청 고종 때 칙찬(勅撰)인 『속통전』에 의하면 아악은 가사를 먼저 지은 후에 악보를 만들었으나 교방에서 연주되는 속악은 대체로 기존 악곡에 맞추어 가사를 만들어 불렀다고 한다. 따라서 고려시대 향악인 속악의 경우도 마찬가지였을 것이다. 그렇기 때문에 김원상 등과 같은 폐행의 무리들이 각 도에서 뽑혀 온 기녀들이 즐겨 부르는 노래 중에서 애정요를 속악의 가사로 선별하여 사용했으나 여의치 않을 때는 직접 그런 내용의 가요를 수정하여 사용하기도 했던 것이다.

가요나 시 내용에는 어느 때나 사회생활의 중대한 사실을 상징적으로 표현해 주는 내용이 당연히 들어 있다. 가요나 시의 경향도 크게 보면 사회현상이며, 또 사회현상은 당시의 역사적인 현상의 한 반영이므로 속가가 고려의 당시 생활과 현실을 반영함은 필연적이라 하겠다. 그렇기 때문에 각 지방의 기녀들이 익히 알던 지방의 노래들 중에는 애정요 뿐 아니라 고려사회의 전반적 특징을 드러내 주는 여러 방면의 것들이 있었을 것이다. 그런데 그 중에서 왕의 성색을 맞추려는 의도에 의해 행신들이 주로 애정요만을 선택했던 것이라 생각할 수 있다.

4. 송 문화의 영향과 지배계층의 모방의식

고려후기 왕과 그를 둘러싸고 있던 행신들의 생활 습속이나 의식, 그리고 일상의 행태에 의해서만 속악의 가사가 지금 전하는 바와 같은 애정 편향성을 띤 것은 아니다. 속가가 애정 편향성을 띠게 된 가장 밑바탕이 되는 또 하나의 이유는 송 나라에 대한 고려의 추종 내지는 모방 정책의 성향을 들 수 있으며, 또 지식계층인 문인들까지도 이런 역사적인 추세나 흐름에 편승하여 그것을 본뜨려고 한 점을 들 수 있을 것이다. 그러면 다음에는 고려에서 적극적으로 받아들였던 송 문물의 영향, 특히 송의 사문학(詞文學)과 송의 교방악인 당악의 영향과 관련지어 속가의 애정 편향성의 이유에 관하여 말해 보겠다.

고려는 국호에서도 알 수 있듯이 고구려를 이어 받으려는 야심으로 건국된 나라다. 정치적으로는 북방 영토의 회복이라는 웅대한 포부를 갖고 있었지만 문화적으로는 신라의 것을 대체로 계승했다.

고려 왕건은 내치(內治)에 힘쓰면서 외래의 문물을 받아들여 국가의 면모를 일신하려 했다. 그래서 그는 훈요10조 4번째에 "우리 동방은 예로부터 당풍(唐風)을 경모하여 문물과 예악이 모두 그 제도를 준수하여 왔지만 방위를 달리하고 땅을 달리한 만큼 인성도 각각 다르니 반드시 구차스럽게 같이 할 필요는 없다."16)라는 조목을 넣어 놓았다. 이는 잃어버린 북방 영토와 주권 회복이라는 야망과 어느 정도 합치되는 면도 있지만, 역으로 당의 영향과 존재를 인정하지 않을 수 없음을 인식한 내용이기도 한 것이다. 이런 인식차원에서 당과는 되도록이면 수직적 상하 관계보다는 수평적 대등의 개념으로 관계 맺어 그것의 문물을 선별적으로 흡수하려 했던 것이라 여겨진다.

우리나라는 고래(古來)로 문자는 말할 것도 없고 문화 문물 등 모든 면에서 중국의 것을 많이 받아들였으며, 그것의 영향을 크게 입었음은 부인할 수 없다. 고려초기에는 주로 당의 문물 제도가 들어왔으나, 중국 대륙의 판세에 따라 그 다음에는 송의 문물이 고려로 많이 유입되었다. 특히 고려 광종 때 봉책사를 따라 왔다가 고려에 머물게 된 후주인 쌍기의 진언에 따라 과거를 실시한 것은 고려의 문화적 특징을 고착시키는 데 획기적 역할을 했으며, 이로 말미암아 우리 고유의 국문학이 많이 위축되었다. 과거제도가 본격적으로 시행됨으로써 시(詩)·부(

---

16) 『고려사』 세가 권제1 태조 26년조 "惟我東方 舊慕唐風 文物禮樂 悉遵其制 殊方異土 人性 各異 不必苟同 ……"

賦)·송(頌)·책(策)과 역(易)·서(書)·시(詩)·춘추(春秋) 등과 관련한 한문학이 일시에 융성하기 시작했다. 그 뒤를 이은 성종 때는 중국 문화가 대거 수입되었으며, 이의 영향으로 국자감이 설치되어 한문학은 더욱 흥성했다.

우리의 고유문자가 없었던 고려시대에 이처럼 한문학이 어느 시대보다 흥성하다 보니 상대적으로 열악했던 국문학의 작품 수가 적게 전해질 수밖에 없었고, 그와 관련하여 고려시대를 국문학의 입장에서 볼 때 위축의 시대나 퇴영의 시대로 규정하기에까지 이르게 된 것이다.[17]

그러나 전반적인 분위기나 상황은 그와 같은 흐름이라 하더라도 일부에서는 우리의 문학에 관심과 긍지를 갖고 이것을 영위하기 위해 노력한 사람도 있었다. 그 중에 <보현십종원가> 11수를 지은 균여대사 같은 이가 대표적인 예라 하겠다. 향가가 중심문학으로 상하계층 모두로부터 애호를 받았던 신라시대와는 달리, 고려시대의 국문학은 일부 특수계층이나 민중계층에 의하여 명맥이 유지됐을 뿐이다. 이런 고려의 전반적인 추세와 분위기에 반하여 균여대사가 향찰로 향가를 지었다는 것은 어느 모로 보나 그 의의가 크다. 특히 『균여전』의 제8 역가현덕분자(譯歌現德分者)에 '시(詩)는 중국말로 지었으므로 5언 7자로 이루어졌으나 가(歌)는 우리말로 배열하였으므로 3구 6명으로 짜여졌다. 성음으로 말할 것 같으면 삼성(參星)과 상성(商星)처럼 떨어져 있으므로 동방과 서방은 쉽게 분별할 수 있으나 이치를 갖고 논하면 창과 방패처럼 실력이 맞서므로 강약을 가리기는 어렵다'[18]고 했는데, 이는 향가에 대한 강한 긍지와 자존심을 갖고 있었음을 말해 준다. 또 다른 예로 일부 특수한 상층계층에서 우리 문학에 대한 애착과 긍지를 가져 이를

---

17) 조윤제, 『한국문학사』, 탐구당, 1979, p.53.
18) "然而詩搆唐辭 磨琢於五言七字 歌排鄕語 切磋於三句六名 論聲則隔若參商 東西易辨 據理
　　則敵如矛楯 强弱難分."

즐겨 사용했음을 알려 주는 한 증거로는 정서의 <정과정곡>과 한림제
유(翰林諸儒)의 <한림별곡> 등을 들 수 있을 것이다.

그러나 위와 같은 국문학 애호정신과 국문문학의 창작은 한문문학의
거대한 흐름에 견주면 대단히 미미했다 할 만하다. 특히 예종과 의종을
위시한 왕들이 빈번하게 벌인 시회(詩會) 등으로 인하여 그나마 일부
상부계층에 의해 유지되던 국문학에 대한 관심은 끝없이 쇠미해져 국
문학은 주변문학으로 역할하기도 어려운 반면, 한문학은 욱일승천(旭
日昇天)의 기세로 더욱 흥성했다. 이러한 형편이므로 속악가사의 내용
이나 성격, 새로운 가사의 창작에 관심이 있는 문인이나 혼탁한 사회
분위기를 염려하는 상층계층까지도 국문문학에 관심을 보일 수가 없었
다. 그렇기 때문에 국문문학의 성격과 내용 형성은 왕의 성색을 맞추려
는 행신들의 전유물이 될 수밖에 없었고 이들에 의하여 속악가사의
성격이 자연스레 애정 일변도로 굳어 갔던 것이라 여겨진다.

고려시대, 특히 그 중에서도 중기와 후기는 한문학의 승세와 함께
사회의 분위기도 전반적으로 상당히 이완된 상태였다.

고려전기에는 화려한 성당문화(盛唐文化)와 만당(晩唐)의 말기적 성
격과 과거풍이 전달되면서 고려 문인들은 유흥풍의 문학을 많이 영위
했다. 이러한 분위기는 고려의 빈번한 내란과 외침, 왕들의 지나친 숭문
정책 등에 영향을 받아 고려사회 전반을 풍미하게 되었다. 그러나 무신
의 난이 발발하자 문인관료들이 현실을 등지고 산야에 묻혀 살면서
위진 남북조 시대에 발흥하여 팽배했던 노장적 은둔 사상을 받아들이
면서 그들에게는 허무를 주로 논하는 무위적 삶의 방식이 유행하게
되었다. 이 때 맞추어 결성된 것이 이인로·오세재·임춘·조통·황보
항·함순·이담지 등 7인의 모임인 죽림고회다. 이들은 중국의 죽림칠
현에 자신들을 비유하면서 시가와 담론과 음주로써 소일했다. 특히 임
춘은 죽림칠현 중 한 사람인 유령(劉伶)의 삶의 행태를 가장 잘 본받은

인물로 알려지고 있다. 그뿐 아니었다. 이인로·이규보 등 당시의 대표적인 문인들도 소식이나 백거이 등의 작품 형식이나 내용을 본 뜰 정도로 당과 송의 분위기 닮기에 주저하지 않았다. 이런 상황이므로 원의 속국으로 떨어져 자주성이 전혀 없었던 고려후기, 즉 속가가 집중적으로 형성된 시기에 남녀 관계를 주 내용으로 하는 남녀상열의 속가가 창작되든지 그와 같은 내용의 민요가 민간에서 취택되어 궁정에서 불려지든지 해도 누구도 막음 역할을 할 수 없었고, 누구에게도 그렇게 할 의지도 없었던 것이라 여겨진다.

그런가 하면 고려 궁중에서 사용한 악장 중 당악은 고려초기에는 좌부악(左部樂)에 속하여 있었는데 우부악(右部樂)에 소속된 향악과 더불어 고려 궁중음악의 2대 주류를 형성해 왔다. 이 당악은 송 나라에서도 교방의 음악으로 사용된 것으로 이것이 언제 우리나라에 전해졌는지 확실히는 알 수 없으나, 통일신라의 당악이 고려에 전승됐을 것이므로 그 시기가 상당히 오래 전이었을 것이다. 이 당악은 고려가 건국된 후 송과의 빈번한 문화 교류로 새로 등장한 송의 교방악을 도입함으로써 다른 양상으로 확대 전개된 것이라 보여진다. 이처럼 체재가 정비되고 규모가 확대된 송의 교방악인 당악은 고려 문종 27년 2월 을해에 교방기녀 진경 등 13명이 새로 전래된 답사행가무(踏沙行歌舞)를 연등회에서 상연하고자 상주하여 허락받은 사실과, 동왕 27년 11월 여제자 초영 등 교방기녀가 새로 전해 온 포구악(抛毬樂)과 구장기별기(九張機別伎)를 상연한 일 등을 고려할 때 적어도 문종 27년보다 약간 앞선 어느 해부터 본격적으로 수입되었으리라 추측할 수 있다. 이에 대하여 차주환은 그의 『당악연구』에서 답사행가무의 수입연대는 문종 26년이며, 그 때 수입해 온 사람은 중국에 갔다가 돌아온 김제 일행이었을 가능성이 짙다고 했다.[19)

그런데 송으로부터 도입하여 고려 궁중에서 사용한 당악 중 구장기별기 같은 작품도 그 내용이 남녀상열이다. 이 구장기별기는 송 소흥(紹興) 때의 사람 증조의 『악부아사』 상권 첫머리 전답가사(轉踏歌詞)의 하나인데, 가사는 두 종류가 있다. 내용이 비속한 쪽으로 치우쳐 있으며, 『고려사』 악지 당악조에는 빠져 있다. 이 구장기별기의 가사 2종류 중 첫 번째의 것이 비교적 자세한 편이며, 이는 처음에 치어(致語) 형식으로 베짜는 여인의 시름과 그리움을 노래하고 그 다음으로 구호 형식을 빌려 베짜는 여인의 시름에 잠기는 마음을 노래했다.[20] 그리고 일장기(一張機)와 양장기(兩張機)의 가사 내용은 봄에 느끼는 여인의 한과 애틋한 기다림의 정서를 담고 있는데,[21] 이는 속가의 애정가요와 매우 흡사하다. 구장기별기의 원래 이름이 <취류객>이었음을 알 수 있는데 이도 이 노래의 성격과 내용을 짐작하게 해 주는 한 요인이 된다.

　구장기별기가 고려의 궁중에서 처음 대악서나 관현방의 교방여기들에 의해 연주되었을 때, 이의 지도는 고려 조정에 파견된 송 나라의 악공들에 의하여 이루어졌다. 송의 악공들은 송의 교방악에 전문적인 지식을 갖고 있는 예능인들이며, 이들의 정서는 결국 고려 교방악의 내용과 성격을 결정하는 데 큰 영향을 미쳤을 것이다. 특히, 구장기별기에 있는 치어와 구호는 <동동>과 같은 노래의 앞 부분에 송축의 내용을 가진 연이 들어가도록 하는 데 큰 영향을 미쳤을 것이라고 생각된다. 이는 송의 교방악이 속가의 형식에도 상당히 영향을 미쳤을 것임을

---

19) 차주환, 『당악연구』, 범학, 1979, p.17.
　　장사훈, 『한국전통무용연구』, 일지사, 1977, pp.43~45 참조.
20) <구장기별기>의 치어(致語)와 구호(口號)는 다음과 같다.
　　(致語) 醉留客者 樂府之舊名 九張機者 才子之新調 憑夐玉之淸歌 寫擲梭之春怨 章章寄恨 句句言情 恭對華延 敢進口號.
　　(口號) 一擲梭心一縷絲 連連織就九張機 從來巧思知多少 苦恨春風久不歸(차주환, 위의 책, pp.20~21 참조.)
21) (一張機) 織梭光景如去飛 蘭房夜永愁無寐 嘔嘔軋軋 織成春恨 留着待郎歸.
　　(兩張機) 月明人靜漏聲稀 千絲萬縷相縈繫 織成一段 廻紋錦字 將去寄呈伊.

시사하는 대목이다. 어쨌든 송 교방악의 주류적인 내용과 분위기가 남녀의 애정 등 음설스러운 것이 많으므로 자연 이들의 지도를 받은 교방여기도 향악의 내용을 그런 쪽으로 나아가게 했을 것이다. 다시 말하면, 고려 궁중에는 중국에서 도입된 구장기별기 등 당 가무악들의 내용이 유흥적인 분위기를 고조시키거나 비속한 내용을 많이 띠고 있으므로 이들의 직·간접적인 영향으로 고려 궁중의 속악가사도 애정 편향성으로 많이 기울어진 것이 아닌가 한다.

5. 당악의 영향

고려 문인들 가운데 앞에서 말한 이인로·이규보 외에도 김부일·박춘령·조충·최자 등은 사(詞) 제작에 능하였고, 궁중의 음악을 즐긴 인물들이다.[22] 이들은 다 교방기녀들이 상연하는 당악정재(唐樂呈才)의 치어와 구호를 지었는데[23], 이는 이들이 당악의 내용과 분위기에도 익숙해 있었다는 것을 입증해 주는 것이 된다. 이는 속악의 가사가 중국 교방악인 당악의 가사 내용과 분위기를 자연스레 닮아가는 데 영향을 미쳤을 것으로 보인다. 그러면 『고려사』 악지 권71 악2 당악조에 나오는 유영의 작품 몇 수와 그 외 남녀 연정에 관련된 당악 몇 편을 골라서

---

22) 차순자, 「고려속요 생성자 연구」, 계명대박사학위논문, 1993, pp.122~123.
23) 『동국이상국집』 제19권에 나오는 이규보가 지은 교방 치어와 구호가 여러 개 나온다.
   (1) '정사년 상원등석 교방 구호'
     "法仗參排綵嶺前 瓊樓珠殿闢三天 鳳燈吐焰銀花合 蟾月成輪玉鏡圓 十里香風薰錦繡 九重春色醉神仙 露盤新獻靈桃顆 更請重廻結子年."
   (2) '진강후 저택에서 聖駕 맞이 교방 구호'
     "朱門望奉日爲年 井鉞參旗下九仙 萬戶國侯迎道左 八蠻宸駕駐街前 路塡珠翠疑無地 虱送笙簫認自天 海變桑田金母老 吾皇享壽更三千."
   (3) '皇子와 公主 봉책 연례 교방 구호'
     "九霄優澤泡金枝 留宴皇華講縟儀 風颺綵天紅浪皺 白勻繪嶺絳雲披 喜濃仙醞春先蕩 恩重宣花露易滋 宮掖讙聲騰四海 皇家正策太平基."

그것이 속가에 끼친 영향관계를 논급하고자 한다.

『고려사』 악지 당악조에 나오는 당악정재 중에는 북송 시대의 사람으로 사 제작에 특히 뛰어난 유영(柳永)의 작품이 8수나 들어 있다. 유영은 사 이외에는 손을 대지 않은 사람으로 그의 작품은 연정과 이별이 주를 이루며, 송 교방악의 가사로 많이 취택되었다. 그런데 『고려사』에 당악은 고려에서 섞어서 사용했기 때문에 모아서 부기한다[24]고 했다. 『고려사』 악지 권71의 당악조에 보이는 것이 고려시대 궁중에서 사용된 당악의 전부일 수는 없으나 지금 접할 수 있는 것은 이것밖에 없다. 당악조에 나오는 가사 현전의 노래 중에 작자를 알 수 있는 것은 대개 14수 정도다. 그 중에 사 제작의 대가인 유영의 작품이 8수임은 그 당시 고려의 왕실을 중심으로 한 문인 귀족 계층이 얼마나 유영 풍(風)의 작품을 선호했는지 알 수 있으며, 또 연정과 이별이 주된 내용인 유영 풍의 분위기가 궁중에 충일되어 있었음도 짐작케 한다. 먼저 <억취소>(憶吹簫) 만(慢) 이하 당악 소곡 가사 중에 유영의 작인 것을 들어 본다.

<전화지>(轉花枝)영(令)
<하운봉>(夏雲峰)만(慢)
<취봉래>(醉蓬萊)만(慢)
<경배악>(傾杯樂)
<우림령>(雨林鈴)만(慢)
<낭도사>(浪淘沙)영(令)
<어가행>(御街行)영(令)
<임강선>(臨江仙)만(慢)

유영 외에도 사 작가인 구양수·이갑이 지은 <낙양춘>(洛陽春)·<제대춘>(帝臺春)만(慢) 등의 작품이 『고려사』 악지 당악조에 나오긴

---

24) 『고려사』 권71 악2 당악조. 唐樂高麗雜用之 故集而附之.

하나 유영의 사 작품이 수에 있어서 단연 압도적이다.

유영은 문재가 특출한데다 음악에 대한 이해가 깊었으며 가무음곡과 술을 좋아한 사람이다. 그의 사 작품은 태평과 사치와 향락을 추구하던 당시의 시대 상황에 맞추어 성색을 주로 노래한 것이 대부분이다. 유영이 생존해 있을 당시 송 나라의 일반 사람들은 새로운 악곡을 선호했으므로 이에 맞추기 위해 교방을 중심으로 한 기녀들은 신곡을 내기에 힘썼다. 그러나 그 가사가 악곡에 잘 어울려야 환영을 받을 수 있었는데 그 악곡에 잘 맞는 가사의 제작자는 유영이 대표적이었다. 그래서 유영은 신곡의 제작자로 알려지게 되었고, 결국 그는 교방에서 상연하는 노래 중 황제 송축의 악무에 사용되는 악곡의 가사를 많이 제작했다. 그러나 앞에서의 언급과 같이 유영의 사 작품 내용은 북송 인종 때의 사치와 환락 풍조를 반영한 것이 대부분이다.

유영 생존시 일반인들이 환영하는 신곡의 가사는 악곡의 고저장단절주(高低長短節奏)에 거슬리지 않아야 되고, 그 내용은 기녀의 교태와 악곡이 남녀의 만남과 이별, 주류협사의 퇴폐연향 등의 테두리를 벗어나서는 안 된다고 했다. 그리고 그것의 용어는 음설하기까지 해야 하므로 속어를 많이 사용해야 된다고 했다.[25]

이러한 것으로 유추해 보면 유영의 사 작품 내용이 어떠한 쪽으로 기울어졌는지는 쉽게 알 수 있으며, 이러한 유영의 사 작품을 많이 가져다 쓴 고려의 궁중음악의 성향이 어떠했는지도 가히 짐작할 수 있을 것이다.

그러나 『고려사』 당악조에 보이는 유영의 사 작품 내용은 평소 그의 노래 분위기와 달리, 남녀의 애정만을 그린 음설스러움 일변도는 아니다. 이 중에 <하운봉>만의 일부가 염정과 취락(醉樂)에 대한 것이며, <우림령>만의 가사 한 부분이 이별의 아쉬움에 대하여 노래했다. 또

---

25) 차주환, 『중국 사문학논고』, 서울대학교 출판부, 1982, pp.3~4 참조.

<임강선>만의 내용도 앞의 곡들과 같을 뿐이다. 그러나 유영의 사 작품이 송대 교방가사의 주류를 이루었고, 그 중에서도 취택된 내용이 남녀연정이고 취락유흥이고 보면, 고려의 교방악이 유영 작품의 평소 분위기를 본받으려는 풍조에 따라 남녀연정으로 기울어져 창작되거나 취택되었을 것이다.

위에서 언급했듯이 『고려사』 악지 당악조의 당악 내용을 보면, 유영의 사 작품보다는 다른 당악의 가사들이 오히려 남녀연정을 노래한 쪽으로 기울어졌음을 알 수 있다. 이로써 당시 중국이나 고려나 할 것 없이 교방악은 그 특성상 대부분 이와 같은 내용으로 경도되어 있었음을 알 수 있으며, 특히 고려의 조정은 그런 쪽의 내용들을 더욱 선호했을 가능성이 많다.

이와 같은 사실은 『고려사』 권71 악2 당악조에 나오는 가요의 가사 내용을 보면 더욱 분명히 알 수 있다. <헌선도>에서 <만년환>까지는 대곡이고, <억취소>만(慢)이하는 소곡인데 이들 소곡의 가사 내용 중에 <천추세>(千秋歲)영(令)에는 속가의 <만전춘별사>와 아주 흡사한 부분이 있으며, 대단히 육감적이기까지 하다. 그 일부를 보인다.

> …… 그때 같은 즐거움을 어느 때에나 이루게 될까?
> 일찍이 만나 거듭 맹세하게 되기 바라며, 아름다운 경치 좋은 때를 소홀하
> 게 보내버리지 않으리라.
> 원앙 방장 안에 원앙 이불, 원앙 베개 위에 원앙이 잔다.
> 그와 같이 늘 천년토록 살고파라[26]

위에 예로 든 <천추세>영의 내용은 <만전춘별사>의 5연과 내용이나 분위기 면에서 대단히 유사하다. 그런가 하면 마지막의 "그와 같이

---

26) …… 似當日歡娛何日遂 願早早相逢重設誓 美景良辰莫輕拌 鴛鴦帳裏鴛鴦被 鴛鴦枕上鴛鴦睡 似恁地 長恁地 千秋歲.

늘 천년토록 살고파라"는 <만전춘별사> 끝 구인 "아소님하 遠代平生
애 여흴술 모ᄅᆞᆸ내"와 의미면에서는 똑같다. 두 노래의 영향관계를
단정적으로 말하기는 어렵겠지만 고려가 당악을 수입하여 사용하였으
므로 아무래도 속가를 창작하거나 민간에서 민요를 취택하여 궁중악장
으로 사용할 때 그것의 내용과 의미·주제나 내용을 결정짓는 데 당악
이 전혀 무관했다고 말할 수는 없으리라 생각된다.

　이외에 내용이 남녀연정이고, 또 속가의 내용 형성에 영향을 미쳤을
것으로 생각되는 당악 <취태평>(醉太平)과 <해패>(解佩)영(令)을 보
기로 한다.

> 끙끙거리며 고민하고 있어요
> 끙끙거리며 고민하고 있어요
> 저는 요즈음 사람들이 이르는 말을 들었지만,
> '처음의 마음을 잊어버려라'라는.
> 남을 깊이 병들게 하여 마구 못쓰게 해 놓고는 누구한테 부탁하여 나를
> 위해 속속들이 설명해 주어 달라고 하라는 것인가!27)

　위의 노래 <취태평>은 고려 속가의 중요한 모티프의 하나인 이별이
그 제재다. 자신을 떠나간 임을 못잊어하면서 괴로워하는 심정은 <가
시리>나 <동동> 등 이별의 한을 읊은 속가들과 같다. 단지 <가시리>
나 <동동>처럼 시적 화자의 한을 승화시키려는 지극한 노력이나 애절
함의 정도가 덜하다면 덜하다고 할 수 있을 것이다.

　다음 노래는 여성의 모습을 그린 <해패>영이다.

---

27) 이 노래는 『고려사』 악지 당악조에 나오는 <취태평>이다. 厭厭悶者 厭厭悶者 奴兒近日
　　聽人咬把初心忘却 敎人病深謾推拙憑誰與我分說破 仔細思量怎奈何 見了伏些弱.

얼굴은 단정하고 마음은 깔끔하고
눈썹은 길고 눈은 귀밑머리로 들어가고
코는 우뚝하고 입은 작고
혀는 향기롭고 부드러우며, 귀는 그 가운데서 붉고 윤기가 난다.
목은 경옥같고 머리는 구름같고
귀밑머리와 눈썹은 깎아 놓은 것 같고, 손은 봄철의 죽순 같고
젖은 달고 허리는 가늘고, 발은 쥔 듯한 그런 것들은
다시 물으려고도 하지 말라[28]

여인이 갖고 있는 몸의 특징을 그려 내고 있는 이 <해패>영은 남자들이 여인들에 둘러 싸여 있으면서 해학적으로 농지거리를 늘어놓은 내용이다. 그 분위기가 마치 속가의 <쌍화점>과 같으며, 그것에 사용된 언어도 속어적인 맛이 크고 음설스러우며 표현수법은 직설적이다. <해패>영에는 문학성을 고조시켜 시적 화자나 청자의 심리적인 정화를 꾀함이 아니라 바로 유홍 분위기에 적합하도록 노골적인 가사를 사용했는데, 이는 남장별대 속에서 음설스러운 행태를 연출한 충렬왕조의 궁정 정서를 드러내는 <삼장>·<사룡>과 거의 동일 차원에 놓여질 수 있다.

앞에서 보인 유영의 작인 <낭도사>[29](浪淘沙)영(令)도 기녀들과 어울려 질탕하게 벌이는 놀이를 읊고 있는데, 이들 노래들은 다 당시 조정의 퇴폐 연락적 분위기를 잘 말해 주는 것이 된다.

6. 결 론

지금까지 속가의 애정 편향성과 그 배경에 관하여 논급한 것을 요약

---

28) 臉兒端正 心兒峭俊 眉兒長 眼兒入鬢 鼻兒隆隆 口兒小 舌兒香軟 耳垛兒就中紅潤 項如瓊玉 髮如雲鬢 眉如削 手如春笋 妳兒甘恬 腰兒細 脚兒去緊 那些兒更休要問.
29) 有箇人人 飛嚫精神 急將環珮上華茵 捉拍畵隨袖紅擧 風柳腰身 薂薂輕裙 妙畵尖新 曲終獨立歛香塵 應是四肢嬌困也 眉黛雙顰.

하여 결론으로 삼는다.

  첫째, 속가는 정서 등 상층계층의 소수 인물이나 충렬왕조의 김원상을 비롯한 일부 폐행들이 창작한 것과 삼국 이래로 전래해 온 것 외에는 일반 민중계층들이 부르던 지방 민요에서 주로 취택되었다. 그리고 이 민요들은 왕실로 차출되어 간 관비나 관기·여무 등에 의하여 자연스레 궁정으로 옮겨지게 되었으며, 이들 민요의 전수자가 주로 관기 부류이기 때문에 남녀간의 애정을 읊은 내용의 민요가 집중적으로 속가로 선택되었다.

  둘째, 고려후기 즉, 원 복속기에 지금의 속가가 집중적으로 생성되었다. 그런데 그 당시 속가의 주된 향유층인 왕과 폐행들이 남녀상열적인 왕실 분위기를 조장하면서 그런 내용의 속가를 즐겼는데, 이와 같은 퇴폐적이고도 문란한 궁정의 분위기와 상황이 속가의 내용을 애정편향 쪽으로 많이 기울어지게 만들었다고 보여진다.

  셋째, 예부터 우리나라는 중국 문물의 영향을 많이 받았고, 고려 때의 사정도 그와 같았다. 고려초기 광종 때의 과거제도의 실시, 안향에 의한 성리학의 수입, 예종 때의 대성악의 전래 등이 그것이다. 문화나 사상면에서의 추종 내지는 모방 의식도 강해 고려초기에는 성당(盛唐)이나 만당(晩唐)의 분위기에 경도되었고, 중기나 후기로 내려오면서는 위진 남북조 시대의 '죽림칠현'을 본받으려는 경향까지도 팽배했다. 그리고 송의 사문학을 받아들이면서 이규보·이인로·최자 등 문인들이 사(詞) 작품을 많이 창작했다. 그런데 사문학은 송의 교방악인 당악이 주류이며, 이들의 내용은 남녀연정 쪽이 대부분이다. 이의 영향으로 속가도 애정편향으로 기울어지게 되었다.

  특히 악장의 경우에 있어서도 당악의 영향은 컸다. 당악은 당 나라의 음악으로 이해될 수 있는 말이긴 해도 송에서 교방악으로 쓴 것이 주종을 이룬다. 『고려사』 악지 당악조에 있는 작품들은 대개 송의 사 작품을 교방악으로 사용한 것인데, 유영이나 구양수의 작품이 많다. 이 중 유영의 작품은 대개 기류협사들이 즐겨 부르던 연정요였는데 이들 노래들이『고려사』악지 당악조에 많으며, 이들의 직·간접적인 영향으로 고려의 교방악인 속가의 내용도 남녀연정 쪽으로 많이 치우치게 된 것이라 여겨진다.

그리고 유영 등의 사 작품 외에도 중국에서 수입하여 고려 궁정에서 불렀던 가무악(歌舞樂) 구장기별기나 답사행가무 등의 내용도 남녀상열인데, 이와 같은 노래의 내용이 속가의 성격을 결정하는 데 크게 작용한 것으로 여겨진다.

넷째, 송의 사 작품 외에도『고려사』악지 당악조에 나오는 당악들의 내용을 보면 남녀상열인 것이 많은 편이다. 특히 <천추세>영은 <만전춘별사>와 그 내용이 아주 흡사하다. 그리고 <취태평>은 속가의 중요 모티브의 하나인 이별이 그 제재인데, <가시리>나 <동동>과 정서적으로도 일치한다.

또한 여성의 모습을 생생하게 그린 <해패>영도 속어의 사용이나, 해학적으로 농지거리를 늘어놓은 표현수법 등 여러 면에서 속가 <쌍화점>과 같다. 이와 같은 당악의 내용들이 지금 우리가 접하는 것과 같은 속가의 내용으로 결정되는 데 큰 역할을 했다고 생각된다.

(『한국시가의 사상적 모색』, 실헌 이동영박사정년기념논총간행위원회, 1998)

Ⅴ. 俗歌에 나타난 恨의 양상과 형성배경

1. 서 론

속가에 대한 연구는 많은 분들에 의하여 다양한 방법으로 활발하게 연구되어 왔다. 이들 연구 모두가 속가의 본질을 밝히는 데 상당한 공헌을 했다고 생각한다. 그러나 우리 민족에게 중요한 정서의 하나로 여겨지는 한(恨)과 관련시켜 속가를 논급한 연구는 아직 많이는 눈에 띄지 않는 것 같다.

그래서 본고에서는 속가 중 <청산별곡>·<쌍화점>·<정읍사>·<정과정곡>·<만전춘별사>·<사리화> 등 여섯 작품을 대상으로 하여 이들 작품에 응축되어 있는 한의 양상과 그 형성배경을, 그리고 그 한이 속가가 탄생하는 데 어떤 동력원으로 작용했는가를 고구해 보고자 한다.

이들 여섯 노래 중 <청산별곡>과 <쌍화점>, 그리고 <사리화>는 그 형성배경이 고려의 사회·역사적 상황과 깊게 관련되어 있다. 그리고 <만전춘별사>와 <정과정곡>, 그리고 <정읍사>도 앞의 노래들처럼 그 정도에 있어서는 덜 하다고 할 수 있지만 고려의 사회성과 역사성이 기조가 되어 형성되었음은 부인할 수 없다. 그렇기 때문에 이 여섯 노래가 갖고 있는 한의 양상과 그것의 형성배경을 논함에는 고려의

사회·역사적 상황이 주로 활용될 것이다. 그 전에 우선 한의 일반적
개념과 그것의 발생배경을 개괄적으로나마 먼저 살펴보고자 한다.

2. 한의 개념과 발생

우리 민족의 많은 문학 작품에는 한의 정서가 침윤되어 있음을 쉽게
발견할 수 있다. 이러한 한은 우리 문학에 동질성을 부여하며, 지속적이
고도 포괄적으로 국문학의 중요한 제재로 채택되어 왔으므로 이의 해
명은 우리 문학의 본질을 밝히는 데 큰 몫을 차지한다 하겠다. 어떠한
문학 예술이든지간에 그것은 모두가 당대의 삶의 질이나 행태에 깊이
관련되면서 생성되는 체험적 산물이다. 또 그것은 우리가 역사와 사회
를 인식하는 하나의 독특한 방법이기도 하므로 우리 민족이 겪어 온
역사적 특수상황과 연관지어 볼 때 한을 띨 수밖에 없다. 우리 민족에게
는 지정학적 특성으로 인하여 단속적이긴 하지만 암울하고 참담한 역
사가 많았고, 그러한 역사의 현장에서 삶을 엮어 온 우리 민족은 한으로
점철된 삶을 영위할 수밖에 없었다.

역사와 무관한 대중현상이란 있을 수 없으며, 이 대중적 현상에서
비롯된 정서와 심리가 문학현상, 특히 민요의 내용을 많이 결정한다고
볼 수 있다. 이러한 관계로 개인적이든 집단적이든간에 국문학 작품
속에는 한이 주요 정서로 자리잡아 왔으며, 더구나 우리 민족 심성의
원형을 이루어 오면서 작품 형성의 동인으로 작용했던 것이다. 예컨대,
상대의 가요인 <공후인>과 같은 고대 시가 등에는 잃어버린 임에 대한
개인의 아픔이 애(哀)와 한(恨)으로 응결, 승화되어 우리들의 심성을 감
발시키고 있다. 이 한의 정서가 속가인 <가시리>·<정읍사>·<서
경별곡> 등 다수의 작품에 접맥되어 원형을 유지해 오다가 현대의 민

요인 <아리랑> 등에 뿌리를 내려 면면히 계승되고 있는 것이다.

이와 같이 한은 문학의 중요한 요소인 상상력 못지 않게 우리 민족의 정신에 작용하여 생명력 있는 문학 예술의 탄생을 도왔으며, 우리의 문학이 초시대성을 지닌 옹골진 문학으로 존재하게 만들었다. 그리고 이 한은 시간의 변이에 따른 의식의 체에 조금도 걸리지 않고 통과하여 어떤 것은 원래의 모습 그대로, 또 어떤 것은 변용된 모습으로 우리의 심층 속에 전해 오면서 꾸준히 문학 작품으로 승화되어 왔다. 특히 한은 일반 민중들이 주로 향유했던 민요에 더욱 짙게 배어 있다. 그런데 속가가 악장이긴 하지만 원래는 대부분이 민요였으며 대체로 원 복속기에 집중적으로 취택되어 다양한 재창조 과정을 거쳐 악장으로 승화되었으므로[1] 작품 속에 한이 많이 스며 있음은 필연적인 일이라 하겠다.

그러면 우리 문학의 원형질과 같은 존재이며, 국문학 생성의 중요한 동력이 되어 온 한의 의미는 무엇일까? 이에 대하여 먼저 소략하게나마 살펴보고자 한다.

원래 한의 사전적·외연적인 의미는 원한과 한탄이라고 볼 수 있다.[2] 원한은 원통한 생각이며, 한탄은 원통하거나 뉘우침이 있을 때 한숨짓는 탄식이므로 한이란 말에는 원한·한탄·원통함·뉘우침·한숨·탄식·소원·불평·허무감 등의 다양한 뜻이 내포되어 있다. 그러나 이런 의미가 그것에 함의되어 있다고 해서 한이 원통함이나 분함이나,

---

1) 속악에는 적은 수이긴 하지만 『고려사』 권71 악2 삼국속악조에 실려 있는 삼국의 속악도 있다. 고려에서 이들 노래를 같이 사용하고 또 그것을 악보에 편입했다(新羅百濟高句麗之樂高麗並用之編之樂譜)고 기술되고 있다. 그렇기 때문에 고려시대의 속악의 가사는 삼국시대에 형성된 것이거나 고려초기·중기를 거쳐오면서 개인에 의하여 창작되거나 민중계층에 의하여 생성된 것이다. 그런데 지금 우리가 접하는 가요들의 대부분이 원 복속 시기 80여 년 간에 걸쳐 생성되거나 취택되었다고 볼 수 있다.
2) '恨'의 풀이에 대하여 한글학회 편 『우리말 큰 사전』에는 간략하게 '원한이나 한탄'의 준말이라고 설명하고 있다. 그리고 中華學術院에서 간행한 『中文大辭典』에는 '恨'은 '怨'이나 '悔', 그리고 '憾'과 의미가 같다고 풀이하고 있다.

또 원한의 단순한 집합체임을 가리키는 것은 아니다.[3] 설령 한의 의미
가 이러한 것들의 총화로 이해될 수 있긴 해도 이것들보다 한 차원
높여진 정신적 작용이요, 더 강화되고 확대되어 내밀한 힘까지도 포괄
하고 있는 것이다. 한의 이러한 면을 염두에 둔 천이두는 그것을 삭히고
익혀 가는 과정에서 점차로 예술적 승화, 윤리적 안정을 획득해 가는
일종의 승화 조절의 장치라 하기도 했다.[4] 이러므로 한은 비극적인 것
들의 산술적 총화에 상승의 효과가 가해져 이들 낱말이 단순히 의미하
는 전부의 뜻을 포괄하고도 오히려 남는 것이다. 그러면서 이것은 다른
민족이 갖고 있는 일반적인 애잔함이나 비극적인 정서와는 구별이 되
는, 지극히 한국적이며 오로지 한국 민족만이 갖고 있는 유일하면서
특이한 민족적·민중적 정서의 한 종류인 것이다. 그렇기 때문에 소극
적·부정적 가치로 이해되기도 하는 한의 사전적이며 일반적인 의미에
단순 대입시켜 문학 작품에 나오는 한의 속성을 파악하려 해서는 곤란
하리라 본다.

문학 작품 속에 응축되어 있는 한의 의미는 훨씬 다의적이다. 내포가
훨씬 확대되긴 해도 문학 작품에서의 한을 생의 패배와 불행의 연속에
서 생기는 비극적 감정이나 설움의 축적을 가리킨다거나[5], 삶의 운행을
적극적 의지와 용기 또는 모험으로 이끌어 나가기를 포기한 사람들의
마음에 담긴 무상감의 세계[6]라 이해해도 한의 기본적 의미에서는 크게
일탈하는 것은 아니라 생각된다.

어쨌든 한은 마음 속에 응어리로 풀리지 않은 채 머물러 남아 있는

---

3) 한의 의미를 이러한 단어들과 연관지어 생각하면, 그것 속에는 부정적이며 소극적인 의미가
　많이 함축되어 있음을 알 수 있다. 그래서 황패강은 그의 『한국문학의 이해』에서 한의 의미
　를 "이질성에 대한 동질화 노력에 실패한 인간의 심리적 상태의 여러 가치를 내포하고 있
　다."고 했다.
4) 천이두, 『한국문학과 한』, 이우, 1985, p.33.
5) 김용숙, 『조선여류문학의 연구』, 숙명여자대학 출판부, 1979, p.19 참조.
6) 고은, 「한의 극복을 위하여」, 『恨의 이야기』(서광선 엮음), 보리, 1988, p.29.

설움의 덩이이기 때문에 소극적인 정신작용만으로는 쉽게 해소되지 않는다. 이 해소되지 않고 퇴적되어 있는 마음의 앙금이 여진(餘震)처럼 폭발하여 예술로 승화(昇華)된 것 중의 하나가 문학 예술이다. 이는 한의 승화과정에 따른 바람직한 결과인 것이다. 승화가 어떤 충동을 사회적으로 용인할 수 있는 간접적인 만족으로 옮겨 주는 요인으로 이해된다[7]면 이 한의 승화도 하나의 심리적 충동현상으로 간주할 수 있겠으며, 자기 구원을 위한 방어기제로 볼 수도 있다. 그래서 이들 작품 안에서 탈을 쓴 화자는 대상에게 대리복수를 잔인하게 하기도 하며, 그렇지 않은 경우에는 작품이 아닌 실생활에서 직접 행동으로 한의 원인이 된 대상에게 복수를 하기도 한다. 이와는 달리, 한의 감정이 체념과 화해, 사랑의 감정으로 승화되어 작품 속에 나타나기도 하는데 앞의 것은 한의 부정적인 측면이며[8] 뒤의 것은 한의 긍정적인 측면이라 볼 수 있다. 이 두 측면 모두가 다 한에서 갈라져 나온 각각 다른 모습일 뿐 한의 속성임에는 틀림없다.

그러면 우리 민족의 '근원적인 슬픔'이며, 우리 민족에게 예술 창조의 역동적 분출구로 역할해 왔다고 할 수 있는 한은 어떤 경우에 생성되는 것일까? 대체적으로 말하면 한은 현실에서 야기되는 갈등이나 대립이 쉽게 조정될 수 없거나 욕구나 희망이 좌절되었을 때 발생한다고 할 수 있다. 이는 한이 우리의 문학 등 예술 영역의 기저가 된다고 본다면 시문학이 외부의 상황으로부터 심각한 인상을 받아야 생성된다는 시 생성의 일반적인 이론[9]과 맥을 같이 한다. 그러나 이에 대한 구체적인 논의에 들어가면 그리 간단치 않다. 그래서 한의 발생 배경을 불안과

---

7) 아놀드 하우저(황지우 역), 『예술사의 철학』, 돌베개, 1983, p.59.
8) 부정적 측면에서 고려될 수 있는 경우는 한이 맺혀 죽은 '손각시'를 들 수 있다. 이 손각시는 처녀로 죽은 원혼인데, 언제나 실뱀 등 여러 종류의 부정적 모습으로 변하여 상대에게 복수를 하곤 한다.
9) 최재서, 『문학원론』, 춘조사, 1962, p.276.

위축의 역사, 유교 중심의 사상이 빚은 계층의식, 남존여비 사상, 사대부들의 가학적 행위 등 우리 민족과 역사가 빚은 특수성에서 찾으려 하기도 하는데[10] 이는 한의 발생을 좀더 직접적이고 구체적인 상황에서 찾아보려 한 것이다. 이 외에도 한의 발생은 우리 민족이 살아 온 기후와 토양, 그것에 의하여 특징지어진 우리 민족 특유의 기질과 정서, 그리고 역사적 상황과 함께 이루어진 복합적 요인에서 비롯된다고 함도 옳을 것이다.

그만큼 한은 우리 민족에게만 국한된, 제한적이면서도 독특한 한국의 정서인 것이다. 그러므로 속가에 나타나는 한의 발생 원인을 기계적이며 단순한 사고의 틀로써 파악해서는 안 될 것이다. 앞에서 말한 바와 같이 우리 민족이 겪어 온 불안과 위축의 역사적 상황과 여러 환경적 요소, 그리고 이것들에 부수되는 여러 여건 등 복합적 요인에서 찾아야 되리라 본다. 그러므로 필자는 고려의 역사적 특수 상황에 초점을 맞추어 속가에 나타난 한의 양상과 그 형성배경을 고구해 보고자 한다.

3. 작품에 나타난 한의 양상과 형성배경

고려의 예술이 갖고 있는 성격을 총체적으로 규정하는 자리에서 조지훈은 이것을 '슬픔의 예술'이라 했다.[11] 기만당한 고려 민중들 자신이 오히려 모든 상황에 책임을 져야 하는 데서부터 비극이 생성된다면 고려 예술, 특히 속가의 속성도 바로 비극미·비장미라 말할 수 있다. 그러면 속가들에 내재해 있는 한의 양상은 어떤 것이며, 또 그것들이 대체로 어떤 상황에서 형성되었는가에 대하여 살펴보도록 하자.

---

10) 문순태, 「한이란 무엇인가」, 『민족과 문학』 제1권, 세종출판사, 1983, pp.209~214.
11) 조지훈, 『한국문화사서설』, 탐구당, 1978, p.308.

한의 생성 요인이 다양한 측면에서 논의될 수 있음은 앞에서 이미 살펴보았다. 하지만 한이 우리 민족, 특히 그 중에서도 주로 민중의 무의식 속에 내재해 있는 원형 심상으로 파악될 수 있다면 이는 개인이 아니라 민족이나 집단 차원에서 어떻게 생성되느냐를 염두에 두지 않으면 안 될 것이다. 이렇게 할 때 한의 발생배경 내지 요인은 당연히 사회·역사적 상황과 관련지어 고려하지 않을 수 없으며, 속가에 관련된 한도 역시 불안하며 위축됐던 고려의 사회와 역사를 배제한 채 고찰할 수는 없을 것이다.

고려는 중세의 암흑기로 표현되듯이 실로 비참의 극을 달리던 시대였다. 특히 속가가 집중적으로 발생하여 악장으로 승화된 원 복속기를 전후한 80여 년 간은 절망적이었으며 자주성을 상실한 암담한 시기였다. 고려 초부터 빈번한 외침과 내란으로 백성은 도탄에 빠지고 민심은 흉흉해졌다. 거란과 여진의 침략으로 인한 백성들의 고통도 컸지만 몽고군의 수 차례에 걸친 침구는 큰 재앙이었다. 그 예로 고종 40년 8월 몽고군이 서해도의 양산성을 함락시켰을 때 그 성에서만 죽은 자가 무려 4천 7백 여명이나 되었으며, 남자 10세 이상은 다 도륙당하고 부녀자와 어린 아이는 몽고 사졸들에게 분배되었다.[12] 그리고 동왕 41년 몽고군의 입구(入寇)로 한 해에 포로가 된 백성만 해도 무려 20만 6천 8백 여명이나 되었다.[13] 이러므로 굶어 죽는 사람까지도 빈발하고 해골이 들을 덮었으며[14], 또 관리들의 가렴주구와 수탈이 극심하여 자식을 팔아 조세를 납부하는 일까지도 발생했다.[15] 몽고의 난 때에는 농민들

---

12) 『고려사절요』 권17 고종 안효대왕 40년 8월조. 蒙古兵陷西海道椋山城 …… 城遂陷 世侯自縊死 城中死者無慮四千七百餘人 屠男子十歲以上 擒其婦女小兒 分與士卒.
13) 『고려사』 권24 고종 41년 12월조.
14) 『고려사』 권24 고종 42년 4월조.
15) 『고려사』 권31 충렬왕 22년 1월조에 "조세 때문에 자식을 판 자는 관에서 속환해 주라"는 내용이 있는데, 이 기록은 자식을 판 일이 사실임을 입증해 주는 것이다.

이 굶주림을 견디지 못해 서로 잡아먹는 일도 있었다.[16]

그리고 고려가 몽고의 속국으로 된 후에 고려 조정은 자주성을 완전히 상실하게 되었으며, 거의 모든 일들은 원의 조정에서 좌지우지하여 나라의 체면은 말이 아니었다. 그런가 하면 원에서는 고려의 여자를 강제로 징발해 가서 이것이 큰 사회적 문제가 되었는데, 충렬왕 때부터 공민왕 때에 이르기까지 80여 년 간 사적 기록에 나와 있는 것만 해도 진공회수가 50여 회에 달했다 하니 실제로 원에 공녀(貢女)로 끌려 간 고려의 처녀들은 더 많은 수에 달했다.[17] 그리고 이들은 일부를 제외하고는 거개가 비참한 최하위 생활을 하는 괴로움을 겪었다. 이런 와중에 부패한 관리들의 글겅이질까지도 가혹하여 애꿎은 백성들은 이래저래 삼중, 사중의 고통 속에서 신음하게 되었다.

이런 사회와 역사적 배경 속에서 고려의 속가들이 집중적으로 형성되었으니 이는 테느나 생트 븨브가 밝힌 문학의 3대 결정요소 중의 하나인 환경이 속가 형성에 절대적 영향을 끼친 것이다. 그러므로 속가에는 필연적으로, 한의 정서가 짙게 배어 있지 않을 수 없는 것이다. 고통받는 민중은 한으로 맺혀 있는 그들의 절통하고 통분한 마음을 자위적 수단인 민요를 통해 삭일 수밖에 별다른 방법을 몰랐던 것이다. 반항하고 저항하면서 열악한 삶의 조건을 적극적으로 개척하는 서양인들의 정신 구조와는 달리, 우리 민족은 반항하거나 저항하지 않고 한을 품거나 체념하면서 살아가는 것이 속성이랄 수 있기 때문에[18] 속가와 같은, 한이 주조를 이룬 노래가 많이 생겨났다고 볼 수 있다.

지금 우리가 접할 수 있는 속가에는 비극적이며 참담한 고려의 사회

---

16) 이곡의 『가정집』 권18을 보면 이런 사실을 알 수 있다. 즉, 그의 시<淸明後出城南望西山雪>에 있는 "肉林高處酒池深 春雪餘威不敢侵 天本於人無厚薄 民今相食是何心"이라는 구절이 이런 현상을 어느 정도 말해 준다.
17) 유홍렬, 「고려의 원에 대한 공녀」, 『진단학보』 18호, 1957, p.37.
18) 김붕구 외 5명, 『한국인의 문학사상』, 일조각, 1964, pp.181~242 참조.

와 역사적 상황이 형성배경이 되어 생성된 일반 백성의 노래가 많으므로 이들 가요의 내용에는 현실에 대한 부정적 양상이 긍정적 양상보다 두드러짐이 특징이다. 그리고 어떤 시대에 유행한 가요는 사상과 상상, 그리고 감정을 통한 일반 백성들의 사회에 대한 해석이기도 하므로 일반 민중들의 노래인 민요는 민중이 겪은 삶의 전 체험이 관련되어 창작된 것이며, 또 민중적 정서인 한이 주조를 이룸은 당연한 이치라 하겠다. 그리고 이들 속가 중에는 이별의 한이 중요한 모티브가 되어 있는 노래가 많다. 이는 빈번한 내우외환과 지배계층의 혹독한 가렴주구 등으로 인하여 떠돌아 다녀야 했던 유민들과, 공녀제도라는 비인간적 인신착취 행위에 의하여 강요된 이별을 많이 당해야 했던 고려후기 민중계층의 비극적인 정서가 깔려 있던 민요에 기반을 둔 속가가 주류를 이루므로 필연적인 현상이라 하겠다.

그렇다고 고려시대 궁정에서 불려지던 속가의 전부가 한의 정서를 띠고 있었다고 말하기는 어렵다. 만약 수적으로 많았던 속가가 일실되지 않고 그대로 지금까지 남아 있다면 어떤 식으로든지 결론을 내려 말할 수 있겠지만, 그렇지 못한 지금으로써는 속단할 수 없다. 그러나 현존의 속가 작품 다수에 한의 정서가 침윤되어 있음은 틀림없는 사실이다.

그러면, 속가 중의 몇 작품을 들어 이들 작품에 배어 있는 한의 양태와 그 형성배경을 구체적으로 살펴 보고자 한다.

1) 〈靑山別曲〉과 막힌 현실로 인한 백성들의 한

고려시대의 복잡 다단한 역사적 현실인 외침과 내란에 기인하여 일반 민중들의 가슴에 발생한 한이 밑바탕이 되어 이루어진 노래로는 <청산별곡>을 들 수 있다. <청산별곡>에는 고려 백성들이 겪은 절대 고독과 비극적 상황이 배어 있는데 이 점에서는 가사부전의 속가인 <사리화>

와도 통한다. 그러나 <사리화>는 이민족의 침략에 의한 통고를 표출하려는 작품이 아니라, 탐관오리의 수탈과 탐학을 참새가 다 지어 놓은 곡식을 쪼아먹는 것에 비유한 노래[19]인 점에서 <청산별곡>과 다르다.

<청산별곡>에서 시적 화자는 결코 낙원이 될 수 없는 청산을 어쩔 수 없이 안주처로 생각하며 일시적으로 그곳에서 삶의 터를 잡으려고 한다. 왜냐하면 현실은 좋은 삶의 터전이 아니라 청산이나 바다보다 더 열악하며 한스러운 고통의 장이기 때문이다. 그래서 그들의 눈에는 모든 것이 비극적인 것으로 비쳐졌다. 현실을 살아갈 수 없는 고통의 장소로 인식한 화자는 이 노래의 2연에서 '우러라 우러라 새여 / 자고 니러 우러라 새여 / 널라와 시름한 나도 / 자고니러 우니노라'라고 읊으면서 비애에 점염(點染)된 눈으로 현실을 바라본 것이다. 그럼 먼저 이 노래의 1연을 보자.

> 살어리 살어리랏다
> 靑山애 살어리랏다
> 멀위랑 ᄃ래랑 먹고
> 靑山애 살어리랏다
> 얄리 얄리 얄랑셩 얄라리 얄라

고려후기는 이 노래에서와 같이 고려 백성들이 실제로 청산이나 절해고도로 삶의 터전을 옮겨 외롭고 비참하게 생활을 해야 했던 일이 많았다. 왜냐하면 외침과 내란이 발발했을 때마다 백성들이 어쩔 수 없이 산 속이나 절해고도로 삶의 터전을 옮기는 경우도 많았고, 또 적의 노략질을 피하면서 나라를 지키기 위한 전략적 방안의 하나로 국가정책에 의해서 강제로 옮겨지는 경우도 있었기 때문이다. 고종 19년 몽고군의

---

19) 『고려사』 권71 악2 고려속악조.

침탈에 속수무책인 고려 조정은 강화천도를 결정한 후에 여러 도에
사자를 보내어 일반 백성들을 산성이나 해도로 옮겨 살게 했던 사실이
그 한 예이다.[20] 그리고 충렬왕 때도 합단(哈丹)이 침입해 왔을 때, 고려
조정은 각 주 현에 명을 내려서 노약자나 부인들을 산성과 해도로 옮기
도록 했다.[21] 피란을 간 그들이기 때문에 그들은 청산이나 녹해에서
유족한 삶을 산 것이 아니라 초근목피로 겨우 연명을 하는 처지여서
주려 죽는 자도 심히 많았다.[22] 특히 고종 41년 12월의 기록 중에는
굶어 죽은 자가 이미 여항(閭巷)에 찼다고 한 것으로 보아서 당시의
상황이 한없이 어려웠음을 알 수 있다.

　그렇기 때문에 <청산별곡>에서의 청산과 바다는 고난스러운 현실
을 대신해 줄 수 있는 이상향과 같은 곳이 못 되며, 오히려 현실의 열악
함을 강조해 준다고 해도 과언이 아니다. 이처럼, 주려 죽을지도 모르는
청산이나 바다로 가야될 만큼 현실은 절박했던 것이다. 이러한 비참한
사정은 몽고의 침입이 계속됐던 고종 때는 말할 것도 없고, 원에 복속된
충렬왕 때까지도 계속 일어났다. 나무 열매나 풀 뿌리로 삶을 이었다는
충렬왕 원년의 기록이나[23], 당시 지방 수령들이 두르고 있던 붉은 인끈
은 모두 백성들의 피로 물들여 만든 것이라는 기록[24]도 이런 사정을
극명하게 드러내 주고 있다.

　<청산별곡>의 전 내용이 어둡고 비극적인 사회·역사적 상황을 읊
고 있지만 그 중 5연은 더욱 그렇다. 보편적으로 추구하는 가치체계가

---

20) 김상기, 『고려시대사』, 동국문화사, 1961, p.525 참조.
21) 김상기, 위의 책, p.646 참조.
22) 『고려사』 권24 고종 41년 3월조에 "여러 도의 고을들이 난리로 피폐하고 지쳐 三稅 이하
　　의 잡세를 면제하고, 산성이나 해도에 들어갔던 자는 모두 육지로 나오게 했다. 그 때 산
　　성에 들어갔던 백성들이 주려 죽는 자가 심히 많았으며, 늙은이와 어린이는 죽어 구렁을
　　메웠다. 심지어는 아이를 나무에 붙잡아 매어 두고 가는 자가 있는 데까지 이르렀다."는
　　기록이 있다.
23) 『고려사』 권28 충렬왕 원년조. 有採木實草葉而食者 民之凋弊莫甚此時.
24) 『고려사절요』 권20 충렬왕 8년 1월조.

허물어진 파행적 사회에서는 개인의 행·불행은 개인의 노력과 의지와
는 전혀 무관하게 오직 사회 상황에 의해서만 좌우될 뿐이다. 그 예로
고려후기의 사회가 가장 좋은 본보기인데 당대의 이런 사정을 구체적
으로 진술하고 있는 연이 5연이라 볼 수 있다.

> 어듸라 더디던 돌코
> 누리라 마치던 돌코
> 믜리도 괴리도 업시
> 마자셔 우니노라
> 얄리 얄리 얄라셩 얄라리 얄라

은원(恩怨)의 관계도 없는 처지인데, <청산별곡>의 화자는 누가 어
디서 던진지도 모르는 돌에 맞아서 울어야 한다. 돌은 고려의 일반 민중
들에게 위해적 요소가 되는 불합리한 제반 여건과 열악한 사회·역사
적 상황 등을 지칭한다.[25] 난이 중첩되었던 고려시대에 민중들에게 엮
이어진 삶의 여건은 당대의 민중들에게 한스러움의 감정을 충분히 야
기시킬 수 있는 요인이었다. 그래서 이 노래의 화자는 어쩔 수 없이
삶의 현장을 떠나 청산과 바다에라도 가고자 한 것이다.

따라서 이 시적 화자는 고려의 사회·역사적 상황이 빚어낸 불행을
당하여 죽거나 고생하는 민중, 자신의 행위로 인한 잘잘못과는 관계없
이 일방적으로 빼앗기기만 하면서 고통을 받고 살아가는 극한상황 속
의 고려 민중을 대변하고 있음이 틀림없다. 그러므로 <청산별곡>의
5연도 비참한 고려 민중의 삶을 대유적으로 표현한 가요의 한 연인
것이다. 이런 백성들에게는 좌절과 절망만이 삶의 전부이고, 그 절망의
중심부에서 한이 발생하여 마음 속에 내재된 상태로 존속하게 된다.

---

25) 이 돌에 관한 좀 더 구체적인 설명은 제2부 '<靑山別曲>의 상징성과 현실인식'을 참고하
    기 바람.

이런 점에서 볼 때, <청산별곡>은 개선할 수 없는 현실에서 발생한 한의 정서가 기저를 이룬 고려 백성들의 절규의 노래이며, 궁극적으로 는 그들의 현실이 개선되고 그들 자신도 구원되기를 바라는, 절실한 염원이 응축된 가요라 볼 수 있다.

  2) 〈雙花店〉과 성적 희생으로 인한 여성들의 한

  이 노래는 윤리적·도덕적으로 방일했던 고려시대 여러 계층의 남성 들에 의하여 성적으로 착취되고 희생된 고려 여성들이 부른 한의 노래 로 파악할 수 있다.

  우리나라의 경우, 성의 희생자들은 적극적인 저항의 몸짓으로 복수를 하는 것이 아니라 한을 품고서도 인고(忍苦)하며 살든지, 아니면 자결하 는 등의 적극적인 도피 행위를 통해 그저 세상에서 사라지는 예가 많았 다. 예컨대 향가 <헌화가>의 수로 부인은 심산대택을 지날 때마다 신물(神物)들에 의하여 붙들림을 당하여 수모를 겪었고, 급기야는 동해 용왕에게 납치되었다가 돌아왔는데도 그녀는 그런 일에 대하여 분개하 거나 부끄러워하지도 않았다. 더구나 수로 부인 남편인 순정공조차도 용궁의 신이한 일에 대하여 오히려 묻기만 했다. 또 <제위보>에서 죄 때문에 노역살이를 하던 여자가 자신의 손이 남의 남자에게 잡히는 치욕을 당한 것에 대하여도 보다 적극적인 대응을 하지 않고 소극적· 자탄적인 노래만을 부른 점이 그렇다.[26] 그리고 <예성강>에서 부인이

26) <제위보>는 익재가 7절로 한역을 했는데, 그것의 내용은 이 노래의 부대설명과는 대조 적이다. 즉, 부대설명에는 부인이 남에 의하여 손 잡힌 사실을 통분히 여겨 이 노래를 지 어 혼자서 원망했다고 했다. 그러나 한역시에는 빨래하는 시냇가 수양버들 곁에서 흰 말 을 탄 사나이에 의하여 손을 잡혔는데, 이 향내가 석 달 동안 내리는 장마 중에서도 씻기 지 않았으면 좋겠다고 한다. 물론 익재의 한역 태도, 즉 '별곡으로써 마음에 느낀 바를 취 하여 새로운 가사를 짓는 것이 좋겠다 (取別曲之感於意者飜爲新詞可也, 『익재난고』 권4 소악부)라 한 그의 말을 고려할 것 같으면 원가와 한역시와는 내용과 형태에서 차이가 있을 수 있지만, 이처럼 정반대의 내용을 드러냄은 특이하다 하겠다. 여러 사람의 논의가

당 나라 상인 하두강에 의해 별 저항도 하지 않고 끌려가는 행위 또한 그렇다. 그런가 하면 자신의 부인이 역신에 의하여 침범당하는 현장을 보고도 성을 내기는 커녕 오히려 노래를 부르고 춤을 추면서 물러난 처용랑의 이러한 행동 또한 그렇다. 처용랑의 행동은 종교적 대승 차원으로 설명이 될 수도 있다. 그러나 그의 '가무이퇴(歌舞而退)'한 행위는 감정의 밑바닥에 한의 소용돌이가 일고 있음을 말해 준다. 즉, 자신의 가슴 속에 응혈로 남아 있는 감정의 찌꺼기를 처리할 다른 방도를 찾을 수 없어서 그리하였던 것이다. 이런 감정의 극한점에서 자신도 모르게 자연스레 노래와 춤이 나왔다고 볼 수도 있다.

일반 설화에서도 성의 희생자들인 여성들은 현실적인 복수를 단념하고 한을 품고서 자결해버리는 경우가 허다하다. 설화에 나오는, 성을 유린당한 소극적인 여성들의 이야기와 <쌍화점>에 나오는 여성화자도 이런 행동유형에서 크게 벗어나지 않는다.

<쌍화점>의 여성화자는 회회아비로 대표되는 외국인, 승려와 용으로 대유된 왕[27]과 지배계층, 그리고 술집아비로 표현되고 있는 무뢰배들에 의하여 성적 착취를 당했다. 이렇게 볼 때, 이 노래는 그렇게 비극적인 상황에 처해졌으면서도 저항하지도 못하고, 또 저항할 수도 없었던 억울한 처지의 고려 여성들이 내지른 자탄의 노래요, 한숨의 가락이라 할 수 있는 것이다.

　　雙花店에 雙花사라 가고신딘

있었지만, 필자가 생각하건대 부대설명은 『고려사』 편찬자들의 유교적 이념에 맞게 짜맞춘 개조문장일 가능성이 짙으며, 익재 한역이 전하는 <제위보>의 내용이 오히려 원래 노래의 내용과 유사할 것이라 보아진다. 이에 대하여는 더 많은 논의가 앞으로도 있어야 된다고 생각한다.
27) 여기에 나오는 용은 왕, 그 중에서도 공민왕이 가장 근접할 수 있다. 이에 대하여는, 제2부의 '<雙花店>의 형성배경과 내용특성'을 참고하기 바람.

回回아비 내손모글 주여이다
이 말슴미 이 店밧긔 나명들명
다로러거디러 죠고맛감 삿기광대 네마리라 호리라
더러듕셩 다리러디러 다리러디러 다로러거디러 다로러
긔자리예 나도 자라 가리라
위 위 다로러 거디러 다로러
긔잔디 ᄀ티 덦거츠니 업다

중국인이 경영하는 쌍화점에 부녀자가 쌍화를 사러 갔는데 색목인인
회회아비가 여자의 손목을 잡은 것이다. 회회아비는 그 당시 원에서
다른 민족보다 우대를 받았던 부류였는데[28], 그런 사람들에 의해서 부
녀자가 손목을 잡힌 것이다. 원래 여성이 남성에 의하여 강압적으로
손목을 잡혔다는 것은 단순히 손목을 잡히는 행위 이상의 큰 의미를
띠는 것이다. 이는 어느 시대 어느 사회에서나 내밀한 사랑의 감정을
내세운 남성에 의하여 여성이 사랑의 고백을 듣거나, 혹은 성적으로
희생을 강요받거나 유린된다는 뜻을 내포하고 있다. 그러나 여기서는
내국인에 의해서가 아닌, 회회아비에 의하여 고려의 여성이 성적으로
유린을 당한 것이다. 그런 점에서 성적인 수모로 인한 분노의 폭은 증폭
될 수밖에 없었다. 이 1연은 이와 같이 고려 여인이 만두집에 가서 외국
인인 회회아비에 의하여 성적 수모와 희생을 당한 사실을 암유적으로

28) 원에서는 한족 억압정책에 따라 回回아비가 다른 민족으로서는 가장 우대를 받았다. 이
는 이제현이 고려인도 回回아비와 같이 동등하게 대우를 해달라는 글을 원에 올린 사실
로써도 알 수 있다(『익재난고』권8 참조). 그리고 고려로 귀화하여 막강한 권력을 행사
한 回回人도 많았다. 그 중에서 대표적인 사람으로는 회회인 黨黑厮는 최노성으로 이름
을 바꾸어서 고려에 귀화한 사람으로 懷義君에 봉해졌으며, 그의 권력도 막강했다. 또한
제국공주의 怯憐口로 온 三哥도 장순룡으로 성명을 고쳐 고려에서 살았고, 백요손도 원
나라의 이름 있는 진사이었으나 원 말에 난을 피하여 고려로 들어와 설손(偰遜)으로 성
명을 바꾸어서 살았는데, 이 사람이 조선 세종 시 설제학 순(循)의 조부다(『필원잡기』권
2 참조). 또한 이름 없는 회회인들까지도 도살을 자행하여 고려에 그 폐해가 컸으므로 이
를 원나라에서 오히려 금지하기도 했다는 기록(『고려사절요』권20 충렬왕 6년 3월조)에
서 이런 사정을 잘 알 수 있다.

폭로하면서 희학적(戱謔的)으로 한탄하고 있는 것이다.

고려시대는 남녀관계가 자유로워 냇가에서 남녀혼욕이 가능했을 정도였다. 즉, 서긍이 지은 『고려도경』 권19 민서조에 보면, "남자와 여자의 혼인에도 경솔히 합치고 헤어지기를 쉽게 하며, 전례(典禮)를 본받지 않으니 실로 웃을 일이다"라고 했다. 그리고 같은 책 권23 잡속2 한탁조에는 "고려인들은 여름이면 날마다 두 번씩 목욕을 하는데 남녀 구별없이 의관을 언덕에 놓고 벌거벗되 괴상하게 여기지 않는다"29)고 했다. 그렇다 하더라도 타의에 의하여 성의 제물로 희생되는 일까지도 고려 여인들이 좋은 감정을 갖고 기꺼이 받아들였을 까닭이 없다. 오직 원통하고 분한 저주의 마음이 충일했을 것이다.30) 그런데도 성적 착취를 당한 여성은 가해자인 대상에 대하여 속수무책이었으므로, 노래로써 분한 마음을 표출했던 것이다.

그런데 <쌍화점>에서는 이 1연과 같은 성적 수모 현상이 2연과 3연, 4연 등에도 착취하는 대상만 바뀌어진 채 반복적으로 노래되고 있다. 즉, 2연에서는 삼장사에 공덕을 닦기 위하여 연등하러 간 부녀자의 손목을 그 절 사주가 잡았다. 그리고 3연에서는 우물의 용에 비유될 만큼 못된 왕 등 특수 상층계층이 물을 길러 간 여인의 손목을 잡았으며, 4연에서는 술을 사러 간 여인의 손목을 술집아비가 잡은 것이다. 고려

---

29) 『고려도경』 권19 민서조. (…… 好色泛愛重材 男女婚娶輕合易離 不法典禮 ……). 『고려도경』 권23 잡속2 한탁조. (…… 夏月日再浴多在溪流中 男女無別悉委衣冠 於岸 而沿褻露不以爲怪浣濯衣服 ……).

30) 이에 대한 적절한 예는 다음의 사실을 들 수 있을 것이다. 즉, 고종 12년 6월 무진에 掌牲署에 있는 죄수 중에 아름다운 모습을 지닌 여인이 있었다. 서리가 당직을 맡은 저녁에 그녀를 범하려 해서 그 여인이 굳게 거절하면서 "나 또한 隊正의 처인데, 어찌 다른 사람을 좇겠는가."라고 말했다. 서리가 그녀를 겁탈하여 돼지우리에 가두니 많은 돼지들이 다투어 그녀를 깨물었다. 그녀가 위급함을 외쳤으나 서리는 거짓이라 여겨 방치하고 구해 주지 않았다가 날이 밝기를 기다려 가 보니 오직 해골만이 있었을 뿐이었다 (『고려사』 권22 고종 15년 6월 무진조). 그리고 이 외에도 『고려사』 열전 열녀조에 열녀에 관한 기록이 많이 나오는 것으로 보아서 고려시대도 조선시대와 같이 열녀정신이 기림을 받았음을 능히 알 수 있다.

후기에는 승려의 성적 타락이 빌미가 되어 불미스런 일이 많았으므로 사찰에 부녀자나 규수들로 하여금 공을 빌러 가지 못하게 할 정도였다. 고려 공민왕 때에는 승려 영욱이 남의 처를 간음하였으므로 대간이 이를 벌하고자 하니 그가 이르기를 나를 벌하고자 한다면 결국 종문을 해체시켜야 하며, 또 나와 같지 않는 사람이 있겠는가 했는데[31] 이로 보아 당시 승려들이 성적으로 얼마나 문란했는지 가히 짐작할 수 있다.

또 왕들의 성적 문란도 도를 넘는 경우가 많았다.[32] 특히, 몽고의 습속이 고려 조정에 집중적으로 들어 온 고려후기인 원 복속기에 문란해진 성 윤리의 모습들이 많이 보였다. 그 중의 하나가 충선왕의 후비였던 계국대장공주는 원 나라 진왕의 딸로 고려에 시집왔으나 왕이 조비를 총애하자 친정의 힘을 이용하여 고려 왕실을 협박했고, 심지어는 내궁이나 신하들과 공공연히 통정하기도 했다.[33] 이러한 분위기가 결국은 왕들의 문란한 행동을 더욱 부추기는 역할을 했으리라 보인다. 왕들 중에도 충혜왕의 음란은 극에 달해서 일반 부녀자는 물론이고 왕의 서모인 수비 권씨를 간음하기도 했다.[34] 이런 형국이니 고려후기 사회에서 지배계층에 의하여 자행된 고려 여성의 성적 폐해가 어떠했는지 추단할 수 있다.

그 외 <쌍화점>의 4연에서 볼 수 있는 바와 같이 술집아비로 대표되

---

31) 『고려사』 권38 공민왕 4년 6월조. 이에 대하여는 제2부의 '<雙花店>의 형성배경과 내용 특성'을 참고할 것.
32) 왕들이 聲色에 빠짐은 흔한 일이다. 그러나 고려중기 이후 왕들이 놀이와 음란한 짓에 몰입하는 경우가 너무나 많았다. 무신 집권기의 명종은 여러 폐인이 낳은 여아 수십 인을 궁내에 불러 모아 색동 옷을 입히고 그들을 아동의 완구차에 싣고 內庭에서 장난치며 놀기도 했다. 그러면서 왕 자신이 울고 지껄여서 宮禁답지 못한 행동을 하니 무신들까지도 한숨짓기도 했다 한다. (김상기, 앞의 책, p.431 참조.)
33) 『고려사』 권89 열전 권2 후비2 계국대장공주조.
34) 『고려사절요』 권25 충숙왕 8년 5월조. 충혜왕은 원 지배하의 고려후기 왕들 중에서 가장 음란한 짓을 한 왕이다. 충렬왕·충숙왕도 그러했지만 그 도가 심하기는 충혜왕이다. 이는 『고려사』 등의 기록에서 충혜왕의 음란한 행위를 많이 볼 수 있다.

는 무뢰배들에 의한 비행도 잦았다. 그 좋은 예가 충숙왕 때 원윤 신여계의 아내 김씨가 불량배에 의하여 납치된 사건[35]과 충혜왕 때 불량배 몽골의 무리가 주부 공보의 집에 들어가 그 아내를 강탈한 사건[36] 등을 들 수 있다. 벼슬아치의 아내들도 불량배로부터 이러한 수모를 당할 지경이니 일반 서민 여성들의 경우는 더 이상 말할 필요가 없을 것이다. 결국 위와 같은 비도덕적 반윤리적인, 상도를 벗어난 여러 행동과 상황이 고려 여성들로 하여금 한의 정서를 쌓이게 했으며, 이런 깊은 한이 <쌍화점>을 자연스레 형성되게 했던 것이다.

3) 〈井邑詞〉와 행상인 처의 한

다음으로는 <정읍사>를 한의 노래로 들 수 있다. 물론 이 <정읍사>는 『고려사』 삼국속악조에 실려 있으므로 백제의 노래로 운위되기도 하며, 고려의 노래로 주장되기도 한다. 어느 쪽에 들어가든 간에 이 노래가 고려시대 궁중에서 악장으로 사용된 속가였으므로 지금 우리가 대하는 노래는 백제의 색채를 간직하고 있다고 보기보다는 고려의 다른 속가와 같은 열에 놓아서 처리해도 괜찮다고 생각된다.

<정읍사>의 정서는 이별의 정한이라 할 수 있다. 왜냐하면 행상 간 남편이 오랫동안 돌아오지 않자 달밤에 산석에 올라가 남편의 안위를 걱정하며 이 노래를 불렀다고 문헌은 전해 주고 있기 때문이다.[37] 이런 점에서 <정읍사>는 <치술령곡>·<공무도하가>·<가시리>·<서경별곡>·<만전춘별사>등 이별이 제재로 된 노래와 본질적으로는 동궤의 가요인 것이다.

행상인은 여러 곳의 장들을 떠돌아 다니며 도부(到付)를 치는 사람이

---

35) 『고려사절요』 권24 충숙왕 3년 3월조.
36) 『고려사절요』 권25 충혜왕 4년 9월조.
37) 『고려사』 권71 악2 삼국속악조. 井邑全州屬縣 縣人爲行商 久不至 其妻登山石以望之 恐其夫夜行犯害 托泥水之汚以歌之 世傳有登岾望夫石云.

며 사회계층으로 보아 하층민이다. 따라서 삶이 곤궁할 수밖에 없고, 떠돌아 다녀야 하므로 온갖 사연이 많이 생기기 마련이며 위험 또한 상존한다. 그런 행상인의 아내인 만큼 이 여인에게 따르는 삶의 비애와 곤궁은 어떻겠는가? 그러나 제일 큰 아픔은 남편이 거의 자신의 곁을 떠나 있다는 점이다. 남편과의 이별 자체도 여인에게는 한없는 고통을 안겨 주지만, 행여 사랑하는 남편이 자신의 곁을 떠나 있음으로써 애정 이 멀어질 수도 있고, 또 다른 여인들과 사랑을 주고 받아 자신과의 애정에 틈이 생길 수도 있을 것이라는 염려가 더욱 여인을 고통스럽게 할 것이다. 이러한 여인의 심리적 상태와, 이 노래가 조선시대 유학자들 에 의하여 배척당한 일, 그리고 이 노래의 어휘가 갖는 상징적 의미 등을 고려하여 이 <정읍사>를 성적인 내용으로 풀이하기도 했다.[38] 어쨌던 이와 같은 여인의 삶과 마음이 그녀를 낮도 아닌 밤에 산 위의 돌에 올라가서 노래를 부르게 했던 것이다.

둘하 노피곰 도드샤
어긔야 머리곰 비취오시라
어긔야 어강됴리
아으 다롱디리
져재 녀러신고요
어긔야 즌디롤 드디욜셰라
어긔야 어강됴리
어느이다 노코시라
어긔야 내가논디 졈그롤셰라
어긔야 어강됴리
아으 다롱디리

---

38) 지헌영, 「정읍사의 연구」, (『아시아 연구』통권 제 7호, 고려대출판부, 1961)를 참고하기
   바람.

이별은 시대를 초월하여 언제나 그것을 당하는 사람들에게 크나큰 아픔과 고통을 가져다 주었다. 이로써 생기는 한스러움이 많은 한의 문학을 산출했던 것이다. <정읍사>에서 행상인의 처가 겪는 괴로움과 아픔은 자력으로 삶의 수단을 강구하지 못한 채 언제나 남편에게 의지해야만 했던 옛날 우리나라 모든 여성들의 괴로움과 아픔인 것이다. 그렇기 때문에 <정읍사>에 보이는 한은 개인적 차원의 것이지만 동시에 그것은 바로 옛날 우리나라 여성들이 당해야 했던 전통적 정서인 애달픔과 한이며, 더 나아가 우리 민족의 심층에서 도도히 흘러 내려오는 원형적 정서와도 맥이 닿는 셈이다. 그래서 이 노래는 백제의 노래로서 유일하게 시대를 건너 뛰어 지금에까지 그 내용이 존속해 올 수 있었던 것이다.[39]

<정읍사>는 망부석 설화를 수반하고 있다.[40] 여자에게 맺혀 있는 이별의 한이 여자로 하여금 돌이 되게 한 것이다. 한은 그만큼 그것을 간직한 사람에게 있어서 가시적이든 그렇지 않든 변화를 수반케 하는 강렬한 정신적 작용이 된다. 한이 맺혀 죽은 여자가 뱀이 되거나 원귀가 되는 모티프도 우리나라의 설화에 대단히 많다. 그만큼 한의 속성은 내재적이며 여성적인 것이다. <정읍사>에 나오는 행상인의 처도 그렇게 애를 태우며 언제나 기다림에 지칠 바에야 차라리 한이 맺혀 스스로 돌이

---

39) 『동문선』 권11에 <望夫石>이라는 제목으로 5언 배율 형식의 다음과 같은 한시가 있다. "옛날에 절개 굳은 어떤 부인이 / 멀리서 아득한 길을 다르기 어려워 / 몸이 산밑의 돌로 되어서 / 전장간 남편을 기다리누나 // 비가 뿌려 구슬 같은 눈물 더하고 / 먼지 날아 눈 같은 살 위에 앉네 / 푸른 구름이 귓머리에 연달아 일고 / 초승달이 눈썹 가에 외로이 뜨네 / / 얌전한 모습은 그대로지만 / 상긋 웃는 말씀은 한 마디 없네 // 아황이 만일 이 돌을 보면 / 창오에 울던 일을 부끄러워하리." (昔有貞心婦 難追杳杳途 化爲山下石 空望戰場夫 雨酒添珠淚 塵侵染雪膚 綠雲連鬢起 新月帶眉孤 窈窕形容在 玲瓏笑語無 娥皇如見此 應恥泣蒼梧)

40) 망부석 설화는 2·3세기를 기점으로 하여 세계 도처에서 많이 형성되었다. <정읍사>의 경우, 『고려사』에 있는 기록과 유사하게 『동국여지승람』 권34 정읍현 고적조에도 망부석에 관한 내용이 다음과 같이 실려 있다. 望夫石 在縣北十里 …… 世傳登岾望夫石 足跡猶在.

되기를 바랐는지도 모른다. 그렇게 함으로써 임에게 자신의 사랑을 영원히, 또는 변함없이 전달할 수 있었을 테니까.

그리고 <정읍사>와 같은 이별의 한이 배어 있는 속가 계열의 작품으로는 앞에 지적한 작품 외에도 <예성강>·<거사련>·<이상곡> 등 여러 노래가 있다.

4) 〈鄭瓜亭曲〉과 鄭敍의 한

다음으로 개인 창작가요로서는 유일한 국문정착가요인 <정과정곡>을 한이 응결되어 이루어진 작품으로 들 수 있다.

속가는 원래 민요적 속성이 짙다. 앞에서 말한 <청산별곡>이나 <쌍화점>도 그렇거니와, <정읍사>도 따지고 보면 민요적 성격이 짙은 일반 민중의 노래다. 민요로서의 속성이 강하기 때문에 민중이 갖는 애와 한의 정서가 작품의 밑바탕을 이루면서 형성되었다고 볼 수 있다. 그러므로 이들 작품의 한은 개인적인 차원의 것이 아니라 공동적이고 집단적이며 민족적 차원에서 논의될 수 있는 것이다. 그런데 <정과정곡>은 상실과 좌절로 인한 개인의 처절한 한의 정서가 작품의 기저를 이루는 점에서 위의 가요들과는 구별된다고 할 수 있다.

<정과정곡>을 창작한 정서는 고려 제17대 인종과는 동서 사이로 궁중에서 막강한 세력을 확보하고 있었다. 그는 처음 음사(蔭仕)로 환로에 나아가 벼슬이 정 5품 현직인 내시랑중에 이르렀다. 그러나 그는 의종 5년 정함과 김존중 등 폐신들의 강력한 주장으로 동래로 귀양을 가게 되었다. 그가 귀양 갈 적에 의종은 정서에게 "朝議에 의하여 어쩔 수 없이 그대를 귀양 보내나 곧 소환하겠다"[41]는 언약을 했다. 그러나 정서와 반대의 입장에 있던 정함 등은 다른 사건에 연루되어 귀양을

---

41) 『고려사』 권71 악2 속악조. (······ 今日之行 迫於朝議也 不久當召還 ······.)

갔으나 그들은 곧 소환된 반면, 정서는 소환되기는 커녕 같은 왕 11년 거제로 재유배되었으며, 결국 의종이 정중부 등 무신 일파에 의하여 피축된 후 명종이 왕위에 오르고 난 뒤에야 소환될 수 있었다.

사실 그가 동래로 귀양가게 된 이유는 반대파의 참언에 의한 것이라고 기록되고 있지만 정서와 의종과의 관계 등 당시의 복잡한 궁정 상황을 고려해 볼 때 정서의 유배는 의종 자신의 자발적인 의지에 의한 것이었다.42) 즉, 의종이 조정 대신들의 논의에 의해 어쩔 수 없이 보낸 귀양이 아니고 의종 자신이 그와 같은 조정의 사정을 핑계 삼아 정서를 동래로 귀양보낸 것이다.

여기에서 정서의 한이 일차적으로 비롯된다고 할 수 있다. 정서가 동래로 유배되고, 다시 거제로 재유배된 후에도 그를 곧 불러 준다던 의종은 수십 차례의 사면의 은전을 사형 이하의 죄인들에게는 다 행하면서도 그에게는 내리지 않았던 것이다. 그가 당한 상황과 처지에 대한 회한으로 그의 개인적인 한은 겹겹이 쌓여 갔고, 또 깊어만 간 것이다. 게다가 과거의 처지에 대한 집착과 그것을 끝내 이루어 내지 못한 데 대한 좌절과 원망, 그리고 명종에 의하여 사면을 받고 풀려 난 후 기쁨 이전의 북받친 서러움 등이 큰 응어리로 뭉쳤다가 풀어지면서 결국 하나의 가요로 모습을 드러내었는데 그것이 바로 <정과정곡>이라 할 수 있겠다.43)

    내님믈 그리ᅀᆞ와 우니다니
    山졉동새 난 이슷ᄒᆞ요이다
    아니시며 거츠르신ᄃᆞᆯ 아으
    殘月曉星이 아ᄅᆞ시리이다

---

42) 이에 대한 구체적인 내용은 제2부 '<鄭瓜亭曲>의 戀君對象과 창작시기'를 참조하기 바람.

43) 정서가 <정과정곡>에서 그리워하면서 부른 임금은 그가 유배된 시기의 왕인 의종이 아니라, 다음 왕위에 오른 명종임을 필자는 밝힌 바 있다. 이에 대한 것도 제2부 '<鄭瓜亭曲>의 戀君對象과 창작시기'를 참조 바람.

넉시라도 님은 흔디 녀져라 아으
벼기더시니 뉘러시니잇가
過도 허믈도 千萬 업소이다
물힛 마러신뎌
슬웃브뎌 아으
니미 나롤 ᄒ마 니즈시니잇가
아소 님하 도람 드르샤 괴오쇼셔

정서는 <정과정곡>에서 자신을 철저하게 한의 화신으로 변모시켜 원과 한의 대표적 상징물인 '접동새'에 자신을 비유했다. 그런데 피눈물을 뿌리면서 절규하는 접동새인 자규(子規)는 중국에서도 촉나라 망제의 혼이 변하여 된 새라 하여 비극적인 사연을 간직한 한의 새로 인식되기도 하였다. 그런가 하면 우리나라의 한 맺힌 여러 민간 설화에도 자규가 빈번하게 등장한다. 그런 새에다가 자신을 비유한 것이다. 그렇기 때문에 속가 중에 개인적인 한이 기본 정서로 되어 있는 가요로는 이 노래가 대표적이며, 『고려사』에서도 가사가 지극히 쓸쓸하고 구슬프다[44]라고 했듯이 이 노래 가사는 지극한 애조를 띠고 있다.

<정과정곡>의 시적 화자는 여성이므로 이 노래의 작자와 노래가 생성된 시대적 상황과 배경을 전혀 고려하지 않는다면 이 노래는 한을 간직한 일반적인 사랑노래의 범주에 들어간다고 하겠다. 그렇기 때문에 <공후인>이나 <황조가> 등에서 찾을 수 있는 보편적인 정서인 이별의 한도 이 <정과정곡> 속에서 찾을 수 있다.

작품이 전하지 않는 속가로서 충숙왕 조의 채홍철이 지은 <동백목>도 <정과정곡>과 모티프는 같다. 또 <정과정곡>과 한의 정서로 접맥될 수

---

44) 『고려사』 권71 악2 속악조의 <정과정곡> 설명에 "…… 乃撫琴而歌之 詞極悽惋 ……"라 씌어 있다. 그런데 이 노래는 그 의미상 자기 신세의 처연함과 자기 변명, 그리고 사랑에의 당부 등으로 나누어진다.

있는 향가로는 신충의 <원가>도 있다. 둘 다 연군의 심정을 밑바닥에 깔고 있으나 그 속에는 원망과 한스러움의 정조를 담고 있음이 하나의 공통된 특색이라 하겠다.

5) 〈滿殿春別詞〉와 堪耐하는 여인의 한

생득적·천래적이라고까지 해도 좋을 만한 우리 민족의 한의 정서는 심층의식 속에 잠재해 오다가 큰 상실과 억압과 좌절로 괴로움을 받게 되면 그것은 다시 강화되거나 새로운 모습으로 전이된다. 이처럼 어떤 계기로 다시 촉발된 한을 잠재우거나 해소시키려는 의도로 강구된 여러 방법 중의 하나가 문학예술이라고 볼 수 있음은 앞에서 이미 언급했다.

<만전춘별사>도 고려의 역사적인 상황과 그것들에 맞물려 형성되었던 비정상적인 의식의 와중에서 고려 여성들이 겪었던 통한스러운 이별의 한을 삭여서 정화하려는 의도로 표출시킨 노래라 하겠다.

이 노래는 원래 민요인데[45], 민요란 동서고금을 막론하고 애정에 관한 내용을 노래한 게 주류를 이룸이 일반적인 현상이라고 볼 때,[46] <만전춘별사> 또한 그렇다. 특히 고려와 같이 이완된 성 의식[47]이 풍미하거나 비극적 정황에 의해 강요된 이별이 많았던 시대는[48] 한의 정서가

---

45) 이 노래는 원래 민요였는데, 뒤에 악장으로 사용되었다 봄이 옳을 것 같다. 민요가 궁중으로 들어간 경우는 의종 때 민정을 살피기 위하여 민요를 채집했다는 기록과 충렬왕 때 항간의 저속한 노래가 궁중으로 많이 들어 왔다는 기록 등을 보아도 알 수 있다.

46) Alan Dundes, 『The study of folklore』, Prentice-Hall, Icn. 1965, p.309.

47) 여기서 이완된 성 의식이란 조선조처럼 성에 관하여 철두철미 금기시 되지 않았던 의식을 말한다. 필자가 생각하건대, 이와 같은 성 의식 하에서는 남녀의 이별이 쉽게 이루어졌고, 그런 경우 아무래도 수동적인 여자 쪽이 마음의 상처를 받아 한이 맺힐 가능성이 컸으리라 본다. 고려시대 남녀의 만남과 헤어짐이 쉽게 이루어졌음을 알려 주는 기록으로는 『고려도경』 권19 민서조에 '男女婚娶輕合易離'나 같은 책 권22 잡속조에 '小不相合輒離去' 등을 들 수 있겠다. 그리고 이러한 풍조는 결국 여성들에게 피해를 가져다주는 결과를 초래했다 하겠다.

48) 『고려사절요』 권17 고종 10월조에 "죽은 자는 해골이 되어 뒹굴고 산 사람은 포로가 되

서린 애정요가 많이 발생하였음은 당연한 일이라 하겠다. 그러면 이 노래의 제 1연을 보자.

어름우희 댓닙자리 보와
님과 나와 어러주글 만뎡
어름우희 댓닙자리 보와
님과 나와 어러주글 만뎡
정(情)둔 오늘밤 더듸 새오시라 더듸 새오시라

이 노래에서 시적 화자는 임과의 헤어짐을 죽음보다 더한 괴로움으로 읊고 있다. 그래서 화자는 얼음 위에서 대잎으로 자리를 보아 임과 같이 얼어 죽어도 좋으니 이 밤이 더듸 새었으면 좋겠다고 처절하게 노래한 것이다. 죽음보다 더한 불행과 비극은 없다고 생각함이 일반적인데 이 작품의 시적 화자는 임과 이별하느니보다는 차라리 함께 죽는 것이 좋다고 했다. 그러나 이것은 화자 혼자의 염원일 뿐이다. 그래서 화자가 이렇게 생각하는데도 임은 자신의 곁을 떠나야 하는 상황이었던 것 같고, 또 실제로 떠나 버렸다. 이러한 이별의 상황을 대하는 임의 의지는 시적 화자와는 아주 다르다. 즉 같이 죽음으로써 영원히 함께 있자는 자신의 바람을 저버리고 임이 자신을 떠나감으로써 일차적으로 한의 정서가 유발된 것이다. 시적 화자는 그런 한을 안고서 한평생 임이 오기를 기다리며 사는 자신의 애절한 심경을 노래하고 있다. 이는 옛날 우리의 여인네들이 떠나 버린 임이 언젠가는 다시 돌아올 것이라는 막연한 기대감을 안고 한평생 홀로 살아가는 것과 너무나 비슷하다. 이럴 때 여성들은 한으로 뒤범벅이된 그들의 마음을 사랑과 미움 등으로 융합하여 노래로 풀어냈다. 결국 이와 같은 한을 풀어내는 행위는 자신의

어 부자가 서로 의지 못하고 처자는 서로 보전하지 못하였다."는 기록이 이런 정황을 나타내 준다.

혼미한 심리 상태에 질서를 가져다 주는 기능과 같은 것이다.

　<만전춘별사>의 첫째 연은 구전민요인 "大同江 층암절벽에 떨어져 죽어도 님 떨어지고는 못살겠네"나 "닭아 닭아 꼬꼬 닭아 울지마라, 네가 울면 날이 새고 날이 새면 임이 간다"와도 의미에서 아주 유사하다. 위의 민요들도 <만전춘별사>처럼 임과 이별해야 하는 한스러움이 마음 속에 응어리로 남게 되어 이것이 결국 노래로 존재하게 된 것이라 하겠다.

　<만전춘별사>의 화자는 둘째 연에서 이별에서 오는 슬픔의 양이 너무 컸으므로 오히려 활짝 핀 복숭아 꽃이 봄바람을 희롱하면서 웃고 있다는 식의 역설적 정서를 나타냈다. 슬픈 감정에 젖은 자신의 처지로 보면 응당 복숭아 꽃이 우는 것으로 볼 수밖에 없는, 임을 잃은 슬픔의 감정이 극대화되어 주체할 수 없는 심리적 상태에로까지 확산된 것이다. 이는 정상적인 감정에서의 일탈 현상이며 정서의 순기능이 마비된 상태라 하겠다. 그리고 결국은 춘양(春陽)의 정(情)이요 양(陽)의 상징인 복숭아 꽃[49]이 사랑하는 임과 쉽게 동일시되어 버렸고, 소춘풍(笑春風)하는 이 꽃을 떠나 버린 임이 다른 여자들과 즐기면서 노는 모습으로 비약하게까지 된 것이라고 보인다. 이렇게 되면 원망의 마음이 싹트면서 한의 정서도 더욱 깊어질 수밖에 없다. 이와 같은 심리적 일면이 3연과 4연에도 어느 정도 드러나고 있다. 이 노래의 4연을 보자.

　　올하 올하
　　아련 비올하
　　여흘란 어듸두고

---

49) C. S. A. 윌리암스(이용찬 외 공역), 『중국문화 중국정신』, 대원사, 1989.
　　이규태, 『한국의 여신』, 교학사, 1978.
　　복숭아가 남녀의 사랑과 관계가 되어 말해짐은 동양에서 보편적이다. 그래서 중국에서는 복숭아는 결혼의 紋章이며, 신선한 봄철의 상징이다. 그리고 우리나라에서도 남녀의 사랑과 관련된 어휘에 이 말이 많이 쓰임은 다 아는 일이다. 또 민속에는 복숭아가 상징적인 陽으로 역할을 할 때가 많다.

소해 자라온다
소콧 얼면 여흘도 됴ᄒᆞ니 여흘도 됴ᄒᆞ니

첫째 연에서 그렇게 떨어져 있기 싫어하면서 절규하던 화자가 오히려 4연에서는 돌아온 임을 '비오리'에 갖다 붙이면서 질타하고 있다. 임을 '여흘'에 비유되는 여자들이나 찾아 전전하는 방탕한 사람으로 은근히 매도하는 화자의 심리가 결국 원과 한을 낳은 것이다. 그리고 이것들의 쌓임이 드디어 한의 노래인 <만전춘별사>를 생성시킨 것이라 하겠다.

그러나 실제 이 연의 상황은 임이 화자에게 돌아온 것이 아니고, 다만 화자의 상상 속에서 돌아온 것에 불과하다. 모든 것은 화자 자신의 소망일 따름이며, 실제 상황은 아니다. 자기 혼자서 2중의 역을 맡아 돌아온 임의 행세를 하면서 변명을 하기도 하고, 또 그 변명을 자신이 꾸짖기도 하는 것이 이 연이라 보아진다. 이런 사정은 5연에도 마찬가지로 적용된다. 5연에 나오는 남녀의 정사 장면은, 그것도 한없이 과장된 상황 속에서의 정사는 오직 화자 자신이 상상 속에서 그린 것이라 생각된다.[50] 그렇기 때문에 강렬한 자신의 소망을 결구로써 읊고 있는 것이다. 그리고 이 모든 것은 임에 대한 그리움이 사무쳤음을 말해 주며, 풀길 없는 한이 갈수록 깊어짐을 나타낸 것이다. 이와 같은 한의 정서를 화자 자신이 평소에 불러 익숙해져 있던 민요 형태에 의존하여 노래로 표출한 것이다.

다시 말하면 이 <만전춘별사>도 앞의 다른 속가들과 마찬가지로 이별을 강요했거나 그러한 의식이 만연된 고려후기 통한의 사회 상황 속에서 살았던 고려 백성들, 특히 고려 여성들의 한이 주조를 이룬 노래다.[51] 그리고 이 한의 촉발요인과 배경은 외침과 내란, 고려사회 전반에

---

50) 이에 대하여는 제2부 '<滿殿春別詞>의 민요적 성격과 시적 화자'를 참고하기 바람.
51) 이 노래와는 대조적으로, 사랑하는 여인을 빼앗기고 난 후 남자가 부른 회한과 그리움의

휘몰아쳤던 비극적 정황, 고려 여인들에게 피해를 주었던 고려 남성들의 이완된 성 의식 등이라 할 수 있겠다. 그런데 <가시리>·<서경별곡>·<이상곡>도 이 계열에 들어가는 노래로, 화자의 정서적 특징은 <만전춘별사>와 대동소이하다.

6) 〈沙里花〉와 과중한 세금으로 인한 백성들의 한

앞에서는 지금까지 가사가 전하는 가요에 나타난 한의 양상과 그 생성배경에 대하여 필자 나름으로의 견해를 피력했다. 그러면 여기에서는 가사는 전하지 않으나, 그것의 부대기록으로 보아 가요의 내용을 짐작할 수 있는 속가 <沙里花>의 형성배경에 대하여 살펴보려 한다.

<사리화>의 부대기록을 살펴볼 때, 이 노래는 무거운 세금과 관리들의 착취에 시달림을 받고, 그들 때문에 재산의 해를 입은 백성들이 부른 노래인데, 참새가 곡식을 쪼아먹는 것에 비유해 원망의 내용을 담고 있다.[52] 이 노래의 문헌 기록이 말해 주듯이 <사리화>를 부른 백성들은 그릇된 징수제도나 탐관오리들의 가렴주구(苛斂誅求)를 원망했던 것이다. 이것은 개인적 차원의 원망이라기보다는 나라나 관리들에 대한 백성 전체의 원망이다. 그런 만큼 <사리화>에서의 한은 집단적이며, 외부의 억압에 의하여 형성된 억울함과 원통함에서 유로된 것이다. 이 억울함과 원통함은 한 개인의 힘으로는 도저히 거역할 수 없는 정황에서 나온 것이기 때문에 고려 민중의 가슴 속에 응혈로 잔류하여 결국 한을 형성한 것이라 할 수 있다.

조세의 무거움과 번잡함은 개인이 구성 요소로 이루어진 국가가 존재하는 한 항상 말썽이 되어 왔으며, 이는 개인이 가장 기본적인 삶조차 영위할 수 없는 극한 상황을 야기하기도 하여 어느 문제보다 심각했다.

노래로 <예성강>을 들 수 있다.

52) 『고려사』 권71 악2 속악조. 賦斂繁重豪强奪攘民困財傷作此歌 托黃鳥啄粟以怨之 …….

따라서 번중한 조세는 백성들에게 한의 정서를 유발시키는 가장 큰 요인이 되었다. 고려시대 뿐 아니라 조선시대에도 조세와 관련된 민란이 많이 일어났으며, 이로 인한 참요도 여럿 생성되었다.

원래 이상적인 사회는 세금이 번중하지 않아야 된다. 세금이 번다할수록 그 사회는 백성들에게 고통을 주는 사회인 것이다. 이는 공자가 그의 제자들에게 한 말에도 명백히 지적되고 있다. 즉, 무거운 세금이 백성들에게는 호랑이보다도 무섭다는 이야기가 바로 그것이다.[53] 호랑이보다 더한 두려움과 고통을 주는 사회, 그 사회는 관료가 부패한 사회요, 국가이다. 고려의 전 시대가 다 그러했다고는 말할 수 없지만, 고려 사회의 많은 부분이 정도를 지킬 줄 모르는 목민관들의 가렴주구로 인해 백성들은 고통을 받았다. 그래서 이곡(李穀)과 같은 뜻 있는 사람들은 이러한 불합리한 제도를 꾸짖고, 통탄하면서 개선되지 않는 관리들의 부패와 제도의 모순이 범람하는 현실을 여러 시편들에서 날카롭게 비판하기도 했다.[54]

이처럼 과다하게 부과되는 세금과 부패한 관리들의 착취로 인하여 고려의 백성들은 끝없이 시달림을 받아야 했고, 결국 이런 비이성적 현실과 뒤틀린 역사적 상황은 바로 한의 발원지가 된 셈이며, 이로 인하여 <사리화>와 같은 가요가 형성된 것이다. 이는 문학 예술의 원리는 사회적 요청이라고 말한 T. W. 아드르노의 "서정시는 개개인이 그 나름으로 적의를 느끼고, 낯설고 냉혹하고 가슴 답답하게 체험하고 있는 사회적 상황에 대한 반항을 내포하고 있으며, 이러한 상황들은 시적 구조물에

---

53) 『예기』 檀弓下에 나오는 것으로서 공자가 그의 제자들에게 다음과 같이 설파한 말 중의 한 구절이다. (孔子過泰山側 有婦人哭於墓者而哀 夫子式而聽之 使子路問之曰 子之哭也 壹似重有憂者 而曰然 昔者 吾舅死於虎 吳夫又死焉 今吾子又死焉 夫子曰 何爲不去也 曰無 苛政 夫子曰 小子識之 苛政猛於虎也.)

54) 김시업, 「고려후기 사대부 문학의 일성격」, 『대동문화연구』 15집, 성균관대학교 대동문화 연구원, 1982, p.30 참조. 이 외에도 고려의 참상과 현실비판을 내용으로 하는 시를 쓴 사 람으로는 이규보와 이제현, 최해 등을 들 수 있다.

부정적으로 각인되고 있다."[55])는 지적으로도 설명할 수 있을 것이다.

<사리화>는 개인이 창작한 가요가 아니다. 부과되는 세금의 번중함과 재산이 관리들에 의하여 때와 장소를 가리지 않고 탈취당함에 한이 응결되어 부른 일반 백성들의 노래다.[56] 그래서 이 노래의 부대 설명에도 그러한 일들을 노래로써 원망했다고 했다. 익재가 시를 지어서 이를 풀이하였다고 했는데, 풀이한 시를 보면 다음과 같다.[57]

> 부리 누른 참새는 어디에서 왔다가 날아가는가
> 일년 농사지은 일 아랑곳 하지 않고
> 홀아비 늙은이가 혼자 손으로 갈고 매고 했건만
> 벼와 밭 가운데의 수수를 다 없애버렸다네.

---

55) 차봉희, 『현대사조 12장』 문예사상사, 1981, p.147.

56) 이 <사리화>도 민요적 성격이 강한 다른 속가들처럼 민요에서 악장으로 취택된 것일 것이다. 그런데 이 <사리화>는 관리들의 지나친 탐학에 대한 비판이 중심 사상이니만큼 고려 지배계층들의 비위를 건드릴 수도 있는 가요인 셈이다. 그런데도 어떻게 궁중의 악장으로 속가의 향유계층인 권문세족들이 이를 수용하였으며, 아무 거리낌없이 궁중 연향 때에 사용되었겠는가가 의문시된다. 생각컨대, 이는 <사리화>가 민심을 살피기 위한 차원에서 수집된 민요였으며, 그렇기 때문에 왕이나 중앙 지배계층이 경계의 목적으로 사용했을 가능성을 생각할 수 있다. 그렇지 않으면 조선시대 『고려사』 찬자들의 의도적인 고려 폄하의식이나 내용의 변조에서 결과된 것이라 볼 수도 있다.

57) 『고려사』 권71 악2 속악조에는 이제현의 解詩가 있음. 즉, "黃雀河方來去飛 一年農事不曾知 鰥翁獨自耕耘了 耗盡田中禾黍爲". 익재 이제현은 이 노래를 칠언절구로 지어서 풀이는 하였지만, 이 노래의 원래 내용을 얼마만큼 정확히 전하고 있는지는 알 길이 없다. 왜냐하면 국문정착가요를 익재가 한역한 경우를 보면, 내용은 어느 정도 전달이 되고 있긴 하지만 원래의 노래와는 거리가 많음도 사실이기 때문이다. 또 부대 설명에도 이제현이 이 노래를 한문으로 번역해 놓았다는 표현을 사용하지 않고, 시를 지어서 이 노래를 풀이했다라고 기술하고 있다. 특히 '풀이했다'라는 말을 사용한 것으로 보아 이들 한역시는 직역이라기보다는 의역이라고 봄이 더 타당할 것 같다. 그리고 관리의 수탈을 내용으로 한 이규보의 한시가 『동국이상국집』 후집 권1에 '농부를 대신하여 2수를 읊다' 라는 한시가 나오는데, 이 중 1수의 내용을 소개하면 다음과 같다. "햇곡식은 푸릇푸릇 논밭에서 자라는데 / 아전들 벌써부터 조세 거둔다고 성화네 / 힘써 농사지어 부국케함 우리들 농부거늘 / 어째서 이리도 극성스레 침탈하는가"(新穀青青猶在畝 縣胥官吏已徵租 力耕富國關吾輩 何苦相侵剝及膚).

<사리화>의 가사는 지금 알 길이 없다. 고려의 뒤틀리고 헝클어진 상황으로 인하여 생긴 한이 기저가 되어 민중들이 부른 노래이므로 꼭 어느 한 지방의 노래라기보다는 전 지방에서 공통적으로 부른 민요라 보여지며, 부대설명을 통하여 탐관오리를 참새에 비유하여 그 착취현상을 적나라하게 읊고 있음을 알 수 있다.58) 처자식들은 노역에 갔는지, 아니면 환란으로 죽고 없는지 나이 많은 늙은이 혼자서 논을 갈고 밭의 김을 매야 하는 딱한 사정이다. 그런데도 수확하기도 전에 참새가 농작물을 다 쪼아 먹어버리듯이 관리들이 지어 놓은 곡식을 다 거두어 갔다는 것이다.59) 그래서 곡물의 종자까지도 간수하지 못한 관계로 다음해 봄에 씨를 뿌리기도 어려웠다.60) 끊임없는 이민족의 외침과 빈번한 내란으로 내일을 기약할 수 없는 현실도 고려 백성들에겐 생지옥일 판인데, 엎친 데 덮친 격으로 위의 노래처럼 관리들의 탐학이 갈수록 우심했으니 절로 탄식과 절망의 노래가 나왔을 것이며, 이런 노래나마 불러 그들은 자신들의 처지를 자위할 수 있었다고 하겠다.

그러면, <사리화>와 같은 가요를 형성시켰다고 볼 수 있는 고려시대의 상황과 이와 관련된 일들을 몇 가지만 알아 본다.

초기의 고려시대에는 어진 임금도 많았다. 그러나 중기와 후기로 내려오면서 상도를 벗어난 행위를 하는 왕들이 계속 이어졌다. 이러한

---

58) 이 <사리화>에서 참새는 착취와 수탈을 일삼는 관리에 비유됐지만, 속가 <장암>에서는 구차스럽게 영달을 바라면서 관직 생활을 하다가 죄에 빠진 벼슬아치인 두영철을 가리킨다. 이 두 노래에서 '참새'의 상징은 다르다.

59) <사리화>와 같이 관리들의 탐학과 가렴주구가 비판의 대상이 된 시가는 어느 나라에도 있는 현상이다. 『詩經』의 魏風 <碩鼠>에는 영주의 무거운 세금을 견디지 못하여 다른 곳으로 도망가려 함을 읊고 있는데 이 노래에 나오는 큰 쥐가 가렴주구를 일삼는 관리나 임금이다. 이 시의 앞부분을 보인다. "큰 쥐야 큰 쥐야 / 우리집 기장을 그만 먹어라 / 삼년을 너를 섬겼으나 / 조금도 나를 돌보지 않았다 / 이제 너를 떠나리 / 즐거운 저곳을 찾아가리 / 낙토여 낙토여 / 거기 가서 내가 살리."(碩鼠碩鼠 無食我黍 三歲貫女 莫我肯顧 逝將去女 適彼樂土 樂土樂土 爰得我所).

60) 『고려사절요』 권21 충렬왕 18년 1월조.

왕들의 행위에 대하여는 『고려사절요』의 고종 46년 2월의 기록이 잘
말해 주고 있다.[61]

<사리화>는 민요이므로 어느 한 시대의 백성들에 의하여 노래로
불려졌다고 말하기는 어려울 것이다. 그러나 고려후기인 원 복속기에
속가의 대부분이 형성되었다면, 이 <사리화>의 형성도 이와 같은 시각
에 맞추어서 이해해도 될 것이다. 그래서 과다한 세금에 관한 불미스런
일들이 고려 전 시대에 걸쳐 많았으나 여기서는 고려후기에 국한하여
간략하게 살펴보려고 한다.

왕으로서 재산 모으기에 급급한 왕은 원 지배기의 충혜왕이 으뜸일
것이다. 그는 폐신(嬖臣)을 여러 도로 보내어 직세를 과다하게 부과하였
으므로 사람들이 이를 피하여 산과 바다로 들어가는 일이 발생했다.[62]
그런가 하면 음란하고 방종하며, 또 무도하면서도 재리를 계산하는 데
치밀하였으며, 남의 토지와 인민을 빼앗아서 그것을 모두 보흥고(寶興
庫)에 소속시켰다. 이로 인하여 온 나라가 소란했다.[63]

이러한 형국이고 보니 관리들의 축재나 수탈이 심했다. 과다한 세금
때문에 목숨을 버리는 사람도 생겼다. 충혜왕 때 경상도의 한 산원동정
(散員同正)은 몹시 가난하여 가산을 다 팔아도 직세를 충당할 수 없자
그의 딸이 머리카락을 잘라서 베(布)와 바꾸어 납부하고 아버지와 딸이

---

61) 『고려사절요』 권17 고종 46년 2월조에 "국가가 병란을 입은 이래로 연등연을 정지한 지 벌써 6
년이나 되었다. 더구나, 지금 동북쪽은 모두 적의 소굴이 되고, 서남쪽 사람들은 해도에 우거하
여, 길에서 죽은 시체가 서로 연하고 창고가 모두 비었으니, 왕이 마땅히 조심하고 경계하여 밤
옷 갈아 입고 밥 먹을 겨를도 없이 어진 정사를 베풀고 無備를 닦더라도 오히려 보존하지 못할
까 두려운데, 생각이 여기에 미치지 못하고 향락만 따르니, 왕은 이미 쇠하고 늙어서 해의 그늘
만 보고 날을 보내는지라 책할 것이 없지마는, 당시의 잔치에 시중한 자 중에 어찌 한 두 사람
의 유식자가 없어서 왕과 함께 손뼉을 치며 즐거움을 돕기를 태평한 때와 같이 하고, 어찌 한
마디 말로도 간하는 자가 없는가."라는 기록이 있다.
62) 『고려사절요』 권25 충혜왕 4년 3월조.
63) 『고려사절요』 권25 충혜왕 4년 3월조. 그런가 하면 왕은 마굿간을 짓는데, "민가 일백여
채를 헐어 넓게 담을 둘러싸고 사람들의 좋은 말을 빼앗아 그 곳에 채워 넣으며, 또 백성
들의 토지를 빼앗아 그 곳에 소속시켰다."(같은 왕 같은 조.)

모두 목매어 죽는 일도 있었다.64) 이래서 거리에는 백성들의 굶어 죽은 시체가 매우 많았으며65), 권문세가에서 백성들을 많이 모아서 처간(處干)이라 하여 3종 세납을 축내니 그 폐단은 또한 심하였다.66) 관리들에 의하여 공전(功田)의 사전화(私田化)가 갈수록 심해졌으며, 그들의 부와 토지는 점점 확대되었다. 그런 관계로 고려 말에 이르러서는 새로 임명되는 재상에게 줄 땅이 전혀 없는 지경에까지 이르렀다. 그러함에도 일부 권력자는 남의 토지를 겸병하여 전토의 경계를 산천으로 삼아야 할 정도였으며, 또 한 해에 두 서너 번 조세를 징수하여 그들 자신의 배를 불리기에 힘썼다.67)

그런가 하면 제주도의 풍습에 남자는 15세 이상 되면 해마다 콩 10말을 바치고 아문(衙門)의 아전 수백 명은 해마다 한 필의 말을 각각 바치었다. 이것을 부사와 판관이 나누어 가지니 이 때문에 대개 이 고을을 맡은 자는 비록 처음에는 가난한 자라도 모두 부자가 되었다68)는 사실로 미루어 보더라도 국가에서 부과하는 가혹한 세금과 토호들의 착취가 제도적 장치에 의해 어떠한 걸림도 없이 자행되고 있었음을 알 수 있다. 이러했으므로 결국 고려 조종(祖宗)의 법이 다 무너지고 급기야는 나라가 망하는 처지에 이르고 말았던 것이다. 이런 시대적 상황이고 보니, 힘없는 백성들이 당해야 하는 고통은 극에 달할 수밖에 없었으며 결과적으로 <사리화>와 같은 노래가 자연스레 형성되어 백성들 사이에서 유행하게 된 것이라 생각된다.

---

64) 『고려사절요』 권25 충혜왕 4년 3월조. 慶尙道有一散員同正者貧甚 賣盡家産不充其額 其女痛父被辱斷髮貿布以納 父及女皆縊死.
65) 『고려사절요』 권25 충숙왕 2년 12월조.
66) 『고려사절요』 권20 충렬왕 4년 7월조.
67) 김상기, 앞의 책, p.787 참조.
68) 『고려사절요』 권17 고종 46년 10월조.

4. 결 론

한은 우리 민족이 갖고 있는 본래적이며 항구적인 정서의 하나로서 복합적인 의미를 지니고 있다. 그러므로 이를 어느 한 시대의 특정 정서로 한정시킬 수 없으며, 그 의미를 어느 하나로 단정할 수도 없다. 다만 이것은 우리 민족에게 체질화된 정서 중의 하나로 자리해 오고 있으며, 어떤 억압적 계기나 심각한 갈등과 좌절 등으로 언제든지 촉발되는 성향을 갖고 있음을 지적할 수 있다.

그리고 한은 어두운 면과 밝은 면을 공유하고 있는데, 어두운 측면으로는 소극적·부정적·체념적 속성을 들 수 있고, 밝은 측면으로는 적극적·긍정적·진취적 속성을 들 수 있다. 전자는 퇴행적·파괴적이어서 자신과 남을 불행으로 몰아 넣어 파멸시킬 수 있다. 그러함에 반하여 후자는 문학이나 다른 건전한 창조활동을 하게 하여 자신과 남에게 보탬이 되게 한다. 이는 한의 승화로 인한 바람직한 창조의 결과라 하겠다. 이러한 한의 밝은 면은 우리 민족이 갖고 있는 역동적인 힘의 원천으로 인식될 수 있다. 왜냐하면 많은 창조적 예술 행위가 한을 기반으로 하여 이루어졌기 때문이다. 그리고 속가의 대부분도 이와 같은 한의 산물이라 할 수 있다.

속가에는 민요적 색채가 짙은 노래가 많다. 그렇기 때문에 민중의 정서인 한이 중심정서임은 재론의 여지가 없다. 특히 고려시대의 민중들은 질곡(桎梏)의 역사 속에서 한스러운 생활을 많이 했기 때문에 더욱 그러하다.

지금까지 전하는 속가 중 전부를 고구의 대상으로 삼지 않고 <청산별곡>·<쌍화점>·<정읍사>·<정과정곡>·<만전춘별사>·<사리화> 등 여섯 작품만을 한과 관련시켜 살펴보았다. 그 결과 <청산별곡>은 외침과 내란, 그리고 관리들의 가렴주구나 탐학(貪虐)으로 혼란이 극에 달하여 삶을 순조롭게 지탱할 수 없었던 백성들의 생활고나 유리 걸식(流離乞食)해야 했던 그들의 처지가 형성배경이 되었다. 그렇기 때문에 <청산별곡>의 중심 정서는 한계상황을 살아온 고려 민중들의 한인 것이다. 이 한의 정서는 고통의 역사를 살아온 우리 민족 전체가 소유하고 있는 보편적 정서이기도 하여 일반 민중들의 공감을 얻어 오랫동안 전승되어 올 수 있었다.

<쌍화점>은 고려시대 왕과 승려 등 상층계층에 의하여 자행된 성적 비행과 그것으로 인하여 성적 수모를 당했던 여성들의 한이 중심 정서이다. 남녀관계가 비교적 자유로웠던 고려시대에 이 노래가 민중의 공감을 얻어 불려졌다는 점은 이 노래의 내용으로 되어 있는 여러 계층의 행위가 많은 여성들에게 큰 피해의식을 심어 주었고, 심각한 심리적 충격을 던져 주었음을 시사한다 하겠다.

<정읍사>는 행상인의 처가 작자로 되어 있는 노래로서, 남편을 기다리는 애틋한 마음이 밑바탕이 되어 이루어진 노래다. 특히 고개는 보내고 기다리는 이별의 장소로서 삶의 애한이 절절히 배어 있는 곳이다. '기다림의 정서'는 먼 고대의 우리 민족 전체의 역사적 현실과 관련되어 형성되어 고착된 것이며, 이는 우리의 기본신화이기도 하다. 그렇기 때문에 <정읍사>에서 느끼는 한의 정서는 우리 민족의 마음에 깊게 활착(活着)되어 온 것이다.

또 <정과정곡>은 정서가 의종 5년에 동래로 유배되고, 의종 11년에 거제로 재유배되면서 촉발된 개인의 한이 기본정서다. 그러나 이 작품에 사용된 '山접동새'나 '잔월효성(殘月曉星)' 등의 시어와 이 노래의 분위기로 인하여 정서 개인의 좌절과 실망에서 촉발된 개인적 한으로만 보기 어려운 면도 있다.

<만전춘별사>는 고려사회에 만연되어 있던 전도된 성 의식과 사회적 혼란 속에 살면서 원치 않은 이별을 당했던 여성의 한이 중심 정서

다. 이 노래의 여인은 이별을 당하고 그것 때문에 괴로워하면서 살았는데, 이 점에서 이 노래는 우리나라 여성들이 남성중심의 사회에서 겪은 비극적인 애정의 한 단면을 여실히 보여 주고 있다고 할 수 있다. 그렇기 때문에 이 노래에서의 한도 본질적으로는 개인의 한이라기보다는 우리나라 전 여성의 마음을 관류하고 있는 여성 전체의 한인 것이다. 이러므로 자연히 강한 생명력을 가질 수 있었던 것이다.

　<사리화>는 과중한 세금으로 인한 일반 백성들의 한이 기본정서다. 무거운 세금과 관리들의 탐학에 시달림을 받고 피해를 입은 백성들이 부른 노래인데, 곡식을 쪼아 먹는 참새에 비유하여 원망과 한의 정서를 담고 있다. 그렇기 때문에 이 노래도 개인적 차원의 한이라기보다는 나라와 관리들에 대한 민중 차원의 한이다. 그런데 이 노래의 내용이 이처럼 국가나 관리의 착취행위인데도 고려시대 악장으로 사용된 것은 특이하다 하겠다. 이런 유형의 민중 노래가 고려시대에 많았을 것이나 비판적이고 풍자적인 내용 때문에 전해지는 것은 극히 적다고 볼 수도 있다.

(『한국문학논총』 25집, 한국문학회, 1999)

제2부 俗歌 작품론

Ⅰ. 〈鄭瓜亭曲〉의 戀君對象과 창작시기

1. 서 론

<정과정곡>은 다른 고려 속가와는 여러 면에서 차별이 되는 작품이다. 우선 여타의 많은 속가가 남녀상열지사라 하여 조선시대 유학자들에 의해 배척받았음에 비해, 이 노래는 예악(禮樂)의 가사로 중요시되었다. 『경국대전』 '악공취재조(樂工取才條)'에 보면 <정과정곡>이 필수 곡목으로 채택되었음을 알 수 있다. 즉, 이 문헌에

> 악공에게 당악과 향악을 시험하게 하는데, 唐樂은 三眞勺譜 · 與民樂令 · 與民樂慢 · 落陽春 · 五雲開瑞朝 · 萬葉熾 …… 定大業十一聲을 시험하고, 鄕樂은 三眞勺譜 · 與民樂令 · 與民樂慢 · 眞勺四機 · 履霜曲 · 洛陽春 · 五冠山 紫霞洞 · 動動 · 保大平十一聲 · 定大業十一聲을 시험한다. 進饌樂은 豊安曲前引子 · 後引子 · 靖東方 · 鳳凰吟三機 · 翰林別曲을 시험한다. 還宮樂은 致和平三機 · 維皇曲 · 北殿 · 滿殿春 · 醉豊亨 · 井邑二機 · 鄭瓜亭三機 · 獻仙桃를 시험하고, 金殿樂은 納氏歌, 儒林歌 · 橫殺門 · 聖壽無彊 · 步虛子를 시험한다.[1]

라는 내용이 씌어 있어 이런 사실을 잘 보여 주고 있다.

---

1) 『경국대전』 권3 예전 악공취재조.

　그런가 하면 『성호사설』에는 <정과정곡>을 배우고 익히지 않은 조선의 사대부들이 없었다는 기록이 전하고 있다.

> 지금 과정의 계면조 역시 애상하고 유면하여 桑間의 음악과 마찬가지인데, 사대부들이 배우고 익히지 않는 자가 없어 더욱 오래 갈수록 피폐하지 아니하니, 진흥왕의 가야국은 음악이 음란하여 스스로 멸망한 것이지 풍악에 무슨 허물이 있단 말인가라는 말과 같은 것인지, 아니면 그렇게 되는 이치가 있는 것인지, 대개 일률적으로 말하기는 어렵다.[2]

　이렇게 <정과정곡>이 다른 속가와는 달리 사대부들의 지속적인 관심의 대상이 되면서 폐하여 지지 않고 후대에까지 오랫동안 계승될 수 있었던 이유의 하나는 임금에 대한 신하의 연군지정(戀君之情)이 여성화자의 곡진한 어사(語詞) 속에 넘쳐 있어 폭 넓은 공감을 불러 일으켰기 때문일 것이다. 더구나 <정과정곡>은 고려의 속가 가운데서 작자를 알 수 있는 유일한 국문 정착가요로 작자의 신분이 귀족계층이라는 점에서 민요적인 성격을 지닌 다른 속가와는 그 성격이 여러 면에서 다르다. 따라서 당시의 역사적 상황과 조건이 작품 이해의 중요한 관건으로 작용해 왔다.

　<정과정곡>에 대한 기왕의 연구와 그 업적은 상당 부분 축적된 셈이다.[3] 그러나 아직도 음악적인 면에서의 철저한 고구나 어휘 고증의 문

---

2) 『성호사설』 권26 경사문 하림조. "今之瓜亭界面調 亦哀傷流湎與桑間一套 士大夫莫不學習愈久不廢 眞興所爲伽倻淫亂自滅 於樂何有者抑 亦有此理耶 盖難以一槪論." 이 외에도 『성종실록』 권219 19년 8월조를 보면 李世佐는 啓文에서 <後庭花>·<滿殿春> 등 많은 속가를 남녀상열의 노래라 하여 배척했으나, 이 <정과정곡>은 충신연주지사(忠臣戀主之詞)라 하면서 경연에서 사용해도 可하다고 말했는데, 이도 <정과정곡>이 중요시되었음을 말해 주는 것이라 하겠다.
3) 지금까지의 주목할 만한 연구 업적으로는 대략 다음과 같은 것이 있다.
　이가원, 「정과정곡의 연구」, 『성균』 4집, 성균관대, 1952.
　서재극, 「정과정곡의 신석시도」, 『어문학』 6호, 문호사, 1960.
　강길운, 「정과정곡의 노래 신석」, 『현대문학』 통권 68호, 현대문학사, 1960.
　권영철, 「정과정가 신연구」, 『효성여대논문집』 2집, 효성여대, 1968.

제, 그에 따른 정연하고 설득력 있는 문맥의 해석 등 구명해야 할 문제
들을 많이 안고 있다. 따라서 당시의 역사적 상황과 사회적 조건에 보다
실증적으로 접근하여 이 작품에 대한 기왕의 논의가 잘못 들어서 있는
점을 바로잡을 필요가 있다.

사실 지금까지 모든 연구에서 <정과정곡>의 연군대상을 정서가 유
배된 당시의 왕인 의종 외의 다른 왕으로는 아예 생각하지 않음이 일반
적인 경향이었다. 그 이유는 뒤에서 상술하겠지만, 의종이 동왕 5년 정
서(鄭敍)를 그의 고향인 동래로 유배시키면서 "오늘 가게 된 것은 조의
에 의한 것이므로 오래지 않아 마땅히 소환할 것이다."(今日之行 迫於朝
議也 不久當召還)라고 한 1차적인 기록의 문맥을 피상적으로 받아들인
데에 있다 하겠다. 그러나 정서가 살았던 당시의 궁중 사정과 시대적
배경·정서의 인물됨·정서와 관련되는 인물들과의 관계를 통해 유기
적으로 접근해 볼 때, 연군대상이 실은 의종이 아님을 알 수 있으며,
그것에 따라 이 작품의 창작시기도 구체적인 어느 시기로 압축될 수
있다. 따라서 본 장에서는 <정과정곡>의 연군대상과 그 창작시기를
주로 문제 삼고자 한다. 이러한 논의가 타당성을 지닌다면 그 성과는
자연스럽게 <정과정곡>에 대한 기왕의 어구 해석이나 그 문맥에 대한
다양한 논의를 어느 정도 바로잡는 쪽으로 확대될 수도 있을 것이다.

2. 시대배경

고려는 중기에 들어서면서 계속 문치(文治)에만 힘쓴 나머지 17대
인종을 정점으로 하여 문신 귀족들의 타성과 부패가 극심하였다. 이에
따라 무신을 멸시하는 풍조는 더욱 가속화되어 그의 아들 의종 때 이르
러 구체적인 사건으로 폭발, 무신의 난이 유발되었던 것은 널리 알려진

사실이다.

인종은 이자겸의 제3녀와 제4녀를 왕비로 맞이했다가 이들을 이자겸의 난 뒤 척출(斥黜)시켜 버렸다. 이어 동왕 5년에 종 6품의 벼슬인 전중내급사(殿中內給事) 임원후(任元厚)의 딸을 왕비로 삼았는데, 이가 곧 공예태후(恭睿太后)이다.[4] 인종과 공예태후 사이에는 5남 4녀가 있었다. 이를 간략하게 표로 보이면 다음과 같다.

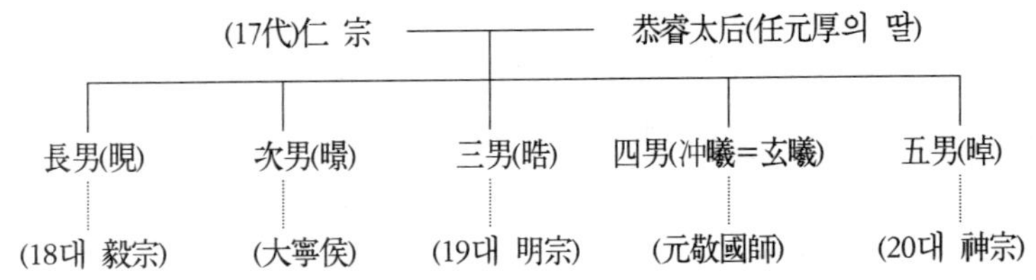

위에서 볼 수 있는 바와 같이 인종의 장남은 휘(諱)가 현(晛)인 의종이다. 차남은 대녕후(大寧侯) 경(曔)인데 도량이 넓고 인품이 뛰어났다 한다.[5] 따라서 인종은 왕 5년에 태어난 현을 왕 21년에 태자로 책봉하긴 했으나 현이 능히 왕위를 계승하지 못할 것을 우려했고, 공예태후도 둘째 아들 경을 사랑하여 현 대신 그를 태자로 삼으려고 했다. 이 일이 소위 '폐태자의(廢太子議)' 사건이다.[6] 그러나 현을 보좌했던 시독(侍讀) 정습명(鄭襲明)의 극력 옹호로 태자를 폐하려는 논의는 무위로 돌아가고 결국 현이 왕위에 오르니, 이가 곧 18대 의종이다. 이런 일이 빌미가 되어 의종은 왕위에 오른 뒤 여러 가지 이유를 붙여 경과 그의 다른 형제들을 배척하였다.

---

4) 『고려사』 권88 열전 권1 후비1 공예태후조.
5) 『고려사』 권90 열전 권3 종실1 대녕후 경조. 大寧侯曔 毅宗二年冊爲侯 曔有度量 得衆心.
6) 『고려사절요』 권11 의종 장효대왕 5년 3월조. 仁宗慮太子不克負荷 任后亦愛次子 將立爲太子.

인종의 3남은 호(晧)이며, 무신의 난으로 의종이 폐위(廢位)된 뒤에 왕위를 계승한 19대 명종이다. 명종은 잠저(潛邸) 때에 의종에 의하여 저택을 탈취당하는 등 갖은 곤욕을 치렀다. 인종의 4남은 출가한 원경국사로 충희가 바로 그다. 그런데 원경국사도 의종에 대해 역모를 꾀했다는 무고를 당하기도 했다. 5남은 탁(晫)으로 최충헌이 명종을 물리치고 그 다음 왕위를 잇게 한 20대 신종이다. 결국 인종의 5남 가운데 세 아들이 왕위에 오른 셈이다.

정서는 이러한 궁중과 인척관계를 긴밀하게 맺고 있었다. 정서의 아버지는 인종 때 예부상서 지추밀원사를 지낸 문안공 정항(鄭沆)으로 그는 숙종 때 급제하고 예종 때는 표장(表章)을 지어 문명을 날렸다. 인종 때 이르러 모두가 권신 이자겸에 아부했으나 그는 홀로 이자겸의 전횡(專橫)을 배척했으며, 묘청 일파의 서경천도 운동도 적극 반대한 사람이었다. 이자겸이 물러난 뒤에 인종은 정항을 극히 신임했고 총애가 깊었다.[7] 이런 인연으로 정서의 누이들은 왕가나 명가와 혼인을 맺었고, 정서는 임원후의 딸, 곧 공예태후의 누이동생과 혼인할 수 있었다. 따라서 정서는 공예태후 임씨의 매서(妹婿), 인종과는 동서간(同婿間)으로서 그 사이가 아주 가까웠다. 결국 정서는 의종(장남. 晛), 대녕후 경(차남. 暻), 명종(3남. 晧), 신종(5남. 晫)들에겐 이모부가 된다. 그가 태자 책봉 문제 등에 깊이 관여한 것도 이와 같은 궁중과의 인척관계 때문에 가능했을 것이다.[8]

---

7) 『고려사』 권97 열전 권10 정항조 및 동국여지승람 권33 전주조.
8) 권영철, 앞의 논문, p.14 참조.

3. 鄭敍와 관련된 인물

인종과 동서 사이였던 정서는 인종의 총애를 받았음은 물론 공예태후
와도 각별히 가까워 궁중에서 막강한 세력을 확보하고 있었다. 그런데
도 그의 생몰연대는 정확히 알 길이 없고, 생애를 소상하게 밝힌 문헌도
남아 있지 않다. 다만 그가 취한 행동거지나 처세에 관한 단편적인 기록
이 남아 있어 그 인물됨을 짐작할 수 있게 한다.

그는 음사(蔭仕)로 환로(宦路)에 나아가 벼슬이 정 5품 현직인 내시랑
중(內侍郎中)에 이르렀으나 의종 5년에 동래로 유배되고, 동왕 11년에
는 거제로 재유배(再流配)되었다. 그의 인물됨에 대해서는『고려사』권
97 열전 중 그의 부친인 정항(鄭沆)에 관한 기록 중에 약간 나타날 뿐이
다. 공예태후의 매서(妹婿)로 인종의 총애가 있었으며, 성품은 경박하나
재예(才藝)가 있었다는 설명이 그것이다.9) 이와 유사한 기록은 여러
문헌에도 산견된다.10) 그런데 이 기록들에는 "성격이 경박하다"(性輕
薄)는 말이 그의 어떠한 행동거지나 성품에서 말미암은 것인지를 구체
적으로 뒷받침하는 근거가 제시되어 있지 않다. 그러나 이 말이 담고
있는 뜻을 다음과 같은 측면에서 추정해 볼 수 있을 것이다.

첫째, '성경박(性輕薄)'이라는 말은 대체로 정서가 총애를 받았던 인종
당시, 그의 행위에 의해 붙여진 것으로 볼 수 있다. 그렇다면 이는 그의
성격이 실제로 경박해서라기보다는 당시의 정황으로 보아 그의 행동과

---

9)『고려사』권97 열전 권10 정항조. 諡文安 子叙仕至內侍郎中 以恭睿太后妹婿 有寵於仁宗 性
輕薄有才藝 交結大寧侯璟.
10)『고려사』권90 열전 권3 종실1 대녕후 경조.
『동국통감』권24 고려기 의종 장효대왕 5년조.
『고려사절요』권11 의종 장효대왕 5년 윤 4월조.
이 외 권문해의『대동운부군옥』권9와『경상도지리지』동래현조에도 정서에 대한 단편적
인 기록이 보인다.

는 별반 관계없이 붙여진 것으로 이해된다. 곧 그는 인종의 동서이며 총신이었다. 그런 만큼 궁중과 상당히 밀착되어 큰 권력을 행사할 수 있는 처지였다. 거기에다가 "재예가 있었다"고 했듯이 시부(詩賦)에도 일가견이 있었던 사람이었다. <題墨竹後>라는 오언절구(五言絶句)가 『동문선』 권19에 전하며11), 당시의 유명인들의 시를 모아『雜書三卷』이라 이름 붙여 책을 펴내기도 했다.12)『東人詩話』의 후서(後序)에 있는 "中丞 鄭嗣文이나 大諫 李眉叟같은 이가 시문을 수집했다."13)한 기록은 바로 이 책을 두고 이름이다. 이런 재주에 권력까지 겹쳤다면 궁중에서 암투와 세력 다툼이 우심했던 당시에 여간 자중하지 않았을 경우, 다른 사람으로부터 오해와 비난을 받을 수 있었을 것이며, 특히 그와 적대관계에 있었던 간신배와 왕의 측근자들로부터 경박하다는 평을 면하기는 어려웠을 것이다. 따라서 정서에 대해 "성품이 경박하다"고 한 기록은 실제로 그의 성품이 경박해서라기보다는 그가 처했던 환경적인 요인과 당시의 상황에 매임이 없으려 했던 성품 등에서 기인한 기록의 편파성과 비신중성에 있다고 생각할 수 있다.14)

---

11) 『동문선』 권19에 다음과 같은 그의 한시가 있다. 閑餘弄筆硯 寫作一竿竹 時於壁上看 幽婆故不俗. 이를 '한가한 나머지 붓과 벼루를 희롱하여 한 줄기 대를 그렸네. 벽에 붙여 놓고 이따금 보니 그윽한 자태가 짐짓 속되지 않네.'로 옮길 수 있다. 이 시에서 고결한 선비의 기개를 엿볼 수 있으며, 그 성품의 일면을 짐작할 수 있다.

12) 최자의 『補閑集』을 보면, 이 『잡서3권』에 시중 최유선의 <규정시>가 실려 있고, 또 정서 자신의 시 <梳詩>도 실려 있다고 씌어 있다.

13) 『동인시화』 후서. 其間斧藻裁品者 若鄭中丞嗣文李大諫眉叟 …… 然不無疎略細瑣之病.

14) 『고려사』 권102 열전 이인로조를 보면, 이인로에 대하여 "卒年六十九以詩名於時 性偏急忤當世不爲大用 所著銀臺集二十卷 …… (60세에 죽었으며 당시에 시로써 이름을 날렸다. 성품이 편협하고 급하여 당세에는 거슬려서 크게 쓰이지 못하였다. 저서로는 은대집 20권이 있다.)"이라 쓰고 있다. 이런 평이 가해진 것으로 보면 기록의 편파성을 어느 정도 짐작하게 한다. 임춘의 『西河集』 권5의 '送李眉叟序'를 보면, 이인로는 도교와 불교에 깊은 이해가 있었고 또한 무척 신중했던 사람이라고 하니, '性偏急'은 그에 대한 올바른 평가가 아니라 보아야 마땅하다.
또 같은 책 권22 열전 최해(崔瀣)조에는 최해가 윗사람을 찾아가 안부를 잘 묻지 않았으며 매사에 오만했고, 말을 함부로 하여 마침내 크게 쓰이지 못하였다고 서술되어 있는데, 이도 『고려사』 찬자들의 고려 인물에 대한 평가가 신중하지 못한 면을 보여주는 한 예가

　더구나 정서가 인종의 총애를 받았다는 점에 주목한다면 경박한 성품으로 비난받을 정도의 인물은 아니었으리라 생각된다. 왜냐하면 비록 인종 때는 국가적으로 다사다난하긴 했으나, 그는 신하의 인물됨을 판단하지 못하는 암군(暗君)은 아니었기 때문이다. 인종은 성품이 어질고 효성스러우며 너그럽고 자비로웠다. 또 학문을 좋아하고 재주가 많았으며, 스승과 벗을 대할 때는 예(禮)를 잃지 않는 왕이었다[15] 한다.

　그는 놀이와 잔치를 좋아하지 않았으니 그의 아들 의종과는 달랐다. 『고려사』의 다른 왕에 대한 기록에서는 보기 드물 정도로 인종에 관하여는 비난의 내용이 없는 것으로 보아서도 인종은 사사로운 일에 얽매여 전횡을 일삼았던 왕이 아니었음을 알 수 있다. 인종은 그의 장남인 의종이 왕위를 계승할 능력이 부족하다 하여 폐태자(廢太子)까지 논의했던 철두철미한 왕이었던 만큼 사사로이 정에 끌려 정서가 경박한데도 인척관계에 있다고 해서 무조건 그를 총애했다고 보기는 어렵다.

　둘째, 이 '성경박'이라는 말은 의종 재위 때에 정서 자신이 처했던 상황과의 관련 아래 생성되어 후에 기록되었다고 볼 수 있다. 정서는 의종을 위요(圍繞)하고 있던 궁중의 권력층에 비굴하게 아첨하지 않았으며 반대파와 잘 융화되지 않았다. 실제로 정서가 어사대에 의하여 탄핵을 받아 동래로 귀양가게 된 뚜렷한 혐의는 '야취연음(夜聚宴飮)' 했다는 것이다. 다음에 예로 보인 기록 등에서 이를 충분히 알 수 있다.

> 대녕후 경과 사귀어 늘 같이 유희함에 정함과 김존중 등이 모함하여 정서
> 의 죄를 일러 바쳤다. 의종이 그를 의심하였으며 대간도 정서가 종실과 은

된다. 왜냐하면 최해는 아들이 없고 집이 가난하여 장래를 치를 수 없었으므로 친구들이 부의(賻儀)하여 그의 장사를 치른 강직한 학자였기 때문이다.

15) 『고려사절요』 권9 인종 공효대왕조. 睿宗四年己丑十月乙亥生 性仁孝寬慈 好學多才 待師友以禮 在位二十四年 壽三十八.

밀히 친하여 야취연음함을 탄핵하여 마침내 동래로 유배시켰다.16)
이에 존중은 태후의 매서 내시랑중 정서와 태후의 남동생 승선 임극정과
틈이 있었다. 정서는 성품이 경박하고 재예가 있어 대녕후와 친분을 맺어
항상 유희하니 …… 정서가 대녕후와 교분을 맺어 자기 집으로 청하여 연
락유희하니 …… 어사대에서도 또 서가 종실과 몰래 결탁하여 밤에 모여
주연을 연다고 하므로 …… 정서를 동래로 유배시켰다.17)

위의 기록을 보면 정서가 의종과 태자위 계승 문제를 두고 논란이
분분했던 대녕후 경의 집에서 무리를 모아 연향을 베풀며 은밀히 경과
친분을 맺었다는 것이 사단(事端)의 빌미가 되었다. 대녕후 경은 인품과
도량을 갖추고 있어 인심을 얻은 인물이었다. 그러므로 공예태후까지
도 의종보다 그를 더 사랑하여 태자로 책봉하려고까지 했던 일은 앞에
서 밝힌 바와 같다. 정서는 의종이 왕위에 오른 뒤에도 공예태후와의
인정상 관계를 고려했음인지, 경조부박하고 황음연락에 빠진 의종의
인품을 혐오했음인지, 또는 대녕후 경의 인물됨에 감동했음인지, 어떻
든 경을 매우 가까이했던 것이다. 정서는 대녕후 경을 가까이 함으로
해서 의종으로부터 미움을 받을 것이라는 사실을 알았을 것이다. 그런
데도 그와 교분을 계속하였던 것은 의종의 심정을 헤아리지 못한 순진
성에서가 아니라18), 그 결과를 두려워하지 않은 데서 나온 행동이라

---

16) 『고려사』 권97 열전 권10 정항조. 交結大寧侯暻常與遊戲 鄭誠金存中等 誣構叙罪以聞 毅
   宗疑之 臺諫劾叙陰結宗室 夜聚宴飮 乃流于東萊.
17) 『고려사』 권90 열전 권3 종실1 대녕후 경조. 先是 存中與太后妹婿內侍郎中鄭叙 及后弟承
   宣任克正有隙 叙性輕薄有才藝 交結大寧侯常與遊戲 …… 鄭叙交結大寧侯邀其第 宴樂遊戲
   …… 御史臺又以叙陰結宗室 夜聚宴飮 …… 流叙于東萊.
18) 정상균, 『한국중세시문학사연구』, 한신문화사, 1986, pp.66~67 참조.
   여기에 보면 정상균은 정서가 정치보다는 유희에 관심이 있었으며, 그가 대령후 暻과 교
   유한 것은 의종이 내심 크게 경계하고 있는 점을 간파할 수 없었던 순진성에 두고 있다.
   그리고 정서가 '夜聚宴飮'한 사실도 그가 세속에 뜻이 없이 쾌락을 탐했던 예인적 기질의
   발현으로 파악하기도 하는데, 이것은 정서에 관한 유락 부분을 너무 단순하게 확대 해석
   한 것이라 생각된다.

볼 수 있다. 이런 일은 의기에 찬 사람이 아니고는 불가능한 일이다. 나아가 이러한 정서의 행동은 대녕후 경에 대한 계속적인 지지를 시사하는 것으로 간주할 수 있다. 따라서 이와 같은 정서의 마음가짐과 행동은 의종의 미움을 사기에 충분했으며, 정서를 적대시하던 무리들에게는 그를 배척하는 좋은 구실이 되었을 것은 말할 나위가 없다.

이런 관계로 정함(鄭諴)·김존중(金存中)[19] 등과 같은 반대파의 무리에 의하여 '성경박(性輕薄)'이라는 평이 생겨나고, 그들에 의해서 의도적으로 유포되었던 것이 뒤의 사가(史家)들에 의하여 기록되었을 가능성이 짙은 것이다. 정서를 비방하여 탄핵한 무리들은 대체로 환자(宦者)로서 왕의 판단을 흐리게 했던 인물들이다. 따라서 정서가 의종에게 접근하지 아니하고, 오히려 태자 계승 문제로 의종이 좋지 않게 생각하고 있던 대녕후 경의 집에 드나들면서 밤에 모여 잔치를 벌여 즐기며 놀았다는 사실은 이런 반대파들에게 경박하다고 평할 근거를 제공한 셈이다. 그러나 정서의 입장에서 보면 오히려 아무렇게나 권력에 빌붙지 않고 자신의 신념대로 살고자 했던 인생관의 표현이라 할 수 있다. 어쨌든 이런 관계로 반대파들이 정서를 경박하다고 헐뜯은 것이 일반적인 통념으로 고착되어 전하여지지 않았나 싶다.

이렇게 본다면 인종 당대에 형성되었던 것이건, 의종 연간에 전파된 것이건 간에 그의 인물됨을 말한 '성경박'이라는 기록은 오히려 그가 주위의 여건과 흐름에 얽매임이 없이 소신대로 살아가는 의지형 내지는 의리형이었다는 점을 말하는 것이 된다.

---

19) 鄭諴은 의종의 乳媼을 그의 처로 삼아 內侍가 됐고, 정서와 반대적인 입장에서 행동했으며, 의종의 지극한 총애를 받았다. 정서 등 여러 사람을 무고하여 귀양가게 했는데, 뒤에 자신도 무고죄로 탄핵을 받았으나, 의종의 사면으로 복직됐다. 벼슬이 權知閤門祇侯에 이름.
  金存中은 의종의 동궁시절 侍學이었다. 그는 鄭諴파로서 정함의 추천을 받아 관료에 올랐으며, '廢太子議'에서 의종을 구출한 侍讀 정습명이 죽은 후 右承宣 자리를 차지함. 의종 5년 5월에 諫議 왕식과 起居注·이원응이 소를 올려 정서 등을 탄핵했는데, 이들은 모두가 김존중의 친족이었다.

그런데 지금까지 <정과정곡>의 연군대상으로 생각되어 온 의종은 병적으로 시문(詩文)을 좋아하여 아첨하는 간신배들로부터 '태평호문지주(太平好文之主)'라는 말을 듣기도 했다.[20] 그는 이런 말들이 비위를 맞추려는 아첨의 말인지도 모르고 문신들을 우대하고 무신을 천대하는 등의 무사안일에 빠졌으며, 급기야는 사직(社稷)을 혼란과 위기로 몰아넣어, 왕 24년 정중부 등 무신 일파에 의하여 폐출된 인물이다.

> 휘는 현이며 자(字)는 일승(日升)이요 구휘(舊諱)는 철(徹)이니 인종의 맏아들이다. 어머니는 공예태후 임씨로 인종 5년 정미 4월 경오일에 출생하였다. 성질이 놀이와 잔치를 좋아하였고, 뭇 소인과 친압하여 마침내 화를 당하였던 것이다. 24년간 왕위에 있었고, 수(壽)는 47세이었다.[21]

위의 기록은 의종의 인물됨을 극명하게 나타내 주는 부분이다. 부왕인 인종이 태자인 현(의종)을 폐하고 차자(次子)인 경을 대신 태자로 책봉하려 했던 가장 큰 이유는 의종이 왕위를 능히 감당해 나갈 수 없을 것(不克負荷)이라는 우려 때문이었다. 이 점은 현의 어머니였던 공예태후에게도 마찬가지였다. 의종은 이미 태자 당시에 장차 현군의 자질을 의심 받았던 것이다. 그러나 현을 보좌했던 시독 정습명이 극력 그를 옹호하였던 관계로 그 위기를 모면할 수 있었다.[22] 그러나 의종은 왕위에 오른 뒤에 자신을 '폐태자(廢太子)'의 위기에서 구해 주었고, 또 그의 부왕인 인종이 나라를 다스리는 데는 마땅히 습명의 말을 들어야 한다[23]고까지 당부했던 그 정습명이 간하는 것을 듣기 싫다 하여

---

20) 『고려사절요』권11, 의종 장효대왕 24년 5월조. 宴文臣于和平齋 唱和至夜 命內侍黃文莊 執筆以書 群臣稱聖德 謂之太平好文之主.
21) 『고려사절요』권11 의종 장효대왕조. 諱晛字日升 古諱徹 仁宗長子 母恭睿太后任氏 仁宗 五年丁未四月庚午生 性好遊宴押群小 卒及于禍 在位二十四年 壽四十七.
22) 『고려사절요』권11 의종 장효대왕 5년 3월조. 初王爲太子襲明侍讀 仁宗慮太子不克負荷 任后亦次子將立爲太子 襲明盡心調護 故得不廢 …… 謂太子曰治國 當用襲明之言.
23) 위의 주 22)를 참고하기 바람.

꺼렸으며, 정습명이 짐짓 병을 핑계삼아 휴가를 청하니 간신 김존중에게 그의 직책을 대신 맡겼다. 이에 정습명은 왕의 뜻을 헤아려 치료할 약을 먹지 않고 죽음을 자청하기에 이르렀다.[24]

정습명의 뒤를 이은 김존중은 정함 무리와 함께 횡포를 자행했다. 특히 아첨하여 이익을 탐하려는 무리들이 모두 몰려가서 그에게 뇌물을 바쳐 재산이 거만(鉅萬)이나 되었고, 그 형제와 친척들이 그의 권세를 믿고 교만 방자함이 이를 데 없었다.[25] 이런 사례를 보더라도 의종은 현신과 간신을 구별할 줄 모르는 암군(暗君)이라 하겠다.

또한 의종은 놀이와 잔치를 대단히 좋아하였다. 이러한 의종의 성품 때문에 궁중은 피폐할 대로 피폐하였고, 충신들은 서로 헐뜯고 모략하여 당시의 상황은 참담하기 짝이 없었다. 그래서 뒤의 사신(史臣)들은 의종에 대하여 "의종이 능히 그 측근의 사람들을 제어하지 못하여 풍교(風敎)와 헌장(憲章)을 능멸하게 하여 국법을 어지럽혔으며, 대간(臺諫)의 말을 듣지 않고 법을 굽혀 놓아 주었으니, 군소(群小)에게 화를 당한 것도 당연하다."[26]라고 평하였다.

또 의종은 특히 격구(擊毬)를 병적으로 즐겼다. 즉위 원년부터 왕의 지나친 격구놀이를 대간에서 수차 간했다. 이에 의종은 격구를 하지 않겠다는 뜻으로 구장(毬杖)을 어사대에 주었으나, 곧 북원에 나와 놀면서 좌우 시인(侍人)들에게 "나의 공치는 기술을 다시는 시험하지 못하리라." 하고는 격구를 하지 않겠다고 말한 기념으로 다시 공을 치는 무절제한 생활을 계속했다.[27]

---

24) 『고려사절요』 권11 의종 장효대왕 5년조. 襲明 自以先朝顧托 知無不言 王憚之 金存中鄭諴日夜短之 會襲明告病 以存中權代其職 襲明揣知王意 却藥而死.
25) 『고려사절요』 권11 의종 장효대왕 10년조.
26) 『고려사절요』 권11 의종 장효대왕 5년조. 史臣曰 毅宗不能制其私人 使之陵轢風憲 以撓國法 已過矣 不聽臺諫之言 屈法宥之宜及於群小之禍也.
27) 『고려사절요』 권11 의종 장효대왕 원년조. 臺諫 以上章言事不報 歸第 王乃下毬杖于御史臺 臺奉詔鏁壽昌宮北門 以禁群小出入 王遊北園 謂左右曰 吾擊毬之技 無復試矣 已而 取毬

더욱이 이궁(離宮)과 별궁(別宮)을 짓기 위해 여항(閭巷)의 이름난 집들을 탈취하기도 하고, 백성들을 부역장으로 끌어내 산재(山齋)와 야서(野墅)를 세우고 무시로 거동했으며, 군신들의 집을 별궁으로 삼기까지 했다. 민가를 헐고는 그 곳에 정자를 짓고, 옥돌을 갈아서 환희대·미성대 등의 대를 쌓기도 하였다. 그리고 먼 곳의 물을 끌어들여 폭포를 만드는 등 황음과 사치가 극에 달하였는데, 뭇 소인들은 이러한 왕의 비위를 맞추느라고 민간에 있는 진기한 물건을 모두 왕의 비밀 명령이라 칭탁하면서 탈취하니 백성들은 몹시 괴로워했다.[28] 그리고 놀이 때마다 시문을 스스로 짓거나 시제(詩題)를 주어 시인(侍人)들에게 시를 짓게 하여 많은 상을 주는 등 문신들을 후대하였다. 그리고 아첨하는 무리들로 하여금 재를 올리고 기도하게 하는 데 많은 재물을 탕진했을 뿐 아니라 정치에 부지런해야 할 시간과 정력을 주색이나 유흥적인 시회(詩會)에 돌렸으니, 그의 무분별하고 무절제한 생활은 끝을 모를 지경이었다.

그리고 의종은 혈육간에도 화목하지 못했으며, 특히 도참을 믿어 형제들을 매사에 의심하였다.[29] 동왕 5년에 정서를 곤장으로 때려 동래로 귀양보내면서 그와 관련된 사람도 다 죄로써 다스렸다. 특히 그의 아우 경이 거처하는 대녕부를 파하고, 경의 종 김감(金�) 등은 태형을 가하여 유배시켰다.[30]

왕 9년에는 그의 아우인 승려 충회와 흥왕사에서 교우했던 사공장(司空章)의 관직을 삭탈하고, 직장동정(直長同正) 이구수를 인주로 유배시

擊之 人莫有及者.

28) 『고려사절요』 권11 의종 장효대왕 11년조.

29) 『고려사절요』 권11 의종 장효대왕 24년조. 『고려사』 권90 열전 권3 종실1 대녕후 경조.

30) 『고려사절요』 권11 의종 장효대왕 5년 5월조. 御史臺 以鄭叙 陰結宗室 夜聚宴飮 囚叙及 秘書正字梁碧 戎器色判官金義諫 大寧府典籤劉遇 錄事李施 王皆宥之 罷大寧府 流暻奴金 �於懷仁 笞樂工崔藝等 流之.

켰다. 그리고 위에서도 말했듯이 왕 11년 대녕후 경을 천안부로 귀양 보냈으며[31], 아울러 정서도 다시 거제현으로 옮겨 재유배시켰다. 또한 공예태후의 동생, 즉 의종의 외숙인 임극정을 좌천시키기도 하였다.[32]

왕 11년에는 복자(卜者) 영의의 말을 듣고 나라의 우환을 없앤다는 명목으로 영흥사·경흥사 등 5개 사찰에 불사(佛事)를 베푼 일이 있었다. 영의는 역민(逆民)의 후예인 여자의 몸에서 태어난 인물로 성품이 간사하고 교활하여 온갖 요사스런 말로 의종을 현혹시켰다. 영의가 "대궐 동쪽에 익궐(翼闕)을 이룩하면 가히 그 기업을 연장할 수 있다"는 말을 하자 왕은 이를 믿어 뒤에 명종이 된 동생 익양후 호의 집을 탈취하여 그 곳에다 별궁을 짓기도 했다.[33] 또 익양후 호가 인심을 얻는 것을 두려워 한 나머지 변란을 미리 막는다는 구실로 거처를 딴 곳으로 옮기게 하는 등 피해망상증적인 행위를 일삼기도 하였다.[34]

의종 16년 '화계유시'(畵鷄流矢)[35] 사건이 일어났을 때도 대녕후 경의 노복(奴僕)인 나언·유성·황익 등에게 혐의를 두고 국문(鞫問)을 엄히

---

31) 『고려사절요』 권11 의종 장효대왕 11년 2월조.

32) 『고려사절요』 권11 의종 장효대왕 11년 2월조. 流弟大寧侯暻于天安府 貶南京留守崔惟淸 爲忠州牧使 工部尙書任克正 爲梁州防禦使 …… 徙配鄭敍文于巨濟縣 敍文卽叙也 …… 克正 元厚之子 於大寧侯舅也.

33) 『고려사절요』 권11 의종 장효대왕 11년 1월조. 榮儀奏 闕東新成翼闕 則可以延基 王奪弟 翼陽侯第 創離宮.

34) 『고려사절요』 권11 의종 장효대왕 22년 3월조. 三月 幸西京時 王弟翼陽 平凉二侯 頗得衆 心 王疑有變 移御以避之 駕至平州崇壽院西亭 召宰輔侍臣 行酒 泛舟于南溪.

35) 畵鷄사건은 의종 16년 9월에 왕의 총애를 받던 궁녀가 왕의 총애를 잃자 다시 총애를 회복하기 위하여 닭을 그린 그림을 몰래 왕의 요 속에 넣어 두었다가 발각되자 注薄同正 김의보가 내시 윤지원과 더불어 공모하고 저주한 것이라 무고하여 김의보는 목을 베고 윤지원은 무인도로 귀양을 보낸 사건을 말한다. 流矢사건은 의종 21년 봄 정월 연등하는 날, 왕이 봉은사로 갔다가 밤에 돌아와 觀風樓에 이르렀을 때, 좌중선 김돈중의 말이 본래 길이 잘들지 않은 데다 징과 북소리에 놀라 어떤 기사의 矢房을 들이 받아서 화살이 튀어나와 輦에 떨어졌는데 돈중이 이 일을 자수하지 않았다.
이에 왕은 流矢가 날아 온 줄 알고 빨리 환궁하고 府兵 가운데서 용력있는 자를 뽑아 內巡檢이라 이름하고 순찰을 철저히 하였다. 한편 중한 상을 내려도 잡히지 않으므로 왕은 大寧侯 暻의 奴僕 나언·유성·황익 등을 의심하여 이들과 이들의 처를 참형에 처하였으며, 호위를 신중히 하지 않았다 하여 이에 따른 14명을 귀양 보냈던 일을 말한다.

하여 허위 자백을 하게 한 뒤 이 세 사람과 유성의 처를 참수(斬首)하였다.

이러한 의종의 행위는 그가 태자로 있을 때 대녕후 경으로부터 태자위(太子位)를 위협당한 일에 대해 마음 속에 남아 있던 불만과 시기 등이 혼합 축적되어 열등 콤플렉스를 형성하고 있었고, 그것이 겉으로 투사된 탓이라 볼 수 있다. 의종이 왕위를 이어 받은 후에 그의 모후인 공예태후가 전에 대녕후 경을 왕으로 세우려 한 사실을 원망했는데[36] 이로 볼 때 태자위 경쟁자였던 그의 동생 대녕후 경에 대한 미움과 원망은 아주 컸을 것임이 명확하며, 그래서 대녕후 경을 비롯한 형제들을 병적으로 의심하고 미워했던 것이다. 그 결과 모반의 뚜렷한 조짐이 없었는데도 대녕후 경을 귀양 보내고 익양후 호 등 형제를 배척하였던 것이다.

이렇게 의종이 암군으로 형제간에도 불화하며 폐신·환자 등 소인배 문신들 틈에서 무절제하게 격구(擊毬)·희마(戲馬)·잡희(雜戲)와 유행 연락(遊幸宴樂)에 탐닉하였던 암군이었으므로 고려의 기강은 더욱 문란해지고 민심도 극도로 흉흉해졌다. 더욱이 무신들을 천대하여 그들의 분노를 사다가 결국은 24년 9월에 정중부·이의방·이고 등 여러 무신에 의하여 폐출되고, 다시 9월 을묘일에 거제로 추방당하는 결과를 가져왔던 것이다. 무신의 난 때 관리부사 최유칭 등 왕을 따르던 많은 문신들은 모조리 주살(誅殺)되었으며, 의종 자신은 그 뒤 명종 3년 동북면병마사 김보당 일파에 의한 복위운동에 연루되었다 하여 경주에서 이의민에게 피살당하였다. 이 김보당의 의종 복위계획이 실패로 끝나자 또 다시 문신에 대한 대대적인 학살이 무신에 의하여 시작되어 1차 문신 학살 때에 요행으로 살아남았던 문신들까지 거의 다 주살되거나 강물에 던져져 피살되었다.[37]

---

36) 『고려사절요』 권11 의종 장효대왕 5년 3월조. 王嗣位 怨太后前事 一日侍坐語侵之 太后跣而
　　下殿 仰天而誓 忽雷雨大震.

그런데 무신의 난이 발발했을 때 신하들은 한 사람도 의종을 위하여
충성스럽게 죽으려 하지 않았으며, 체대(遞代)한 뒤에도 왕에게 오히려
불리한 거짓 표를 꾸며 올리기까지 했던 것이다.[38] 이러한 사실들을
보더라도 얼마나 의종이 백성의 원성을 샀는지를 알 수 있으며, 특히
평소 충성스럽다고 믿었던 신하까지 그의 왕좌를 지켜 주려 하지 않았
다는 데서 저간(這間)의 사정을 충분히 알 수 있는 것이다.

의종이 폐출된 뒤 어떤 연유인지는 몰라도 차남인 대녕후 경이 즉위
하지 못하고, 무신들에 의하여 익양후 호가 오히려 추대되어 즉위했다.
이가 곧 명종이다. 명종은 성질이 어질고 효행이 있었으며 학문을 좋아
했다. 그래서 모두로부터 인심을 얻고 있었다.[39] 이러한 사정은 명종이
사리를 정확하게 판단할 수 있는 능력과 인격을 갖고 있었음을 시사한
다. 그런가 하면 명종이 왕위에 오를 때는 그의 나이가 이미 40세를
넘었다. 그 나이에 정황을 분간할 수 있는 사람이라면 조정에서 일어났
던 모든 사건의 전말을 상세하고도 바르게 알았을 것이다. 이렇게 볼
때 정서의 사정, 특히 그가 귀양을 가게 된 내막을 명종은 십분 짐작하
고 있었음이 틀림없다. 따라서 의종 재위 당시 그의 집을 탈취당하는
등 많은 핍박을 받았던 익양후 호, 즉 명종은 즉위하자 이내 그와 동병
상련(同病相憐)의 처지였던 정서를 제 1차로 귀양지로부터 소환하고
직전(職田)을 회복시켜 주었던 것이다.[40]

---

37) 김보당이 죽음 직전 형장에서 문신은 이 계획에 다 참여했다고 무고(誣告)하였기 때문에
   정중부 등 무신들은 다시 문신에 대한 대대적 학살을 자행한 것이다. 2차 문신 학살 시에
   문신들이 너무 많이 살육되어 중외(中外)가 아주 흉흉하였으므로 이의민의 형인 이준의는
   이의방 등에게 문신 학살을 중지할 것을 청하기까지 했다. 그런데 이 2차 문신 학살 때에
   도 정서가 무신들로부터 화를 입었다는 역사적 기록이 어디에도 보이지 않는다.
38) 『고려사절요』 권11 의종 장효대왕 24년 10월조. 所幸嬖妾無比 主於內 希意導志 更相妖媚
   …… 豈懼其所不懼 不畏其所畏之然耶 且禍亂之初 無一人效死 遞代之後 造僞飾辭如此 尤
   可嘆也.
39) 『고려사절요』 권11 명종 광효대왕조. 諱晧字之旦 舊諱昕 毅宗母弟 仁宗九年辛亥十月庚辰
   生 性仁孝好文學 初封翼陽侯 鄭仲夫廢毅宗 迎立之.

4. 연군대상과 창작시기

앞에서 본 것과 같이 정서와 의종과는 군신의 관계이면서도 정서가 의종의 이모부가 되는 인척 관계로 맺어져 있었다. 그러나 정서는 태자위 계승 문제로 논란이 많았던 대녕후 경과 계속 긴밀히 지내면서 경의 집에서 밤늦도록 모여 연음(宴飲)하기까지 하였다. 이는 '폐태자의(廢太子議)' 사건 때 대녕후 경의 편에 섰던 정서의 일관된 입장을 말해 주는 사실로, 의종과는 소원한 관계였던 것을 알려 주는 증좌가 된다.

의종의 입장에서 보면 대녕후 경과 친분을 계속 유지하면서 '야취연음(夜聚宴飲)'으로 가까이 지낸 정서를 미워하지 않을 수 없었을 것이다. 폐태자의는 의종 당사자에게 심리적 공황과 인격파탄을 가져다 준 큰 사건이었으므로 의종은 그 때 입은 깊은 상처로 그가 왕이 된 뒤에도 공예태후가 대녕후 경을 태자로 삼으려 했던 사실을 원망하고 불평하면서 소동을 일으키기도 했으며, 대녕부를 파하고 대녕후 경을 천안부로 유배시키는 일도 서슴지 않았음은 앞에서 언급했다. 이런 판국에 정서에 대하여 정함과 김존중 무리의 참소까지 있자 의종은 이를 믿었다.[41] 이로 보면 의종이 정서를 유배시키는 사건이 일어남은 극히 당연했다 하겠다. 또한 불건전한 생활에 젖어 절도가 없었던 의종에게 정서의 행위가 관용될 리 없었을 것이다. 이렇게 볼 때 정서와 의종의 관계는 서로 그리워하는 군신관계로 보기는 어렵다. 이 점은 정서에 대한 의종의 처우와는 극히 대조적으로 정서를 배척하며 모함했던 간신 정함에 대하여서는 의종이 지극히 관대했던 사실로써도 입증된다.

---

40) 『고려사절요』 권11 의종 장효대왕조. 정서가 김이영·이작승 등과 함께 소환된 시기가 의종 24년 10월이지만 그 때는 이미 의종이 거제현으로 추방되고 명종이 왕위에 오른 다음 달이다. 명종은 의종 24년 9월에 즉위하고 정서는 10월에 소환되었다.

41) 『고려사절요』 권11 의종 장효대왕 5년 4월조.

의종 5년 5월에 정함은 서대(犀帶)사건과 무고 사건이 있었음에도 불구하고 권지합문지후(權知閣門祗侯)에 임명되었고, 또한 같은 시기에 정함이 대간을 모함한 사건이 발생하여 탄핵을 받아 퇴직되었으나 그 다음해 8월에 정함은 다시 소환되어 내시(內侍)에 충당된 반면, 경의 집에 드나들면서 야취연음했다는 죄목으로 동래로 유배되었던 정서는 끝내 소환되지 않았다. 그 후에도 정서에게 보여 준 태도와는 판이하게 정함에 대하여서는 관대함이 계속되었던 것이다.[42] 이렇게 보면 정서에 대한 의종의 사랑은 적었거나, 의종에게 정서는 처음부터 질시의 대상이었다고 보겠다.

> 겨울 10월에 감음현 사람 자화·의장 등이 정서의 아내 임치가 그 고을의 아전 인량과 더불어 왕과 대신을 저주하였다고 무고하여 왕이 각문지후 임문분에게 명하여 심문하게 하였더니, 자화가 인량과 사이가 나빠 인량을 모함하려던 것이었다. 자화와 의장은 강물에 던져 죽이고, 감음현은 부곡으로 만들었다.[43]

위 글에 보이는 내용이 이른바 '무고사건'이다. 이는 무고를 한 자화

---

42) 『고려사절요』 권11 의종 장효대왕 11년 11월조 참조. 간신 鄭諴에 대한 의종의 관대함은 계속 이어져, 의종 11년 4월에는 정함의 직위를 회복시켰고, 왕 11년 11월에 정함의 告身(임명장)에 대신들이 '환관으로서 朝官의 반열에 참여함은 부당한 일'이라 하여 서명을 하지 않자 左承宣直門下省 이원웅, 右承宣左諫議大夫 이공승에게 명령하여 고신에 서명할 것을 독촉하였으나, 이들은 그 불가함을 간하고 듣지 않았다. 이에 다시 전하길 '경들이 짐의 말을 듣지 않으니 짐은 먹는 것이 달지 않고 잠자리가 편하지 않다.'고 을러대어 平章事 최윤의·右諫議 최응청과 이원웅·이공승 등은 마지못해 서명하였으나, 給事中 이지심·司諫 최우보·배경의 등이 서명하지 않자 이들을 모두 좌천시켰다. 또한 왕 12년 6월에 다시 정함의 權知閣門祗侯 제수가 문제되어, 이공승·송정윤 등을 불러 위압적으로 고신에 서명할 것을 명령하였으나, 이공승이 뜻을 받들지 않아 견책하여 내쫓고 이 해 9월에 의종은 다시 정함을 權知閣門祗侯에 임명했다.

43) 『고려사절요』 권11 의종 장효대왕 15년 10월조. 冬十月 感陰縣人子和義章等 誣告鄭叙妻 任氏與縣吏仁梁 呪詛上及大臣 王命閣門祗侯林文賁按問 乃子和與仁梁有隙欲陷之也 於是 投子和義章于江 降感陰爲部曲.

(子和)나 의장(儀章)이라는 인물들이 이런 사건을 조작할 만큼 정서와 의종의 관계가 원만하지 못했음을 보여 주는 또 다른 보기가 된다.

의종의 입장에서 보면 공예태후는 모후(母后)로서 '폐태자의'에 관여했지만, 정서는 이모부로서 동생 대녕후 경과 친밀한 인물이었다. 따라서 왕위 계승의 경쟁자였던 동생 경과 더 가까운 사이였던 정서를 의종이 혐오하고 배척함은 당연한 일이라 하겠다. 정서와 경과의 계속적인 교분은 의종에게는 '폐태자의'에 올랐을 당시의 충격과 상처를 다시 떠올리며 자극하는 결과가 되었을 것이다. 나아가 의종의 마음 속에 잠재해 있었던 정서에 대한 배척심과 증오심을 더욱 구체화하여 폭발시키는 계기가 되었을 것이다. 이 위에 정함·김존중 무리의 무고 행위가 발생하자[44] 어느 누구보다도 의종 자신이 오히려 능동적으로 정서를 유배시켰다고 볼 수 있다.

따라서 귀양 보낼 때 의종이 말한 "금일 조정의 물의에 의하여 부득이 보내니 곧 소환하겠다."(今日之行 迫於朝議也 不久當召還)는 것은 자신의 입장을 호도(糊塗)하려는 임시 방편적인 핑계에 불과하다 하겠다. 그러므로 정서가 동래로 귀양가고, 거제현으로 재유배되어 명종에 의하여 소환될 때까지 여러 차례 대벽(大辟) 이하의 죄인에게 내린 사면이 있었으나 정서는 매번 제외되었다. 정서가 유배되고 난 뒤에 내린 대사령만도 의종 8년에서 동왕 23년까지 10여회나 있었는데도[45] 정서에게는 소환의 기회가 끝까지 주어지지 않았던 것이다.

따라서 유배되기 전에도 의종에게 좋은 감정을 가질 수 없었고, 1차 유배 뒤에 소환되기는커녕 다시 거제로 재유배되었던 정서가 "니미 나롤 ᄒᆞ마 니즈시니잇가" 하면서 의종을 임으로 하여 그리움이 충일한

---

44) 『고려사』 권97 열전 권10 정항조.(…… 鄭誠金存中等誣構鈒罪以聞 毅宗疑之 …….)
45) 정서가 유배되고 난 후에 내려진 중요한 大赦令은 다음과 같다.
　　의종 8년 4월, 10년 4월, 11년 3월, 12년 3월, 12년 7월, 15년 7월, 16년 4월, 17년 4월, 18년 4월, 23년 4월.

연군의 노래 <정과정곡>을 창작하여 불렀다고는 도저히 생각할 수 없다.

그러나 의종의 뒤를 이은 익양후 호, 곧 명종은 사정이 달랐다. 의종보다 4년 아래인 그는 의종이 정중부 등 무신 일당에 의하여 왕 24년 9월에 추방되고, 곧 같은 날에 대관전에서 왕위에 올랐을 때는 이미 나이로도 40세가 넘었다. 성품이 어질고 문학을 좋아했으며 사리에 밝았던 명종으로서는 조정에서 일어났던 그 간의 사정과 사건의 전말뿐 아니라, 이모부인 정서의 일을 누구보다 소상히 알고 있었을 것이다. 게다가 명종과 정서는 동병상련의 관계에 있었다. 의종에 의하여 집을 탈취 당하는 등의 핍박(逼迫)을 받았던 같은 처지였기에 더욱 그렇다.

따라서 의종이 폐출된 의종 24년 9월에 익양후 호가 즉위하자 그 다음 달 10월에 사령이 내려져 정서는 화계유시(畫鷄流矢) 사건으로 연루되었던 사람들과 함께 1차로 소환되었다. 정서 일파인 김시영·이작승[46]도 함께 소환된 것은 말할 필요가 없다. 이런 점으로 미루어 보아 정서와 명종의 관계는 정서와 의종의 관계와는 달리 서로 우호적이었다고 할 수 있다. 그리고 그런 친밀한 관계는 일찍이 정서가 대녕후 경과 긴밀했던 것처럼 일찍부터 형성되어 있었던 것이다.

의종이 왕 24년 8월에 일어난 보현원의 난으로 정중부 등 무신의 무리에 의하여 다음 달 9월 1일에 왕좌에서 폐출되어 곧 거제현으로 축출되었을 때는 정서가 동래 배소에서 거제 배소로 옮겨진 지 무려 13년이 되는 해였다. 그렇찮아도 의종에 대한 원망의 마음이 쌓여 있었을 터인데 전왕인 의종이 거제로 방축되어 왔을 때는 자신에 대한 비감과 울분, 의종에 대한 미묘한 감정이 뒤섞여서 주체할 수 없었을 것이다. 그런데 이제는 아무 힘도 없는 전왕 의종에게 어떻게 연군의 노래를 부르겠는가?

---

46) 이작승은 정서의 매부로 정서가 1차 유배 될 때 집에 있으면서 정서의 탄핵에 관여하지 않았다 하여 좌천된 인물이다.

오히려 같은 피해자라고도 할 수 있는 익양후 호가 왕 위에 오르자 자연스레 자신의 심정을 호소하는 <정과정곡>이 나왔을 것이다. 특히 20년 가까이 불운을 겪은 그에게 명종의 즉위는 어느 때보다도 소환될 수 있는 좋은 기회였다. 저간(這間)의 궁중 사정을 익양후 호가 잘 알고 있었고, 정서가 유배된 상황도 잘 아는 처지이었을 터이기에 소환될 가능성이 짙었던 것이다. 따라서 명종이 즉위하자 자신의 처지와 심정을 명종에게 하소연하기 위해 의종에 대한 원망을 근저에 깔고 명종을 임으로 하여 그리움의 뜻을 담은 연군의 노래를 지었다고 봄이 마땅하다.

만약 정서가 의종 재위 때에 의종을 임으로 하여 <정과정곡>을 불렀다면 명종이 즉위한 뒤 제 1차로 소환될 수 없었을 것이다. 정중부 일당이 난을 일으켰을 때 비록 서리(胥吏)일지라도 문신의 관(冠)을 쓴 자는 씨를 남기지 말게 하라고[47] 한 점과 관련시켜 보면 이는 명확해진다.

당시 재경 문신은 거의 학살되었다. 특히 왕의 측근에 있었던 문신으로 화를 입지 않았던 자는 드물었다. 이런 판국에 의종에 대하여 그리움의 노래를 불렀다면 아무리 명종의 명일지라도 정서는 무신들에게 배척의 대상이 되어 소환을 받지 못했을 것이다. 명종은 정중부 등 무신들에 의하여 옹립(擁立)되어 실권이 거의 없었으므로 더욱 그러하다. 명종이 즉위하자 정서가 곧 소환된 것으로 보아 정서는 무신들의 증오를 받을 행위, 곧 의종에 대하여 충성한 일이 없었다고 보아야 하며, 오히려 무신들과는 동정적이며 우호적인 관계를 유지하고 있었다고 하겠다.

이런 사정을 감안해 볼 때도 명종이 즉위하자 정서가 이내 자신의 처지와 심정을 명종에게 하소연하기 위해 명종을 임으로 하여 연군가(戀君歌)인 <정과정곡>을 지었다는 점은 더욱 타당성을 갖게 되는 것이다.

이처럼 <정과정곡>의 연군대상이 명종이라고 한다면 논란이 되었던

---

47) 『고려사절요』 권11 의종 장효대왕 24년조. 使人呼於道曰 凡戴文冠者 雖至胥吏 俾無遺種 卒伍蜂起 搜殺判吏部事 致仕崔褒偁 判吏部事許洪材 …… 裵衍等 五十餘人.

창작시기는 명백해진다. 이제까지 <정과정곡>의 창작시기에 대한 논의는 많이 있어 왔다. 일찍이 조윤제는 "삼진작 <정과정곡>은 과정(瓜亭) 정서가 배소(配所)인 동래에서 소환의 명을 기다렸으나 오지 않으므로 스스로 탄식하여 무금(撫琴)하여 부른 노래"[48] 라고 하였다. 서수생은 "의종 5년 5월부터 의종 11년 거제현 배소에 옮기기 전, 곧 동래 배소에서 지은 작품이라 여긴다."[49]고 했다. 또 권영철은 "본가의 찬성 연대는 의종 10년 전후로 볼 수 있으며 찬성한 장소는 동래이며 또한 무금이작사(撫琴而作詞)한 장소는 과정이란 정자일 것이다."[50]고 하여 동래배소설(東萊配所說)을 따르고 있다. 다만 양주동은 "<정과정곡>은 정서의 作으로 의종 5년~24년(A.D. 1151~1170)에 이루어진 작품"[51] 이라하여 그 찬성시기를 유배기간 전부로 넓게 잡은 점이 다르다.

위의 여러 견해와는 달리 이가원은 <정과정곡>의 창작시기를 아주 좁혀 다음과 같이 주장했다.

> <정과정곡>은 반드시 의종에게 복직을 뜻하고 애원을 하소연한 동래시대의 작품이라고 보아 버리기보다는 의종이 정중부에게 피축되었음을 슬퍼하는 동시에 자기의 곧은 절개를 변하지 않겠다는 맹서에서 이루어진 거제시대의 작품이라 보는 것이 좋을 것이다. …… 그러면 <정과정곡>은 의종 24년 9월에서 10월까지의 대략 1개월 사이에 이루어진 작품으로 인정하면 가장 타당할 것이다.[52]

김동욱 또한 이가원의 견해와 유사하게 피력했다.[53] 그러나 선행 연

---

48) 조윤제, 『한국시가사강』, 을유문화사, 1954, p.9.
49) 서수생, 『한국시가연구』, 형설출판사, 1970, p.97.
50) 권영철, 앞의 논문, p.32.
51) 양주동, 『여요전주』, 을유문화사, 1971, p.22.
52) 이가원, 앞의 논문, p.74.
53) 麗史에 毅宗 24년 10월에 소환되고, 그 후 조정에 顯要한 자리를 차지한 鄭敍의 行狀으로 본다면 이는 명종 연간의 作이 되어 樂志의 사실과 모순이 되나 이는 앞으로 더 고증을

구 모두 작자와 작자가 처했던 당시의 정치·사회적 상황과를 면밀히 연관지어서 구체적으로 밝힌 작업은 없었다. 실제 정서가 <정과정곡>을 창작했다는 사실과 창작시기를 짐작하게 하는 기록은 다음과 같다.

> 정과정은 내시랑중 정서가 지은 것이다. 정서는 스스로 과정이라 호했으며 외척과 혼인하여 인종의 총애를 받았다. 의종이 즉위함에 이르러 그의 향리 동래로 방축시키면서 오늘 보냄은 조의에 의한 것이므로 오래지 않아 마땅히 소환할 것이다라고 했다. 정서가 동래에 있은지 오래 되었으나 소환되지 아니하므로 가야금을 타면서 이 노래를 불렀는데, 그 가사가 처완하였다. 이제현이 시를 지어 풀이했다.[54] (한역시 번역은 생략.)

그런데 위의 기록 가운데 작자는 분명히 밝혀져 있으나, 그 창작시기와 창작된 장소에 대하여는 구체적 언급이 없다. 다만 "정서가 동래에 오래 머물러 있었으나 소환의 명령이 없자 불렀다(敍在東萊日久 召命不至 乃撫琴而歌之)"고 기록되어 창작시기에 대한 논란의 여지를 던져주고 있다. 그런데 『고려사』 권97 열전 권10 정항조에는 "정서가 이미 귀양왔으나 소명이 오래도록 이르지 아니하므로 마침내 거문고를 잡고 이 노래를 지었다.(敍既流 召命久不至 乃撫琴而歌)"라 기록한 채 동래란 말은 아예 쓰지 않고 있다.

이 기록만을 문제 삼는다면 <정과정곡>의 창작시기는 동래 유배 시기에만 국한시킬 것이 아니라 거제 유배 시기도 포함시킬 수 있음은 이론의 여지가 없다. 『동국통감』의 기록도 이와 같다.

같은 내용을 같은 사적에 기사하면서 이처럼 달리 표현한 것은 기사

요할 것이며, 다만 형식면으로 본다면 이를 사뇌가 二章으로 분단하여 大過없을 것이다. (김동욱, 『한국 가요의 연구』, 을유문화사, 1961, p.168.)

54) 『고려사』 권71 지권25 악2. 鄭瓜亭 內侍郎中鄭敍所作也 敍自號瓜亭 聯昏外戚 有寵於仁宗 及毅宗 即位放歸其鄉東萊曰 今日之行 迫於朝議也 不久當召還 敍在東萊日久 召命不至 乃撫琴而歌之 詞極悽惋 李齊賢作詩解之曰 憶君無日不霑衣 政似春山蜀子規 爲是爲非人莫問 只應殘月曉星知.

내용이 단정적이고 구체적인 사실이 못 됨을 말하는 것이다. 그런데 주의해서 보면 『고려사』 권71 악2 고려속악조의 기록 내용도 창작지가 동래임을 확고부동하게 못박은 것은 아니며 이론의 여지가 있도록 되어 있다. 곧 정서가 동래에 있으면서 날이 오래 되었으나(敍在東萊日久)라는 기록은 정서의 동래 유배 기간만을 지칭한 것이 아니라 거제 유배 시기까지 아울러 논급될 수 있는 내용이다. 말하자면 이는 동래 유배 시기를 기점으로 날이 많이 경과되었다는 뜻으로 읽힌다. 사실 정서가 유배 생활을 한 횟수는 동래가 5년 간이고, 거제 유배 시기가 동래 유배 기간보다 배가 넘는 13년 간이었다. "날이 오래 되었으나"(日久)라고 표현하고 있으므로 유배 기간 5년을 두고 '오래'라고 말했다고 보기는 힘들다. 이 '오래'라는 말은 5년 간의 동래 유배 기간을 나타냈다기보다는 13년 간이나 되는 거제의 유배 시기를 포함한 18년의 전 기간을 표현하고 있다고 보아야 할 것이다.

그런데도 『고려사』 악지의 기록에는 동래 배소만 적고 거제 배소는 아예 언급이 없어 동래 유배가 유배의 전부인 것같이 기술되고 있다. 말하자면 2차 유배지인 거제는 염두에 두지 않은 채로 막연히 1차 유배지인 동래로만 기록한 듯하다. 이는 『고려사』 악지 제작자들의 편의에 따른 표현법으로 그것의 특성상 충분히 그럴 개연성이 있다고 보인다. 따라서 '서재동래일구(敍在東萊日久)'의 동래란 동래 유배 기간과 거제 유배 기간의 통합인 귀양 기간 전부를 편의상 통칭해서 나타낸 것이라 봄이 타당할 것 같다. 그렇지 않고 동래 유배 기간과 거제 유배 기간을 확연히 구분하고, 또 분명히 동래 유배 기간 중에 정서가 <정과정곡>을 창작했다면 『고려사』 열전이나 『동국통감』의 기록에 "…… 敍旣流 ……"라는 식으로 애매하게 기록하지는 않았을 것이다. 그러므로 '서재동래일구'란 문헌기록 자체만 인용하여 창작시기를 동래로 고정시키는 태도는 적절치 못하다고 할 수 있다. 따라서 그 창작시기를 의종

24년 9월~10월로 내세운 이가원의 견해나 명종 연간의 작품으로 보고 있는 김동욱의 견해는 한 발 앞선 생각이라 하겠다.

그러나 김동욱은 구체적인 논거를 제시하지 않았으며, 연군 대상을 의종에 국한시켰기 때문에 스스로 밝힌 바처럼 논지의 모순과 설명의 한계를 드러내고 있다. 이가원도 이 점에서 마찬가지의 오류를 범하고 있다.

이가원이 그의 주장에서 "의종이 정중부에게 피축되었음을 슬퍼하는 동시에 ……"라고 한 부분은 정서와 의종과의 관계를 긴밀히 고찰하지 않은 데서 연유한 설명이다. 정서가 의종의 피축을 슬퍼하고, 정중부 일당을 못마땅하게 생각했다면, 의종 24년 9월~10월의 어느 시기에 의종을 그리워한 <정과정곡>을 창작하고 의종 24년 10월, 곧 명종이 왕위에 오른 지 한 달 뒤에 소환이 되었겠는가? 그리고 정서가 의종에 대한 연군의 정을 읊은 노래를 지을 정도라면 의종이 폐위된 즉시 정서 자신이 무신정권에 의하여 옹립된 명종의 소환에 응했을 리도 없다. 또한 "…… 자기의 곧은 절개를 변하지 않겠다는 맹서에서 이루어진 ……"이라고 했는데, 이것도 정서와 의종과의 관계를 고려하지 않고 한 말이다.

의종에 대한 절개를 변하지 않겠다는 맹세가 정서의 심정이었다면 적어도 1차 소환에는 응하지 않았어야 했을 것이다. 또 그의 주장 가운데 있는 "거제 시대의 작품이라고 보는 것이 좋을 것이다."라는 부분도 연군 대상이 의종이면 납득할 수 없는 추단이 된다. 평소에 경조부박(輕佻浮薄)하여 왕으로서의 도리를 다하지 못했던 의종이 "오래지 않아 마땅히 소환할 것"(不久當召還)이라는 처음의 언약과는 달리 자신을 동래에서 거제로 재유배시켰으며, 더구나 10여 차례의 숱한 대사령(大赦令)에도 불구하고 자신만 제외된 사정은 앞에서 상세히 밝힌 바와 같다. 더욱이 의종이 태자일 때부터 좋은 감정을 갖지 않았던 그가 무신의 난으로 거제로 피축(被逐)되어 온 의종을 대상으로 연군의 노래를 불렀다고 보기는 어려운 것이다.

　따라서 이가원의 견해는 의종 폐위 전에 정서가 <정과정곡>을 지었다는 지금까지의 여러 주장에 대한 반론으로는 앞선 생각이라 보여지나 연군대상을 제대로 파악하지 않고 문면의 기록에만 매여 피상적인 추론을 계속함으로써 스스로 논의에 모순을 가져 오고 있는 것이다. 그러나 이러한 문제는 앞에서 살펴본 대로 연군대상을 명종으로 본다면 저절로 풀리는 문제인 것이다. 정서는 의종이 폐위되고 명종이 왕위에 오른 뒤 명종을 임으로 하여 <정과정곡>을 지었다. 즉 의종에 대한 원망을 근저에 깔고 명종을 향한 그리움의 심정을 노래에 실었던 것이다. 원래 서정시는 개개인이 그 나름으로 적의를 느끼면서 답답하게 체험한 사회적 상황에 대한 자신의 심리적 저항감을 내포하고 있으며, 이러한 상황들이 시적 구조물에 각인됨은 재론이 있을 수 없다. 따라서 <정과정곡>의 창작시기는 능히 추론할 수 있는 정서의 심리적인 상태와 소환시기 등으로 보아 명종 즉위년(의종 24년) 9월~10월 사이의 어느 시기로 압축된다.

　이렇게 볼 때 여지껏 풀리지 않고 있는 <정과정곡>의 어구의 의미나 그 전체적 문맥도 어느 정도 바로잡혀진다. 물론 세밀한 어석적(語釋的) 풀이는 필자의 능력 밖의 문제다. 그러나 앞의 논의를 바탕으로 해서 볼 때, 어휘 자체에 미시적으로 접근한 기왕의 여러 해석보다 본 뜻에 한결 다가가서 문맥을 바로 잡을 수 있을 것으로 생각된다.

> 내님믈 그리ᅀᅡ와 우니다니
> 山졉동새 난 이슷ᄒᆞ요이다
> 아니시며 거츠르신 둘 아으
> 殘月曉星이 아르시리이(이)다
> 넉시라도 님은 ᄒᆞᆫ디 녀져라 아으
> 벼기더시니 뉘러시니잇(잇)가

過도 허믈도 千萬업소이(이)다
몰힛마러(리)신뎌
술읏브(븐)뎌 아으
니미 나룰 ᄒ마 니즈시니잇(잇)가
아소 님하 도람 드르샤 괴오쇼셔
※ ( )안은 봉좌문고본(蓬左文庫本)의 기사임 (『악학궤범』 권5)

먼저 문제가 되는 것은 '아니시며 거츠르신 둘'이다. 이 어구를 해석
하면서 서재극은 다음과 같이 주장했다.

> '아니시며 거츠르신 둘'을 반드시 일방의 사람 또는 무리를 분명히 지적하
> 는 첩어로만 볼 것이 아니라 여기서는 적어도 죄(과오)를 저지르는 사람이
> 그 가능성에서 보아 적편과 왕과 작자 세 편이 있다 하겠으나 구태여 존칭
> 의 어간 '시'나 또는 작자를 주체화하는 것 따위에 구애될 필요없이 ('내가
> 또는 그 누가') 그리고 허황한 줄로 보아야 옳을 것이라 하겠다.[55]

그리고 이와는 달리 강길운은 아래와 같이 그의 견해를 밝혔다.

> 임께서 머지 않아 불러 주겠다고 하신 말씀이 그저 위로에 그치는 아무것
> 도 아닌 즉, 허황하신 줄 모르고 미련스럽게 곧이 들었구나.[56]

이 외에도 양주동은 일찍이 이 구절을 '비(非)며 망위(妄僞)인 줄'로 풀
었다.[57] 그리고 김형규는 '참소자들의 말이 비요, 허망(虛妄)한 줄'로[58],
권영철은 '(서울에)안 있으면, (여기) 동래에(와서) 있다 하더라도'로[59], 김
상억은 '(님께서)(저를) 외다 하시고 황(荒)되다 하신들'[60]로 보았다.

---

55) 서재극, 「정과정곡의 신석 시도」, 『어문학』 6호, 문호사, 1960, p.90.
56) 강길운, 「정과정곡의 노래신석」, 『현대문학』 통권68, 현대문화사, 1960, p.149.
57) 양주동, 앞의 책, p.211.
58) 김형규, 『고가주석』, 백영사, 1955, p.144.
59) 권영철, 「정과정가 신연구」, 『효성여대논문집』 2집, 효성여자대학교, 1968, p.140.

위에서 보는 바와 같이 이 구절에 대한 해석은 다양하다. 그렇기는 하지만 지금까지 이 어구에 대한 해석에는 양주동의 견해가 크게 작용하고 있으며, 그 이외의 주장들은 대체로 이를 발전시킨 것이다. 그러나 양주동의 견해와 같이 이 어구를 풀이하면 그 당시의 사회 상황과 배치되는 모순에 빠진다. 즉, 정서가 귀양을 갔던 그 때의 정황으로 보아 참소자들의 무고(誣告) 내용이 참이냐 거짓이냐에 대하여서는 누구나 다 알 수 있는 실정이었고, 또 정서의 인물됨과 의종과의 관계로 볼 때 정서가 의종에게 굳이 시비(是非)를 하소연할 처지가 아니었다고 생각되기 때문이다.[61] 특히 의종은 참소자들의 무고가 직접적인 원인이 되어 정서를 유배시키면서도 의중과는 달리 "곧 소환하겠다"(不久當召還)고 말할 수 있는 심정인 것으로 미루어 보아 실제로는 대역(大逆)이 아니라고 의종 자신도 생각했던 것이다. 그러므로 대개 논의될 수 있었던 시비 그 자체는 거론할 문제가 안 된다. 그런데도 이런 점을 고려하지 않고 이 구절을 '참소자들의 말이 非며 허망한 줄을'로 해석하면 그 다음의 "잔월효성이 아르시리이다"와도 긴장감 없는 연결이 되어 버린다. 누구나 아는 사실을 정서 자신만이 강변하는 맥 풀린 의미 구조를 갖는 결과를 가져오기 때문이다.

또 이같이 풀면 '아니시며'의 주체가 '참소자들의 말'이 되어 주체존대 보조어간 '시'의 역할과 부합되지 않는다. 15·16세기 국어에서 이 '시'가 비존칭 보조어간으로 더러 사용되긴 했지만 원래의 구실은 주체존대 보조어간이다. 부득이한 경우를 제외하고는 본래의 기능을 살려 풀이하는 것이 옳을 것이다. 그래서 주체를 '의종의 말'로 보아야 되며, 이렇게 하면 주체존대 보조어간 '시'가 가지고 있는 문법적인 기능을 살리게 됨과 동시에 다음 구절과의 연결도 무리가 없게 된다. 그러므로

---

60) 김상억, 「고려가사 연구」, 『청대논문집』 6집, 청주대학교, 1971, p.38.
61) 이 점은 이미 앞에서 밝혔으므로 앞의 내용을 참조 바람.

이 구절의 뜻은 "오늘 가게 됨은 조정의 물의에 의한 것이니 오래지 않아 소환하겠다(今日之行 迫於朝議也 不久當召還)라는 왕의 말씀이 참이 아니시며, 거짓인 줄 잔월효성(殘月曉星)은 알 것입니다."로 해석함이 타당하다고 본다.

위와 같이 문맥을 잡으면 '시'의 역할뿐 아니라, 그 당시의 역사적 배경과도 걸맞게 되어 설득력을 지닌다. 그리고 그 다음의 '잔월효성'의 의미와 이 구절과를 관련시키면 그 뜻이 더욱 확연해진다.

달이 부조리하고 유한한 인간의 속세계(俗世界)를 초월하는 성세계(聖世界)의 종교적 현현을 나타내는 다양한 상징이 됨은 주지의 사실이다.62) 향가 <원왕생가>에서도 속세계의 광덕(廣德)과 성세계인 서방정토를 잇는 매개체로 달이 대상화되고 있음은 잘 알려진 보기이다. 그러므로 <정과정곡>에서의 달은 구체적인 삶의 무수한 현상이나 운명을 하나로 묶어 삶의 전체를 현현(顯現)하는, 보다 현실적인 초월자로서의 문맥적 의미를 지닌다. 이 점은 별 또한 마찬가지다. 말하자면 <정과정곡>의 '잔월효성'은 앞의 '山접동새'와 관련되어 천지신명과 같이 정서 자신의 임을 향한 마음과 그 처지를 빠짐없이 잘 알고 있는 존재로 설정되고 있는 것이다.

따라서 임을 향한 그리움이 다하도록 울어예는 접동새가 그 외로움과 슬픔의 극한에서 만나게 되는 삶의 시간대에 공간화된 대상이 '잔월효성'이다. 결국 이 부분은 "의종께서 소환하시겠다는 말씀이 참이 아니었으며 거짓말인 줄을 잔월효성은 물론, 천지신명도 잘 아실 것입니다. 따라서 사리에 밝은 명종께서도 잘 알고 계시리라 믿습니다."라는 문맥을 지녀야 정서 자신의 사정을 잘 아는 익양후 호, 즉 명종에게 자신의

---

62) 미르세아. 엘리아데, 『Patterns in Comparative Religion』(이은봉 역, 『종교형태론』), 형설출판사, 1982, pp.172~204와 J. E. Cirlot, 『A Dictionary of Symbols』, Philosophical Library Inc, 1962, pp.204~206 참조.

처지를 하소연하고 소환되고 싶은 간절한 소망을 은연중 담게 되어 작품 전체의 뜻과 잘 부합된다. 그러므로 '山접동새'는 정서 자신을 말하는 것이 된다.

원래 접동새는 슬픈 유래를 지니고 있어 그 속성이 애와 한으로 알려져 있는 새다. 이런 데서 연유했다고 보면 접동새는 의종일 수도 있고[63] 정서 자신일 수도 있다. 그러나 작품의 뜻을 따진다면 의종은 될 수 없다.

만약 접동새가 의종을 가리킬 경우 접동새의 슬픈 이미지로 보아 그가 왕위에서 폐출된 연후의 신세를 가리키는 것이 되겠는데, 이렇게 되면 왕위에서 쫓겨난 의종을 향하여 '괴오쇼셔'라 한 결과가 되어 사리에 맞지 않는 무리한 해석을 낳게 된다. 앞에서 언급이 되었지만 정서는 의종을 임으로 하여 호소할 처지가 아니었고, 정서 자신도 그럴 의사가 없었다고 보아야 한다. 그러므로 이 접동새는 의종이 아니고 정서 자신이며, 정서는 명종에게 자신의 억울한 사연, 곧 의종에게 배척을 받은 자기의 신세가 마치 접동새처럼 가련하며, 의종에게 원과 한을 가진 처지에 놓여 있음을 호소하고자 한 것이다.[64]

그리고 '물힛 마러신뎌'에 대한 해석도 아직 정설이 없는 형편이다. 양주동은 "衆讒言이러신뎌"[65]로, 김형규는 물(衆) '핫'(讒) '마러'(勿) '신뎌'(감탄사)의 誤刻으로 처리하여 "뭇 讒訴를 그만 두도다"[66]로, 강길운은 "대저, 불러 들이기를 그만 두셨도다"[67]로, 권영철은 "몰림말이 있는 것이며"[68]로 풀었고, 서재극은 "말짱한 말씀이었구나"[69]로 보고

---

63) 이가원은 앞의 논문에서 '접동새'를 의종으로 보고 있음.
64) 정서가 의종에 대하여 원망의 마음을 가지고 <정과정곡>을 지었는가의 여부는 이 노래의 "소리가 슬프고 원망스럽다"(『성호사설』 권13 인사문 국조악장 조)고 한 평이 참고가 될 것이다.
65) 양주동, 앞의 책, p.216.
66) 김형규, 앞의 책, p.147.
67) 강길운, 앞의 논문, p.154.
68) 권영철, 앞의 논문, p.151.

있다. 이 가운데서 전체적인 가의(歌意)를 염두에 둔다면 서재극의 견해가 설득력이 있다. 곧 "말짱 거짓말이었구나"라는 풀이는 "의종께서 소환하시겠다는 말이 거짓말이었다"라는 뜻을 나타내는 것이 되어 명종에게 하소연하는 정서의 일관된 자세가 잘 살아나게 된다.

따라서 마지막의 "괴오쇼셔"는 명종이 정서 자신의 사정을 잘 알고서 지지해 주길 바라는 의미가 이면(裏面)에 깔려 있는 것으로, 남광우의 풀이대로 "뒷받침(밑받침) 하소서"70)가 온당하다.

이상의 논의를 바탕으로 <정과정곡>의 전체적인 문맥을 세워 본다면 다음과 같다.

> 내 님(명종)을 그리워 해서 울고 다니니
> 산에서 우는 접동새와 신(臣)은 같은 신세입니다 (그만큼 불쌍한 존재입니다)
> (의종께서 하신) 멀지 않아 불러주겠다는 말씀이 (그저 헛말인 위로에 그치는) 허황한 말인 줄
> 천지신명이 (아시듯이 님(명종)께서도 잘) 아실 것입니다
> 아 넋이라도 님과 함께 살고 싶습니다
> (臣을 죄주라고) 우기시던 분이 누구였겠습니까(님께도 갖은 고초를 겪으시게 했던 의종이 아니었습니까?)
> 過도 허물도 정말 없습니다.
> (의종께서 소환하겠다 하신 말은) 말짱 거짓말이었습니다.
> 아아 슬프기 그지 없습니다.
> 님(명종)은 신을 이미 잊으셨습니까(그렇지 않으리라 확신하고 있습니다)
> 아아 님이시여 다시 돌이켜 (신을) 뒷받침하소서

정서는 오랜 유배 생활에서 생긴 한과 괴로움을 달과 별, 그리고 접동새라는 전형적인 시문의 소재를 차용하여 임인 명종을 향하여

---

69) 서재극, 앞의 논문, p.90.
70) 남광우, 「고려가요 주석상의 문제점에 관하여」, 『고려시대의 언어와 문학』, 형설출판사, 1975, pp.86~92.

'처완(悽惋)'하게 노래하고 있음을 볼 수 있다. 따라서 이 노래는 신하의 도리를 지극하게 한다는 규범적 뜻에서 더욱 확대되어, 언제 자기에게도 이와 같은 운명이 닥쳐올지 모르는 불안한 환로(宦路)에 있었던 조선시대 사대부들의 공감을 불러일으켜 오래도록 불려지게 된 것이라 하겠다.

5. 결 론

<정과정곡>을 대상으로 정서가 살았던 당시의 사회·역사적 배경과 궁중 사정, 그리고 정서와 그에 관련되는 인물들과의 관계를 실증적인 자료를 통해 유기적으로 살펴 이 노래의 연군(戀君)의 대상과 그 창작시기를 추정하였다.

자신의 소신대로 행동하는 의지형이며 의리형이었던 정서가 유배를 당하게 된 일의 표면적인 이유는 대녕후 경과 무리를 지어 '야취연음'했다는 데에 있었다. 그러나 그 이면에는 태자로 있을 때부터 불편했던 의종과 정서, 대녕후 경과의 관계가 더 큰 원인으로 작용하고 있었다. 따라서 암군으로 사치와 놀이를 좋아했고, 형제 간에도 화목하지 못했던 의종은 태자로 있을 때부터 정서를 배척하는 심정이었고, 정서도 의종을 그리워하며 연군의 노래를 부를 처지가 아니었다.

이런 사정과는 달리, 정서와 의종의 뒤를 이은 명종과의 관계는 정서가 대녕후 경과 친밀했던 것처럼 동병상련의 친밀한 관계였음을 몇 가지 논거를 통해 뒷받침할 수 있었다. 그리하여 정서는 명종이 즉위하자 이내 자신의 처지와 심정을 잘 알고 있는 명종을 연군대상으로 하여, 연군 시가인 <정과정곡>을 불렀던 것이다. 이렇게 <정과정곡>의 연군대상을 명종으로 추정했을 때 노래의 창작시기는 명종이 즉위하고 정서가 소환된 명종 즉위년(의종 24년) 9월에서 10월의 어느 시기로 자연스레 압축된다.

　이러한 사정을 감안하여 필자는 <정과정곡>의 전체적인 맥락을 잡아 보는 데까지 논의를 확대함과 아울러, <정과정곡>은 오랜 유배 생활에서 생긴 정서의 한과 괴로움이 접동새에 가탁되면서 임인 명종을 향해 처완(悽惋)하게 노래된 시가임을 밝혔다.

(『한국문학논총』 5집, 한국문학회, 1982)

Ⅱ. 〈鄭瓜亭曲〉의 문학사적 의의

1. 서 론

정서의 <정과정곡>은 국문학사상 여러 면에서 가치와 의의를 갖고 있다. 다사다난하기가 어느 시대보다 심했던 고려, 그 중에도 중기와 후기는 여타의 시기와는 비교가 안될 정도로 역사적 변란이 많았다. 사회는 피폐해졌고, 국운이 급속도로 기울어지게 된 어려운 시기였다. 정서가 <정과정곡>을 창작한 고려 의종대는 시기적으로 보아 이러한 고려중기에 해당되며, 이 때는 개국을 한 왕건의 상무정신(尚武精神)과, 이를 기반으로 하여 싹 튼 북방개척의 의지가 많이 쇠미해져 문약에 빠져 있었다. 그런 관계로 결국 태평호문지주(太平好文之主)로 일컬어지던 의종은 동왕 24년 9월에 무신 정중부 일당에 의하여 폐위되고 말았다.

정서는 17대 인종의 총신(寵臣)이며, 그와는 동서간이다. 그러므로 의종에게는 이모부인 셈이다. 이런 관계인데도 정서는 의종이 즉위하자 동왕 5년에 그의 향리인 동래로 유배되었다. 이 점에서 보면 <정과정곡>은 하나의 유배문학(流配文學)에 속한 것으로, 여러 유배문학 중의 한 작품일 수 있다.

그러나 이 작품은 하나의 유배문학으로만 간단히 취급할 수 없는 가치와 의미를 지닌다. 따라서 필자는 <정과정곡>이 일반적으로 운위되는 바와 같이 작자가 유일하게 알려진 국문정착 속가라는 점을 근간으로 하여 이 작품이 우리 국문학사상 갖는 문학적 의의와 가치를 중점적으로 고찰해 보려 한다. 또한 이 가요가 서민 계층이 아닌 문벌귀족 계층에 드는 정서의 창작이라는 점이 이 작품의 가치를 어떻게 더해 주는지에 관하여도 논할 것이다. 이렇게 함에는 고려의 역사적 상황과 배경이 많이 원용될 것이다. 그리고 이를 고구함에는 다음과 같은 내용들이 아울러 논하여질 것이다. 즉, 이 작품이 우리의 시가문학에서 어떠한 위치를 점유하고 있으며, 다른 시가와의 영향관계는 어떠하며, 왜 작품의 생명이 길 수밖에 없었는지에 관한 것 등이다. 그리고 이와 함께 우리의 고전문학 작품에서 중요한 모티프의 하나로 늘 취택되어 온 한과 관련시켜서도 살펴볼 것이다.

또한 <정과정곡>의 내용과 형식이 갖는 특성에 관하여도 논급하려고 한다. 아울러 <정과정곡>이 갖는 정서(情緒)의 특질과 이 작품에 습용(襲用)되고 있는 문학적 관습과 시어의 특성도 밝혀서 작품의 가치와 의의를 필자 나름으로 드러내려고 한다.

2. <정과정곡>의 창작과 그 의의

1) 한문학 융성기의 <정과정곡>과 그 의의

속가는 고려후기의 특수 상황을 기반으로 하여 이 시기에 집중적으로 형성되어 악장으로 사용되긴 했으나, 이를 모든 속가마다 일률적으로 적용시키기는 어렵다. 왜냐하면 고려의 궁중에는 일찍부터 중국의 음악과 함께 삼국시대에 생성된 삼국 음악과 고려초기에 생성된 고려의 음악 등이 다수 존속해 왔기 때문이다.[1] 이는 고려 음악에 관한 사정을

---

1) 삼국시대의 음악으로는 고려시대에 사용된 것은 비록 수적으로 많은 편은 아니나, 『고려사』

어느 정도 전해 주는 서긍(徐兢)의 『고려도경』(高麗圖經)과 『고려사』 악지 등을 통하여 알 수 있다.[2] 고려 음악에 관한 사항을 알려주는 전적 (典籍)에는 『고려도경』보다 뒤에 씌어진 『송사』(宋史) 고려전(高麗傳)도 있다.[3]

  이러한 상황 속에서 속가는 고려후기의 역사적 상황과 관련하여 형성 되거나 창작된 것이 대부분이며, 고려 이전이나 초기의 것으로 추정되 는 것은 그리 많이 남아 있지 않다. 그런데 충신연주지사(忠臣戀主之詞)로 조선의 유학자들에 의해 악공취재(樂工取才)의 필수과목으로까지 진중시 (珍重視)되었던 <정과정곡>은 고려가 원의 지배 하에 들어간 시기, 즉 고려후기에 창작된 것이 아니라 중기에 해당되는 의종 때에 지어졌으 므로 지금까지 남아 있는 대개의 속가보다는 창작연대가 앞서는 편이 다. 또 작가도 중신으로 관료귀족계층이다. 이런 점이 고려될 때 이 <정과정곡>은 상당한 가치와 의의를 지닌다. 또한 <정과정곡>은 속 가의 중요한 특성으로 지적되는 것 중의 하나인 작자 불명의 민요에서 취택된 것이 아니라 개인 창작품이라는 점, 그리고 연장체(聯章體)로 되어 있는 여타의 속가들과는 달리 단연체로서, 오히려 앞 시대의 노래

악지에 그 명칭이 전해지고 있다. 고구려의 음악으로는 <내원성>(來遠城)·<연양>(延 陽)·<명주>(溟州) 등이 있고, 백제의 음악으로는 <선운산>(禪雲山)·<무등산>(無等山)· <방등산>(方等山)·<정읍>(井邑)·<지리산>(智異山) 등이다. 그리고 신라의 음악으로는 <동경>(東京), <목주>(木州), <여나산>(余那山)·<장한성>(長漢城)·<이견대>(利見臺) 등이다.

2) 『고려도경』은 서긍(徐兢)이 예종 훙서(薨逝) 직후 송 휘종이 보낸 전위사(奠慰使)의 제할관 (提轄官)으로 따라 와서 보고 지은 것이므로 고려초기 궁중 음악의 사정을 비교적 소상히 알려 주고 있다. 즉, 이 책은 고려 건국 초기부터 고려 궁중에는 우리의 재래음악이 악장(樂 章)으로 사용되었음을 알 수 있게 하고, 또 꾸준히 악장으로 사용될 음악을 창작하거나 민간 의 가요가 궁중으로 수용되었음을 짐작케 한다. (『고려도경』 권14 악률즈(樂律條) 참조.)

3) 여기에는 "고려의 음악은 악성(樂聲)이 심하(甚下)하고 금석(金石)의 음이 없다. 사악(賜樂) 한 후에는 좌우 2부로 나뉘었다."고 씌어 있다. 2부는 좌부(左部)와 우부(右部)로 좌부는 중 국의 음악으로 당악(唐樂)이고, 우부는 우리의 음악으로 향악(鄕樂)이다. (차주환 역, 『고려 사 악지』, 을유문화사, 1981, p.21 참조.)

인 소위 다섯줄 형식의 10구체 향가와 유사한 점[4] 등으로 인하여 우리 국문학사에서 주목을 크게 끌 만큼 가치와 의의를 지녔다고 하겠다.

우리가 국문학을 시대 구분하면서 고려를 설명할 때 으레 서구의 암흑기인 중세기에 비유함이 보통이며, 그래서 이 시대를 위축잠동(萎縮潛動)의 시기로 규정해 버리기도 한다.[5] 그러나 이 주장에 대하여 반론을 펴는 논자들은 고려를 우리 국문학에서 '다각문화(多角文化)의 시대'니 '황금 시대'니 하면서 오히려 높이 평가한다.[6]

이처럼 고려에 대해서는 여러 상반된 견해가 있으며, 그 각각의 주장에도 상당한 근거가 있다. 그러나 이들 주장이 각각 일리는 있다 하더라도 지금 우리들에게 전하여지는 국문학 작품의 양적인 면만을 따져 본다면 고려시대 국문학 작품은 다른 왕조에 비해 상대적으로 적은 편이다. 이는 고려가 한문문학이 융성했던 반면, 국문문학은 오히려 부진했다는 측면에서 그 이유를 찾을 수도 있다. 이와 같이 국문문학이 부진한 상황에서 관료귀족계층의 한 사람인 정서가 우리말로 된 노래를 불렀고, 그것이 지금까지 전하여진다는 것은 상당히 중요한 사실이라고 생각된다.

---

4) 이 문제는 그리 간단하게 단정지을 수 있는 내용은 아니다. 다만 필자는 여러 분의 엇갈린 주장에도 불구하고 <정과정곡>은 소위 10구체 향가와 그 형식에서 유사하고 또 뒷 시대의 시조 형식과도 연관이 있다고 보아, 국문학 발달 과정에서 중요한 위치를 정한다고 주장하고 싶다. <정과정곡>의 단연체 형식을 감안하여 정병욱은 <정읍사>·<사모곡>과 함께 이를 전별곡적 형태로 규정하기도 했다. (정병욱, 『고전시가론』, p.102.)

5) 조윤제, 『한국문학사』, 탐구당, 1979, pp.53~114 참조. 여기서 조윤제는 고려를 중고 전기문학과 중고 후기문학으로 나누고, 앞의 문학을 위축시대(萎縮時代)의 문학으로, 뒤의 것을 잠동시대(潛動時代)의 문학으로 나누고 있다.

6) 여기에 들어가는 논자로는 김동욱을 들 수 있다. 그는 고려조를 우리 역사상 황금기라 해도 과언이 아닐 만큼 개방된 다각문화(多角文化)의 시기이고, 문학의 절정기라 해도 가(可)하다고 주장했다. 여기서는 국문학만 놓고 언급한 것이 아니라, 한문학·유교·도교·무속 등 사회적 문화 전반을 대상으로 하여 그 성격을 규정한 것이기 때문에 좀 애매한 면이 있기도 하다. (김동욱, 「고려기 문학의 개관과 그 문제점」, 『고려시대의 언어와 문학』, 형설출판사, 1975, p.210.)

그러면 왜 고려시대에 국문문학이 한문문학에 비해 상대적으로 발달하지 못했으며, 이러한 때 우리말로 된 <정과정곡>의 탄생은 어떤 의의와 가치를 지니는지에 대하여 구체적으로 알아보자.

고려시대 국문학이 부진한 이유에 대하여 여러분들이 그들 나름의 주장을 했는데, 먼저 양주동의 견해를 들어 본다. 그는 『여요전주』(麗謠箋註)에서 다음의 내용과 같이 고려시대 국문학이 발달하지 못했던 이유를 들었다.

즉, 고려시대는 무엇보다도 국어로 된 가요를 자유롭게 기사할 수 있는 고유의 문자가 없었다는 점과 이로 인하여 수많은 노래가 일시 민중의 입으로 가창 혹은 구전되다가 유실된 사실을 첫째 이유로 들었다. 다음으로는 국문학이 이두문자(吏讀文字)로 기록전사(記錄轉寫)되었다고 할지라도 노래가 왕공(王公)·명류(名流)·문사의 작(作)이거나 국정·시사(時事)에 관한 매우 소중한 것이 아니면 애초에 문적(文籍)에 등재되지 않았다는 사실을 지적하였다. 간혹 민풍(民風)·정속(政俗)의 참고로, 혹은 권선징악의 재료로 특별히 채집된 노래가 있더라도 대개는 한문 숭배관념 때문에 그 이유나 간단히 기록하였을 뿐 구체적인 내용은 이른바 사리부재(詞俚不載)로 돌리고 말았던 것이다.

그 다음으로는 당시 상류계급의 한문학 숭배와 그들의 국문학에 대한 폄시(貶視) 태도를 국문학이 부진하게 된 이유로 꼽았다. 마지막으로 그는 구우일모처럼 전래 수록된 속요도 조선에 와서 혹은 중간에 자연적으로 망실(亡失)되고, 혹은 조정에서 비리(鄙俚)·음사(淫詞)·망탄(妄誕) 등의 이유로 의도적으로 산제(刪除)했음을 들었다.[7]

고려시대 국문학이 위축퇴영(萎縮退嬰)된 이유에 대하여 조윤제도 양주동과 비슷한 견해를 보인다. 그는 첫째, 신라시대보다 고려시대에

---

7) 양주동, 『여요전주』, 을유문화사, 1959, p.1 참조.

중국문화가 더욱 급격히 들어오면서 한문학이 융성하여 그로 인한 국문학의 위축을 가져 왔으며 둘째, 한문학이 크게 일어나면서 신라시대에 쓰였던 이두식(吏讀式) 표기마저 쇠미해져 우리 문학을 기록할 고유문자의 발생을 가져 오지 못하게 한 사실을 들었다. 결국 고려시대의 국문학은 한문학의 압력으로 매우 부자연스럽게 발달해 왔으며, 작품의 산일(散佚)과 함께 국문학은 근근히 명맥만을 유지해 왔다8)고 했다.

그런데 이명선은 고려시대에 국문학이 크게 일어나지 못한 이유를 관료적 중앙집권제로 인한 귀족문화의 발달과 당시에 도래된 아세아적 정체성에서 찾으려 했다.9)

위에서 살펴본 것처럼 고려시대에 국문학이 부진한 이유는 연구자에 따라 다소 견해 차이는 있지만 고려대에서 한문학이 홍성한 데 비해 상대적으로 꽹장히 위축되었다는 점은 모두 동일하게 인정하고 있다. 이는 한문학과 비교할 때만이 운위될 수 있는 현상이 아니고, 신라나 조선 등 다른 왕조대의 국문학 작품 수 등과 비교를 해도 역시 엄연한 사실로 나타난다.10)

이처럼 고려 일세가 광종 때(A. D. 958) 과거제도의 도입으로 시(詩)·부(賦)·송(頌)·책(策)이 과시(科試)의 중요 과목으로 채택되는 것 같은 여러 이유로 인하여 한문학이 융성한데 반해, 고려전기의 문벌귀족인 한학자 최충·김부식·곽홍을 비롯한 지식계층이 우리 문학의 융성과 발전에는 무관심하여 별다른 역할을 못했던 것이다. 다만 고려후기 충렬왕

---

8) 조윤제, 『한국문학사』, 탐구당, 1979, pp.53~57 참조.
9) 이명선, 『조선문학사』, 범우사, 1992, pp.103~105 참조.
10) 고려시대의 국문학 작품 수가 적다는 사실은 엄밀히 따져 보면, 고려시대 국문학이 부진한 데서도 그 원인을 찾을 수도 있다. 그러나 고려시대 민요 등 문학 작품의 수가 다른 시대보다 적지 않았으나 향찰이나 정음(正音)과 같은 표기 수단이 없었기 때문에 산일(散佚)되었을 뿐이라고 볼 수 있다. 왜냐하면 고려시대는 어려운 대외적 여건으로 말미암아 한(恨)의 정서가 팽배(澎湃)하여 그것으로 인한 민중문학이 성행하여 풍성했을 가능성이 크기 때문이다.

시대를 전후하여 왕을 위요(圍繞)하고 있는 폐행들, 예컨대 김원상·석천보·오잠 등이 왕의 성색(聲色)을 맞추기 위하여 우리말 노래를 짓는 경우는 더러 있었다.11) 대개의 경우, 우리말 노래의 생성에 관여한 주된 담당계층은 일반 서민계층이며, 이들에 의하여 우리말 노래는 그 명맥이 유지되어 이러한 민중계층의 우리말 가요들이 여러 가지 상황과 여건으로 인하여 궁중으로 들어가게 되었고, 결국 이 노래들이 대악사(大樂司)·관현방(管絃坊)·경시사(京市司) 등으로 이루어진 음악관서(音樂官署)에 종사하는 사람이나 기타 예능인에 의하여 손질되어 지금 우리가 보는 세련된 악장이 될 수 있었던 것이다.12)

그러나 정서의 <정과정곡>은 위와 같은 여타의 우리말 노래와는 사정이 다르다. 물론 <정과정곡>도 속악으로서 여타의 악장인 속가와 마찬가지로 궁중 연향 때 선가무자(善歌舞者)인 기녀계층에 의하여 불리어졌으나 작가계층이나 생성면, 또한 작가 정신면에서 보면 현저한 차이가 남을 알 수 있다.

다시 말하지만, 고려시대는 어떤 면에서 바라보든 현상적인 면에서 국문학 작품 수가 적은 편이다. 그 중에서도 귀족관료계층이 지은 우리말 작품은 더욱 적어 희귀한 편이다.

그러나 상대적으로 한문학은 황금기로서, 신라나 조선시대보다 오히려 한문학이 발달되었던 시기다. 이 한문학의 주체는 고려시대의 상층 지위를 차지하고 있는 관료귀족들이지 민중은 아니었다. 신라시대부터 사용되어 오던 고유의 표기 방식인 향찰도 고려로 넘어오면서 서서히

---

11) 『고려사』 열전(列傳) 간신 김원상(金元祥)조의 "金元祥忠烈朝登第 稍選注簿 有妓謫仙來 得幸於王 元祥與內侍朴允材俱爲妓同里閈相往來 元祥製新調太平曲 令妓習 一日 內宴歌之 王妬 且變色曰此非能文者不能 誰所爲耶 對曰妾兄弟元祥允材所製 王喜曰有才如此不可不 用 以元祥爲通禮門祗候允材爲權務官."라는 기록 등이 이런 사정을 말해 준다.
12) 최동원, 「고려속요의 향유계층과 그 성격」, 『고려시대의 가요 문학』, 서문사, 1992, pp.Ⅱ-95~109.
차순자, 「고려속요 생성자 연구」, 계명대 박사학위논문, 1993, pp.72~87.

없어졌으므로 민중계층은 더 이상 자신들의 정서를 표출할 수 있는 문자를 가질 수가 없었다. 그렇다고 중국의 문자인 한자를 그들의 표기 수단으로 삼아 자신들의 정서를 드러낼 수는 더욱 없게 되었다. 그러므로 고려시대는 신라와 조선과는 달리 민중문학의 쇠퇴가 불가피했던 것이다.[13] 그러나 이와는 반대로 상층계층의 한학자들에 의한 한문학은 번성 일로를 걸어 그 꽃을 만개시켰던 것이다. 그들은 대중들에 대한 우월주의적 입장에서 한문학에 심취하여 소요자적(逍遙自適)했으며, 중국의 문화에 대한 사대주의에 빠져 있으면서 스스로 즐거워했던 사람들이었다.

이렇게 한문학이 번성했던 고려 의종 때의 정서는 자신이 품고 있던, 유배와 불소환으로 인한 한의 정서와 생각을 한자로 표기하지 않고 우리말로 노래했고, 조선에 와서 정음이 창제됨으로써 급기야는 국문으로 정착되었던 것이다. 이는 위와 같은 정황으로 볼 때 일대 사건이기도 하겠거니와 문학사적으로도 획기적인 일이다.

정서는 인조대 일세에 문학적 위광을 누렸던 한문학자 김부식·정지상 등과 거의 같은 시대의 사람이다. 그의 문재가 이들처럼 뛰어난 것은 아니지만 『고려사』 등의 기록에는 재예가 있었다고 하였으며,[14] 그러므로 우수한 한시를 지을 만큼 문학적 안목과 재능을 갖춘 사람이다.[15] 모든 상층계층이 모화사상(慕華思想)이나 한문문학에 대한 심취로 인하여 한자를 빌려 우리의 정서를 한문식으로만 표현하던 것이 일반화

---

13) 앞에서 논급한 것처럼 전승되는 구체적 작품이 없다 하여 고려 시대에 민중들에 의한 서민 가요가 적었다고 단언하기는 어렵다. 다만, 한문학의 발달 등과 같은 상황으로 보아 주체가 민중인 서민문학이 한계를 갖고 활발하지 못했음은 충분히 짐작할 수 있겠다.

14) 『고려사』 권97 열전 제10 정항조에 "…… 敍仕至內侍郎中以恭睿太后妹婿 有寵於仁宗性輕薄有才藝 交結大寧候暻常與遊戲 ……"라 적혀 있음.

15) 사실 <제묵죽후>(題墨竹後)라는 오언절구(五言絶句)의 한시 작품이 『동문선』(東文選) 권19에 전해지고 있다. 그리고 『동문선』 권4 <속파한집서>(續破閑集序)에 그가 잡서(雜書) 3권을 찬(撰)했다고 기록되어 있다.

되었던 당시에도 정서는 순 우리말 가요를 창작했던 것이다. 이는 탈문화적 사대주의(脫文化的 事大主義) 입장을 견지했던 균여대사가 우리 노래인 향가의 우수성과 특성을 인식하여 11수의 우리말 노래인 향가를 지은 것과 같은 궤(軌)로 이해해도 될 것이다.[16]

더구나 재능이 있어 얼마든지 한시를 구사할 수 있던 정서가 그것도 다른 노래가 아닌 임금을 대상으로 하여 부른 연군지사(戀君之詞)를 우리말로 창작하여 불렀다는 것은 한문학이 지극히 번창하던 당시의 상황으로 볼 때 대단히 값지고도 중요한 의의를 지니지 않을 수 없다.[17]

물론 그가 우리말 노래를 창작한 이유 중의 하나가 거문고에 얹어 불러야 했기 때문으로 설명될 수도 있을 것이다. 그러나 현재로써는 당시 어떤 문인도 거문고에 얹어 부르기 위하여 우리말 노래를 창작한 예를 찾아볼 수 없다. 이는 한문식 표현법을 빌려 한시를 짓는 일반적 습관에 길들여져 있었기 때문이며, 노래라 하면 중국식 정서 표현법인 한시만 생각하고 그것을 최고의 가치로 여겼던 모화사상에서 비롯됐다고 볼 수 있다. 그래서 많은 시를 남겼던 정지상 같은 이도 <송인>(送人)이라는 시에서 임을 보내는 마음을 노래로 불렀지만[18] 결국 한자를 빌려 표현할 수밖에 없었던 한계를 드러냈던 것이다.

그런가 하면 김부식도 강가의 풀잎을 보며 임을 생각한 글인 <임진유

---

16) 『균여전』 <제8역가공덕분자(第八譯歌功德分者)>에 나오는 최행귀의 서문 중 다음 내용은 향가에 대한 그의 인식 태도를 잘 말해 준다.
　　"그러나 시는 중국말로 지어졌으므로 5언 7자로 이루어졌고, 가(歌)는 우리말로 배열했으므로 3구6명(三句六名)으로 이루어졌다. 성음으로 논하면 삼성(參星)과 상성(商星)처럼 떨어져 있으므로 동방과 서방은 쉽사리 분별할 수 있으나 이치에 의거하면 창과 방패처럼 맞서므로 강하고 약함을 분간하기 어렵다."(然而詩搆唐詩 磨琢五言七字 歌俳鄉語切磋於三句六名 論聲則隔若參商 東西異辨 據理則敵 如矛楯 强弱難分.)
17) 고려시대 한시문(漢詩文)은 다양한 주제로 창작되었으나, 연군과 충을 중심사상으로 한 것이 제일 많다. 이러한 사실은 고려시대 대개의 정치인이나 문인들이 우리말로 연군의 노래를 지은 것이 아니라 한시문으로 연군의 마음이나 충을 노래했음을 알려주는데 정서가 우리말로 연군가요인 <정과정곡>을 지은 것과는 아주 대조적이다.
18) 雨歇長堤草色多 送君南浦動悲歌 大同江水何時盡 別淚年年添綠波.

감>(臨津有感)이나 자신이 자규(子規)의 흐느낌 때문에 한스러운 감회를 풀 길 없다는 내용의 글인 <대흥사문자규>(大興寺聞子規) 등에서도 그가 느끼는 고유하고도 소박한 정서를 한문으로만 표현했던 것이다.[19]

이들 두 사람의 글에 나타나고 있는 내용과 정서는 지극히 한국적인 것으로 민족적 보편성을 갖고 있다. 임을 보내는 이별의 장소가 대동강으로 설정되어 있어 더욱 슬픔을 촉발시키는 점은 속요 <서경별곡>과 같으나 그 정서의 처리 방식은 도식적이고 규범적이며 엄격한 틀에 맞추려고 애쓴 점에서 <서경별곡>의 것과는 사뭇 다르다. 이런 점에서는 김부식의 다른 한시도 마찬가지다. 김부식의 글에도 흔히 외로운 감정이나 슬픈 회한을 나타내는 데 관용되는 자규를 사용했거나, 강가의 풀잎을 보고도 임을 생각하는 그 섬세함은 놀랄만하나 고유한 정서의 우리말과 우리식 표현을 접어 두고 중국의 한문식·도식적 표현법을 그대로 따랐다는 점에서는 아쉽다 하겠다. 이와 같은 형편은 이규보에 와서도 마찬가지다. 그는 색채어를 즐겨 사용하여 화려한 이미지를 나타낸 고려의 대문장가이지만 그 역시 우리의 고유한 정서를 우리말이나, 우리식 표현법으로 나타내지 못했던 점에서는 국문학의 입장에서 보면 한계가 있으며 우리에게 안타까움을 준다 하겠다.

이런 점으로 볼 때 대문장가로서 명성을 떨치지는 않았지만 귀족관료 계층인 정서가 자신의 독특한 정서를 한문식 표현법을 취하지 않고 순수한 우리말로 우리 노래를 창작했다는 것은 모화사상을 멀리하는 주체적 사상의 발로(發露)로 이해할 수 있으며, 이는 의식이나 정신면에서 대단히 돋보이는 일이라 하겠다. 특히 그는 거문고에 얹어 이 노래를 불렀다. 그리고 이 노래는 별달리 표기되지 않은 채 구전되어 왔다.[20]

---

19) 『동문선』 권19. 俗客夢已斷 子規啼尙咽 世無公冶長 誰知心所結.
20) 고려 속가의 구전에 대하여는 다른 의견이 제시된 바 있다.(김선기, 「고려 속요의 소위 口傳說에 대한 비판」, 『어문연구』25, 어문연구학회, 1994, pp.143~150).

물론 이 노래가 궁중 악장으로 사용되었기 때문에 그 전승이 용이했던 이유도 있겠지만, 그 당시 고려인들에게 크게 감발되었음이 더 큰 이유일 것이다. 이런 사실 등으로 조선에 와서도 중히 여겨지게 되었고[21], 그래서 몇 안되는 고려의 속가와 함께 계속 이어져 내려왔다고 본다.

그리고 그의 울분과 회한을 우리말 노래로 표현했다는 사실에서 그가 우리말 노래에 아주 익숙해 있었다는 것과 그가 우리말 노래에 애착을 갖고 있었다는 사실을 확인하게 된다. 그렇기 때문에 마치 서포 김만중이 송강의 우리말 연군가사(戀君歌詞)인 <속미인곡>·<사미인곡> 등을 칭송하는 글에서 한 다음의 말을 <정과정곡>에 적용을 해도 별 차착(差錯)이 없을 것이다.

> 송강(松江)의 관동별곡(關東別曲)과 전후사미인가(前後思美人歌)는 우리나라의 이소(離騷)다. 그러나 애석(哀惜)한 것은 한자(漢字)로 표기(表記)하지 못하고 다만 악인(樂人)들이 입으로 상수(相授)하고 혹은 국어(國語)로 적어서 전할 따름인 것이다. 어떤 사람이 칠언시(七言詩)를 가지고 관동별곡을 번역(飜譯)한 이가 있지만 이에 미칠 만큼 아름답지 못하다. 혹 이택당(李澤堂)이 젊었을 때 작이라고 하나 그렇지 않다. 구마라습(鳩摩羅什)이 말하기를 천축(天竺)의 풍속(風俗)에 가장 글을 좋아하여 그 찬불(讚佛)의 사(詞)는 극히 아름다운데 이제 그것을 중국말로 번역하면 다만 그 뜻을 얻을 뿐 그 말의 아름다움은 얻지 못한다 하니 당연히 그럴 것이다. 사람의 마음이 입으로 나오면 말이 되고 말이 절주(節奏)가 있으면 가시문부(歌詩文賦)가 되는데 세계(世界)의 말이 비록 같지 않으나 자기네들 언어에다가 장단을 붙이면 능히 천지(天地)를 움직이고 귀신(鬼神)을 통할 수 있는 것은 홀로 중국(中國)만이 아니다. 이제 우리나라 시문(詩文)은 그 말을 버리고 남의 말을 배워서 쓰니 가령 십분(十分) 비슷하다 하나 이것은 앵무새가 사람의 말을 흉내낸 것이다. 그보다는 여항(閭巷)의 초동급부(樵童汲婦)가 웅웅거리고 서로 화(和)하는 것이 비록 비리(鄙俚)하다 하나 그 참과 거짓을 논(論)한다면 이는 진실(眞實)로 글하는 선비들의 이른바 시부(詩

---

21) 『성호사설』 권13 인사문 국조악장조 참조. 여기에 보면 "지금 사람들은 계면조를 대단히 좋아한다. 이것은 고려 때 정서가 지은 것으로 <과정곡>이라 부르기도 한다"고 씌어 있다.

賦)라 하는 것과는 비교가 안된다. 하물며 이 삼별곡(三別曲)으로 말하면
천기(天機)의 자연(自然)이 있고 이속(夷俗)의 비리함이 없으니 예부터 우
리나라의 참다운 문장(文章)은 오직 이 삼편(三篇)이다. 그러나 이 삼편을
또 두고 말하면 그 중에도 후미인곡(後美人曲)이 더욱 높으니 관동곡(關東
曲)과 전미인곡(前美人曲)은 말하자면 문자어(文字語)를 빌려 그 빛을 꾸미
었을 뿐이다.22)

초동급부(樵童汲婦)의 흥얼거리는 말이 바로 순수한 우리말 노래이
며, 이것은 한문식 표현법에만 익숙한 사대부들이 토해 낸 한시문보다
가치면에서 훨씬 낫다는 것으로 이를 그대로 <정과정곡>에 대입시켜
보면, 우리말로 불려진 이 노래는 정서가 살았던 당시 사대부들이 한시
문으로 즐겨서 지어 불렀던 어떠한 연군시가보다 훨씬 가치가 있고,
또 낫다는 것으로 해석이 된다.

특히 정서는 초동급부가 아닌 상층관료계층이다. 상층의 관료귀족계
층 중에서는 누구도 우리말 노래, 특히 우리말 연군시가를 지으려 하지
않았다. 즉, 관료귀족계층의 생활태도나 심리적 상태가 우리말 노래의
창작을 스스로에게 허용하지 않았다. 설령 우리나라 일반 사회와 문화
속에서 소재를 찾은 것이라 하더라도 방언과 토속을 모두 중국적 술어
로 아화(雅化)시키고 중국적 의경(意境)으로 표출해 놓아서 우리나라
사람들, 특히 서민층의 습속이나 사고를 나타내지 못했던 것이다.23)
그런데도 정서는 순수 우리말로 우리 민족적 소재를 이용하여 우리의

---

22) 『西浦漫筆』 下. 松江關東別曲 前後思美人歌 乃我東之離騷 而以其不可以文字寫之 故惟樂
人輩口相授受 或傳以國書而已 人有以七言詩飜關東別曲 而不能佳 或謂澤堂少時作非也 鳩
摩羅什有言曰 天竺俗 最尙文 其讚佛之詞 極其華美 今以譯奏語只得其意 不得其辭理固然
矣 人心之發於口者爲言 言之有節奏者爲歌詩文賦 四方之言雖不同 苟有能言者 各因其言而
節奏之 則皆足以動天地通鬼神不獨中華也 今我國詩文捨其言 而學他國之言 設令十分相似
只是鸚鵡之人言 而閭巷間樵童汲婦 咿啞而相和者 雖曰鄙俚 若論眞贋 則固不可與學士大夫
所謂詩賦者 同日而論 況此三別曲者 有天機之自發 而無夷俗之鄙俚 自古左海眞文章 只此
三篇 然又就三篇而論之 則後美人尤高 關東前美人 猶借文字語 以飾其色耳.
23) 이우성, 「고려말기의 소악부」, 『한국중세사회연구』, 일조각, 1991, p.245.

노래를 지었던 것이다. 또 그렇게 함이 당시 그에게 오히려 자연스러웠던 점으로 미루어 볼 때 정서의 의식은 당대 지식인들과는 달리 우리 고유 언어로 표현한 노래에 대한 애착과 함께 그 사상도 주체적이었다고 볼 수 있으며, 이런 심리적 결과로 <정과정곡>이 순수한 우리말로 창작되었다고 봄이 옳다고 여겨진다. 이런 점에서 이 작품의 국문학적 가치는 대단히 높게 평가할 수 있을 것이다.

2) 〈정과정곡〉의 한역과 그 의의

다음으로 익재 이제현이 그의 문집 『익재난고』 소악부(小樂府)에 우리말로 된 <정과정곡>을 한역한 사실을 고려하면서 이 작품의 국문학적 의의와 가치를 한번 생각해 보기로 하겠다.

『익재난고』 소악부에 있는 한역 <정과정곡>은 다음과 같다.[24]

憶君無日不霑衣	임금을 생각하여 옷을 적시지 않는 날이 없으니
政似春山蜀子規	봄날 산의 자규와 같다
爲是爲非人莫問	옳고 그른 것은 사람들이여 묻지 말라
只應殘月曉星知	다만 잔월효성만이 알고 있을 것이다

익재가 그의 소악부에 위와 같이 <정과정곡>의 일부에 해당되는 부분을 한역해 놓은 것은 이 노래에 그 나름으로 큰 의미를 부여한 것이 되는데, 이를 다음 몇 가지로 나누어 볼 수 있다.

첫째, <정과정곡>을 비롯한 소악부의 한역가가 오랫동안 많은 사람들에 의하여 가치롭게 생각되면서 널리 애창되었다는 점을 들 수 있다. 이는 이들 한역가들이 대개 악장으로 사용했지만, 악장으로 사용되어 사랑을 받기 전

---

24) 익재는 그의 문집 『익재난고』 소악부에 고려가요 11수를 한역해 놓았다. 7편은 『고려사』 악지에 있으며, 나머지 4편 가운데 2편은 제주도 민요이며, 그외 2편은 <정석가> 일부 한역과 출처 미상(未詳)의 노래 1편이다.

부터는 물론이고, 그 이후 민중계층에 의하여서도 애창되면서 오랫동안 전
승되어 왔다는 사실로 알 수 있다. 또한『익재난고』소악부에 있는 이제현
자신의 생각을 나타낸 글을 통해서도 이 노래가 이러했음을 어느 정도 짐작
할 수 있다.[25]

　물론 그의 소악부에 한역된 <정과정곡>·<오관산>(五冠山) 등 11수의
속가는 주로 궁중 악장으로 불려졌다는 이유 때문에 한역되어졌다고 볼
수도 있지만, 이 작품들이 그 자체로 사람들의 심금(心琴)을 충분히 울릴
수 있는 뛰어난 감동력과 미적 구조, 그리고 암시성을 갖고 있었기 때문이기
도 하다. 그렇지 않고서는 유명한 문장가인 익재가 많은 수의 노래 중에서
이들 작품만 골라서 한역했을 까닭이 없다.

　이런 면에서 볼 때 악장으로 불려졌을 여러 속가 중에서도 정서의
<정과정곡>은 한역되지 않은 여타의 속가들보다 형식과 내용 면에서
비교 우위를 점하고 있었다고 생각된다. 그런데 내용이 전하는 다른
속가는 그 작자를 알 수 있는 것도 있지만 대부분 실명(失名)이다. 그러
나 그 가요의 내면에 깔려 있는 정서나 형태상 특징으로 보아서 작자가
대개 민중임을 알 수 있다. 그런데 <정과정곡>만 작자를 알 수 있는 개인
창작이며, 더구나 그 작자가 의종대의 역사적 상황과 관련되어 있으므
로 익재에게는 우국으로 그 내용이 이해되었을 것이다.

　둘째, <정과정곡>을 비롯한 한역가요들은 이들 가요가 생성되어 불
려질 당시의 사회상황, 예컨대 고려후기의 부패하거나 잘못된 사회·
역사적 현상에 어느 정도 제동을 걸거나 경종을 울릴 수 있는 의미와
내용적 가치를 지닌 작품이라는 점이다.

　익재 소악부에 한역되어 있으며,『고려사』악지에도 언급되어 있는

---

25) 제주도의 민요인 <北風船>을 설명하는 데서 익재는 "탐라의 이러한 곡은 아주 비루하다
　　고 할 수 있지만 백성의 풍속을 보아 세태의 변화를 알 수 있다"(耽羅此曲 極爲鄙陋 然
　　凡以觀民風知時變也)라고 말했다.

작품으로는 <정과정곡>을 비롯, <오관산>(五冠山) · <거사련>(居士戀) · <사리화>(沙里花) · <장암>(長巖) · <제위보>(濟危寶) · <처용>(處容) 등 7편인데, 이들 작품은 모두가 그 나름으로 도덕적 윤리적 가치를 지니면서 일반 민중을 어느 정도 계도할 수 있는 것들이다. <정과정곡>은 주제가 연군이므로 충(忠)을 주제로 한 작품이다. 이는 왕권 확립이 국가 지탱의 요체인 군주국가 시대의 관료귀족이나 일반 민중에게 귀감이 되는 작품이며, <오관산>은 중심 사상이 바로 효로서, 이는 가정이나 국사의 기본질서나 정신을 이어 나가게 하는 근본이 되는 덕목이다. 또 <거사련>은 남편을 객지로 보낸 여인이 남편의 안위를 걱정하여 부른 노래로 그 주제는 열(烈)이며, <사리화>는 탐관오리의 횡포를 원망하는 내용의 민요이다. 그리고 <처용가>에 관하여는 이론이 있을 수 있으나 부대설화(附帶說話)를 보면 왕의 덕을 찬양하는 내용으로 해석할 수도 있어 궁극적으로는 국가 경영이나 치세에 필요한 노래이다.26) <장암>은 관리로 하여금 신중하게 처세하도록 하는 내용으로 어지러운 세상을 슬기롭게 살아 가게 하는 교훈적 성격을 띠고 있다. 그리고 <제위보>는 남녀 문제에 관한 한, 어느 시대보다 자유로웠던 고려시대 사람들이 그래도 부덕(婦德)만은 흐트러지게 해서는 안 된다는 것으로 정절을 노래하고 있다.27)

---

26) 『삼국유사』의 처용랑과 망해사조에 "왕이 용을 위하여 절을 세우도록 하니, 동해의 용이 기뻐하여 이에 아들 일곱을 거느리고 임금 앞에 나타나서 왕의 덕을 찬양하여 춤을 추며 음악을 연주했다"로 기록되어 있다. 물론 이때 왕의 덕은 용을 위한 창사(創寺) 행위를 단순히 지칭하는 것도 되겠지만, 좀더 넓게 의미를 확대시킬 수도 있으리라 본다. 그런데 『고려사』 악지에는 "헌강왕이 개운포에 이르렀을 때 홀연히 한 사람이 나타나 노래와 춤으로 왕의 덕을 찬미하고 왕을 따라 서울로 들어왔다"고 기술되어 있으므로, 이는 위군(爲君)이나 충군(忠君)으로도 볼 수 있게 하는 내용이다.

27) 소악부에도 있으면서 『고려사』 악지에도 있는 작품의 경우에도 앞의 논의와 같이 설명될 수 있다. 그런데 소악부에는 나머지 2편과 후소악부(後小樂府)에 있는 2편 등 도합 4편의 주제가 문제다. 이들 네 편은 ①<소년행>(少年行), ②<서경별곡>과 <정석가>의 일부 한역, ③<수정사>(水精寺), ④<북풍선>(北風船) 등인데, ①과 ②는 즐겁던 과거 세상에 대한 추억과 미래 희망적인 것에 대한 바람이므로 위의 설명과 합치된다.

이렇게 볼 때, 익재의 속가 한역에는 이제현의 의중이 깊이 작용된 것으로 뭔가를 의도하려는 목적 하에 취택된 작품만을 대상으로 하고 있는 듯한 인상이 강하다. 이는 <정과정곡>의 주제와 익재의 성품 등을 연결시켜 보면 더욱 그러하다.

후삼국을 통일하고 신라의 뒤를 이은 고려 왕건은 왕권을 확립하기 위하여 온갖 노력을 기울였으나 후대로 내려오면서 외척세력이 개입한 정권 싸움이 치열하였으니 제2대 혜종·제3대 정종·제4대 광종·제5대 경종에 이르기까지 호족적(豪族的) 체질의 자기항쟁(自己抗爭)이 일으키는 싸움으로 영일(寧日)이 없었다.[28]

정종의 왕권 안정을 위한 노력이나 광종의 왕권 강화와, 호족체질의 자기 극복을 위한 노력에도 불구하고 왕권은 점점 위축되면서 인종 때는 결국 이자겸의 난 등이 일어났다. 급기야는 의종 때 무신의 난이 발발했으며, 이로 말미암아 의종은 폐위되고 명종이 즉위했다. 명종도 무신들에 의하여 옹립되었으나 축출되었으며 그 뒤를 이은 신종도 마찬가지였다. 이와 같은 상황에서 왕권의 확립이란 생각할 수 없는 일이며, 이런 사실들이 현신(賢臣)들에 의하여 염려되던 점이었다. 더구나 원 복속기의 왕들은 자신부터 음행을 일삼아 왕으로서의 체면을 지키지 못하여 왕의 권위는 더욱 땅에 떨어졌다.

이제현은 충렬왕 13년(1287)에서 공민왕 16년(1367)까지 생존했던 중신(重臣)이다. 그는 고려후기 원 복속기에 왕위 계승자인 충혜왕이 충숙왕의 뒤를 이을 수 없는 처지에 몰리자 충혜왕을 위하여 원에 가서 그를 변호하여 즉위시킨 사람이다. 또, 충숙왕 때는 원의 일부에서 고려의 국호를 폐하고 고려를 원의 한 성(省)으로 하자는 논의가 있었는데 이에 대한 불가론을 도당(都堂)에 올려 그것을 막기도 했던 인물이다.[29]

---

28) 김철준, 『한국문화사론』, 서울대학교 출판부, 1993, p.159.
29) 『고려사절요』 권24 충숙왕 10년 1월조.

이처럼 왕과 고려를 위하여 힘 쓴 그가 그의 문집에 속가 등 민요 계열의 가요를 해시하여 놓은 데는 틀림없이 의도하는 바가 있었을 것이다. <정과정곡>은 그 주제가 연군이므로 충선왕을 비롯, 혼란기의 고려 왕들을 위하여 충성을 바친 그에게 <정과정곡>은 가치롭게 보였을 것이다. 특히 충혜왕 등 원 복속기의 왕들은 스스로 왕권을 실추시킨 암군들이었으나 그는 이들 왕을 위하여 신명을 바친 충신이다. 꼭 같다고는 볼 수 없으나 의종의 현명치 못한 행동은 앞에서 예를 든 왕들과 닮은 데가 있으며, 특히 왕권의 실추 양태는 아주 유사하다. 익재가 염려하고 통분스럽게 생각하는 것 중의 하나가 회복하기 어려운 왕권의 추락과 그것으로 인한 국가의 혼란이었음에 틀림없었을 것이다.

이런 사정으로 볼 때, 익재가 <정과정곡>을 한역한 것은 왕에 대한 신하들의 충성심과 연군의 마음을 제고시켜 보려는 의도 때문인 것으로 풀이할 수 있다. 어쨌든 <정과정곡>은 창작 당시와 그 이후에 왕에 대한 신하들의 연군지심(戀君之心)을 환기시킬 수 있는 좋은 노래로 생각되었다는 점을 익재는 이 노래를 한역해 놓음으로써 어느 정도 증명해 보이고 있는 것이다. 이렇게 볼 때 <정과정곡>은 신라의 신충이 지은 <원가>를 비롯한 여러 연군가요들 중에서도 사대부들을 감발케 한 뛰어난 작품이라 생각되며, 이로써 이 노래는 더 큰 가치와 의의를 지닌다고 하겠다.

3) 다른 속가에 미친 영향과 그 의의

<정과정곡>을 국문학적으로 높이 살 수 있는 또 하나의 이유로는 이 가요가 다른 속가의 형식 결정에 상당한 영향을 주었다는 점이다. 이는 앞의 향가 형식을 <정과정곡>이 종적으로 계승한 것과는 다른 횡적·수평적 영향 관계이다. 먼저 <정과정곡>의 일부와 비슷한 구절

인 <만전춘별사>의 3연의 구를 들어 본다.

넉시라도 님을 흔디 녀닛景 너기다니
넉시라도 님을 흔디 녀닛景 너기다니
벼기더시니 뉘러시니잇가 뉘러시니잇가

그리고 이와 유사한 <정과정곡>의 일부 시구를 보기로 하자.

……
大葉 넉시라도 님은 흔디 녀져라 아으
附葉 벼기더시니 뉘러시니잇가
……

위에 예시된 두 작품들이 서로 정확하게 합치되는 것은 아니다. 행의 수, 같은 시구의 반복 기법, 감탄사의 처리 방식과 유무, 그리고 자수 등의 부분들이 정확하게 합치되는 것은 아니나 이 시어들이 같은 차원의 의미를 전달하고 있다는 점에서는 의문의 여지가 없다. 다른 가요에서, 그것도 창작 연대와 형성 시기로 볼 때 현격하게 차이가 나는 다른 제목의 가요에서 꼭 같은 구절은 아니더라도 유사한 구절이 사용되었다는 점은 그 시사하는 바가 크다. 이런 현상은 문학적 관습으로, 위의 구절은 당시 관용되었던 상투어구(常套語句)이긴 하더라도, 이 시구의 출발이 <정과정곡>에서 연원한다면 이는 굉장히 중요한 문제이며 <정과정곡>의 문학사적 의의는 이로써 더욱 증대된다 하겠다.

민요에는 같은 구절이 흔하게 혼용된다. 한 민요의 각편(各篇)들은 말할 것도 없고, 전혀 다른 민요끼리도 같거나 비슷한 구절이 서로 넘나든다. 그런데 <정과정곡>은 개인 창작시가이나, <만전춘별사>는 작자를 모르는 민요라 볼 수 있다.[30] 개인 창작가요와 민요 사이에 가사가 서로 넘나드는 것은 민요에서처럼 흔하지는 않다. 이런데도 <정과정

곡>과 <만전춘별사> 사이에 비슷한 시구가 존재한다는 것은 어떤 의미를 지니는 것일까?

이는 <정과정곡>에 사용되었던 "넉시라도 님은 흔디 녀져라 아으, 벼기더시니 뉘러시니잇가"의 구절이 민요에서 관습적으로 사용되는 상투어구로 될 만큼 정서 환기 작용이 강하였다는 점이다. 이런 점이 대중들에게 호응과 인기를 얻어 민요인 <만전춘별사>에 차용되었다고 보여진다.

<정과정곡>은 의종 24년(명종 즉위 원년)에 창작되었다. 어떻게 보면 <만전춘별사>의 창작 연대가 오히려 <정과정곡>보다 앞선다고 생각할 수도 있다. 특히 <만전춘별사>를 민요로 볼 때, 이 가요의 생성 연대는 <정과정곡>을 앞지를 수 있는 가능성도 있다. 이런 이유가 있음에도 불구하고 <만전춘별사>의 생성 연대를 <정과정곡>보다 앞선다고 보지 않는 이유는 <만전춘별사>의 2연은 시조 유형과 비슷하고, 이것이 시조 유형 형성과 관계가 된다면 아무래도 이 <만전춘별사>는 시조의 발생과 관련되므로 고려전기나 중기로 그 생성 시기를 잡기가 어렵기 때문이다.31) 더구나 <만전춘별사>는 고려후기에 발달된 속가의 하나다. 그 내용도 고려후기의 궁중 분위기나 사회적 상황과 관련시킬 수 있으므로 그것의 생성도 고려후기로 봄이 타당하다. 이런 전제가 정당

---

30) <만전춘별사>를 민요로 보느냐, 그렇게 보지 않느냐에는 논란이 있을 수 있다. 그러나 필자는 이 가요의 형식이나 내용으로 볼 때 원래는 민요였을 가능성이 짙다고 본다. 다만 지금의 노래는 악장으로 쓰였던 노래였으므로 형식과 내용에서 원래의 민요성이 많이 사라졌다고 여겨진다. 이에 대한 것은 제2부의 '<滿殿春別詞>의 민요적 성격과 시적 화자'를 참고하기 바람.

31) 최동원, 『고시조론』, 삼영사, 1991, pp.35~54 참조.
    손낙범 외 2명, 『국문학개론』, 일성당서점, 1955, p.20.
    여기서 저자는 "고려가요 중에 <정읍사>·<동동>처럼 형식상·내용상으로 시조적인 것을 지닌 노래들이 많을 뿐만 아니라 <만전춘> 같은 것은 연정을 읊은 시조군(時調群)에 흡사하여 후세의 연시조를 연상케 하니, 이런 제점(諸點)에서 나는 여대의 가요는 시조로 발전해 갔다고 생각한다"고 서술하고 있다.

하다면 고려중기에 창작된 <정과정곡>의 가사 일부가 <만전춘별사>
의 가사 결정에 영향을 미쳤다고 봄이 옳다. 이런 점에서 볼 때, <정과
정곡>은 연군문학의 본격적 출발을 가져오게 한 것은 물론이거니와
일반적인 '사랑 노래'에도 상당히 영향을 주었다고 본다.

　게다가 <정과정곡>은 개인 창작가요이며 작자 정서는 신분 계층으
로 보아 고려 사회에서는 상층이다. 그리고 그는 재예가 있었고, 남아
있는 기록들로 미루어 볼 때 문학적 소양도 상당했던 것으로 여겨진다.
이런 그가 <정과정곡>을 지으면서 민요인 <만전춘별사>의 일부를
따 와서 그 노래를 창작했다고 보기는 어렵다. 특히 정서의 <정과정
곡>의 주제가 연군인 만큼 가요를 창작할 때 가사 취택이나 어휘의
구사, 그리고 전체 의미의 함축과 전달 등 모든 면에 있어서 그 어떤
경우보다 아주 신중해야 했을 것이다. 왜냐하면 연군문학은 그것이 어
떤 동기에서 창작되었든 궁극에는 작자 자신의 구제와 어느 정도는
관련되기 때문이다. 그러므로 아무렇게나 민중 사이에서 유행하는 연
정가요의 일부를 따서 지을 수는 없었을 것이다. 특히 자신의 복직을
간절히 바라는 처지이고 보면, 가사의 내용과 구절을 유행요의 일부를
따서 만들 수는 더욱 없었으리라고 여겨진다.

　이렇게 보면 <정과정곡>의 일부 가사가 유행요였던 <만전춘별사>
의 일부로 차용되었다고 봄이 아무래도 합리적이라 본다. 이처럼 개인
창작가요의 일부가 민요의 일부로 차용되었다는 것은 이 노래가 민중
의 공감을 얻을 만큼 우리 민중의 정서에 부합되었다는 것으로,[32] 이러
한 점이 이 가요의 가치와 의의를 드러내 준다 할 수 있다.

　또한 <정과정곡>의 가치는 상층귀족계층인 채홍철(蔡洪哲)이 창작

---

32) <정과정곡>에는 민중의 공감을 얻을 만한 요인들이 많다. 그 중의 하나로는 이 노래에는
　　개인적 상징(private symbol) 보다는 보편적 상징(universal symbol)이 주로 사용되는 점
　　을 들 수 있다. 그리고 '山 접동새' 등이 여기에 해당되는 주요 어휘다.

한 것으로 되어 있는 <동백목>(冬柏木)과 비교할 때 더욱 분명해진다.

채홍철은 충숙왕조의 사람이다. 그가 죄를 지어 먼 섬으로 유배되어 갔는데, 충숙왕을 사모하여 <동백목>을 지었다. 왕이 그 이야기를 듣고 그 날로 그를 소환했다. 그런데 기록의 말미에 어떤 사람은 말하기를 예부터 이 노래가 있었는데 홍철이 그 노래의 가사를 고치어 자기의 뜻을 붙였다[33]고 한다.

이 기록은 <정과정곡>에 대한 그것과는 사뭇 다른 점이 있다. <정과정곡>에서는 가사의 내용이 극히 처비(悽悲)하다는 것과 이제현이 한시를 지어 이 노래의 뜻을 풀이하였다라는 내용으로 끝난 데 비하여, <동백목>에 대한 문헌기록에는 위에서 본 바와 같이 예부터 있던 노래를 고쳐서 자신의 뜻을 그것에 붙였다고 되어 있다.[34] 같은 문헌의 같은 속악조에 나오는 두 기록의 차이는 이들 노래의 성격이나 중요성을 구별지어 주는 중요한 근거가 된다. 즉, <정과정곡>은 의심의 여지없이 정서가 창작한 것(鄭瓜亭 內侍郎中鄭敍所作也)으로서 글자 그대로 독창적인 노래인 반면, <동백목>은 채홍철이 지은 가요이긴 하나 예부터 전해 내려오는 어떤 가요를 개작하였을 가능성을 시사해 줌으로써 그것의 독창성을 희석시켜 놓고 있다.

<정과정곡>과 <동백목>은 둘 다 노래를 지었거나 불렀던 사람들이 자신들이 소환되기 위하여 불렀던, 목적의식을 내포한 연군 주제의 가요다. 그런데 <정과정곡>은 익재가 해시하여 놓았고, 또 조선으로

---

33) 『고려사』 권71 악2 고려속악조. 忠肅王朝 蔡洪哲以罪流遠島 思德陵作此歌 王聞之卽日召還 或曰 古有此歌 洪哲就加正焉以寓己意.

34) 채홍철이 <동백목>을 직접 창작하지 않고, 예부터 전해 오는 노래를 고쳐서 지었다 하더라도 이 작품의 국문학적 가치를 낮게 평가할 수 없다. 왜냐하면 고려시대 충(忠)을 주제한 한시가 상층관료계층에 의하여 많이 창작되었으나 정작 애초부터 우리말로 창작되고 불려진 노래는 <정과정곡>과 <동백목> 정도 뿐이다. <정과정곡>의 작자 정서는 말할 것도 없지만, 모화사상에 젖어 있던 당시 관료 귀족계층이 왕에 대한 사모의 마음을 순수 우리말 노래에 얹어 나타냈다는 것은 그 자체가 큰 성과라고 여겨지며, 작자 자신이 우리말 노래에 대해 묘미와 애착을 갖고 있었다고 보여진다.

넘어 와서는 국문으로 정착되기까지 했다. 반면에 <동백목>은 익재가 한시로 번역하여 풀이하지도 않았으며, 조선으로 와서도 국문으로 정착되지도 않았다. 익재가 <정과정곡>을 해시한 이유와 조선에 들어와서 국문으로 정착된 이유가 어디에 있었는지는 꼬집어 말하기 어렵긴하다. 그러나 분명한 것은 익재가 해시한 국문정착가요인 <정과정곡>이 그렇게 하지 않은 <동백목>보다 문학적인 의의나 가치가 크며, 나아가 연군의 감정을 문학적으로 잘 승화시켜 폭넓은 공감대를 형성했다는 점일 것이다.

그리고 앞의 기록에서 보는 바와 같이 <정과정곡>은 그 문학적 기법이 독창적이어서 예부터 전해 오는 노래를 고쳐서 불렀다고 여겨지는 <동백목>의 문학적인 기법과는 상당한 차이를 보이며 그 우수성을 대중으로부터 획득하고 있었다고 봄이 옳을 것이다.

요컨대, 창작과정과 내용 등에서 유사점이 많은 채홍철의 <동백목>은 다른 가요의 가사 형성에 영향을 준 흔적이 없지만 <정과정곡>은 다른 속악의 가사를 형성하는 데 영향을 줄 수 있을 정도로 내용과 정서 처리·어휘의 구사면에서 탁월했던 것이다. 여기에서 <정과정곡>의 가치와 의의를 다시 확인할 수 있겠다.

3. 전통정서의 계승과 표현 양태

우리 문학에 나타나는 주된 정서는 한이다. 우리 민족이 기본적으로 갖고 있는 심층에는 한의 정서가 주류를 이루면서 그것이 원형심상(原形心象)으로 존재하고, 문학예술을 통하여 언제나 표출된다. 그러므로 우리 문학의 본질을 밝히려면 어차피 한의 문제와 부딪치지 않을 수 없게 된다. 한이 생성되는 원인에 대해서는 다양한 견해가 있다. 이를 몇 가지로 추려 보면 첫째, 우리 민족 고유의 체질적 요인 둘째, 삶의 기대(基臺)를 이루고 있는 토양·기후 셋째, 우리 민족이 향유해 왔던 사회·역사적 상황 넷째, 한을 맺히게 하는 사회구조와 의식 등이다.35)

그리고 한은 우리 민족에게는 시공을 초월하여 계승되는 것이며 이는 긍정적·창조적·융합적인 힘과 승화나 조절의 힘까지도 갖고 있다.36) 필자도 이와 관련하여 한은 우리 민족이 북방 대륙과 한반도에서 살면서 생활해 온 기후나 토양 등의 기본 조건에다 원형질적인 민족 정서와 우리 민족이 겪어 온 온갖 복합적인 불행한 경험이 상호 작용하여 만들어 낸, 비극적 성향을 띠는 정서의 한 유형이라고 말한 바 있다.37)

그러나 개인으로 하여금 한의 정서를 갖게 하는 가장 직접적인 요인은 상실이며 소외일 것이다. 상실은 글자 그대로 빼앗기는 것이며, 소외는 집단이나 개인으로부터 배격당하는 것이다. 결국 두 어휘 모두가 큰 테두리에서 보면 같은 의미 차원에 속하게 된다. <정과정곡>을 창작한 정서가 소유하였던 한은 자신이 지향하고자 했던 집단에서 소외됨으로 인해 발생한 것이다. 소외는 소외당하는 사람에게 자신의 향상심(向上心)이나 규범 또는 야심을 살릴 희망이 완전히 상실되었다는 의식을 낳게 하는 것으로, 이것은 인간이 자연의 상태를 벗어나 역사의 주체가 된 이후로 계속되어 온 한 지배적 현상이다.38) 정서도 자신이 몸담아 생활해 왔던 정치현실에서 밀려나 동래로 유배됨으로써 자신의 향상심이나 야심을 살릴 희망이 상실되었다고 믿게 되었고, 결국 이러한 상황과 생각이 한의 정서를 싹트게 한 것이다. 이 한의 정서가 <정과정곡>의 전편을 관류하고 있으며, 이것이 우리 민족의 원형심상에 부

---

35) 이 문제에 대한 전반적인 것은 앞의 제1부 '俗歌에 나타난 恨의 양상과 형성배경'을 참고하기 바람
36) 천이두, 『한국 문학과 한』, 이우출판사, 1995, p.33 참조.
37) 여기에 대한 구체적인 것은 제1부 '俗歌에 나타난 恨의 양상과 형성배경'을 참고하기 바람.
38) 아놀드 하우저(김진욱 역), 『예술과 소외』, 종로서적, 1981, pp.127~128.

합되어 생명을 넘어 생명으로 전해질 수 있었던 것이다.

원래 소외감이나 박탈감·상실감 같은 것은 민중들이 항상 맛보면서 가슴에 담고 있는 기본 정서이다. 그리고 이것은 사회의 저층에서 생활하는 민중들에게는 필연적인 삶의 결과물이기도 하다. 이런 민중들이 갖는 심리적 특색의 하나는 '기다림'의 정서에 스스로를 활착시키는 행위이다. 그렇기 때문에 우리 문학에 '기다림'이 주된 정서로 많이 등장하는 것은 이런 면에서 볼 때 지극히 당연한 현상이라 하겠다. 고대 시가만 보더라도 <구지가>를 비롯, 『고려사』 악지에 나오는 삼국시대의 노래가 전부 그렇다.39) 고려의 속가로는 <서경별곡>·<만전춘별사> 등 이별이 제재가 된 노래가 모두 여기에 해당된다. <청산별곡>과 같은 노래도 현실의 비극적인 삶이 개선되기를 열망하고 있으므로 크게 보면 '기다림'이 주된 정서 중의 하나이다.

<정과정곡>도 정서 자신이 자기의 향상심이나 야심을 살릴 희망이 상실되었다고 믿는 반면, 또한 이것들의 회복을 강하게 희원하는 '기다림'이 주된 정서 중의 하나이다. <정과정곡>에서의 기다림의 내용은 정서 자신의 결백이 증명됨과 동시에 다시 왕의 은총이 자기 자신에게 내려지는 것이다. 그런데 그 바람이 무위로 끝난 것같이 여겨졌다. 여기서 정서에게 한이 생겨난 것이고, 이 한의 정서가 민중의 일반적이고도 보편적인 정서와 부합이 잘 되어 전폭적인 공감을 얻었던 것이다.40) 그러므로 <정과정곡>은 상층 귀족계급이 지은 개인 창작시가이지만 사회의

---

39) 고려시대 속가로 불려졌던 <정읍>을 비롯, <선운산>·<방등산> 등 백제가요가 기다림을 주된 정서로 하고 있다. 그리고 고구려의 노래로는 <명주>도 같은 계열에 든다. 또 <구지가>는 민중들이 왕의 강림(降臨)을 기다리면서 부른 의식요이긴 하지만 기본 정서는 이들과 같다.

40) 한(恨)이 주조(主調)로 된 속가 중 지금까지 가사가 전하는 대표적인 것으로는 <쌍화점>·<만전춘별사>·<서경별곡>·<청산별곡> 등을 들 수 있다. 이 중 <쌍화점>과 <만전춘별사>·<서경별곡>은 개인적 한이 중심이며, <청산별곡>은 집단적 사회적인 한의 정서가 그 중심 배경이다. 그러나 이와 같은 획일적인 구별에는 어려움이 따른다.

하층계층인 민중과도 교감이 잘 이루어지는 작품이 될 수 있었다.

그러면 우리 민족의 보편적인 정서인 한이 주요 정서로 되어 있는 <정과정곡>에서 이것들이 어떻게 표현되고 있으며, 그리고 그 기법상 특징은 어떠한 것인지에 관하여 알아보자. 편의상 <정과정곡> 전편을 보인다.

(前腔) 내님을 그리ᅀᆞ와 우니다니
(中腔) 山졉동새 난 이슷ᄒᆞ요이다
(後腔) 아니시며 거츠르신 ᄃᆞᆯ 아으
(附葉) 殘月曉星이 아ᄅᆞ시리이다
(大葉) 넉시라도 님은 ᄒᆞᆫ디 녀져라 아으
(附葉) 벼기더시니 뉘러시니잇가
(二葉) 過도 허믈도 千萬 업소이다
(三葉) ᄆᆞᆯ힛 마러신뎌
(四葉) ᄉᆞᆯ읏브뎌 아으
(附葉) 니미 나ᄅᆞᆯ ᄒᆞ마 니즈시니잇가
(五葉) 아소님하 도람 드르샤 괴오쇼셔

—『악학궤범』 소재

위에 보인 <정과정곡>의 가사 내용을 보면 전편이 음악적인 요청과 필요에 의하여 11행으로 나누어져 있다. 문학적으로 행을 나눌 때는 삼엽(三葉)과 사엽(四葉)인 'ᄆᆞᆯ힛 마러신뎌'와 'ᄉᆞᆯ읏브뎌 아으'는 한 행으로 처리됨이 예사이다.

<정과정곡>의 작자는 앞에서도 밝힌 바와 같이 신분상으로 볼 때 대단한 상층계층이며 지식인이다. 또 재예가 뛰어났다. 지식계층이며 재예가 있는 그라면 연군지정(戀君之情)을 토로하는 연군가인 경우에는 한문시가 형식으로 읊는 것이 자연스럽고도 당연한 이치일 것이라고 앞에서도 언급했다. 특히 그 대상이 왕이며, 그의 노래는 궁극적으로

왕의 마음을 움직여야 하므로 더욱 그러하다. 왜냐하면 왕을 중심으로 한 권신들은 한문시가를 중심으로 문예활동을 함이 보통이며, 또 그것을 우리말 노래보다 우위에 두려함이 일반적이기 때문이다. 그러므로 연군 문학은 하우저가 말한 바와 같이 철두철미 생존 경쟁의 방편으로 쓰이는 무기와 같은 성격의 예술이므로[41] 그 상대가 애호하는 양식으로 표현하고 전달함이 일차적으로 요구된다. 그런데도 정서는 순수한 우리말을 능란하게 구사하여 그의 심정을 우리말 노래로 표현하여 전달했다.

그런데 이와는 대조적으로 일반 서민의 노래이며, 그 대상이 개인적 차원에 국한된 <만전춘별사>는 오히려 한문현토식(漢文縣吐式) 표현에 가까우며, 한자로 표기된 생소한 어휘를 거침없이 남발하고 있다. <만전춘별사> 2연을 한 번 보자.

    耿耿孤枕上애
    어느즈미 오리오
    西窓을 여러ᄒ니
    桃花이 發ᄒ두다
    桃花는 시름업시 笑春風ᄒᄂ다 笑春風ᄒᄂ다

이와 같은 사정은 이 노래의 5연에서도 비슷하다.[42] 표현 방법이나 수법만 보고 작자를 추정하면 두 작품의 작자계층을 서로 바꾸어서 이해해도 될 정도로 <정과정곡>에는 전부가 일상적이고도 소박한 시어일 뿐이다. 이는 <정과정곡>의 첫 행에서부터 바로 확인이 된다. "내님믈 그리ᅀ와 우니다니"는 어느 어휘이든 간에 전부가 순수한 우리말이며, 일상적인 담화 형식에서 진솔하게 감정을 그대로 드러내는 데

---

41) 아놀드 하우저(한석종 역), 『예술과 사회』, 홍성사, 1981, p.15.
42) 남산에 자리보와 / 옥산을 벼여 누여 / 금수산 니블 안해 / 사향각시를 아나누어 / …… (같은 내용 반복) …… / 약든 가슴을 맛초ᅙᆸ사이다 맛초ᅙᆸ사이다.

에 쓰는 말이다. 이는 아무리 보아도 지식관료계층의 노래 앞 부분에 나오는 시구라고 보기는 어려운 대목이다. 슬프고 괴로운 심정을 숨김도 없이, 꾸밈도 없이 솔직하고도 적나라하게 표출하고 있다. 이 구절에는 드러냄 그대로의 의미가 존재할 뿐 그 이상의 뜻이 없다. 지극히 소박하고 진실되며 거짓이 없는 표현에서 일반 서민적 성향을 잘 드러낸다. 이는 작가인 정서 자신의 성품이며 인격이 이렇다는 것을 나타내는 것이다. 꾸밈이 없는 그의 성격이 그대로 녹아 든 이와 같은 시행의 의미들이 그대로 민중의 전통적 정서에 부합되고 융합되면서 <정과정곡>은 계층에 관계없이 크게 인기를 얻었으리라 여겨진다. 그만큼 이 작품은 우리 민족에게 가치가 있고 의의가 있었던 것이다.

특히 첫째 행과 둘째 행 모두에 일인칭 '내'가 나온다. 이는 감정을 확실하게 나타내는 장치일 수 있다. 임도 '내' 임이요, 우는 주체도 '내'다. 자신의 괴롭고 슬픈 처지와 정황을 숨김없이 이 '내'를 연속 사용함으로써 나타내고 있다. 가식과 꾸밈이 없는 민중 정서 그대로를 나타내고 있다. 이것이 민요들에 나타나는 기법이다. 또한 이처럼 소박하고 솔직한 감정표현은 <서경별곡>에서도 그대로 나타난다. 그리고 <사모곡>에서도 확인할 수 있는 내용이다.

아무리 사랑하는 임이 좋더라도 자신이 사는 고향인 서경보다 낫다고 표현하기 어렵다. 특히 여성이 고향을 버린다는 것은 부모형제를 떠난다는 것이다. 더구나 이 <서경별곡>의 여성은 자신이 평소에 생명처럼 여기던 '질삼뵈'를 버리고 임을 택하려고 했다. 너무나 솔직한 표현이다. <사모곡>에서도 마찬가지다. 아무리 어머니에 대한 그리움과 사랑이 크다 하더라도 어머니의 사랑이 아버지의 그것보다 크다고 대 놓고 말하기는 어렵다. 그런데도 <사모곡>의 시적 화자는 숨김없이 이야기했다.

<정과정곡>에 표현된 내용은 바로 이런 것에 맥이 닿아 있다. 그만큼 투박하고 꾸밈이 없는 서민대중의 정서 표현기법 바로 그것이다.

<정과정곡>에서 작자는 자신이 임을 그리워해서 울며 다닌다고 했다. 그리워해서 울며 다니는 것은 임을 이별한 상태이며, 임과 이별한 것은 모든 것을 상실한 상황임을 암시한다. 임을 이별하는 것은 <서경별곡>의 내용에서도 확인되듯이 고려인에게는 존재 의미를 잃는 것이다. 이러니 <정과정곡>에 표출된 한의 정서가 고려인들에게 스며들어가지 않을 수 없었다.

이와 같은 정서의 표출방식은 다음 행인 2연에서는 더욱 잘 나타난다. 2연에서는 자신의 처지를 산에서 우는 접동새에 비유했다. 접동새는 우리 민족의 정한을 나타내는 데에 자주 원용이 되는 비극적인 새이다. 특히 <정과정곡>의 작자는 접동 앞에 '산'(山)을 붙였다. 산이 갖는 고독과 외로움 등을 비극적인 새가 갖는 '한'의 정서에 융접시켜 그 효과를 한층 더 상승시키고 있다. 이처럼 극대화된 한은 우리 서민대중이 감내해 왔던 정서와 너무나도 같다. 그러므로 고려의 서민대중은 이 노래에 빨려 들어가서 작자와 합일이 되고, 계층간에 생길 수도 있는 위화감을 해소할 수 있었던 것이다. 그래서 이 <정과정곡>은 상층관료 계층이 지은 창작가요이지만 서민 대중 자신들의 노래로 생각되어 쉽게 받아들여졌다고 여겨진다.

또한 1행과 2행에서 구사된 어휘 유형과 내용, 표현기법이 계속 다른 행에서도 그대로 나타난다. 그리고 3행과 4행에서 사용된 낱말도 순수한 우리말이 주다. 잔월효성(殘月曉星)은 한자어이지만 그렇게 생소한 단어는 아니다. 그 내용도 자신의 결백을 강하게 주장하는 내용이다. 연군가에서 신하가 임금에게 취할 수 있는 태도라 보기가 어려울 정도며, 고려가 아닌 조선 시대의 연주지사(戀主之詞)에서는 더구나 찾아보기 힘든 내용이다. 또 이와 같은 내용이라면 유교적 이념에 젖어 있는 조선의 민중들에게는 먹혀 들어가기가 쉽지 않았을 것이다. 그러나 고려 민중의 정서는 속가들에서 보듯이 진솔하고 담백하며 에둘러 표현

함이 별로 없다. 따라서 <정과정곡>의 표현기법과 주된 정서와 사용된 어휘도 그만큼 서민대중적이라고 할 수 있다.

이와 같은 변명과 애소의 내용이 질박한 어휘로써 그 다음의 5행과 10행에서도 그대로 읊어지고 있다. 헤어지자고 우기던 사람을 임으로 본 태도, 자신에게는 잘못이 전혀 없다고 주장한 항변, 자신을 벌써 잊었느냐는 힐난투의 어조, 그 어느 것 하나에도 다소곳함이란 별로 찾을 수가 없다. 이것이 가식을 모르는 민중 정서요, 일반 서민들의 감정 표출방식이다. <정과정곡>의 작자 정서는 임금을 그리하면서도 신하의 자세로써 자신의 마음을 전달하려 한 것이 아니라, 한 남자에게 한 여자가 투정을 부리면서 사랑을 갈구하는 방식을 택했다. 이는 자신을 찾아 온 임에게 딴청을 부리면서 힐난하는 <만전춘별사> 4연과 감정 표출 방식이 너무나 흡사하다.

<정과정곡>의 마지막 행은 이런 감정을 극대화시키고 있는 이 노래의 대단원이다. 그러면서 가장 중요한 내용을 읊고 있다. 임이여 간절한 자신의 마음을 헤아려 다시 사랑해 달라는 (아소 님하 도람드르샤 괴오쇼셔) 내용이다. 앞의 행들은 이 말을 하기 위하여 다만 존재할 뿐이다. 그러니까 임금에게 자신을 다시 사랑해 달라는 이 내용, 이 내용은 "날 좀 보소, 날 좀 보소, 동지섣달 꽃 본 듯이 날 좀 보소"라는 <밀양 아리랑>과 의미 전달면에서는 닮았다. 이는 유배를 간 충직한 신하가 임금을 향해 겉으로 드러낼 수 있는 내용이 아닌데도 그렇게 읊은 것이다. 그만큼 <정과정곡>에서의 작자는 서민 대중의 노래인 민요에서 관용되는 표현기법을 사용하고 있다는 말이다.

다음에는 형식적인 표현기법으로 이 노래에 사용된 감탄사 '아으'의 의미를 논하지 않을 수 없다. 노래 전편을 통해서 '아으'는 세 번 나온다. 한 가요에서 하나의 감탄사가 세 번 반복되는 것은 많이 볼 수 있는 현상이 아니다. 이런 감탄사의 집중적 사용은 그 만큼 감정의 양을 조절

없이 소모하고 있다는 증거다. 그런데, 감탄사 '아으'의 위치는 전부가 행의 끝 부분이다. 앞의 예문에서와 같이 셋째 행·다섯째 행, 그리고 아홉째 행의 끝 부분에 나온다. 감탄사의 위치는 대체로 행의 처음에 나오는 것이 보통이다.

그러나 <정과정곡>은 그렇지 않다. 가요의 처음에 감탄사를 배치하는 것은 감정의 조절이 어느 정도 가능하며 이성적으로는 정서적 진동을 무마하면서 마지막에 가서는 평온을 찾을 수 있음을 예고한다. 왜냐하면 언제까지나 계속되는 마음의 진동은 없으며 아무리 큰 갈등도 결국에는 조정되기 마련이기 때문이다. 그러나 <정과정곡>에서처럼 가요의 마지막에 감탄사를 배치시켜 놓은 것은 그 감정의 양을 끝까지 조절할 의사가 없으며, 최후의 순간까지 자신의 외침을 내부에서 폭발시키거나 외부로 증폭시켜 보려는 심산이라 보겠다. 이것이 일리가 있다면, 이 <정과정곡>은 '아으'라는 감탄사의 말미 배치로 말미암아 줄어들지 않는 감정과 정서의 폭을 견지하여 자신의 열렬한 소망을 상대방에게 충분히 전달하게 된 것이다. 이러한 정서 전달방식이나 기법은 맺혀 있는 마음의 상태를 상대방에게 전하는 데 효과적으로 쓸 수 있는 것으로 이는 시행 말미에 감탄사를 가진 향가에도 적용시킬 수 있을 것이라 생각한다.

결과적으로 감탄사 '아으'의 연속적 말미 사용은 억압적 정황과 암울한 정서 속에서 삶을 꾸려 온 고려 민중들의 한을 증폭시켜 표현하는 데 좋은 도구가 되고 있다고 볼 수 있다. 그러므로 이는 바로 <정과정곡>이 민중적 표현기법을 잘 구사한 작품임을 반증하는 것이다.

4. 향가 형식의 계승과 그 의미

앞에서 살핀 바와 같이 <정과정곡>은 우리나라의 역사를 시대 구분하여 볼 때 중세에 해당되는 시기, 즉 고려 때 창작된 가요이다. 중세라는 것은 앞 시대의 시대 정신을 이어 받아 옴과 동시에 뒷 시대에도 그 나름으로 영향을 주는 중간적 성격을 갖는다. 그렇기 때문에 이 시기에 생성된 작품은 정도의 차이는 있지만 전부가 전후 시대의 작품과 연관이 있기 마련이다.

<정과정곡>은 개인 창작시가이지만 <만전춘별사>와 유사한 내용을 일부 갖고 있어서 고려시대 다른 가요들과 영향을 주거나 받았음을 생각할 수 있다라는 점은 앞에서 언급했다. 이는 <정과정곡>의 한 특성을 말해 주는 것으로 생각된다. 즉, 이 가요는 다른 가요와 융접할 수 있는 소인(素因)을 많이 갖고 있음을 시사해 주는 것으로 신라시대나 조선시대의 작품들과도 서로 영향을 수수할 수 있는 힘을 지니고 있었음을 알려 준다. <정과정곡>은 그만큼 보편적 정서를 바탕으로 하여 불려진 노래이면서 우리 민족의 성향에 잘 부합되는 형식과 내용의 가요이다.

<정과정곡>이 우리 전통 가곡의 전형임은 『양금신보』(梁琴新譜)의 현금향부(玄琴鄕部) 말미에 기술되어 있다. 여기에 보면 고려시대에 쓰던 대엽(大葉), 만중삭(慢中數)이 전부 과정삼기곡(瓜亭三機曲) 중에서 나왔다고 기록되어 있다.

> 고려 의종조 낭중 정서가 동래로 유배를 갔으나, 오래되도록 소환의 명이 내려지지 않았다. 서(敍)가 마침내 가야금을 갖고 노래를 지었는데 그 가사가 극히 처량하고 슬펐다. 뒷날 사람들이 그 곡을 이름하여 <정과정곡>이라 했다. 그 때 사용하던 대엽, 만중삭은 대개 과정삼기곡 중에서 나왔다. 과정은 정서의 호다.[43]

---

43) 『양금신보』 조선 광해 2년(1610년) 양덕수(梁德壽)가 지은 것이며, 여기에는 <정과정곡>에 관한 기록이 위의 인용문과 같이 짧게 나온다. "高麗毅宗朝 郎中鄭敍謫東萊 召命久不至 敍乃撫琴作歌詞極悽惋 後人名其曲曰鄭瓜亭 時用大葉慢中數 皆出於瓜亭三機曲中 瓜亭

<정과정곡>이 대엽, 만중삭의 모태가 되었다는 것은 이 노래가 음악
적으로 중요한 역할을 하였으며, 다른 여러 노래의 전형이었음을 알
수 있게 하는 내용이다. 이처럼 <정과정곡>이 고려중기 작품으로서
후기의 문학 작품 생성과 형식 결정에 영향을 줌과 동시에 같은 시대에
도 다른 작품에 크게 작용했음을 함께 알려 준다. 그러면 이 장에서는
이 노래의 형식이 전후 시대의 작품 형식과 어떻게 관련되어 있으며
그 영향 관계는 어떠한지에 대하여 살펴보자.

<정과정곡>이 10구체 향가 형식과 어떻게든 접맥되어 있음은 대체
로 인정하는 실정이다.44) 이에 대하여 조윤제는 일찍이 그의『한국문학
사』에서 <정과정곡>을 10구체로 전제하면서, 10구체 향가의 전통을
이어 받고 있다고 아래에 보는 바와 같이 설파하고 있다.

> 이것을 향가의 10구체와 비교하여 보면 향가의 10구체에 있어서는 前八句
> 後二句로 분절되어 전절에 있어 대체로 의미의 일단락을 짓고, 후절에서
> 다시 총괄적으로 혹은 결론적으로 재창하는 형식인데 정과정곡의 後二句
> 는 불분명하나 그 후절에 소당(所當)하는 듯이 보인다. 원래 향가의 후절이
> 라는 것은 독립하여 자존(自存)할 수 있는 것이기 때문에 전후 양절의 관
> 계가 긴밀하여지면 하여질수록 그 지위가 위태하게 되어 잘못하면 전절에
> 병합되어 버리고 전후 양절에 분단되지 않은 단순한 10구체의 시가로 변
> 할 수도 있다. 따라서 <정과정곡>도 그러한 발달 단계에 처한 시가라고
> 생각된다. 그렇다면 신라계통의 시가는 후세에 많이 전하지는 않았지마는
> 역시 고려시대에까지 계승하여 얼마만큼 발달한 듯이 보인다.45)

위의 논급에서 볼 때, <정과정곡>은 향가의 주류를 이루는 10구체

鄭敍自號."

44) 소위 10구체 향가가『삼국유사』에 기사(記寫)된 단위를 고려해 볼 때 그 구성이 10구냐
하는 문제는 논란거리일 수 있다. 필자도 이 점을 인정하지만, 여기서는 논외로 한다.
45) 조윤제,『한국문학사』, 탐구당, 1979, pp.79~80.

향가 형식을 어느 정도 계승하고 있음을 알 수 있다. 즉, 10구체 향가 형식이 후대로 내려오면서 전후 양절에 분단되지 않은 단순한 10구 형식의 시가로 변해 갔는데, <정과정곡>은 그러한 과정에서 생성된 시가라는 것이다. 이렇다면 <정과정곡>은 우리 민족의 전통 정서 계승과 마찬가지로 가장 뚜렷했던 전통 시가 형식인 10구체 향가 형식을 계승·발전시킨 것으로 보여져 그 의의가 더욱 크다 할 것이다.

그런데, 김동욱은 <정과정곡>의 형식이 『균여전』의 사뇌가와 아울러 소위 10구체 향가에 든다면서, 그 전문을 먼저 보인 후 아래와 같이 논급했다.

> 소위 10구체는 현존 향가 중 민요의 정착을 빼 놓고 대부분에 공통된 형식이요 또 이것은 완성된 형식이다. 물론 이는 이조의 표기법이니 만큼 사백 년이란 공간을 개재(介在)하고 얼마만큼 원형을 지니고 있는지 의문이지만 이 노래의 결구로 보아 향가의 주류적 장르인 사뇌가의 10구체 형식임은 각각 몇 개의 단어묶음으로 된 소절이 의미내용을 한정하고 2소절로 된 각연이 점층적으로 주제의 형상을 완성시켜 나갔다는 데서 이는 사뇌가 10구체의 투사정착(投射定着)이라고 보아질 것이다.46)

그는 <정과정곡>이 각각 몇 개의 단어 묶음으로 된 소절이 의미 내용을 한정하고 2소절로 된 각 연이 점층적으로 주제의 형상을 완성시켜 나갔으므로 10구체 향가의 형식이 반영되어 이루어진 가요라고 말했다. 그러나 그는 <정과정곡>의 음수율이 『균여전』의 10구체 향가보다 거의 배에 가까울 정도로 많은 점이 10구체 향가와 동일시하기 어려운 점이라고 했다. 그러면서도 전체 구성을 2단락으로 나누면서 <정과정곡>을 전후 2장의 사뇌가로 된 연가라고 주장했는데,47) 이는 <정과

---

46) 김동욱, 앞의 책, pp.165~166.
47) 김동욱, 앞의 책, p.167.

정곡>의 음수율이 일반 10구체 향가보다 많은 점을 풀려는 데서 나온 방안이라 여겨진다. 또 조동일은 <정과정곡>의 형식을 아래와 같이 설명하면서, 결론적으로 이 노래를 사뇌가의 잔존형태라고 했다.

> 악조구성을 나타내는 말을 다시 살피면, 처음 세 줄이 전강, 중강, 후강을 이루고, 그 다음의 것들은 엽(葉)이라 해서 거기 붙어 있는 부분들이 처리되어 있음을 알 수 있다. 그래서 음악에서는 확대형식이라 하지만 사설은 그렇지 않다. 사설은 앞에서 한 말을 부연해 설명하지 않고, 어느 대목이나 대등한 자격을 가지고 순차적으로 펼쳐져 있다. 일단 열한 줄로 적어 본 것을 다시 정리할 수 있다. <믈횟마러신뎌>와 <슬웃브뎌 아으>를 합치면 열 줄이 된다. 다시 두 줄씩 합쳐 보면 다섯 줄이라 사뇌가 형식이다. 이러한 사실은 <정과정곡>이 사뇌가의 잔존형태라는 견해의 근거가 된다.[48]

조동일이 <정과정곡>을 '사뇌가의 잔존형태'라고 한 점은 조윤제가 '신라계통의 시가'라 한 것이나, 김동욱이 '사뇌가 10구체의 투사정착'이라고 한 것과 크게 보면 같은 입장에서 나온 것이다. 그는 <정과정곡>이 다섯줄 형식의 사뇌가와 다른 점을, 향찰표기로 되지 않은 것과 감탄사인 '아소 님하'의 위치로 꼽았다.

이상에서 여러 분들이 주장한 견해는 <정과정곡>이 형식에 있어서 10구체 향가 형식을 이어받았다는 것이지, <정과정곡>의 형식이 10구체 향가 그대로라고는 볼 수 없다는 것이다. 이와 관련하여 <정과정곡>을 신라 향가의 유음(遺音)이라고 김석득은 말하기도 했다.[49] 그러나 그대로는 아니더라도 <정과정곡>은 분명히 10구체 향가 형식의 전통을 계승하고 있으며, 후대의 어떤 다른 시가보다 10구체 향가 형식에 근접하고 있음은 확실하다 하겠다.

원래 <정과정곡>은 『악학궤범』(樂學軌範)에 기사된 형태를 보면 11

---

48) 조동일, 『한국문학통사 1』, 지식산업사, 1990, p.303.
49) 김석득, 『한국문학사』, 신아사, 1975, p.67.

행이다. 이렇게 갈라 놓은 것은 음악적인 단위인 악조명(樂調名)을 중시한 데서 그렇게 된 것이겠지만 우리는 이를 무시할 수 없다.

앞의 예시에서 알 수 있는 바와 같이 전강(前腔)에서 5엽(五葉)까지 전체 행은 전부 11행이다. 이렇다면 <정과정곡>과 10구체 향가와는 그 형식에 있어서 차이가 난다. 그러나 10구체 향가의 형식은『삼국유사』에 기사된 단위와는 상당히 거리가 있는[50], 미검토의 가설 내지는 전제 위에서 설정된 기계적이고 도식적인 재단에서 나온 것이므로 실제의 음악적인 형식이라고 보기는 어렵다.[51] 다만 10구체는 문학적인 관점에서 재배치한 형식이기 때문에 <정과정곡>의 짧은 구절인 4엽과 부엽을 한 행으로 하여 재배치한 10행 견해와 일치가 된다.[52]

원래 <정과정곡>은 고려 노래이며, 속악의 가사로 쓰이었다. 그러나 그것의 형식은 단연체여서 다른 속가와 상이점이 많으므로 정병욱은 <사모곡>·<정읍사>와 함께 <정과정곡>의 형식을 전별곡적 형태(前別曲的 形態)라고 규정하고, 이들 시가들의 형태적 특징을 향가와 관련시켜 다음과 같이 말했다.

> 이러한 시형은, 단련으로서 한 가요를 형성하고 있다는 점에서는 별곡적 형태와 준별되는 대신에, 전후 양절로 양분되는 요소와 단련형적(單聯型的) 요소를 공통으로 갖추고 있는 신라 향가와 밀접한 맥락이 닿고 있음을 우리는 쉽사리 간파할 수 있을 것이다. 따라서 이 전별곡적 형태는 신라 향가의 전통을 이어 받은 변격 혹은 파격적 향가 형태로 보아 과히 어김은 없을 것으로 보인다.[53]

---

50) 『삼국유사』에 기사된 이른바 10구체 향가의 단위는 가창분절이라 볼 수 있는데, 이들은 9·10·11 등의 분절단위로 되어 있다.

51) 정재호, 「정과정에 대하여」, 『고려시대의 가요문학』, 새문사, 1982, p.I~79.

52) 이병기는 그의 『국문학전사』에서 "향가의 형태는 전부(前部) 8구, 후부(後部) 3구 합하여 11구로 된 정형시"라 했다. 만약 이를 수용하면 <정과정곡>의 음악적인 형식인 11행을 문학적인 형식으로 재배치하여 10행으로 하지 않아도 사뇌가 형식과 동일한 것으로 보아도 될 것이라 생각된다.

　위의 인용문에서 보는 바와 같이 전별곡적 형태에 들어가는 <정과정
곡>은 신라 향가의 전통을 이어 받은 변격 혹은 파격적 향가 형태로
규정되고 있다. 변격 내지 파격적 향가 형태이므로 <정과정곡>이 바로
향가 형식이 아님은 정병욱도 인정하고 있다. 이는 앞의 여러 분들이
주장한 바와 별 다를 바가 없다. 이와 같은 내용의 주장은 장덕순에
의하여도 되풀이 되고 있다. 그는 <정과정곡>을 설명하는 자리에서
이 작품을 아예 속가 계열에 넣어 처리하지 않고 향가계의 노래라고
구별하여 기술하고 있다. 그러면서 <정과정곡>의 형식이 갖는 문학사
적 위치에 대하여는

> 한마디로 형식의 문학사적 위치를 말한다면 이는 전대의 향가와 고려적
> 성격을 띤 가요와를 연결시키는 디딤돌(stepping stone)의 역할을 하는 것이
> 라고 할 만하다. 즉 그 표기법이 정통적 향가와는 다소 차이가 있으면서
> 도, 또한 향가에서 분장의 형식이 여타의 여요와 동철(同撤)인 것이다. 이
> 는 벌써 쇠잔해 가는 향가에 미련을 남기면서 새로운 시가 형식의 모색을
> 뜻하는 것이라고 생각할 수 있다.[54]

라고 서술하고 있는데, 이도 앞의 주장들과 동궤(同軌)의 것이다.
　<정과정곡>의 형식은 앞의 여러 견해에서 본 바와 같이 향가 형식을
이어 받은 것일 뿐 10구체 향가와 적확(的確)하게 그 형식이 일치하는
것은 아니다. 그러나 향가 형식의 전통을 계승하여 창작된 작품임은
분명하다. 이런 면에서 볼 때 <정과정곡>의 문학사적 가치는 크다고

---

53) 정병욱, 『한국고전시가론』, 신구문화사, 1982, p.102. 여기서 그는 이들 '전별곡적 형태'의
　　시가가 갖는 형태적 특징은 음수율은 주로 2·3음절이되 3음절이 우세하며, 대체로 전후
　　양절로 나누어지며, 일률적으로 단 연이라고 했다.
54) 장덕순, 『한국문학사』, 동화출판사, 1980, p.113. 이 외에도 <정과정곡>이 향가의 형식을
　　계승하고 있다고 하는 주장은 손낙범 등이 공저한 『국문학개론』(우리어문학회, 일성당서
　　점, p.16.)에서도 볼 수 있다. 여기에서는 <도이장가>와 함께 <정과정곡>도 향가 쇠잔기
　　에 창작된, 광의의 향가로 처리할 수 있다고 했다.

볼 수 있다.

 신라가 망하고 고려가 건국된 이후, 설혹 고려가 신라의 옛 제도나 전통을 답습하려 했다 하더라도 그대로의 계승은 어렵다. 마찬가지로 역사적 상황과 관련지어져 생성되고 발달된 국문학의 경우에도 왕조 변혁 후 앞 시대의 문학 전통을 온전히 이어 받는다는 것은 어려운 일이다. 특히 신라 말부터 고려 의종·명종대까지는 시간 거리상으로도 멀 뿐 아니라 정치 주체도 다르다. 시간적으로 거리가 있고, 역사나 정치 주체가 다를 때 앞 시대의 문물제도나 문학적 관습이나 주제의 취택성향과 전달방식이 고스란히 계승되는 것은 어렵다.

 문학예술은 문학 담당층의 의식과 깊게 관련되어 변전함이 예사이며, 그렇기 때문에 어느 한 시기를 풍미하는 새로운 형태의 문학예술이 탄생되기도 하고 소멸되기도 하는 것이다. 신라에서 고려에로의 전환은 하나의 단순한 정치 변혁만이 아니고 사회 구성원의 의식 변화까지도 초래했던 것이 사실이므로 새로운 의식이나 관념을 표현 전달하는 변화된 문학양식의 요구는 당연히 일어날 수밖에 없었다. 그렇기 때문에 고려 광종 때 균여대사에 의하여 민중에게 교리를 쉽게 전달하기 위한 수단 등 기타 목적으로 빛을 발했던 10구체 향가가 고려에서는 계속 번성하지는 못하고 어쩔 수 없이 일시적 현상으로 끝났던 것이다.

 그런데 고려 4대 광종대보다 훨씬 후대인 18대 고려 중기 의종대의 인물인 정서에 의하여 변형된 향가 형식이긴 하지만 그것이 다시 사용되었다는 것을 이와 같은 여러 각도에서 살펴 볼 때 그것은 실로 문학사적으로 의의가 큰 것이다.[55] 특히 향가 형식을 계승한 <정과정곡>이

---

55) 속가의 존재방식은 단정적으로 말하기는 어려운 면이 많다. 일반적으로 논의되는 바와 같이 구전되거나 아니면 향가 기사 방식인 향찰로 표기되었을 수도 있다. 이는 광종 이후에 향찰 기사 방식이 보이지 않다가 의종 때 돌연히 향가 형식인 <정과정곡>이 나타난 것으로도 설명될 수 있다.

결국 시조문학의 발흥 등 후대의 문학 발달에 영향을 미쳤다고 생각되므로 이 가요의 국문학적 가치는 더욱 지대하다고 하겠다.

5. 결 론

지금까지 서술해 온 <정과정곡>이 갖는 문학사적인 의의를 다음과 같이 요약하여 결론으로 삼는다.

첫째, 고려시대는 과거 제도의 도입 등 여러 요인으로 인하여 한문학이 어느 시대보다 크게 융성했다. 이와는 대조적으로 우리 국문학은 귀족관료계층인 한학자들의 무관심과 고유의 표기 문자가 없었던 탓에 위축퇴영을 면치 못했다. 그래서 지금까지 남아 있는 국문학 작품은 그 수가 적을뿐더러 그 작자계층도 거의 일반 서민대중에 국한되어 있는 실정이다. 그리고 귀족관료계층의 중심 세력이었던 한학자들이 창작한 국문학 작품은 더욱 극소수이다. 이는 모든 지식계층들이 한문을 빌려 그들의 사상과 정서를 표현 전달하는 데에 급급했으며, 또 이것이 일반적인 보통의 문학 행위였기 때문이다. 그런데도 귀족관료계층인 정서는 한시문 등에 능했고, 당시 지식계층들은 한시문으로 연군시가를 창작함이 일반적이었음에도 불구하고 연군의 심정을 읊은 <정과정곡>을 우리말로 지어 노래 불렀다. 이는 그 작품을 창작한 정신면에서 굉장히 중요한 사실이며, 탈문화적 사대주의(脫文化的 事大主義)의 정화(精華)라 볼 수 있어서 그 의의는 더욱 크다.

둘째, <정과정곡>은 국문학이 위축된 고려시대에 진실되고도 소박한 우리의 언어로 자신의 한을 토로하여 일반 서민 대중은 물론, 귀족계층들의 호응도 받았다. 이 가요가 고려시대에는 주로 궁중에서 속악으로 예능인들에 의하여 구전되다가 조선시대에는 국문으로 정착되어 악공취재의 필수 과목으로 중시되기도 했으며, 사대부들이 충신연주지사(忠臣戀主之詞)라 하여 이를 모두가 익혔다. 또 <정과정곡>은 우리 민족의 전통적 정서가 유발될 수 있는 소재와 표현 방식으로 노래하여 다른 사람들의 공감을 얻어 그 내용이 전승되었는데, 이는 이 작품의 내용과 형식이 우수함을 말해 주는 것이 된다. 이는 채홍철의 창작인 <동백목>에 관련된 부대기록과 그 작품의 내용이 전승되지 않는 점과 비교하여 추론해 보면 더욱 뚜렷해지는 현상이다.

셋째, <정과정곡>은 향가 <원가> 이후로 연군의 가요에서 주종적인 작품으로 역할을 했을 뿐만 아니라, <만전춘별사> 등 다른 속가들의 형식과 내용 결정에도 어느 정도 영향을 미친 노래라고 볼 수 있으므로 그 문학사적 의의는 크다 하겠다.

넷째, <정과정곡>은 앞 신라시대의 대표적인 국문 가요인 10구체 향가의 형식을 계승하고 있어서 큰 의미를 갖는다. 왕조의 변혁은 필경 옛 문학 양식의 변화와 새로운 문학 형식의 도래를 가져 오게 함이 예사이며, 그래서 신라의 향가는 고려초를 기점으로 하여 쇠미해졌던 것이다. 이런 사정인데도 고려 중기 의종대에 귀족관료계층인 정서가 10구체 향가의 형식을 계승하여 우리말 노래를 지은 것은 국문학의 계승과 발전이라는 측면에서 볼 때 의의가 크다.

(『과정문학의 재조명』, 파전한국학당, 1997)

Ⅲ. 〈靑山別曲〉의 상징성과 현실인식

1. 서 론

〈청산별곡〉은 속가 가운데서 고려시대의 사회상과 더불어 고려인의 생활관이 가장 많이 투영되어 있는 작품이다. 구성에 있어서도 논리성이 두드러지며, 내용 또한 고도의 상징성을 지니고 있어 주목된다. 그리고 음악적인 효과를 거두기 위한 여러 시가적 장치가 잘 배려되어 있음이 이 노래의 특징이다. 이렇기 때문에 〈청산별곡〉에 대한 연구는 다양해질 수밖에 없다. 본장에서는 이 노래의 중심어휘로 볼 수 있는 '청산'의 상징적 의미를 파악하여 작품 전체의 성격을 밝히고, 그것을 바탕으로 작품의 의미단락과 각 연의 내용을 새롭게 고구하는 것을 목표로 삼고자 한다.

〈청산별곡〉에서 '청산'의 의미 파악은 이 노래의 전체적인 성격과 그 내용을 바르게 이해하는 데 필수적인 조건이 된다. 왜냐하면 작품의 제목은 작품 전체에 감추어진 의미의 핵심어가 되어, 그것을 받아들이고자 하는 사람의 정서를 개별적이고도 특수한 작품의 세계로 끌어들이는 기능을 할 뿐 아니라 작품의 바탕이 되는 공간적·시간적 상황까지도 표시하기 때문이다.[1] 〈청산별곡〉에서도 '청산'은 이 노래 전체

---

1) Wolfgang Kayser, 『Das sprachliche Kunstwerk』(김윤섭 역, 『언어예술작품론』), 대방출판

의 본질적 구성 요소로 작용하며 이 노래의 주제를 암시하고 있다. 이 점은 이 노래의 제목이 <서경별곡>이나 <가시리>처럼 첫 행의 첫 어휘로써 제목을 삼는 속가의 일반적인 관행을 거부하고 있는 것으로서도 미루어 짐작할 수 있다.

만약 <청산별곡>의 제목이 다른 속가와 같이 당시의 제목 붙이기에서 볼 수 있는 일반적인 문학적 관습에 따라 붙여졌다면 그 제목은 첫 어휘인 '살어리'로 되었을 것이 분명하다. '살어리'와 통사구조가 같은 '가시리'를 제목으로 취한 노래가 있기 때문에 어색할 리 없다. <청산별곡>의 '살어리'와 <가시리> 속에 나오는 '가시리'는 반복의 횟수나 행 속에서의 위치 등에서 아주 유사하다. 그런데도 그 제목을 붙임에 있어 <가시리>와 같은 동일 원칙이 지켜지지 않았음은 이 제목에 다른 의도가 반영되어 있기 때문이라 볼 수 있다. 그것은 <사모곡>의 제목이 그 작품의 주제를 나타내 주고 있는 것과 마찬가지로 이 노래의 제목도 작품 전체의 중심사상과 깊게 관련되어 있다는 점일 것이다. 이런 관점에서 '청산'이 내포하고 있는 의미를 캐기 위한 노력은 일찍부터 있어 왔다.[2] 필자는 특히 <청산별곡>을 고려의 사회·역사적 상황과 관련시키면서 '청산'의 의미를 구명하고자 한다.

다음으로 본 장에서 목표로 삼으려는 것은 <청산별곡>의 내용 파악이다. 이 부분도 많은 선행 연구자들이 관심을 가져 온 문제다. 문학 작품에서 기대되는 큰 과제는 효과적인 내용 전달이라 할 수 있다. 그렇기 때문에 작품의 모든 장치는 주제 부각과 그 표출에 기여하도록 구조

사, 1982, p.299 참조.
2) 주요한 연구 업적을 들면 아래와 같은 것들이 있다.
  전규태, 『고려속요의 연구』, 정음사, 1976, p.89.
  오상태, 「고려가요의 비유구조」, 『영남어문학』 제4집, 영남대학교, 1977, p.142.
  김승찬, 「고전문학에 나타난 이상향」, 『한국문학사상론』, 제일문화사, 1983, pp.183~184.
  김재용, 「청산별곡의 재검토」, 『서강어문』 2집, 서강대학교 국어국문학과, 1983, p.154.
  윤강원, 「청산별곡의 새로운 이해」, 『광장』 1983년 4월호, pp.47~59.

화되어 있다. <청산별곡>도 예외는 아니다. 본장에서는 <청산별곡>
의 각 연들이 동일한 주제를 드러내는 부분들로 작용한다고 보고, 이것
들이 어떤 의미단락을 형성하여 유기적 관련을 맺으면서 당시 사회상을
효과적으로 전달하는 데 참여하고 있는가를 중점적으로 살피려 한다.
　일반적으로 말해 문학은 사회의 반영이며, 나아가 사회의 지배적인
관념을 표현한다. 마찬가지로 시는 사회와 역사의 참다운 실체의 한
면이기도 한 상황을 재구성한 구조물임과 동시에 개개인이 그 나름으
로 적의를 느끼는 사회적 정황에 대한 반응의 표현이기도 하다. 그러므
로 한 작품의 내용은 그 작품이 생성된 사회·역사적 상황과 연관지어
져서 파악되어야 하는 것이다. 특히 <청산별곡>은 민요적 색채가 짙은
노래이므로 당시의 민중들이 겪은 사회·역사적 체험을 통하여 형성되었
다고 할 수 있다. 그러므로 <청산별곡>에 대한 사회 역사적 측면에서의
접근은 이 노래의 내용과 상징성을 파악하는 데 아주 중요한 방법이
되리라 본다.

2. '靑山'과 현실집착

　<청산별곡>의 성격을 살피는 데 있어 여태까지 나온 견해는 이 노래
를 현실도피적인 것으로 보는 쪽과 이와는 달리 현실에 대한 집착으로
보는 견해로 크게 양분되어 왔다.
　일찍이 조윤제는 "어떤 失戀에서 세상을 비관하여 恨 많고 쓰라린
俗世를 버리고 차라리 청산에 파묻혀 머루와 다래를 따먹으며 여생을
보내리라 하였다. …… 본가는 노래로 사랑의 불꽃에 가슴을 졸이며,
번민하는 심경을 그린 시가"[3]라 논급하였고, 양주동은 "짝사랑의 애상

---

3) 조윤제, 『한국시가사강』, 을유문화사, 1958, p.148.

을 중심으로 하여 몸둘 곳 없는 생의 비애를 노래한 것"[4]이라 하였다. 박병채는 "본가는 생의 고뇌를 노래하되 체념적 애조 속에 자위적 해학이 있고, 낙천적 생활의 일면이 있고, 유연한 정조가 넘쳐 흐르고 있다"[5]고 했다. 그런가 하면 신동욱은 "이 작품의 화자는 인간 세상에서 다른 사람들과 어울리며 살아가기보다는 외지에 떨어져서 산이나 바다에서 살아가겠다는 취지에 주제를 집중하고 있다"[6]고 하였다. 이러한 견해는 모두 이 노래를 현실을 탈피하여 살고자 하는 도피의 문학으로 간주한 점에서 동일하다. 그리고 김사엽·이능우·김형규 등의 견해도 부분적인 차이는 있으나 위의 논의에서 크게 벗어나지 않는다.[7]

그런데 위의 견해와는 전혀 다른 입장에서 이 노래를 파악하고 있는 분들이 있다. 정병욱의 경우, "대부분의 학자들이 이 노래를 현실도피적 은둔사상의 산물이라 하였으나, 필자는 오히려 적극적인 현실참여의 노래라고 규정하고 싶다. 그리고 고민 속에서 허덕이는 고려 지식인들이 순간적 향락 추구의 한 표현으로 '술 노래'를 부른 것"이라 하였다.[8] <청산별곡>을 '술 노래'로 규정한 점에는 논란의 여지가 있겠으나, 현실참여의 노래라 본 점에는 수긍할 점이 많다.

그러나 현실참여보다는 현실에 대한 애착 내지 집착으로 봄이 더욱 타당할 듯하다. 왜냐하면 현실참여는 자칫 지식인이 정치현실에 뜻을 두고 이에 관여하겠다는 의지의 표현으로 뜻이 국한될 수 있는 데 비하여, 현실집착은 일반 백성들이 속세의 일상적 삶에 대해 갖는 강한 지향

---

4) 양주동, 『여요전주』, 을유문화사, 1971, p.307.
5) 박병채, 『고려속요의 어석연구』, 선명문화사, 1973, p.216.
6) 신동욱, 『우리시의 역사적 연구』, 새문사, 1981, p.17.
7) 김사엽, 『개고 국문학사』, 정음사, 1954, p.264.
   이능우, 『고시가론고』, 숙명여자대학출판부, 1983, p.336.
   김형규, 『고가주석』, 백영사, 1962, p.181.
   박진태, 『한국시가의 재조명』, 형설출판사, 1984, p.77.
8) 정병욱, 『한국고전시가론』, 신구문화사, 1977, p.112.

의지를 보여 주는 폭 넓은 심리적 경향이라 할 수 있으니, 이 둘은 구분되어야 한다고 생각되기 때문이다. 어쨌든 <청산별곡>을 현실참여의 노래로 본 점에서 정병욱의 견해는 한 걸음 나아간 생각이라 아니 할 수 없다. 그리고 이 견해는 김승찬에 의해 더욱 발전, 체계화된 해석에 이르고 있다.

> 필자의 생각으로서는 이 가요는 고려 가요 중에서도 가장 삶에 대한 강렬한 집착성을 드러낸 노래라고 본다. 즉, 이 가요가 형성된 당시는 내우외환의 시기요, 권문세족이 발호하는 시기로 백성들은 가렴주구에 허덕였던 만큼 자연 가요의 내용들이 자포자기적이며 현실도피적인 것이었으나, 이 가요에 한하여는 그와 반대로 삶에의 의지가 투철히 나타난 특이한 작품이라 하겠다.[9]

김승찬은 이 노래가 지니고 있는 현실집착의 측면을 삶에의 적극적인 의지로까지 확대하고 있다. 필자도 넓게는 이 두 분의 견해에 따르면서 <청산별곡>이 현실집착의 노래임을 구체적으로 검증하고자 한다. 그것은 앞에서 밝힌 바와 같이 이 노래의 핵심적인 배경으로 설정되고 있는 '청산'의 상징적 의미를 파악해 냄으로써 자연스럽게 도출될 것이다.

산은 우리의 시가문학에만 국한해 보더라도 일찍부터 작품의 제재나 배경으로 널리 차용되어 온 대상이다.[10] <구지가>나 <정읍사>에서도 산이 작품의 성격을 결정짓는 중요한 배경으로 등장하고 있으며, 후대의 시조 문학에서는 산이 자연 그 자체를 대표한다고 할 만큼 제재로, 또는 배경으로 많이 등장하고 있다. 그리고 이들 산이 지니는 의미는 시대의 변천과 작품에 따라 자못 다양하다. 신화 속의 산은 단군신화나 <구지가>가 보여 주듯이 거룩한 역사가 비롯된 신성한 공간, 곧 우

---

9) 김승찬, 「청산별곡론」, 『한국문학사상론』, 제일문화사, 1983, p.242.
10) 이재선, 「한국문학의 산악관」, 『우리문학은 어디에서 왔는가』, 소설문학사, 1986, p.296 참조.

주나 세계 중심으로서의 의미를 지닌다. 그러나 속가인 <정읍사>에서
는 산이 일상적인 공간과 변별되지 않는 배경으로 파악된다. 더구나
시조에 등장하는 산은 천상과 교호할 수 있는 거룩한 장소라기보다는
관습적 주제인 자연친애 사상을 드러내는 매체로만 단순히 차용되고
있음을 볼 수 있다.[11]

　어쨌든 산은 일찍부터 우리 문학의 중요한 원천과 제재로서 그 몫을
다해 왔다고 할 수 있다. 이 점은 구체적으로 산을 제목으로 하고 있는
작품이 의외로 많다는 점에서도 시사받을 수 있다. 삼국시대의 노래 가운
데서는 <智異山>·<方等山>·<無等山>·<禪雲山>·<余那山> 등
이 좋은 보기다. 고려에 와서는 문충(文忠)이 지은 <五冠山>과 작자 미상
의 <松山> 등 두 편의 노래도 보인다. <청산별곡>은 구체적인 지명을
취하고 있지는 않으나, '청산'이 작품 전체의 주제의식과 결부된 상징성
을 띠고 있음을 볼 수 있다. 그리고 이 뜻은 이 노래의 민요적 속성으로
보아 고려의 사회·역사적 상황과 밀접한 관계를 맺고 있음도 쉽게
짐작할 수 있다. 그런데 당시의 사회·역사적 상황과 연계시켜 '청산'의
상징적 의미를 파악하기 위해 먼저 문제가 되는 것은 이 작품의 형성시
기 규정이다.

　고려 속가는 대체로 고려후기, 즉 고려의 정치권력이 문벌귀족에서
권문세족으로 재편성된 시기에 형성되었다.[12] <청산별곡>도 이와 크
게 다르지 않을 것이다. 특히 장사훈은 <청산별곡>이 조선에 들어
와서 <納氏歌>로 대치되었다는 점, <납씨가>는 가사만 새로 지었을
뿐 그 음악은 <청산별곡>의 곡을 그대로 답습한 점 등을 들어 <청산

---

11) 김쾌덕, 「청산별곡에서의 청산의 의미」, 『부산한글』 5집, 한글학회 부산지회, 1986, pp.6
　　9~88.
12) 최동원, 「고려속요의 향유 계층과 그 성격」, 『고려시대의 가요문학』, 새문사, 1982, p.Ⅱ-
　　103.

별곡>이 여대 속악 가운데 하나임을 분명히 하였다.[13] 그렇다고 작품의 생성시기를 어느 시기로 좁혀 잡기보다는[14] 다른 속가와 같이 극히 혼란했던 고려후기로 넓혀 잡는 것이 보다 타당하리라 본다.

사실 많은 선학들은 고려후기의 혼탁한 사회상황과 관련지어 이 노래를 고구해 왔다. <청산별곡>을 유랑민의 노래로 규정한 이들[15]의 입장도 시대현실과 관련하여 그렇게 정의한 것이다. 특히 김종우는 <청산별곡>의 내용을 말하는 자리에서 "본가(本歌)는 여대 민중이 빈번한 왜구 침략과 격심한 내환에 시달린 끝에 자기의 농토와 가향(家鄕)을 잃고 청산으로, 녹해(綠海)로 유리걸식(流離乞食)하게 된 그 참상을 드러낸 것이 아닌가"[16] 하여 이 노래가 고려, 특히 후기의 사회·역사적 배경 속에서 자연적으로 배태 생성된 것임을 역설했다.

일찍이 장지영도 <청산별곡>의 창작 동기를 밝히면서 "고려의 정치상과 사회상에서 나온 것으로 어쨌든 민요적 성격이 짙은 이 노래는 백성들이 갖는 진솔한 감정에의 유로에서 생성된 것이라 볼 수 있기 때문에 당시 사회적 상황의 반영은 불가피한 일이었음이 확실하다"[17]고 하여 고려후기의 상황과 관련지어 파악하고 있다. 필자도 이 노래가 고려후기의 사회 배경을 바탕으로 한 노래라는 점에 주목하여 청산이 내포하고 있는 의미를 캐고자 한다. 문학 작품 속에 나타나는 사건은 현실적인 것이 아니라 허구적인 것이라 하더라도 결코 그것이 생성된

---

13) 장사훈, 『국악논고』, 서울대학교출판부, 1980, p.54.
14) <청산별곡>의 제작연대를 아주 좁혀 본 견해도 있다. 김언종은 <청산별곡>의 제작연대를 의종 연간으로 보았고(『고황논문집』 1집, pp.27~37.), 고창식은 의종 24년에서 고종 42년 간이라고 잡았다.(『국어교육』 3집, pp.89~95.) 또 서수생은 "고종조 전후에 형성된 작품이라 생각하나 아무리 늦게 잡아도 익재 소악부 한역 시기 이전 고려 어느 임금 때임이 틀림없다."고 했다.(『한국시가연구』, pp.108~109.)
15) 이명선, 『조선문학사』, 범우사, 1990, p.84.
    김재용, 앞의 논문, p.154.
16) 김종우, 「중고문학의 현실성 고찰」, 『향가문학연구』, 삼우사, 1976, p.290.
17) 장지영, 「옛노래읽기」, 『한글』 110호, 한글학회, 1955.

당시의 환경과 창작자의 의도를 무시할 수 없기 때문이다.[18]

고려는 역사상 어느 시대보다 격동과 격변으로 점철된 시기였다. 특히 고려후기는 더욱 그러했다. 거란의 계속적인 외침, 여러 차례에 걸친 몽고의 침략과 지배, 이자겸·묘청의 난, 정중부 등의 무신란, 그리고 이에 따른 민란 등 그야말로 암흑과 수난의 역사였다. 따라서 얼핏 생각하면 고려시대는 내외의 어지러웠던 상황으로 보아 민중의 의기가 꺾이고, 좌절되어 도피와 은일만이 풍미했을 것 같이 보이나 그렇지는 않았다. 그런 와중에서도 고려 민중의 의식은 오히려 내면적으로 더욱 강화되어, 잦은 외침과 내부 관리들의 수탈에 대하여 강한 저항을 보였던 것이다.

역사심리학적으로 볼 때 보통 긴장된 상황 아래서 대부분의 집단은 은둔적 형태와 혁명적 형태, 이 두 방향의 행동이 정동적(情動的 emotional)으로 유도된다.[19] 그리고 그 집단이 어떤 형의 행동으로 정동화(情動化)하는가는 역사적 상황·일련의 문화·사회적 요인들에 달려 있다. 어떤 집단이 절망스런 상황에 놓일 때, 곧 억압하는 힘이 강해서 피억압집단의 승리를 합리적으로 기대할 수 없는 긴장 상황에 있을 때, 그 집단은 대체로 은둔적 형태의 행동을 취할 가능성이 많다. 그러나 고려의 민중은 보수적인 농촌 사회의 생산·경제구조가 자신이 몸담고 있는 현실세계에 대해 절연을 선언할 수 없게 하는 특성을 지니게 했는지는 몰라도, 은둔적 형태의 행동만 있었던 것은 아니었다. 산 속에 숨어서 소극적인 삶을 사는 태도보다는 오히려 반란과 저항으로 적극적인 행

---

18) Northrop Frye, 『Anatomy of Criticism』(임철규 역, 『비평의 해부』), 한길사, 1982, p.121. 이는 문학연구에 있어서 역사주의적 입장을 취하는 많은 이들의 견해에서 충분히 알 수 있다. 게다가, 문학이 갖는 상상력을 강조하고 있는 바슐라르도 『공간의 시학』에서 "문학이란 보편적이고도 영원한 테에마를 다루고 있으면서도 당대의 철학적 정치적 미적 경향을 반영한다."고 하였다.

19) Zevedei Barbu, 『Problems of Historical Psychology』(임철규 역, 『역사심리학』), 창작과비평사, 1983, p.84.

동을 드러내거나 그렇지 않은 경우 차라리 유민으로 떠돌아 다녔던 것이다.[20] 고려 민중의 이와 같은 현실지향적 행동은 그들이 현실을 외면하고 사는 소극적인 민중이 아니었음을 말해 주는 것이 된다. 조정의 의사와는 달리 몽고의 침략에 끝까지 대항하여 진도와 제주도로 전전하면서 대몽항쟁(對蒙抗爭)을 벌인 삼별초도 그 주축은 일반 백성이었다. 그러나 이런 사정은 일반 백성에만 국한되는 현상이 아니었다. 무신의 난이 일어난 뒤 당시의 지식인들 가운데 유관을 벗어 던진 후 명리에 초탈한 채 산림에 묻혀 지낸 사람보다는 오히려 과거로 세상에 나아갔거나, 최씨 정권에 등용되어 최씨의 문객으로 행세한 사람도 많았다[21]는 사실도 고려인들의 현실지향적인 속성을 드러낸 것으로 풀이해야 좋을 것이다. 문학적으로 볼 때 이규보가 『東明王篇』을, 이승휴(李承休)가 『帝王韻記』를 지었던 일이나, 익재(益齋)가 『益齋亂藁』 소악부(小樂府)에 <耽羅謠>나 <水精寺> 등을 한역하고 있는 동기도 이와 같은 맥락에서 파악되어야 할 점이다.[22]

이러한 고려 민중의 현실지향적 태도는 그들이 '청산'에 대해 가졌던 의식의 일단을 해명하는 데에 중요한 전제가 된다. 이 점을 바탕으로 하여 '청산'의 상징적 의미를 작품 내용과 결부시켜 살펴보자.

본시 산은 보호의 상징일 뿐 아니라 동시에 유폐의 상징이다.[23] 프로이트가 산 속의 숲이 '모성 이미지'를 갖고 있다고 한 점은 산이 지니고 있는 보호의 상징성과 연결되는 지적이다. 그러나 산은 동시에 유폐(幽閉)의 상징으로 절대고독과 고립의 정서를 수반하는 장소이거나, 일상

---

20) 김동욱, 「한국문학의 기저」, 『고전문학을 찾아서』, 문학과 지성사, 1981, p.20.
21) 이우성, 「고려무신 집권하의 문인지식층의 동향」, 『한국의 역사상』, 창작과 비평사, 1982, pp.187~192.
22) 이우성, 「고려 중기의 민족 서사시」, 『한국의 역사인식』 상권, 창작과 비평사, 1980, pp.148~190.
23) Erich Fromm, 『The forgotten Language』(김남석 역, 『잊어버린 언어』), 서음출판사, 1983, p.33.

적 현실세계와 유리(遊離)된 장소가 된다. 오상태가 "청산의 이미지는 단순히 높은 산이나 푸른 산을 가리키는 것이 아니고, 누구의 손에도 닿지 않는 머루나 다래가 저절로 익어가는 세속과는 먼 거리에 있는 자연의 세계를 가리키는 산"이라 한 것은[24] '청산'은 현실세계와 유리된 유폐의 공간임을 말한 것이다. 이렇게 보면 '청산'은 자연을 대표하는 비세속적 공간으로 이상향의 의미를 지니게 된다. 그러나 동서고금을 통해 머루나 다래를 따먹으면서 유족하지 못한 삶을 영위해야 하는 곳이 이상향으로 설정된 예는 어디에도 없다. 이상향, 즉 낙원의 공간은 폐쇄되어 있어도 생활에는 불편함이 없고 넉넉한 곳이다. 따라서 <청산별곡>의 '청산'을 낙원으로 보는 견해는 재고되어야 한다.

또한 박진태도 "청산과 바다는 현실의 인위(人爲)와 투쟁의 원리를 초월한 이상세계를 표상하는 공간이다"[25]라고 하여 '청산'이 낙원의 의미를 지닌 곳으로 보고 있고, 전규태도 "청산별곡의 청산은 현실상에 존재하는 지역이 아니라, 현실에 대한 불만이 가져온 유토피아의 이미지"라 하여 앞의 오상태와 논의를 같이 하고 있다.[26] 이 외에도 윤강원이 말한 '청산'의 속성도 이와 크게 다르지 않다.

> 泉石이 자연의 일부인 것처럼 청산도 자연이다. 이는 제유법이다. 그러므로 인위적인 제도나 인습적인 관습에 얽매이는 것보다는 자연적인 상태, 비제도적인 환경을 나타낸다고 보아야 될 것이다. 이 청산은 구체물이 아니라 오히려 추상물이어야 한다.[27]

그러나 <청산별곡>의 '청산'은 이와 같은 낙원적 성격을 띨 수 없는

---

24) 오상태, 앞의 논문, p.142.
25) 박진태, 앞의 책, p.70.
26) 전규태, 앞의 책, p.89.
27) 윤강원, 앞의 논문, p.47.

곳이다. 곧 동양에서 낙원이라 하면 무릉도원이나 도가의 낙원을 생각하기 마련인데, <청산별곡>의 '청산'은 노장(老莊)이 말하는 낙원과도 상당한 거리가 있는 것이다. 장자가 『장자』 내편 소요유에서 말한 이상향인 '막고야산(藐姑射山)'은 삶에서 파생되는 모든 괴로움은 물론, 생로병사에서도 자유로울 수 있는 그런 곳이다.

> 막고야산(藐姑射山)에 신인이 사는데 살결이 얼음이나 눈 같고 자태가 처녀같으며 오곡은 먹지 않고 바람과 이슬을 마시며 구름을 타고 나는 용을 몰며 사해 밖을 노닐고 있다고 하네. 그가 정신을 집중하면 만물이 병들지 않고 곡식 풍년이 든다네.[28]

이런 곳은 <청산별곡>의 '청산'처럼 다래나 따먹으면서 밤낮으로 단절의 아픔을 지닌 채 괴로워해야 하는 곳과는 거리가 멀다. 따라서 <청산별곡>의 '청산'은 낙원이기보다는 오히려 비낙원적 의미를 지니고 있다고 보아야 한다.

김승찬은 진화의 '도원경'(桃源境)을 예로 들어, <청산별곡>에 나오는 '청산'과 '바닷가'가 이상향이 될 수 없음을 지적하고 있다.

> 그들이 꿈꾼 선경이란 계절의 변화로 세월의 흐름을 느끼되 땅은 기름지고 물은 부드러운 곳, 한가하여 삽살개가 구름보고 짖는 그런 안온한 세계였던 것이다. 결코 <청산별곡>에 등장하는 머루나 다래를 따먹을 수 있는 청산이나, 나문재와 굴조개를 먹을 수 있는 바닷가는 이상향이 될 수가 없었다. 그 곳은 웃으며 어린아이를 데리고 앞뒤를 잊을 수 있는 곳이 되지 못하기 때문이다.[29]

---

28) 藐姑射之山有神人居焉 肌膚若氷雪 淖約若處子 不食五穀 吸風飮露乘雲氣 御飛龍而遊乎四海之外 其神凝使物不疵癘而年穀熟. 그리고 『列子』의 黃帝篇에 나오는 列故射山도 백성들이 위협받거나 탄압 당하는 일이 없는 낙원으로 묘사되고 있다.

29) 김승찬, 앞의 책, 1983, pp.183~184.

동서고금을 막론하고 어느 나라에서나 일반 백성들은 부정적인 극한 상황을 심리적으로나마 극복하기 위하여 현실과 유리된 장소를 이상향으로 설정한다. 그러한 장치 속에서만이 현실의 고통을 위무(慰撫)받을 수 있고 불안을 제거할 수 있는 것이다. 무릉도원(武陵桃源)이란 진 나라의 학정(虐政)을 피하여 권속을 이끌고 그 곳에 들어가 속세와 절연한 채 생활한 곳이다. 토마스 모어의 '유토피아'나 제임스 힐톤의 '샹그릴라', 그리스의 '아르카디아'가 모두 이와 같은 상상적인 낙원이다.[30] 이런 곳에서는 의식주에 얽매여 겪는 현실 속의 고통은 완전히 제거된 채 풍족하고 자유롭게 생활할 수 있다고 믿었다. 그러므로 세속적인 번민에 싸여 전전긍긍하는 곳은 그 곳이 어디에 위치하던 이상향이 될 수 없는 것이다.

김재용도 '청산'을 비낙원으로 보아 김승찬과 유사한 견해를 보이고 있다.

> 청산이 곧 이상향이 될 수 없다는 점에서 절박한 심정은 더욱 암울한 분위기에 빠지고 만다. 얼핏 생각하면 머루나 다래가 비세간적인 속성으로 말미암아 청산과 어울려 이상향의 음식물로 보일지 모르나 행간에 흐르고 있는 문맥적 사실은 오히려 반대다. 속세생활의 부정적 상황에 처한 이가 전혀 반대되는 이상향으로서의 청산을 기대한다는 것은 자연스럽지 못하다. 그보다는 고통 받으며 괴롭게 살 바에야 머루나 다래를 먹으며 산에 들어가 사는 편이 좋을 것이라는 느낌이 우세하다. 그렇다면 청산은 이상향이 될 수 없고 쫓겨 가거나 밀려나는 자의 정신적 도피처인 셈이다.[31]

---

30) 삼국시대의 민중들이 미륵하생사상이나 미타사상, 그리고 관음이 국토에 현신한다는 생각에 깊이 빠져 든 것도 이와 같은 낙원사상과 연관이 있다 하겠다. 즉, 신라인들이 자신들이 당시 살고 있는 현실의 국토를 불국정토로 만들려고 한 것이나, 백제 무왕이 미륵사를 창건하여 미륵존상을 여기에 안치시킨 것도 다 같은 궤이다. 또 당시의 사람들이 시간적으로는 미래, 공간적으로는 여기서 서쪽으로 10억만 국토를 지나서야 존재한다는 아미타불의 정토를 강하게 소망한 것도 크게 보면 이와 같은 차원이라 하겠다.

31) 김재용, 앞의 논문, p.154.

이 구절은 구체적인 예증 없이, 막연하게 문맥적 사실만으로 '청산'이 이상향이 될 수 없다고 했으나, 이 지적만은 수긍할 만하다. 그러나 <청산별곡>의 '청산'은 종교적인 성스러움으로 가득찬 공간이나 이상향으로서의 의미가 배제된 장소로서, 낮과 밤을 근심 걱정으로 보내야 하는 곳이므로 참다운 일시적 도피처로도 보기 어렵다.

즉 <청산별곡>의 '청산'은 낙원으로서의 요건을 전혀 갖추지 못한 곳이며, 동시에 고려인들의 암울한 삶을 구원받을 수 있는 도피처로도 인식되지 않은 곳이다. 이러한 '청산'의 비낙원적 성격은 작품 내용과 구체적으로 연계시켜 볼 때 더욱 확연해진다.

<청산별곡>의 첫 연에 나오는 '머루랑 드래랑'은 현실에서 받는 고통과 제약, 괴로움을 반증하는 것으로 볼 수 있다. 초근목피로 어렵게 연명해 가는 극한상황을 표현하는 것과 아무 다를 바 없는 셈이다. 실상 민중들이 바라는 행복이란 단순하게 말해 가벼운 세금과 힘들지 않는 노력 봉사, 그리고 의식주에 대해 걱정없이 사는 보람을 갖는 것이라 하겠다.[32] 그렇다면 고려인들이 누린 현실적인 삶과 '청산'에서의 삶은 모두 일반 민중이 바라고 있었던 그러한 행복과는 거리가 멀었다. 따라서 첫 연에 '살다'라는 말을 반복 사용하고 있는 것은 삶에 대한 원초적인 희구를 강렬하게 나타낸 것으로 볼 수 있다. "살았으면 좋았을 것을, 살았으면 좋았을 것을, 이와 같은 막심한 고통과 고난 속에서 내일이 없이 살아야 할 바에야 차라리 머루, 다래라도 따먹으면서 산 속에 묻혀 살았으면 좋았을 것을"이란 의미를 첫 연은 내포하고 있는 것이다.

그렇지 않고 설혹 화자가 '청산'을 좋은 은거의 장소로 생각했더라도 '청산'이란 장소는 삶의 조건으로 볼 때, 백이숙제(伯夷叔齊)가 주의 무왕을 비난하면서 들어가 굶어 죽은 도피처였던 수양산과 같이 고난

과 죽음의 의미 외엔 다른 뜻이 들어 있지 않은 곳으로 보아야 될 것이다. 백이숙제가 수양산을 낙원으로 인식하여 그 곳에 은거한 것이 아님은 누구나 짐작할 수 있는 일이다.

다음으로 주목할 것은 '청산'의 생활을 화자가 우는 행위로 그렸다는 점이다.[33] 일반적으로 울음은 감정을 정화하는 하나의 방편이긴 하다. 그러나 <청산별곡>에 등장하는 우는 행위를 심리적 정화작용으로 보기는 어렵다. 사회상황이 비극적 양상으로 극단화될 때 인간이 현실과는 다른 이상적인 세계를 마음 속에 그림은 보편적인 현상이다. 그렇다고 울면서 지내야 하는 장소밖에 안되는 청산이 고려의 일반 민중에게 낙원으로 상상되었을 리가 없는 것이다.

> 이링공 뎌링공ᄒ야 나즈란 디내와손뎌
> 오리도 가리도 업슨 바므란 ᄯᅩ 엇디 호리라

이 4연은 외로운 청산에서의 생활을 낮에는 그런 대로 어떻게 지낼 수 있으나 절박감과 고독이 짙게 몰려 오는 밤의 생활은 참기가 더 어렵다는 점을 말한 부분이다. 속가 가운데서 밤이 작품의 시간적 배경으로 설정되고 있는 노래는 <정읍사>·<정과정곡>·<유구곡>·<만전춘별사> 등 그 예가 많다. 그런데 이들 작품 속에서 밤의 시간은 전부 부정적인 상황으로 인식되고 있다. 이와 같이 <청산별곡>에서의 밤도 비탄과 고독을 함께 하는 부정적인 시간으로 인식되어지고 있다. 화자는 고독과 외로움으로 가득한 시간인 낮과 밤에 전전긍긍(戰戰兢

---

33) 이등룡이 발표한 「청산별곡 후렴구-얄리 얄리 얄라셩 얄라리 얄라-의 어휘적 의미 연구」 (『대동문화연구』 제19집, 1985, pp.87~109)에서는 후렴구의 해석을 지금까지의 견해와는 다르게 '달래 달래 외로움(을) 달래라 달래'로 보고 있다. 만약 이 견해를 받아들인다면 '청산'을 낙원으로 알고 은둔했던 사람이 '청산'의 생활을 달래려고 하는 것이 되어 '청산'이 낙원적 의미를 지닌다는 점은 더욱 부정될 수밖에 없다.

鵁) 괴로워하면서 울고 있는 것이다. 그런 심정 속에서는 즐겁게 지저귀는 새도 자아와 동일시되어 우는 모습으로 비추어질 것은 당연한 이치다. 그렇다고 화자는 밤의 고독을 극복할 지혜를 갖추거나, 그것을 극복할 좋은 방법을 생각하는 것도 아니다. 오히려 밤에 실컷 울려고 작정한 것처럼 "우러라 우러라 새여"하고 울음을 강화하고 있다.

이렇게 보면 <청산별곡>의 화자는 당초부터 속세와 절연한 채 고독하게 '청산'에서 혼자 살려고 하지도 않았으며, 또 '청산'에서 혼자 살 수도 없는 기질의 인간이었다[34] 할 만하다. 속세가 싫어 '청산'으로 삶의 터전을 옮길 사람이라면 어찌 밤의 절대 고독을 감내할 수 없을 것이며, 낙원으로 생각한 '청산'이라면 어찌 울고 지내겠는가?

이러한 '청산'의 비낙원적 속성은 3연에서 볼 수 있는 속세에로의 회귀감정과 청산에 그대로 체류하고 싶어하는 심리와의 상충에서 생긴 '접근회피갈등(接近回避葛藤)' 양상에서도 엿볼 수 있다. '청산'을 낙원으로 인식했다면 '떠나고 싶음'과 '있고 싶음'의 두 가치 사이의 갈등심리가 아예 야기되지 않았을 것이기 때문이다. 따라서 '청산'은 낙원의 의미를 내포하고 있는 삶의 터전이 아님을 알 수 있다. 다만 고통스러운 현실 상황을 감내하지 못한 화자가 그의 암울한 심정을 표현하기 위해 '청산'을 단순한 보조재(補助材)로 사용하고 있는 것이다.

말하자면 <청산별곡>의 '청산'은 현실을 초월한 이상향이 아니라, 고난스러운 현실 그 자체에 대한 화자의 적극적인 지향의지가 함축된 내면상징이다. 따라서 <청산별곡>은 현실집착의 성격을 지닌 노래라 할 수 있다. 작품의 문면에는 그러한 현실집착의 의지로 인해 야기된 고통스러움과 슬픔의 양상이 단계적으로 노출되고 있는 것이다.

---

34) 김석하, 『한국문학의 낙원사상연구』, 일신사, 1973, p.294. 여기서 김석하는 <청산별곡>의 즈 인공은 강호몰입적인 은둔에 목적이 있는 것이 아니라면서, "차라리 임에의 지극한 미련과 현실적인 욕구의 절박 때문에 짐짓 청산과 바다로 떠나보는 체하는 것뿐이다"라고 했다.

그것은 크게 1·2·3연과 4·5연, 그리고 6·7·8연의 세 개의 의미 단락을 이루고 있음을 볼 수 있다. 다음에서 이 점을 구체적으로 살펴보고자 한다.

3. '새'와 시대상황

<청산별곡>을 현실도피와 체념의 노래로 보는 견해는 의외로 많다. '청산에 산다', '운다', '올 사람도 갈 사람도 없는 밤', '바다에 산다', '술' 등등의 어휘나 문장이 주는 어둡고 건강하지 못한 어감 때문에 일차적으로 이 노래가 체념의 정조를 전달하고자 하는 것으로 파악한 것이다. 사실 <청산별곡>의 화자는 '청산'을 현실도피의 장으로서 잠시나마 생각했을는지도 모른다. 식량으로서는 그 구실을 원만히 다 할 수 없는 머루나 다래를 따먹으면서까지 '청산'에 살려고 했으니 말이다. 실제로 고려후기인 충렬왕조의 기록만 보아도 장정(壯丁)은 다 전함을 수리하는 등의 공역(工役)에 나가고 노약자만 남았는데, 남은 일반 백성들은 나무 열매와 풀잎으로 어렵게 연명했다는 기록을 찾을 수 있다.[35]

이처럼 유족하지 못한 삶을 행복한 삶이라 볼 수는 없다. 또 그것이 누구나 다 원하는 바람직한 삶의 방식이나 형태도 아니다. 이는 현실에 불만이 많든지 대처할 수 없는 위협과 불가피한 상황 아래서만 취할 수 있는 삶의 극한적인 양식일 뿐이다. 더구나 '청산'은 속세를 벗어나 즐거운 삶을 영위할 수 있는 낙원적 의미를 갖고 있는 곳이 아닌데도 "살어리 살어리랏다 청산에 살어리랏다"라고 노래하였으니, 더욱 그러하리라 생각된다. 그렇기 때문에 <청산별곡>의 제1연은 피지배층인 일반 백성들이 지배

---

35) 『고려사』 권28 충렬왕 원년 정월조. 丁壯悉赴工役老弱僅得耕種 …… 已有採木實草葉而食者 民之凋弊 莫甚此時.

층의 수탈이나 기타 폭압을 피해 밖으로 나아가 안주하고픈 강렬하고도
절실한 욕망을 영탄적 정조로 노래하고 있다고 봄이 좋을 것이다.

> 살어리 살어리랏다 靑山애 살어리랏다
> 멀위랑 두래랑 먹고 靑山애 살어리랏다

　어떤 사람이라도 스스로 자유 의지에 따라 고립무원의 폐쇄적 공간인
청산에서 하찮은 머루나 다래와 같은 산과일을 따먹으면서 어렵게 살
려고 작정하는 일은 쉽지도 않으며, 또 흔치도 않을 것이다. 특히 고독
감을 절감한 나머지 "오리도 가리도 없는 바므란 또 엇디 호리라"로
자탄할 수밖에 없었던 일반 백성의 경우는 더욱 그러했을 것이다. 다만
여기서는 머루나 다래를 따먹으면서 비참하게 꾸려가는 '청산'의 생활
일지라도 심한 억압이 가해지고 생사를 예견할 수 없는 고난스러운
삶의 터전보다는 차라리 나을 것이라는 판단이 섰기 때문에, 그와 같은
행태의 자탄이 나올 수 있는 것이다.
　화자는 현실에서 농사를 짓고 사는 것이 비원(悲願)이긴 하지만 이
노래에서는 차라리 '청산'에 묻혀 초근목피로, 바다에서 해조류 등으로
궁색하게 사는 편이 오히려 낫겠다고 현실에 대한 불만스러운 심정을
토로하고 있는 것이다. 따라서 이는 <청산별곡> 생성 당시 삶의 현장
이 얼마나 극렬한 고통을 주는 터전이었던가를 역설적으로 드러내 주
는 말이 된다.
　고려시대 관리들의 가렴주구(苛斂誅求)는 상상을 불허할 정도로 심했는
데 <사리화> 등의 속가에 그 실상이 잘 반영되고 있다. 특히 고종 때에는
관리들의 학정과 가렴주구가 얼마나 가혹했던지 일반 백성들은 이민족(異
民族)인 몽고병이 침략해 오는 것을 도리어 좋아했을 정도였다.36)

---

36) 『고려사』 권24 고종 43년 2월조. 是月 以蒙兵 停發六道宣旨使 用別監 時奉使者剝民橫斂

이와 같은 형편이었으니 향리(鄕里)에 묻혀 농사를 지으면서 살아갈 백성들이 어디 있었겠는가? 따라서 유민이 속출했으며, 이런 유민 현상은 고려후기에 창작된 많은 한시에도 잘 나타나고 있는 소재이다.[37] 농민이 토지를 떠나서 유민이 되는 경향은 12세기 초의 예종 때부터 이미 나타났다. 개경에 가까운 경기나 서해도 지방에서 특히 많았는데, 이는 중앙귀족들을 위한 곡물징수나 부역이 심했기 때문이다. 관리들의 착취와 수탈이 극심하여 자식을 팔아 조세를 납부하는 극단적인 경우까지 있었다.[38]

<청산별곡>도 이렇게 한 곳에 정착할 수 없었던 극한 상황 속에서 자연 발생적으로 형성된 것이라 볼 수 있으며[39] 이런 사정은 1연에 집약적으로 나타난다. 향리에 안주하여 농사를 짓고 살 수 없는 딱한 사정이 원인이 되어 나쁜 삶의 조건을 제공해 주는 '청산'이지만 일시적으로 도피의 장소가 되고, 이래서 '청산'이 삶의 장으로 가상적으로 설정된 것이다. 다시 말해 화자는 '청산'을 훌륭하고도 편안한 삶을 제공해 주는 장소로 생각하고 노래 부르고 있는 것이 아니라, 현실에 애착을 갖고 살려고 하나 살 수 없는 정황을 거꾸로 진술하고 있는 것이다. 즉, 도피를 통한 현실집착을 나타낸 것으로 심리학에서 말하는 반동형성이다. 화자는 고통스러운 현실 상황 속에서 바람직한 현실에

    以固恩寵 民甚苦之 反喜蒙兵之至.

37) 즉, 이곡의 『稼亭集』을 보면 이런 사정을 극명히 알 수 있다. 그의 시 <淸明後出 城南望 西山雪>에서 '농민들이 배가 고파 서로 잡아 먹는다(民今相食是何心)'라고 읊고 있다.

38) 『고려사』 권31 충렬왕 22년 1월조에 '조세 때문에 자식을 판 자는 관에서 贖還해 주라'는 내용이 있는데, 이 기록은 이와 같이 자식을 판 사실이 많음을 시사한다. 또 백성들 사이에는 굶어 죽은 시체가 길에 즐비하기도 했다 (이는 崔瀣의 詩 <三月 二十三日雨>에 '靑泥井水涸 赤色朝暾光 道路多餓殍 交原阻農桑'라는 구절로써도 알 수 있음).

39) 『詩經』 魏風의 <碩鼠>도 <청산별곡>과 같이 학정과 誅求에 못이겨 삶의 현장을 떠나 낙토로 가고자 함을 노래하고 있다. 여기서 탐관오리는 '큰쥐'에 비유되고 있다.
    "큰쥐 큰쥐 내 기장을 먹지 말라. 세 해를 섬겼건만 나를 즐겨 돌아보지 않는다. 가서 장차 너를 떠나 저 樂土에 가리라 낙토여 낙토여 이에 내 처소를 얻으리라. (碩鼠碩鼠 無食我黍 三歲貫女 莫我肯顧 逝將去女 適彼樂土 樂土樂土 爰得我所)"

로의 강한 지향의지를 드러내면서 '청산'을 일시적으로만 생각하고 있
는 것이다.

　다음으로 둘째 연을 살펴보기로 한다. 이 연은 앞 뒤 행의 의미가
상치되고 있어 문제가 될 수 있는 연이다.

　　　우러라 우러라 새여 자고니러 우러라 새여
　　　널라와 시름한 나도 자고니러 우니로라

　이 부분을 "울어라 울어라 새여 / 자고 일어나 울어라 새여 / 너보다도
시름이 많은 나도 / 자고 일어나 우니노라"와 같이 일반적 해석을 하면
전체 맥락상 모순이 된다. 즉, 이 2연은 "너보다도 근심 걱정이 많은
나도 자고 일어나 운다. 그러니 나보다 근심 걱정이 적은 너도 자고
일어나 울어라"라는 내용의 구문을 도치시켜 노래 부른 것으로 볼 수
있다. 이의 내용은 상식적 보편의 논리로는 도저히 설명이 안된다. "근
심 걱정이 너보다도 많은 내가 우니까 근심 걱정이 나보다도 적은 너도
울어라"고 하는 식의 표현은 있을 수가 없다. 문장의 형식구조로는 모
순이 없지만 내용으로 볼 때 이 문장은 성립이 안된다.

　그러나 이 구절의 의미 연결이 창작 당시 가창자들에게 모순으로 생
각되었을 리는 없었을 것이다. 왜냐하면 아무리 해석해도 논리적으로
모순된 문장을 가요의 내용으로 삼아 노래하지는 않았을 것이기 때문
이다. 다시 말해 오늘날의 입장에서 해석할 때는 모순인 것처럼 생각되
지만 가요 발생 당시와 조선조에 들어와서 문헌에 정착될 때는 그것이
내용상으로 전혀 모순이 아니었음이 확실하다. 그러면 오늘날 우리에
게 겉으로 모순으로 보이는 이 연의 내용을 어떤 의미로 해석할 것인가?
필자는 이 연에 나오는 '새'의 상징적 의미를 옳게 파악할 수 있다면
쉽게 이 문제는 해결될 수 있으리라 본다.

'새'의 상징적 의미는 다양하다. 새에 따라서는 천상을 향하여 상승, 고양되는 인간정신을 상징하는 긍정적 의미가 있는 반면에 교활한 삶의 자세를 상징하는 부정적인 측면도 있다. 즉, 비둘기는 순진무구를 표상하나 자고와 같은 새는 간교함을 상징함이 그 예이다.40) 현재도 말이 많은 경우 "참새처럼 조잘거린다"라 표현하는 것이나, 일정한 거처가 없이 왔다 갔다 하거나 방황하는 사람을 철새로 나타내기도 하는 것은 새가 부정적인 의미를 표출하는 상관물임과 동시에 한 곳에 안주하지 못하는 상징물로 작용함을 보여 주는 좋은 예가 된다. 또 "새 오리 장가가면 헌 오리 나도 한다"나 "새 까먹는 소리" 등의 속담이 보여 주듯이 새는 부화뇌동하거나 유언비어를 퍼뜨리는 바람직하지 못한 사람을 가리키는 말로서 사용되고 있다. 그러나 고려나 조선초기에 새가 어떤 상징성을 띠고 작품에 차용되었는지는 정확히 알 길이 없고, 또 그것에 대한 연구도 별반 없어 지금의 상징성과 동일한지의 여부도 가리기 어렵다. 다만 뜻이 급변하지 않는 언어의 속성으로 보아서 지금의 경우와 상징하는 바가 크게 다르지 않았을 것이라고 추론해도 괜찮으리라 생각된다.

속가 <만전춘별사>나 <사리화> 등에도 오리나 참새가 나온다. <만전춘별사>의 오리가 바람둥이 남자, 즉 노류장화를 찾아드는 탕아를 상징함은 잘 알려진 사실이다.41) <사리화>에 나오는 참새는 다 지은 곡식을 쪼아먹는 해로운 새, 곧 탐관오리에 비유되고 있다. 이렇게 볼 때 속가에 등장하는 새는 작중 화자와는 본질적으로 대치되며, 또 대부분 부정적 상관물로 인식되고 있음을 알 수 있다. 이것은 <청산별

---

40) J. E. Cirlot, 『A Dictionary of Symbols』, philosophical library Inc, 1962, p.27.
41) 시베리아 지방에서도 남자를 숫오리에 비유하기도 했으나, 그 곳에서는 탕아로 지칭되지
  는 않았다. V. Dioszegi and M. Happal, 『Shamanism in Siberia』. (최길성 역, 『시베리아
  의 샤머니즘』, 민음사, 1988.)

곡>에 등장하는 새의 상징성을 파악하는 데에 좋은 단서가 될 수 있으리라 본다.

지금까지의 연구에서는 이 연의 새를 작자의 분신으로 봄이 일반적이었다.[42] 그러나 <청산별곡>이 민요적 속성이 짙은 노래라는 점을 감안한다면 새를 작자의 분신이라는 고차원적인 상징보다는 오히려 일반적 상징 관념이 배어 있는 대상으로 파악함이 옳지 않을까 한다. 왜냐하면 민요와 같은 노래에 지나친 고도의 상징 수법과 문학적 의장이 차용되는 예는 그리 흔치 않기 때문이다. 따라서 <청산별곡>의 새는 <만전춘별사>의 오리처럼 탕아적·변질적 행동을 자행하는 사람으로서, 부정적 관념을 표상하기 위하여 비유적으로 사용된 것으로 보아야한다.

이에 해당되는 역사적 사실로는 신라 혜공왕 때의 일을 들 수 있다. 즉, 혜공왕 2년(767) 7월에 각간(角干) 대공(大恭)이 반란을 일으켰는데, 이 때 대공의 집 배나무에 수 없이 많은 참새 떼가 모여 들었다고 했다.[43] 물론 실제 참새가 많이 날아 들었다고도 볼 수 있겠으나 아마도 역적 대공의 세력에 부화뇌동하는 부역배, 반역도의 무리를 두고 비유적으로 말한 것으로 봄이 합리적이라 여겨진다.

이 <청산별곡>에서의 새도 참새와 같은 행동을 하는 무리인데, 구체적으로는 고려후기의 어려웠던 상황에 처해서도 교묘히 행동하면서 자신의 이익만을 도모함과 동시에 국가에 해악을 끼친 무리들, 그러면서도 양심의 가책도 없이 살아가는 간신배들을 나타낸 것으로 볼 수 있겠다. 충렬왕 때에만 해도 원에 아부하여 본국 고려를 괴롭힌 오잠·김원상 등 간신배들의 무리가 많이 있었다.

이렇게 볼 때 2연은 화자가 '새'로 비유된 간신배와 변절자 무리들에

---

42) 정병욱, 『한국고전시가론』, 신구문화사, 1977. 이외에도 여러분들이 '새'를 정병욱과 같은 입장에서 파악하고 있음.
43) 『삼국유사』 권2 혜공왕조 참조. 角干大恭家梨木上雀集無數 據安國兵法下卷 天下兵大亂.

게 양심에 벗어나지 않는 행동을 촉구함과 동시에 끝없이 울면서 반성
하라는 내용이 된다. 따라서 도치된 내용을 문맥에 부합하도록 바로
잡아 보면 "너보다도(국가나 민족을 위하여) 근심 걱정을 많이 한(지금
은 후회 없이 울지 않아도 될 떳떳한) 나는 (그래도) 늘상 괴로워 울고
있는데, (나보다 근심 걱정을 적게 했던 너는 지금 나 보다 더 많이
뉘우치고 많이 울어야 될 것이 아니겠느냐? 그러니) 너도 자고 일어나
울어라 새야! 그래서 너의 떳떳치 못한 죄과를 조금이라도 씻어라"라는
문의를 깔고 있다고 보겠다. 따라서 2연도 1연과 같이 현실에 대한 근심
과 애착을 읊고 있음을 알 수 있다.

3연에서도 새가 계속 등장하고 있는데, 새와 관련지어 이 연의 내용을
살펴 보기로 한다.

　　가던새 가던새 본다 믈아래 가던새 본다
　　잉무든 장글란 가지고 믈아래 가던새 본다.

3연은 여러 면에서 논란이 많다. 특히 "잉무든 장글란 가지고"에서
'가지고'의 주체가 우선 문제가 되며, 또 '잉무든', '믈아래'에 대해서도
정확한 해석을 내리지 못하고 있다. 그리고 종결어미 '본다'의 처리도
각인각색이다.

'가지고'의 주체로는 제3자를 상정해 볼 수 있으나 필자는 '새'로 보
고자 하며[44], '잉무든'은 '이가 무딘'으로 봄이 좋다고 생각한다. '잉무
든'을 '이끼가 긴'으로 해석하면 일반적인 상식에 배치되는 해석이 된
다. 왜냐하면 이끼는 바위 등에 끼이지 쟁기 등 연모에는 끼지 않기

---

44) '가지고'의 주체를 제3의 다른 이로 볼 경우, 제3자에 해당하는 이는 녹이 슬고 망가진 농
　　기구를 가지고 망연자실한, 심리적 공황상태 속에서 '새'가 믈아래로 가는 장면을 목격한
　　것이 된다.

때문이다. 연모에는 녹이 슬거나, 녹이 슬어 이가 삭거나 무디어질 경우
는 있다. 또한 3연의 '믈아래'는 청산과 대립되는 개념으로서의 속세로
해석하고자 한다.45) 그리고 '본다'를 '보다'의 현재 서술형 종결어미로
설명하는 분도 있으나46), 일반적 견해인 의문형 종결어미로 봄이 좋을
것 같다.

이 연에서 '새'는 작중화자와는 달리, '믈아래'로 갔다는 점에서 주목
할 필요가 있다. 청산이 머루나 다래와 같은 것으로 연명해야 하는,
화자와 유사한 처지의 사람들이 찾을 수밖에 없는 그런 황량한 곳이라
면 청산과 대립되는 '믈아래' 곧 세속은 시련이 중첩되며 삶을 왜곡시키
는 절대비극의 장소이다. 그러나 '새'에 비유된 무리들에게는 도리어
부가 약속되는, 욕망실현의 장소이기도 하다.

원래 시가에서 너무 흔하거나 동떨어진 의미를 가진 어휘는 작자의
의도를 굴절시킨다고 했다.47) 만약 '믈아래'를 물 밑으로 해석한다면
전체의 의미와 너무 동떨어진 것이 되어 전체 의미구조에 무리를 가져
오게 된다. 그러므로 이 말을 정병욱의 주장처럼 '평원 지대'로 간주하
면서 한 걸음 더 나아가, 탕아 변절자인 '새'가 혐오스러운 행동을 하고
있는 그런 곳으로 보고자 한다. 따라서 그런 무리들에게 선망의 대상이
된 '믈아래', 곧 평원 지대란 그들이 온갖 비행을 저지를 수 있도록
도와 준 막강한 배후세력이 존재하는 곳이거나 혹은 권력의 현장을
암시할 수 있다. '새'로 비유된 무리들은 일신의 영예를 위하여 그와
같은 세력권에 빌붙었고, 3연은 그런 사실을 읊은 것이라 하겠다.

---

45) 정병욱, 앞의 책, p.107. 여기서 정병욱은 '믈아래'를 '평원지대'로 보아, 이 '믈아래'는 오늘
　　날도 산간 지방에서는 아직도 쓰이고 있는 말로서 '평원지대'라는 뜻이다. '평원지대'라면
　　쌀과 보리가 나는 곳, 즉 세속의 세계를 뜻하는 것은 의심한 여지가 없다고 하였다.
46) 서수생, 『한국시가 연구』, 형설출판사, 1970, p.112.
　　김형규, 『고가요주석』, 일조각, 1968, p.312.
47) Graham Hough, 『An Essay on Criticism』(고정자 역, 『비평론』), 이화여대출판부, 1982,
　　p.144.

어느 때나 사회가 혼란할수록 소인배들은 자신의 안락을 위하여 기회 포착을 노리며 가증스러운 행동을 하기 마련이다. 고려가 원의 지배 아래 들어 혼란스러웠던 당시, 앞에서 언급된 오잠·김원상 등의 무리는 말할 것도 없고 일반 백성들 중에서도 더러는 자신의 안락과 영달을 위하여 자진하여 자식을 원에 환자(宦者)로 보내려고 하는 등 반 윤리적 행위를 한 사람들도 있었다. 즉, "잔인하고 요행을 바라는 무리들이 서로 부러워하고 본 받아서 아비가 그 아들을 거세(去勢)하고 형이 아우를 거세하였으며, 또한 강폭한 자는 조금이라도 분하고 원통한 일이 있으면 즉시 스스로 거세한 까닭에 수십 년에 걸쳐 거세된 무리가 매우 많았다"[48]고 한 기록은 소인배들의 작태를 잘 보여 주는 대표적인 기록이다.

위의 기록은 국가가 혼란한 틈을 타서 일부 무리들이 일신의 영화만을 위하여 세력권에 빌붙어, 극랄한 행동도 서슴지 않았음을 잘 말해 준다. 이런 사실로 미루어 볼 때 이 3연은 현실의 부당한 이익에 눈이 먼 무리들의 바람직하지 못한 행동을 노래하고 있으며, '믈아래'는 청산과 대립되는 의미를 지니는 곳으로 그런 무리들이 활동할 수 있었던 사회 현실을 나타낸 것으로 봄이 마땅하다.

화자는 부조리하기 짝이 없는 세속에 대한 일시적 반동심리로, 원시적인 삶에 대한 일종의 회귀의지로 청산을 잠시나마 그리워할망정 청산에 들어가서 살려고 한 것은 아니다. 그러면서 어렵긴 하나 현실에서 참되게 살려고 노력하는 데 비하여, '새'에 비유된 무리들은 파국적이고도 불행한 현실을 더욱 분란스럽게 하는 상황을 이용하고 갖가지 술수로 권력에 빌붙으면서 자신에게 이롭게만 행동한다. 따라서 속수무책인 화자는 새들의 이런 행위에 비분강개하면서, 다른 사람들에게 그들

---

48) 『고려사절요』 권23 충선왕 2년조. 於足 殘忍徼倖之徒 轉相慕效父宮其子 兄宮其弟 又其强
暴者 小有憤怨 輒自割勢 故不數十年間 刀鋸之輩甚多.

이 그런 곳으로 가서 그와 같은 행위를 했느냐고 망연자실(茫然自失)하여 반문하고 있는 것이다.

이상과 같이 볼 때 <청산별곡> 1연과 2, 3연은 대체로 동질적인 의미단락으로 묶을 수 있다. 1연에서 화자는 현실이 고통스럽지만 세속에서 삶을 영위하겠다는 강한 현실집착의 의지를 드러내고, 2연과 3연에서는 그러한 현실 내부에서 나라를 위하여 국궁진력(鞠躬盡力)하기는커녕 정황을 더욱 어지럽히며 부정적인 행위를 일삼는 무리를 질타하고, 삶의 고통을 스스로에게 반문하고 있는 것이다. 이런 표현수법에 의하여 화자의 고독한 심정과 그가 처한 상황의 비극성은 그 무게에 있어서 배가될 수 있는 것이다. 4연과 5연에서는 이 점이 더욱 직접적으로, 그리고 동시에 강한 어조로 표출되고 있다.

4. 절대고독과 비극적 상황

'청산'이 삶을 영위하기 위한 필요하고도 충분한 조건을 갖춘 낙원이 될 수 없음은 그 곳이 머루나 다래를 따먹으면서 겨우 연명해야 하는 곳, 즉 초근목피로 삶을 이어 가야 하는 비참한 생활공간이기 때문이다. 그런데 화자에게 실제로 더욱 심각한 문제는 청산을 이와 같은 고통스러운 외적 여건에만 머물게 하지 않고, 청산을 심리적으로도 고독한 공간으로 여기고 있다는 점이다.

> 이링공 뎌링공ᄒ야 나즈란 디내와손뎌
> 오리도 가리도 업슨 바므란 쏘 엇디 호리라

화자가 은둔에 익숙한 은자(隱者)이거나, 고독이 몸에 밴 현자(賢者)여서 그 곳의 생활을 자족스럽게 받아 들였다면 위의 4연에서 보는 바와 같이 절규하지는 않았을 것이다. 말하자면 화자는 물질적으로 곤핍(困乏)한 현실 생활뿐 아니라 정신적 고독에 더욱 못 견디어 몸부림치고 있는 것이다.

밤의 시간뿐 아니라, 낮의 시간도 고독한 시간이다. 고독한 시간 속에서 몸부림치는 모습을 '이링공 뎌링공'으로 나타낸 것으로 보아서나, '밤은 또 어찌하리까'라 하여 '또'를 삽입시킨 점으로 보아서 화자에게는 밤의 시간은 말할 것도 없거니와 낮의 시간도 고독한 순간들임이 분명하다. 낮과 밤 모두 화자에게는 지내기 어려운 시간이라는 진술이 된다. 이것은 <청산별곡>의 화자가 '청산'을 생활하기에 부정적인 터전으로 생각하고 있음을 말해 줌과 동시에 '청산'의 생활 그 자체에도 호감을 갖고 있지 않았음을 나타내 주는 것이다.

원래 '산'과 '밤'은 현실을 기피하는 소극적인 사람들에게는 친근한 삶의 터전이 될 수도 있고, 자신을 보호할 수 있는 완전한 격리 공간과 시간이 될 수도 있다. 밤은 마음이 거의 외계로부터 차단되어 그 자체 속에 들어앉아 꿈을 만들어 내는 시간이다. 밤마다 이와 같이 무의식 속으로 퇴행함으로써 개인은 어떠한 장애물이 발달을 방해하고 있는가에 관해 유익한 정보를 얻고, 어떻게 하면 그 장애물을 극복할 수 있는가에 관해 암시를 받을 수가 있다.[49]

그런데 밤이 지니고 있는 창조·생산의 의미와 연관시켜 보면 밤이 부정적이고 폐쇄적인 시간으로만 인식되지 않음을 알 수 있다. 사실 밤은 낮보다 성스러운 시간이다. 인간이 절대자로부터 정신의 계시를 받는 것은 낮보다는 무의식이 활발하게 되고 내향적이 되는 밤이 쉽다고 했다.[50] 그런데도 이 화자는 밤의 시간에 은거하여 느끼는 심정을 고독한 것으로만 노래하고 있다. 이런 점으로 볼 때 4연의 밤은 낮에

---

49) 칼빈. S. 홀(이용호 역), 『융심리학입문』, 백조출판사, 1980, p.131.
50) 에리히 노이만(서봉연 역), 『여성의 심층』, 삼성미술문화재단, 1982, p.106.

대응되는 그런 시간만이 아니고 고려 민중들의 삶을 억압하는, 고난스러운 현실을 상징한 표현일 가능성도 배재할 수 없다. 이와 함께 낮 또한 관리들의 가렴주구가 계속된 어려운 시간을 상징하고 있다고 볼 수 있다. 그렇기 때문에 이 노래의 화자는 낮과 밤을 모두 고독하고 지겨운 시간으로 인식하고 있으며, 그래서 이 연에 와서 '청산'이 생활하기에 부적절함을 두드러지게 드러내게 된 것이다.

이런 것으로 미루어 화자는 고독한 가운데 어떤 철리(哲理)를 탐구하는 그런 은둔자이거나 청산에서의 고독을 수양의 도구로 삼을 줄 아는 지식인이 아니라, 삶의 고통에 시달리고 부대끼면서 다른 곳에서는 삶의 방도를 찾을 수 없어 방황하는 고려시대의 민중을 대표하고 있음을 알 수 있다. 이런 민중이 고난스러운 현실을 버리고 '청산'에서 살고 싶으나 '청산'에서의 생활은 더욱 고독하고 두려울 것인데 이를 어쩌나 하는 생각을 노래 부른 부분이 4연이라 보아진다.

이 점은 5연으로 이어지면서 더욱 비극적으로 극대화되고 구체화된다.

어듸라 더디던 돌코 누리라 마치던 돌코
믜리도 괴리도 업시 마자셔 우니노라

<청산별곡>의 내용이 대체적으로 그러하지만, 5연은 다른 어떤 연보다도 아픈 사회·역사적 현실을 잘 나타내고 있다. 박병채도 고려의 역사적 사실에 근거하여 이 연을 속세의 애증·질투·모함 등이 은유화된 것으로 보았다.[51] 어디에다 던지는 돌인지도 모르고 누구를 맞히는 돌인지도 모르는 그러한 돌에 재수없게 맞아서 울어야 하는 불운한 사람, 이와 같은 처지의 사람이 삶을 영위해 가야 했던 시대가 고려후기였던 것이다.

---

51) 박병채, 앞의 책, p.238.

보편적으로 추구하던 가치체계가 허물어진 혼란한 사회에서는 개인의 노력과 의지만으로는 행복을 얻기 어렵다. 고려후기는 그 좋은 보기가 된다. 고려의 사회·역사적 상황은 고려인들의 삶을 저해하는 요소로 두드러지게 작용했으며, 그들을 더욱 비극적 정황으로 몰고 갔다. 사실 고려후기는 원으로 강징당하는 공녀(貢女)와 엄인(閹人) 문제로 민심이 극도로 혼란스러웠으며, 이에 따른 불가항력적인 이별이 얼마나 많았겠는가?

원종 15년에는 원이, 새로 병합한 남송의 양양촌 호북(湖北)지방 생권군인(生卷軍人)들을 위하여 고려 여인 140명을 요청하였다. 고려에서는 결혼도감을 설치하여 여항(閭巷)의 독신녀·역적의 처·승려의 딸들을 가까스로 찾아내어 그 수를 채웠는데, 민원이 들끓고 그 곡성이 하늘에 닿아 보는 사람마다 슬퍼하지 않는 사람이 없었다고 한다.[52]

이와 같은 공녀징발은 한두 번에 그치지 않고 그 수도 이루 헤아릴 수 없었다. 충렬왕 원년 11월에는 신년을 축하하면서 원에 처녀 십 명을 바쳤으며[53], 그 뒤 동왕 2년 3월에 원에 귀부한 군사 500명에게 처를 마련해 주고자 '과부처녀추고별감(寡婦處女推考別監)'을 두어 과부와 처녀를 수색, 징발하고 이러한 부녀 징발을 위해 33년에는 13세에서 16세까지의 여자들에 대하여 혼인을 통제하기까지 했다.[54] 게다가 이 일은 일반 서민계층의 부녀에게만 국한된 것이 아니고, 상층의 정혼한 딸에까지 이르렀다.

사정이 이러했으니 당시에 부모 자식간의 이별, 남녀 연인들의 이별이 본인들의 의사와는 관계없이 강제로 이루어졌음은 말할 필요가 없다. 고려 시가의 주제로 이별이 곧잘 채택되고 있는 것은 이러한 강요된

---

52) 김상기, 『고려시대사』, 동국문화사, 1961, p.693.
53) 『고려사절요』 권19 충렬왕 1년 11월조. 十一月遣僉議贊成事兪千遇 如元賀正 告改官制 獻
　　處女十人.
54) 『고려사』 권30 충렬왕 13년 12월조. 己巳有旨良家處女先告官然後嫁之 違者罪之 因命許珙
　　等 選童女.

이별에서 오는 비탄과 무관하지 않다. 이 외에도 잠시 살펴 본바와 같이 고려후기에는 환자공출문제(宦者供出問題)·탐관오리(貪官汚吏)들의 가렴주구 등 많은 부정적 요소가 사회 전반에 걸쳐 있었다.

이로 미루어 이 연에 등장하는 '돌'은 우리가 일상 보는 자연물로서의 돌이 아니라 화자에게 유형·무형으로 가해진 억압과 이로 인하여 발생한 상실감, 즉 가족의 이산·재산의 탈취·연인의 빼앗김 등과 같이 바람직한 삶을 저해하는 장애요소를 상징하는 것으로 볼 수 있다. 따라서 그들에게 가해진 피해는 물질적인 것뿐 아니라, 정신적인 데까지 미쳐서 '돌'은 이들이 받은 억압의 양상을 종합적으로 포괄하는 상징물이 되며, 밤의 의미와 짝을 이룬다.[55]

미워할 사람도 사랑할 사람도 없으면서 돌에 맞아서 울어야 하는 화자는 죄 없이 죽거나 고생하는 민중, 빼앗기면서 고통을 받고 살아가야 하는 극한 상황 속의 민중임이 확실하다. <청산별곡>의 화자는 이와 같이 어지러운 사회 현실 속에서 고통을 받으며 살아가는 사람으로, 그런 상황에서 오는 고통과 괴로움을 5연은 함축하고 있는 것이다.

이상에서 본 바와 같이 4연과 5연은 시대상황에 의해 야기된 삶의 여러 장애요소로 말미암아 고독해 하는 화자 자신의 비극적인 모습을 그린 단락으로 파악된다. 시대상황으로 볼 때도 아픈 상실과 절망의 시간이지만 '청산'을 찾고 '바다'를 찾아 현실에 집착하고자 하는 희망적 사고가 더하면 더 할수록 화자에게 주어진 고독과 비극적 정황은 더욱 강화될 수밖에 없는 것이다.

---

55) 본시 '돌'은 그것이 지니고 있는 불변성과 내구성으로 인하여 영속성의 상징으로 체험된다. 따라서 '돌'은 먼지와 흙으로 표상되는 인간세계의 변화의 법칙에 대한 안티테제로 작용한다. 그러나 '돌'은 때로 삶의 구체적인 현실과 관련되어 삶의 한결스러움을 저해하는 표상이 되기도 한다. <찬기파랑가>에 나오는 일오내의 '자갈'이나 잡가 <바위타령>에 등장하는 '돌'은 그 좋은 예가 될 것이다.
J. E. Cirlot, 앞의 책, p.299와 M. Eliade, 『Patterns in Comparative Religion』(이은봉 역, 『종교형태론』), 형설출판사, 1982, p.238 참조.

5. '술'과 현실인식

'청산별곡'의 후반부에 해당하는 6·7·8연은 화자가 현실에 대하여 갖는 애착심과 현실이 화자를 끄는 유인요소(誘引要素), 곧 '술'을 노래하고 있다. 먼저 6연을 보자.

> 살어리 살어리랏다 바른래 살어리랏다
> 느무자기 구조개랑 먹고 바른래 살어리랏다

1연에 등장했던 '청산'과 마찬가지로 여기서도 삶의 한 터전으로 '바다'를 설정하고 있다. 이 둘이 시사하는 의미는 동일 차원이다. 왜냐하면 이 부분에서의 '바다'도 화자가 지향해야 할 현실적 장소로 상정되고 있기 때문이다. 화자는 생활하는 삶의 터전이 고난스럽다는 점을 암시하면서, 차라리 현실과 절연된 바다로 나가 삶의 새로운 방도를 찾는 것이 좋겠다는 자신의 심정을 드러내고 있는 것이다. 실제로 몽고의 횡포한 군사가 황주·봉주에 이르렀을 때 두 주의 수령이 백성을 거느리고 철도(鐵島)로 들어간 사실이 있다.[56] 그러나 작중의 화자가 의도하는 진정한 뜻은 현실을 버리자는 것은 아니다. 현실에 강한 애착을 갖고 있으나, 고난스러운 환경이 화자로 하여금 짐짓 그렇게 말하도록 한 것일 뿐이다.[57] 따라서 전반부의 1연과 이 6연은 유사한 의미가 반복되는 연으로 보아야 한다.

그 다음 7연을 보자.

---

56) 『고려사절요』 권16 고종 안효대왕 18년 9월조. 蒙兵至黃鳳州 二州守率民入保鐵島.

57) 이 화자와는 달리, 절해고도에서의 삶이 처참을 극한 생활일지라도 병란으로 죽음을 맞이하는 것보다는 좋다는 생각으로 육지를 떠나 섬으로 피란을 간 경우는 더러 있다. 그 한 예로 『고려사절요』 권7 고종 안효대왕 45년 5월조에 "박주의 사람들이 병란을 피하여 위도로 들어갔다"는 기록을 들 수 있다.

가다가 가다가 드로라 에정지 가다가 드로라
사스미 짒대예 올아셔 奚琴을 혀거를 드로라

　이 연은 "에졍지로 가다가 사슴이 짒대에 올라서 해금(奚琴)을 켜는
것을 듣노라"로 간략하게 풀이할 수 있다. 여기서 문제가 되는 것은
'에졍지'와 사슴이 짒대에 올라서 해금을 켜는 행위의 정확한 의미 파악
이다. '에졍지'는 고문헌에도 그 용례가 없는 어휘이기 때문에 의미의
추정이 사실상 불가능하다. 따라서 어학적 측면에서만 보더라도 그 해
석은 각양각색일 수밖에 없다.

　이것을 일반적인 해석에 따라 '졍지', 즉 '부엌'으로 해석할 것 같으면
그 다음의 구절과 의미상 모순이 된다. 예컨대 둘째 행인 "사스미 짒대
예 ……"가 무슨 의미든 간에 화자가 어떤 장소나 위치에 서서 듣고
노래한 내용임에는 분명하다. 무엇을 듣고 노래했다면 이는 집안에 위
치한 생활공간으로 보기는 힘들다. 고려시대 일반 서민들의 가옥구조
가 어떻게 꾸며져 있었는지 현재로써는 구체적으로 알 수 없다. 그러나
집안에 있는 부엌으로 가는 도중에 화자가 밖에서 나는 어떤 소리를
듣고 그것이 누가 켜는 무슨 소리인지 분명하게 분별하기는 어려웠을
것이다. 그러므로 '에졍지'는 부엌과는 관계가 없는 다른 특별한 공간,
곧 제3연에 나오는 '믈아래'와 같은 의미차원에서 사용되고 있는 것인
듯 싶다.

　이 노래의 3연에서도 '새'로 표상되는 탕아나 모리배들이 그들의 이
익을 구하기 위하여 '믈아래'로 가는 행위가 제시되어 있다. 이와 마찬
가지로 이 연의 '가다' 동사도 화자가 자기 삶의 형태를 바꿀 수 있는
장소로 감을 암시하고 있다고 보아야 한다. 이 때 '간다'는 것은 막연한
무목적 행동을 말한 것이 아니다. 적어도 살려는 장소가 '청산'이나
'바다'인 것처럼 가는 장소도 새로운 삶을 보장해 줄 수 있는 또 다른

차원의 생활공간이어야 할 것이다. 가서 사는 장소로 '청산'과 '바다'가 나오고 또 '믈아래'가 나오는데 폐쇄된 집안의 부엌을 행동공간으로 나타낸 것은 걸맞지 않는다. 따라서 '에정지'는 특수한 지명이거나 당시에 관용되었던 어떤 생활공간으로서 '청산'과 '바다', '믈아래'와 같은 차원의 공간으로 화자에게 인식된 장소다.

김상억은 '에정지 가는'을 통하여 "중세인적 격리의식과 달관"을 본다고 했는데[58] 설득력 있는 해명이라 볼 수 있다. 다만 '믈아래'가 새들이 찾는 삶의 현장이듯이 이 '에정지'도 화자가 느끼는 현실의 고통을 잠시라도 망각할 수 있게 하거나, 불식(拂拭)시켜 줄 수 있는 생활공간을 나타낸 것으로 볼 수 있으며 화자는 현실의 아픔을 간직한 채 그러한 '에정지'로 가고자 하는 것이다.

다음에 해석상 문제가 되는 것은 "사스미 짒대예 올아셔 奚琴을 혀거를 드로라"이다. 이 부분에 대해서도 각양각색의 견해가 제기되었다. 양주동은 "아마 비외(卑猥)한 장면을 해학적으로 노래한 음사, 혹은 조세오인(嘲世傲人)의 해학어인가"라 했으며[59], 김형규는 '사슴'을 '사롬'의 오각으로 처리하여 이 구절을 해석했다.[60] 그 외에 김완진은 "사슴으로 분장한 이가 높은 장대에 올라 해금을 켜며 뭇구경꾼들의 환성을 받고 있는 장면"이라 하여 극적 상황을 강조했다.[61] 그런가 하면 김종우는 '짒'은 하물(荷物)이며 대는 '터'의 뜻으로 '대(臺)'를 말하는 것이라 전제한 뒤, 따라서 이 연은 "부녀가 집을 떠날 때 아마 해금을 타는 각설이가 문밖에 있는 조금 높직한 터에 올라서 구걸의 사설과 해금을 연행하는 것을 보고서 가창한 것"으로 상상된다고 하였다.[62] 정병욱은

---

58) 김상억, 「고려가사 연구Ⅱ」, 『청주대논문집』 6집, 국제출판사, 1957, p.50.
59) 양주동, 앞의 책, pp.327~328.
60) 김형규, 앞의 책, p.192.
61) 김완진, 「청산별곡의 '사슴'에 대하여」, 『문학과 언어』, 탑출판사, 1982, p.37.
62) 김종우, 앞의 책, p.292.

"사슴이 짐대 위에 올라 서서 해금을 켠다는 것은 상상조차도 할 수 없는 일이다. 그러나 그런 일이 눈 앞에 전개되었고, 귓속에 해금소리가 들려 왔다는 사실은 곧 기적을 뜻하는 것이다"[63]라 하여 다른 연구자들과 달리 보고 있다.

그런데 <청산별곡>이 민요적 속성을 지님은 재론의 여지가 없다. 그리고 민요에 관용구가 빈번히 차용되는 것 또한 사실이다. 이렇게 볼 때 이 구절이 당시의 어떤 특수상황을 상징적으로 나타내기 위해 사용되고 있다고 봄이 옳을 것이다. 그런 상황이란 다름 아니라, 고려의 군소 간신배들의 가혹한 착취와 내란과 외환으로 인하여 백성들의 민생고는 날로 더해 가던 부조리한 사회상황 전반에 걸친 현실이 될 것이다. 따라서 정병욱이 이 구절을 당대의 관용구로 본 점은 적절한 접근이다. 그러나 기적을 의미하는 관용구가 아니라 부조리했던 당시 상황 속에서 파생된 상투어구로 보고자 한다.

고려시대에는 시대상황을 풍자하고 예언한 참요가 유달리 많았다. 예를 들면 <普賢刹謠>·<瓠木謠>·<萬壽山謠>·<墨冊謠>·<阿也謠>·<牛大吼謠> 등이 그것이다.[64] <청산별곡>도 고려의 특수한 역사적 상황 아래서 가창되었을 것임은 의심할 여지가 없고 그 속에 시류를 풍자하거나 시세를 비난하는 말이 차용됨은 당연한 일일 것이다. 원래 언어 현상 가운데는 의미의 연결로써만 말이 이루어지지 않는 경우가 있다. 왜냐하면 의미는 말의 총계가 아니고 말이 만드는 화맥

---

63) 정병욱, 앞의 책, p.111.
64) 普賢刹謠 : 何處是普賢刹 隨此盡同力殺(의종대).
　　瓠 木 謠 : 瓠之木杖切之一水饍 陋台木枝切之一水 去兮去兮遠而去兮 彼山之顚 遠而去兮 霜之不來 磨鍊刈麻去兮(고종대).
　　萬壽山謠 : 萬壽山 煙霧蔽(충렬왕대).
　　墨 冊 謠 : 用綜布作都且 政事眞 墨冊 我欲油今年麻子少 意不得(충숙왕대).
　　阿 也 謠 : 阿也麻古之那 從今去阿時來(충혜왕대).
　　牛大吼謠 : 牛大吼龍離海 淺水弄淸波(공민왕대).

(Context)의 유기적 총체이므로 더욱 그렇다. 또 이런 말일수록 어떤 특수계층이 특수한 상황을 풍자하는 데 사용한다. 그 언어를 자주 사용하는 사람은 금방 그것을 알아도 그 언어권 밖에 있는 사람은 논리적 연결을 짓지 못하여 의미 파악에 실패하게 되는 것이다. 이는 의미가 체험적 요소이기 때문에 시대에 따라 달라질 수 있고, 또 한 시대 안에서도 체험의 종류와 그 정도에 따라 달라질 수 있기 때문이다.[65] 그래서 흔히 상투적인 이런 용어를 노래에 사용함으로써 억압된 욕구를 충족시키고자 하는 일이 빈번하다.[66]

이로 미루어 <청산별곡>에 쓰인 "사ᄉ미 짒대예 ……"의 구절도 이런 상투적 관용구로 조롱이나 비난의 뜻이 내포된 것이라 보겠다. 따라서 이 부분은 부조리한 세상의 어수선한 세태를 노래한 앞부분의 내용을 되풀이하고 있는 것에 불과하다. 화자는 '에경지'로 가다가 현실의 참담함이나 역겨움을 한 번 더 확인할 수 있는 일을 직접 보고 들었거나, 다른 사람의 입을 통해서 듣고 역겨운 현실을 재인식하고 있는 것이다.

그러나 위와 같은 현실파악도 처음부터 화자의 마음 속에 굳게 자리 잡고 있었던 현실집착의 마음을 불식시키기에는 미흡하였다. 보기 싫고, 듣기 싫다 해서 현실을 버리고 떠날 수 있는 형편은 아니었던 것이다. 오히려 상대적으로 현실에 대한 애착은 강해지기 마련이었다. 사정이 이러했기 때문에 그 다음 8연에서 화자는 고통만 안겨 주고 체념만 남게 하는 현실적 삶의 현장을 버릴 수 없는 자기 변명을 늘어놓고 있다.

---

65) 최재서, 『문학원론』, 춘조사, 1962, p.103.
66) Malinowski, 『Sex and Repression in Savage Society』(한완상 역, 『미개 사회의 성과 억압』), 삼성출판사, 1982, p.116.

가다니 비브른 도긔 설진 강수를 비조라
조롱곳 누로기 미와 잡스와니 내 엇디 ᄒ리잇고

'청산'에나마 들어가 초근목피(草根木皮)로 연명하는 삶을 택하고 싶을 정도로 화자에게 이 세상의 현실은 고난의 연속이다. 그리고 모든 '새'(탕아, 변절자)들은 자신의 이익을 찾아서 '믈아래'로 날아간다. 사실 자신의 삶도 단절의 아픔과 예측할 수 없는 불행의 연속이지만, 그래도 어떻게 현실을 버릴 수 있겠는가? 화자는 '술'이라는 음식을 가져다 놓고 이것에다 생의 아픔을 풀고자 하는 것이다. 삶을 잊기 위해 '청산'이나 '바다'로 가고자 하는 화자의 괴로운 마음이 자신을 사로잡는 '술'에 의하여 완전히 무산된 것처럼 읊고 있다.

당시 고려의 민중은 가렴주구에 시달려 농토를 빼앗기고 유리걸식하거나 '청산'이나 '바닷가'에 흩어져 어렵게 살아야 했다. 이런 부조리한 현실을 화자는 외면하려고 하지 않았다. 그러나 화자의 마음 한 귀퉁이에는 현실을 도피하여 '청산'이나 '바다'에서 살고 싶은 욕망이 있었을 것이다. 그럼에도 불구하고 현실과의 대결, 갈등에서 승리하여 현실 쪽을 택하기로 한 사실, 즉 자연보다 현실 속에서 살아야되겠다는 그 근거를 마련하고 있는 연이 8연이다. 말하자면 술이라는 유인요소(誘引要素)를 통하여 갈등을 극복하고자 하는 내용이다. 따라서 이 연은 1연에서 구체적으로 드러난 현실집착의 의도를 강하게, 그리고 보다 더 직접적으로 표출한 연이 된다. 이 점은 이 연에 등장하고 있는 '술'의 의미를 캐어 봄으로써 뒷받침될 수 있을 것이다.

'술'이란 의기를 돋우고 용기를 주면서도 때로는 무분별한 행동을 촉발시키는 매체가 되기도 한다. 그러면서 놀이의 보조수단으로도 이용된다. 그래서 우리의 선인들은 자연 속에서 음풍농월(吟風弄月)하거나 유유자적(悠悠自適)할 때에는 언제나 술을 가까이하면서 즐겼다. 이와 같은 예는 많은 시인묵객(詩人墨客)의 행동에서 쉽게 찾을 수 있다. 그러나 민중들에게 '술'이란 멋으로 마시는 것이라기보다는 현실 생활과 직접적으로 결부되어 있는 음식의 일종일 뿐이다. 흔히 노동의 의욕을 고취시키고, 노동의 능률을 배가시키기 위해 술을 마시는 것이다. 그렇게 함으로써 피로와 괴로움을 잊고 삶의 의욕을 새롭게 할 수 있다. 바슐라르가 술은 애정을 마비시키는 물질이지만 상상력의 세계에서 보면 가장 동물적인 생명의 상태, 즉 불과 같은 생명감의 정점(頂點)이라 한 것과[67] 연결시켜 보면 이 점을 명료하게 알 수 있다.

고려시대 민중에게 주어진 현실은 바람직한 삶의 장일 수가 없었다. 따라서 '청산'과 '바다'가 역으로 소망스러운 삶의 장으로 등장한다. 그러나 화자는 어지러운 삶의 현장에 끝까지 애착과 의욕을 느낀다. '술'을 통해 생명감과 위안을 맛보면서 현실 속에서 옹골차게 살아가겠다는 의지를 드러내고 있다. "조롱곳 누로기 미와 잡스와니 내 엇디 흐리잇고"라 하면서 부조리한 현실이지만 그 속에 몸담고자 하여 소극적으로 비애와 실의, 그리고 고독만 함께 하는 '청산'과 '바다'에서의 삶을 결연히 배격하고 있는 것이다.

나아가 이러한 화자의 현실집착은 그대로 고려후기의 고난을 겪었던 민중의 정서와 사상, 그리고 파행적 삶의 정황을 잘 대변하고 있는 것이 된다. 민요는 한 시대를 살았던 민중들이 그 나름의 눈을 가지고 그가 속한 시대와 사회를 바라보고 대응해 간 모습을 가장 잘 함축하고 있는 것이기 때문이다. 이렇게 볼 때 <청산별곡>은 세상을 등지고자 하는 은둔(隱遁)의 노래가 아니라, 적극적으로 현실 지향적인 삶을 추구하고 그 속에서 생활하고자 하는 자세를 보여 주는 노래라 할 것이다.

---

67) Gaston Bachelard, 『L'eau et les reves』, Libraire Jose Corti, 1973, p.138.

6. 결 론

　지금까지 <청산별곡>의 내용과 주요 핵심어인 '청산'이 갖고 있는 상징성에 관하여 소략하게나마 살펴보았다. 이를 요약하여 결론으로 삼고자 한다.

　<청산별곡>의 '청산'은 낙원의 의미를 갖고 있지 않으며, 이로써 볼 때 <청산별곡>은 비애와 절망으로 일관한 좌절과 체념을 주조(主調)로 한 은둔의 노래가 아니라, 오히려 현실집착의 의지가 강하게 배어 있는 속가다. 그리고 이 작품에는 당대의 부조리하고도 강포한 사회현실과 그로 인하여 발생한 비극적 정서가 기조를 형성하고 있다.

　이 작품의 내용은 크게 세 개의 의미단락으로 나누어 살필 수 있다. 1 · 2 · 3연으로 묶어질 수 있는 첫 번째 단락에서는 작중 화자의 강한 현실집착과 모리배 · 변절자 등의 무리로 상징되고 있는 '새'에 대한 신랄한 풍자와 질책(叱責)을 주요 내용으로 하고 있다. 그리고 4 · 5연에 해당되는 두 번째 단락은 열악한 시대 상황에서 연유된 화자의 절대고독과 비극적 정황이 핵심 내용이며, 아울러 미래의 바람직한 삶에 대한 열망이 강하게 노래되고 있다. 마지막으로 세 번째 단락인 6 · 7 · 8연에서는 현실애착과 유인요소인 '술'을 노래하면서, 현실에 집착하고자 하는 자신의 행동을 정당화하고 있음을 알 수 있다.

　이와 같은 내용과 아울러 '새'는 고려 사회와 민중들에게 유해요소로 작용하는 모리배, 변절자 등을 상징하며, '돌'은 고려 백성들에게 유형 · 무형으로 가해지는 억압과 관리들의 가렴주구 등을 상징한다고 볼 수 있다. 그런가 하면 '믈아래'는 기회주의자적 성향을 지닌 변절자나 모리배들이 횡행하는 세속, 즉 현실적인 삶의 장을 가리킨다 하겠다. 또 '에정지'는 특수한 지명이거나, 아니면 당시에 관용되었던 어떤 생활공간의

명칭으로서 '청산'과 '바다', '믈아래'에 비견될 수 있는 의미차원의 말이
라 보아진다.

　결국 <청산별곡>은 이별과 상실, 그리고 부조리한 상황으로 점철된
고려후기의 시대 정황 속에서도 좌절하거나 체념하지 않고 그 속에
몸담고자 하는 고려 민중들의 강렬한 현실집착 의지와 적극적인 삶의
자세가 유기적 관련을 맺으면서 짜여져 있는 노래라 할 수 있다.

(『한국문학논총』 11집, 한국문학회, 1990)

Ⅳ. 〈井邑詞〉의 성격과 상징성의 辨正

1. 서 론

〈井邑詞〉는 고려시대로부터 조선 초기까지 속악(俗樂)의 가사로 사용되었는데 그 가사는 『樂學軌範』권5 시용향악정재도의(時用鄕樂呈才圖儀) 무고(舞鼓)조에 전한다. 〈정읍사〉는 다른 몇 문헌에 전하는 십수 편의 속가와 더불어 귀중한 국문학 자료다. 우리의 고전 시가는 수가 아주 많았으리라 짐작되나, 그것을 기록할 고유의 문자가 없었으므로 구비전승되는 과정에서 대부분이 원형을 유지하지 못하고 변개되거나 인멸(湮滅)되었다. 특히 고려 시가는 이런 이유 외에도 고려의 잔재를 청산하려는 조선 왕조의 편협한 정책 때문에 많은 수가 산개(刪改) 내지 인멸되었다.

조선 왕조는 건국 초, 역성혁명(易姓革命)에 필연적으로 수반되는 제 분야에 대한 큰 개혁에도 불구하고 궁중음악만은 갑작스레 바꿀 수 없다 하여 고려의 것을 그대로 답습하다가 국기(國基)가 안정되고 민심이 수습된 세종 때부터는 고려 악가의 정비를 단행하여 성종, 중종 때에 이르러 거의 마무리지었다.[1] 이런 사정 등을 감안할 때 고려를 거쳐

---

1) 조윤제, 『한국시가사강』, 을유문화사, 1954, pp.190~197 참조. 보다 구체적인 것은 제1부의 '조선 건국 초 俗歌의 수용 상황과 변개'를 참고하기 바람

조선 초까지 속악가사로 쓰였고, 지금까지 가사가 전하는 거의 모든 속가는 발생 당시의 모습을 온전히 보존하고 있다고 보기는 어렵다.

이 중『고려사』악지 삼국속악조에 부대설화와 함께 전하는 <井邑>은 그 발생이 적어도 삼국시대이며 고려 속가인 <정읍사>의 원가(原歌)라는 점과, <정읍사>가 조선조의 유학자들에 의해 음설(淫褻)의 가요로 규정되어 배척당하여 중종 때 <五冠山>으로 대체되었던 사실 등을[2] 미루어 볼 때, <정읍사>는 원가 <정읍>에서부터 많은 변화를 거쳐 지금의 내용과 형태로 정착되었으리라는 것은 쉽게 짐작할 수 있다.[3] 이런 사회적 사실과 역사적 상황을 토대로 하여 본 장에서는 <정읍사>의 민요적 성격과 <정읍>과 <정읍사>와의 관계, 그리고 논란의 대상이 되고 있는 이 가요의 음설적 성격 여부에 관하여 내 나름의 견해를 밝히고자 한다.

2. 민요적 성격

고려 속가 가운데 <雙花店>이나 <靑山別曲>은 개인 창작가요로 규정하려는 사람도 있지만[4] 필자는 <쌍화점>과 <만전춘별사>와 같은 몇 작품은 애초에는 민요이었음을 구체적으로 밝혔다.[5] 그리고 대개

---

2) 『중종실록』권32 13년 무인 4월조. 대제학 남곤이 아뢰기를 "전일 신에게 악장(樂章) 속의 음사(淫詞)나 석교(釋敎)에 관계 있는 말을 고치라고 명하시기에 신이 장악원제조(掌樂院提調) 및 음률(音律)을 아는 악사와 진지한 의논을 거쳐 …… 무고정재 정읍사(舞鼓呈才井邑詞)는 오관산(五冠山)으로 대용하였으니, 이것 역시 음률(音律)이 서로 맞기 때문입니다." (己巳朔 大提學南袞啓曰 前者 命臣改製樂章中語涉淫詞釋敎者 臣與掌樂院提調及解音律樂師 反覆商確 如牙拍呈才動動語涉男女間淫詞 代以新都歌 …… 舞鼓呈才井邑詞代用五冠山 亦以音律相叶也…….)
3) 그런데『投壺雅歌譜』에 <아롱곡>이란 이름의 "달아 노피곰 도드샤 멀리곰 비취시라 / 어긔 어강조리 아롱다롱일일니."는 <정읍사>가 중종 때 악장에서 제외된 후 민간에서 변형되어 불려진 것으로 이해된다.
4) 정병욱,『한국고전시가론』, 신구문화사, 1982, p.114.

는 속가를 민요적 성격의 노래로 파악함이 일반적이다. 이는 민중의 저류를 형성하면서 면면히 이어 온 한의 정서와 이별의 정한 등이 속가의 주조를 이루고 있음은 물론이며, 속가의 대부분이 개인적인 비전을 노래한 것이 아니라 민중적이고 집단적인 기대와 비원을 그 내용으로 담고 있기 때문이다. 그리고 이의 형성이 다분히 민요의 형성과 유사한 점이 많기 때문이기도 하다.

현전하는 <정읍사>는 『악학궤범』 권5 시용향악정재도의(時用鄕樂呈才圖儀) 무고조에 그 가사가 전하며, 고려의 가무악인 무고정재(舞鼓呈才)에서 불려졌고 조선조에 들어와서도 '학연화대처용무합설(鶴蓮花臺處容舞合設)'에서 창(唱)해지다가 뒤에 내용의 음설스러움이 문제가 되어 문충의 <오관산>으로 대체되었다. 즉, <정읍사>는 궁중무악의 창사로 사용되었다. 그런데 <정읍사>는 백제 '정읍' 지방의 민요인 <정읍>이 궁중무악의 창사로 수용 개편되었으나[6] 그 민요적 잔재는 그래도 남아 있다. <정읍사>의 원래 작자가 행상인의 처인 한 부녀자임에도 불구하고 일찍부터 학계에서는 이러한 민요적 잔재를 들어 이 노래를 민요라고 단정하기도 하였으며[7], 후속되는 연구에서도, 첫째 민요적 후렴구가 반복되는 점, 둘째 기창오악(妓唱娛樂)에 불리어진 점, 셋째 가창자가 민중 부녀자였다는 점 등을 들어 <정읍사>를 민요로 파악하였다.[8]

그러나 현전하는 <정읍사>에 민요적 요소가 어느 정도 남아 있다는 점은 부인할 수 없지만 이 노래를 바로 민요라고는 할 수 없다. 왜냐하

---

5) 이 문제에 대하여는 다음의 '<雙花店>의 형성배경과 내용특성'과 '<滿殿春別詞>의 민요적 성격과 시적 화자'에서 논급했음.
6) 본 논문의 다음 장을 참조할 것.
7) 고정옥, 『조선민요연구』, 수선사, 1947, p.50.
8) 임동권, 『한국민요사』, 집문당, 1974, p.29. 이 외에도 <정읍사>를 민요로 본 분으로는 고정옥(『한국민요 연구』, p.50), 양주동(『여요전주』, p.38), 조윤제(『한국시가사강』, pp.81~82), 그리고 정동화(『한국민요의 사적연구』, p.180) 등을 들 수 있다.

면 <정읍사>는 원래 민요였던 노래가 무고정재의 가사로 채택되어 궁중무악으로 수용되는 과정에서 형식과 내용에서 많은 변개가 일어나 민요적 요소가 거의 가시어지면서 악장의 체재에 맞는 세련된 구조로 재편된 노래이기 때문이다. 또한 무엇보다도 가창자가 일반 백성들이 아닌 악공이나 악사, 그리고 교방기녀들이며 그 향유자들은 왕을 중심으로 한 귀족관료계층이기 때문이다. 따라서 본고에서는 <정읍사>의 민요적 성격을 올바로 규명하기 위하여 이 노래의 정서, 작자 문제, 언어구조, 소재 및 표현형식 등이 갖는 민요적 색채를 파악하려고 한다.

  <정읍사>의 민요적 성격은 우선 정서적인 측면에서 찾을 수 있다.『고려사』악지 삼국속악조에 백제 가요로 <井邑>과 함께 <無等山>·<方等山>·<禪雲山>·<智異山> 등의 노래가 실려 있지만 <정읍>만이 고려 때 궁중무악의 창사로 수용되어 그 가사가 오늘날까지 전하고 나머지 다른 노래들은 그 가사가 멸절되었다. 이것은 <정읍>이 일련의 다른 백제 가요보다 전통적인 민중의 정서를 내용으로 하고 있어 절실하기 때문에 생명이 길었고, 그럼으로 해서 이 노래의 가사가 고려 속악으로 취택, 재편되어 지금까지 전승될 수 있었다고 말할 수 있다. 이와는 달리 <무등산>·<방등산>·<선운산>·<지리산> 등의 노래가 부전하는 이유는 제한된 시공 속에서 일시적 공감을 얻어 발생, 전승되었지만 끝내는 전 민중의 심성을 시대를 넘으면서까지 계속 감발시켜 공감영역을 확대할 만한 정서의 보편성과 절실성이 결여되었기 때문일 것이다. 정서적인 측면에서 민요적 속성이 미흡했던 관계로 그 전승과 수용의 범위가 일정한 지방의 한계를 벗어나지 못하고 그 지역 내에서 불리어지다가 점차 소멸된 것이라 할 수 있다.

  민요는 절실하면서도 절박한 동기를 계속 민중에게 부여할 수 있는 매력을 지녔거나, 대중적인 삶의 상황과 존재론적 지향성에 민요의 속성이 부합되면 그 생명은 길어진다. <정읍사>는 가사부전의 백제 가요

와는 달리 원가 <정읍>의 특성을 어느 정도 유지하면서 백제를 거쳐 고려로, 조선으로 전승되어 왔다. 그 이유는 <정읍사>가 철저한 민요적 속성인 보편적 정서와 대중성을 지녔기 때문이라 하겠다.

다시 말해 가요의 정조가 민족 심성의 저류를 관통하여 심맥에 닿을 것 같으면 그 생명은 긴 것이다. 민요에 담겨 있는 정서는 민중 지향적이다. 우리 민족의 전통 정서는 기약없는 기다림에서 분출된 애한이라 볼 수 있다. 이 정한이 비극적인 상황에서 임으로 대용된 여러 상관물에 의하여 파생된 채 나올 수도 있고, 이와는 다른 미묘한 근원에서 연유하여 형성될 수도 있지만, 여하튼 우리 민족의 보편적 정서의 하나로 애한을 들 수 있다. 그래서 거의 모든 시가는 이 애한을 정서의 바탕으로 하여 창작되고 애송되어 왔던 것이다. 이 정한에 노래의 주제가 닿으면 민중의 공감을 얻고 감동을 주면서 시대를 초월하여 면면히 이어져올 수 있는 것이다.

이것은 아놀드가 작품의 주제가 민족의 기본 감정에 가장 힘 있게 다가올 때는 항구적이라고[9] 한 말에서도 그 설명을 구할 수 있다. <정읍사>도 이와 같은 정황 속에서 민중의 애호를 받아 변모를 겪으면서 구전되어 왔다는 것을 생각할 수 있다. 특히 본산케트는 미적 정서의 3대 특질로 상관성·공통성·영속성을 들었는데[10], <정읍사>에 담긴 정서는 이런 세 가지 특성을 속성으로 하는 우리 민족 고유의 보편적 정서를 소유하고 있으므로 오랫동안 지속되어 왔던 것이다.

전통은 계승되는 것만이 아니고 부단히 창조되는 것이라고 볼 때, 고유의 전통적인 정서도 꼭 불변의 것은 아닐 것이다. 그러나 전통이란 그 자체가 민족의 종교요, 문학이요, 윤리이면서 세계관의 토대가 아니어서는 안된다. 적어도 전통은 민족의 공통적인 세계관 내지 인식영역

---

9) Matthew Arnold, 『The Complete prose works of Matthew Arnold』 11 Vols, ed., R. H. Super. (윤지관 역, 『삶의 비평』, 민지사, 1985, pp.12~13.)
10) 구인환·구창환, 『문학의 원리』, 법문사, 1975, p.28 재인용.

을 근간으로 한다. 또한 전통은 현실을 구속하고 현실을 인도할 만한 질서를 갖추지 않으면 안된다.[11] 이렇다면 민족의 전통적 정서는 기본 신화와 같이 도도히 흐르면서 모두를 포괄하는 기층적(基層的)인 정신일 것이다. 설령, 전통은 창조되어지는 것이고 전통적 정서 또한 가변적이라 하더라도 그 근저에 불변적인 요소가 잠재해 있음은 틀림없다. 이것이 문학의 정신에 이어지면 그것은 민족의 문학으로 장구한 생명력을 갖게 될 것이다. <정읍사>도 이에서 크게 벗어나지 않으므로 시대를 넘어 존속해 왔다.

　<정읍사>의 민요적 성격을 보다 잘 드러내 주는 것은 작자 문제다. 왜냐하면 민요의 특징 중 가장 중요한 것이 민요는 공동작이라는 점 때문이다. 『고려사』 권71 악2 삼국속악조에 적힌 대로 삼국속악 <정읍>에서 고려속악으로 계승된 <정읍사>의 작가를 어느 행상인의 처라고 인정한다면[12], <정읍사>는 개인 창작가요인 셈이다. 그러나 민요는 집단 창작이든 개인 창작이든 이것은 발생 상황의 문제일 뿐이다. 고전 시가의 작가는 민요의 요건을 규정하는 절대적인 자질이 될 수 없을 때가 더러 있다. 이는 발생 상황이나 그 조건에서 고려될 수도 있지만 가요가 개인 창작이라도 개인에서 시대와 공간을 달리한 민중으로 침투 확산되어 민중의 공동의지에 의하여 내용이 재창조될 수도 있을 것이며, 구성 과정에서 자연스레 개인 창작시로의 시적 자질을 상실하여 그 형태가 민요로 변형될 수도 있다. 즉, 처음은 비록 개인 창작시가였다 하더라도 민중의 공감과 반향으로 민요화되었다면 이 노래는 개인 창작가요로서 운위될 수 없다 하겠다.

　그래서 작자가 문헌에 어느 정도 밝혀져 있는 삼국시대의 가요들,

---

11) 이상익, 「고전이해의 이론」, 『김형규 박사 송수기념 논총』, 일조각, 1972, p.530.
12) 井邑全州屬縣 縣人爲行商久不至 其妻登山石以望之 恐其夫夜行犯害 托泥水之汚以歌之 世傳有登岾望夫石云.

특히 백제의 부전 가요들은 원칙적으로 민요로 보는 것이다.[13] <정읍>
의 작자가 어느 행상인의 처로 기록되어 있긴 하지만 이런 관점에서
본다면, 이것은 <정읍사>의 민요적인 성격을 드러내 주는 데 하등의
장애요소가 되지 않는다.

  그리고 <정읍사>의 작자로 되어 있는 행상인의 처는 신분 계층상으
로 미루어 보아서도 그 작자로 인정될 수 없다. 왜냐하면 이 노래의
작가는 사회계층으로 볼 때 하층에 속하는 행상인의 아내이기 때문이
다. 하층 천민의 부녀자가 창작가요의 작자가 될 수 없음이 일반적이며,
행상인의 처를 이 가요의 작자로 설정한 것은 아마도 가요와 설화가
습합(褶合)되는 과정에서 설화의 일반적 구조에 맞추기 위하여 이 가요
의 작자가 어느 시기에 조작된 것으로 볼 수 있지 않을까 한다. 이 문제
에 대하여 지헌영도 다음과 같이 논하였다.

> <정읍사>는 '백제 지방의 井邑商人之女의 所作 望夫歌' 云云이라는 전설
> 은 충령왕대 이후(적어도 <정읍사> 창작 직후)에 돋아난 시가 전설로서
> 이러한 전설은 『고려사』 편수자들에 의하여 무비판적으로 『고려사』 악
> 지 2에 수록된 것이었으리라.[14]

  이는 <정읍사>의 작자를 무시할 수 있다는 한 논거를 제공하여 이
문제를 해결하는 데 도움을 준다. 그런가 하면 '행상인의 처'라는 말은
막연한 표현으로 장삼이사(張三李四)의 처나 갑남을녀 정도의 의미밖
에 없는 것이며, 편의상 붙여진 것으로 볼 수 있기 때문에 더욱 그렇다.
  다음으로 다른 나라의 경우를 예로 들어 보면 더욱 수긍이 갈 것이다.
즉, 중국에서는 진·한대까지 글을 쓴 사람의 의식이나 개성을 가진 작자
는 나타나지 않았고, 서양에서도 중세까지 개인으로서의 작가나 예술로

---

13) 조윤제, 『한국시가사강』, 을유문화사, 1954, p.81.
14) 지헌영, 「정읍사의 연구」, 『아시아 연구』 통권 제7호, 고려대 출판부, 1961, p.193.

서의 문학 개념이 존재하지 않았다.[15] 그래서 카이저도 "민요나 때로는 중세의 희곡 따위에서 작자를 찾으려는 작업은 무익한 일이다. 이러한 작품들은 대체로 공동사회를 위하여, 그리고 공동사회를 모체로 해서 생겨난 만큼 작품의 무명성이란 의당 그 본질에 합당한 것이다"[16] 라고 했다. 문학적으로 우월하여 그 여세가 항상 우리나라로 흘러 들어왔던 중국의 사정이 이러했고, 시기적으로 15세기 중엽까지를 중세로 잡는 서양의 중세에는 시 작품이 대체로 풍성했는데도 이러하다면, 백제시대의 <정읍>도 어느 한 개인의 작으로 간주하기 어렵고, 또 작자가 행상인의 처로 되어 있는 기록 자체도 큰 의미를 가질 수 없다. 그리고 우리의 민요가 현재까지 전승되어 오는 도중에 더러는 국문으로 문자화됐고, 그보다 더 많은 양의 민요가 한문으로 번역되어 전적(典籍)에 남았으며 이러한 노래는 그 작자에 관해서도 단지 설화적 의미밖에 갖지 않는다.

이러한 여러 가지 점들을 고려할 때 『고려사』 권71 악2 삼국속악조에 행상인의 처로 되어 있는 <정읍>의 작자는 시가와 설화가 습합되는 과정에서 생겨난 '시가전설'의 공통된 현상이라 할 수 있으므로, 이것을 근거로 <정읍사>를 개인 창작가요로 규정할 수는 없다. 오히려 <정읍사>에 우리 민족의 전통적 정서가 짙게 배어 있는 점으로 보아 민중전체가 이 노래를 공동화했다는 창작의 공동성을 인정해야 한다. 이렇게 <정읍사>가 전통적 정서를 주 내용으로 하고 있으며, 민중 공동의 손에서 창작되었다는 점은 바로 <정읍사>의 민요적 성격을 단적으로 드러내 주는 요소라 할 수 있다.

다음으로 <정읍사>를 민요적 성격의 노래로 파악하는 데는 개인 창작시처럼 완벽한 언어구조나 세련된 노래의 형식이 문제가 되므로

---

15) 김학주, 『중국 고대문학사』, 민음사, 1983, pp.18~19.
16) Wolfgang Kayser, 『Das sprachliche Kunstwerk』. (김윤섭 역, 『언어예술작품론』), 대방출판사, 1982, p.51.

이 점이 효과적으로 해명되어야 하리라 본다. 민요는 상이한 시대와 다른 여건, 그리고 시공을 달리한 민중에 의하여 공동작으로 이루어져 변모해 왔기 때문에 그 자체의 의미가 보완되면서 형식이 세련될 수 있음은 자명한 일이다.[17]

또한 <정읍사>는 원래 정읍 지방의 민요이던 <정읍>이 고려시대 궁중무악의 창사로 수용되어 그 향유 계층이 일반 백성에서 폐행 등 권문세족계층으로 바뀌었다는 점에서 소위 상승문화재라 하겠는데 이 노래의 세련성은 이런 면에서도 설명될 수가 있다. 특히 속악의 향유계 층이 권문세족이고 이를 가창한 부류가 관기들이라면 이들에 의한 속 가의 자의적 변개는 불가피했을 것임이 확실시된다. 왜냐하면 이러한 권문세족들은 원가인 민요를 궁중음악으로 수용하는 과정에서 그들의 취향에 맞도록 가사를 개작 내지 변개하든지 궁중 악장의 악률 조건에 부합이 되도록 재편했을 것이기 때문이다.

고려 충렬왕 시대의 김원상(金元祥) 같은 이는 새로운 곡조인 <大平 曲>을 지어 기녀에게 익히게 했는데 이것으로도 저간(這間)의 사정을 능히 알 수 있다.[18] 가창자인 기녀들은 여러 도의 관기 중에서 자색과 기예가 뛰어나서 뽑힌 자들이고, 성중의 관비나 여무 중에서도 노래를 잘하여 궁중에 적치(籍置)된 자들이었으므로 민간에 유행하던 민요를 새로운 곡조로 궁중의 분위기나 상층 계층인의 취향에 맞게 고칠 수 있었을 것이다. 그러므로 이들에 의한 노래 형식의 정제(整齊)와 세련은

---

17) 이는 하우저의 다음과 같은 말로도 충분히 해명될 수 있다. "민요는 가장 자연스러운 차 용의 흔적과 한편으로는 가장 매력적인 시적 창조의 모습을 둘 다 보이고 있다. 나우만 과 같은 급진적인 수용이론의 대표자조차도 그가 서정시의 원형이라고 주장하는 원시 노 동요, 짤막한 연애시, 결혼축가, 장송가, 전쟁노래, 찬송가, 부적 등에서 집단적이고도 자 생적이며 독창적인 창조의 산물을 볼 수 있다고 생각한다" Arnold Hauser, 『Kunst and Gesellschaft』, (황지우 역, 『예술사의 철학』), 돌베개, 1983, p.324.

18) 『고려사』 권126 열전 권39 간신 김원상조. 金元祥忠烈朝登第 …… 元祥製新調太平曲 令妓 習 一日 內宴歌之 王妬且變色曰 此非能文者不能 誰所爲耶.

필연적이라 생각할 수 있다.[19]

이상에서 살펴본 바와 같이 많은 수의 고려 속가와 마찬가지로 <정읍사>도 원래는 민요였고, 그 형식도 세련되지 못하였으나 악장으로 승화되는 과정에서 정제미와 세련미를 갖추게 되었다고 보는 것이 마땅하다.

다음으로 소재와 표현 형식을 통하여 민요적 성격을 살펴보도록 하겠다. <정읍사>는 일상적 소재를 통하여 감정이 진솔하게 토로된 점과 산문구조의 표현 형식을 취하였다는 점이다.

소재로는 여러 민요에서 흔하게 사용되는 소박하면서도 정감어린 달이 여기에 해당된다. 또한 이 노래에 쓰인 시어는 대체로 투박하고 조잡하여 일상회화에만 주로 사용되는 평범한 어휘들이다. 원래 시어는 미화되고 세련된, 정서적인 언어가 되어야 하는데 <정읍사>에 쓰인 어휘는 그렇지가 않다. <정읍사>의 시어는 전체적인 형식의 세련성에도 불구하고 미화되고 세련된 정서적 언어가 아니며, 환정적 기능(換情的 機能)을 하는 내포적 언어도 못된다는 점이다. 특히 이들 어휘 중 "어느이다 노코시라"는 극히 일상적인 생활언어이며, 이 어구의 어미활용도 서정적 시문에 잘 쓰이지 않는 명령문 형식을 취한 점에서 더욱 두드러진다. 그런가 하면 "즌디룰 드디욜셰라"의 직선적·단도직입적 표현도 비시적(非詩的)이며, 거기서 표출되는 효과도 투박하여 민중적이다. 이런 제 현상은 민요적 특징을 드러내는 데 일익을 담당한다. 이렇게 민요에서 많이 사용되는 투박한 비문명어는 대체로 민중들의 지적 수준과 민요의 향토성에서 연유된다.

---

19) 이 점에 관하여 최동원은 다음과 같이 기술했다. "…… 기녀들은 궁중뿐만 아니라 각 지방에도 산재했으며, 한편 이 지방기녀들은 민중 사이에 전파 유행되어 있던 지방 특유의 노래들을 각기 몸에 지니고 있었을 것이니 이 기생들의 교류에 따라 그 노래들은 성중으로 혹은 궁중으로 묻어 왔을 것이다. 이렇게 하여 들어 온 각기 지방적이요, 조잡했던 原歌는 기녀들의 궁중가악의 습득과 아울러 다듬어지고 혹은 집성도 되어 점진적으로 세련된 가사로 형성되었을 것이다." 최동원, 「고려속요의 향유 계층과 그 성격」, 『고려시대의 가요문학』, 새문사, 1982, p. II-101.

<정읍사>는 제목부터가 지방의 명칭을 포함하고 있어 가요의 발생 배경과 환경을 암시한다. 민요 중에는 지방의 이름인 고유명사를 앞에 갖다 놓아 그 제목으로 삼는 경우가 허다하다. 이는 지방적 특성을 살리면서 다른 지방 민요와 대비시킬 수 있는 효과적인 방법이기 때문이다. <정읍사>의 경우, 설혹 이 작품 자체에서 민요의 지방적 특색을 드러내는 어떤 구체적 예증을 찾기 어렵다 하더라도 발생 당시의 지방 이름을 제목으로 사용하여 다른 지방 노래와 구별하고자 한 의도는 있었던 것 같다.

표현 형식으로 볼 때도 <정읍사>에는 전체적으로 개인 창작시와 비교하면 역시 산문적 특성이 강하게 나타나 있다. 만약 <정읍사>의 문장을 다시 더 산문적인 문장으로 재현시킨다 하더라도 이보다 더욱 산문적이게 하기는 어려울 것이다. 직접화법의 단순한 서술형식인 산문 문장은 민요의 한 특징으로 지적될 수 있는데, 이는 다른 속가들에도 거의 예외 없이 적용되는 공통점이라 하겠다.

<정읍사>에 쓰인 어구의 특성에서도 민요적 성격을 찾아 낼 수도 있다. <정읍사>에는 민요에 자주 사용되어 관습적 표현(conventional expression)이라 볼 수 있는 어구가 가요 첫 행에 나와 있다. 관습적 표현은 민요를 향유하는 민중들의 뇌리 속에 어떤 고정된 틀로 남아 있으면서 필요한 경우에 거의 무의식적으로 관용되는 말들이다. 원래 민중들 속의 무의식은 개인적·민족적 과거의 지식과 지혜를 담고 조화와 통합을 달성 또는 유지하는 기능을 하며, 또 이러한 현상은 민요에만 국한시킬 수 있는 것은 아니지만 민요의 형식상 특징으로 지적되는 점이다.[20] <정읍사>에서 관습적 상투어구로 볼 수 있는 것은 이 노래의

---

20) ① Kenneth W. Clarke and Mary W. Clarke, 『Introducing Folklore』, Holt, Rinehart and Winston Inc, 1963, pp.64~66.

② Alex Preminger(ed), 『Princeton Encyclopedia of Poetry and Poetics』, Princeton University Press, 1974, pp.283~284.

③ Ruth Finnegan, 『Oral Poetry』, Cambridge University Press, 1977, p.18.

첫 연에 나오는 "둘하 노피곰 도드샤 어긔야 머리곰 비취오시라"라는 어구다.

　일반적으로 민요에는 소박하면서 일상적·관습적인 제재라 할 수 있는 달을 상징성을 부여하지 않은 채 원의대로 차용하여 사용하는 것이 보통이다. 우리의 민요 중에 "달아 달아 밝은 달아"라는 구절이 민요의 첫 행으로 쓰인 예는 많다. 이는 <정읍사>에 쓰인 "둘하 노피곰 도드샤 어긔야 머리곰 비취오시라"와 상당히 유사한 상황이나 감정을 표현하는 데에 쓰이는 구절이라 할 만하다. <정읍사>의 첫 행은 서술적인 표현으로 서원(誓願)을 나타내고 있지만 일반 민요에 많이 쓰이는 "달아 ……"는 서술적 형식을 피하고 '달아'라는 단어를 3번 연속시킴과 동시에, 3번 반복되는 마지막 '달' 앞에 '밝은'이라는 말을 넣어 천지를 광명하게 하여 달라는 기원을 표시했다. <정읍사>의 첫 행으로 쓰인 문장이 시적 정감을 산문적으로 나타낸 서술적 표현형식이라 할 것 같으면 "달아 ……"라는 어구는 율성이 강조된 시적 표현 형식인 것이다. 그러나 두 노래의 표현 양태는 다르더라도 이 두 어구가 간직하면서 드러내는 함의(含意)는 유사하므로 이를 관습적 표현의 어구라 할 수 있다.

　그런가 하면 <정읍사>의 이 첫 구는 민요의 행에 자주 쓰이는 구절과 유사함과 동시에, 일반 민간의 부녀자들이 기원할 때에 쓰는 기원문의 구절과도 비슷한 점이 많다. 즉, "달님이여! 높이 높이 떠서 이 천지를 광명하게 해 주사이다" 등은 부녀자들이 달에게 기원하는 축원문에서 많이 사용되는 것을 볼 수 있다.

3. 〈井邑〉과 〈井邑詞〉의 관계

　〈정읍〉은 『고려사』 권71 악2 삼국속악조에 부대설화와 함께 그 가명(歌名)이 전하는 반면, 〈정읍사〉는 별개의 조항에 단독으로 나오지 않고 『고려사』 권71 악2 고려속악조 무고정재(舞鼓呈才) 속에 그 가명이 보인다. 그리고 『樂學軌範』 권3 무고조에도 그 가명이 보이며, 『악학궤범』 권5 무고조에는 〈정읍사〉의 전문과 함께 이 노래를 여러 기생들이 불렀다고 되어 있다. 또 '학연화대처용무합설(鶴蓮花臺處容舞合設)'에서도 〈정읍사〉를 창한다고 기록되어 있다. 그러므로 삼국속악조에 보이는 〈정읍〉은 엄연히 고려 때 악장으로 불려졌던 〈정읍사〉와는 구별이 되어야 된다. 그런데 학계에서는 일찍부터 〈정읍〉과 〈정읍사〉의 관계에 대한 논의가 있어 왔으나, 지금까지도 명확한 결론에는 도달하지 못했다. 〈정읍〉과 〈정읍사〉 사이의 관계를 명확하게 해명하는 일은 지금도 논란이 계속되고 있는 〈정읍사〉의 시대귀속 문제뿐만 아니라 속가의 일반적 성격 파악을 위해서도 대단히 중요한 문제라고 생각한다.

　그러면 『고려사』 악지 삼국속악조에 전하는 〈정읍〉은 과연 어떤 성격의 노래일까? 『고려사』 악지 삼국속악조에는 〈정읍〉 외에도 백제 노래로 〈禪雲山〉·〈無等山〉·〈方等山〉·〈智異山〉 등 4편, 신라 노래로 〈東京〉 2편을 비롯, 〈木州〉·〈余那山〉·〈長漢城〉·〈利見臺〉 등 6편, 고구려 노래로 〈來遠城〉·〈延陽〉·〈溟州〉 등 3편의 노래가 실려 있다. 이러한 노래의 성격에 대하여 김학성은 노래의 해당 문헌의 해설 및 지역 명칭으로 되어 있는 노래 제목에 주목하여 어느 특정 지역의 향토적 특수성을 다분히 지닌 지방민요적(地方民謠的) 성격의 노래일 것으로 추정하였다.[21]

　그런데 일반적으로 민요가 궁중의 속악으로 수용 채택되면 악곡과 향유계층의 변화에 따라 많은 변화와 변개가 뒤따르게 된다. 그럼에도 불구하고 <정읍>을 위시한 삼국속악조 소재의 이 노래들은 왜 이렇게 까지 민요적 원형을 보존하게 된 것일까? 여기에 대한 해답은 삼국의 속악을 수용한 고려 초의 정치·사회적인 배경에서 찾을 수 있다. 예컨 대 삼국시대 이래 오랜 세월을 거쳐 전승되어 온 지방 민요를 적극적으 로 수용한 까닭은 고려의 왕을 중심한 지배세력이 지방세력의 통합과 새로운 문화체질을 형성하기 위한 필연적인 요구 때문이다.[22]

　따라서 <정읍> 이하 삼국속악조 소재의 노래들은 단순히 궁중악의 창사로서 채택된 것이 아니라 이 노래들을 원형 그대로 보존하여 지역 적 특수성을 살림으로써 지방문화를 중앙문화에 통합하고, 지방세력을 중앙정권에 집결시키려는 정치·문화적 요구에 의해 의도적으로 궁중 무악에 채택된 것이었다. 그러므로 이들 노래들은 지방 민요적 특성과 원형을 최대한 보존하면서 궁중음악으로 수용되었으리라 생각된다. 이 렇게 볼 때 <정읍>은 지방 민요적 특성과 성격이 많이 보존된 노래로 보아 무방할 것이다.

　반면 <정읍사>는 무고정재나 '학연화대처용무합설(鶴蓮花臺處容舞合 設)' 같은 정재무악(呈才舞樂)의 공연에서 불리어진 노래다. 따라서 <정

---

21) "이들 부류의 가요가 통일신라의 궁중악으로 수용되었는지는 알 길이 없으나 해당 문헌 의 해설로 미루어 보거나, 노래의 제목이 한결같이 뚜렷한 제목 없이 그 지역 명칭으로 대치되어 있다는 사실로 보거나, 이들 부류의 가요가 어느 특정 지역의 향토적 특수성을 다분히 지닌 지방민요적 성격의 가요였음을 우선 인지할 수 있다. 따라서 이들 작품에는 특정 지방민의 문화적 동질성이 응축되어 있다고 보이며, 그것을 중심으로 지방민의 감 정이나 의식 혹은 세계관이 결집되어 있다고 해도 지나친 말은 아닐 것이다." (김학성, 『고려가요의 작자층과 수용자층』, 『한국학보』 31집, 일지사, 1983, p.224.)

22) "고려의 정치·사회적 기반이 신라 계통의 지방세력은 물론, 고구려와 백제 계통의 지방 세력을 통합한 위에서 성립되었으며, 따라서 그 문화는 모든 지방세력이 공명하는 방향 으로 추진되었음을 이해할 때, 고려의 궁중악으로서 삼국의 속악이 골고루 채택, 수용되 는 현상은 필연적이고도 당연한 시대적 요구라 하겠다. 즉 고려의 왕을 중심한 지배계층 은 지방세력의 통합과 새로운 문화체질을 형성하기 위한 필연적 요구에 의해 삼국시대 이래 오랜 세월을 거쳐 전승되어 온 지방민요를 적극적으로 수용했음을 알 수 있다." (김 학성, 위의 논문, pp.224~225.)

읍사>는 삼국속악조의 <정읍>이 통합 정재무악인 무고(舞鼓)에 수용
된 결과 이루어진 노래다. 이러므로 민요 <정읍>이 고도로 발달한
궁중의 정재무악으로 수용될 때 많은 변화와 변개를 거쳐 <정읍사>가
이루어졌다. 그러한 변개의 요인과 양상을 고찰해 보면 다음과 같다.

첫째, <정읍>은 백제의 민요로 오랫동안 민중에 의하여 구전되다가
고려 때에 악장으로 상승, 채택되었다는 점이다. 구비문학인 민요는
주요 속성이 변개다. 더구나 사회상황이 구비문학의 생성과 변화에 큰
요소로 영향을 미칠 때는 변개의 정도는 더욱 커진다. <정읍사>도
백제가 멸망함으로써 신라를 거쳐 고려로 전승되어 왔다는 사실에서
일차적인 변개의 요인을 발견할 수 있다. 왕조의 교체는 사회상황의
급격한 변화를 초래하여 같은 지역에서 같은 생활양식으로 계기적 삶
을 이어 온 동일 민중에게도 다른 역사 의식과 사회 의식의 변화를
강요하게 되는 것이다. 이런 변화에 편승하여 <정읍>은 신라적인 요소
와 고려적인 특색이 가미되면서 상당한 변화를 거쳐 보다 포괄적이고
도 보편적인 정서의 노래로 다듬어졌다고 볼 수 있다.

둘째, <정읍>이 궁중의 정재무악으로 수용되어 <정읍사>로 되었
다는 점이다. 민요적인 <정읍>이 궁중의 정재무악에 수용됨에 따라,
궁중무악이라는 특수한 기능에 어울리도록 그 노래의 곡과 가사에 개
작 내지 변개가 일어나게 된다. 이런 가요의 자질(資質) 변개의 흔적으
로 <정읍사>의 다음과 같은 면을 구체적으로 들 수 있겠다. 즉, <정읍
사>에는 인위적으로 손질한 듯한 요소가 <정읍사>의 형태적 특질에
강하게 남아 있다는 점이다. <정읍사>의 각 단락마다 딸려 있는 "어긔
야 어강됴리 아으 다롱디리"가 후강(後腔)에는 '어긔야 어강됴리'만 있
고, 소엽(小葉) '아으 다롱디리'가 빠져 있다는 점이다.[23] 만약 이 노래

---

23) <정읍사>의 小葉 '아으 다롱디리'의 탈락 여부는 좀더 연구해야 될 문제라 생각한다. 그
   러나 필자는 일단 의도된 탈락으로 보고자 한다.

가 민중들 속에서 불려지고 있던 민요라면 이런 식으로 불균형하게
어느 한 구절이 생략되는 수법은 결코 사용되지 아니했을 것이다. <정
읍사>처럼 일제연장(一題聯章)으로 구성된 민요 중 가사의 몇 부분에
음절의 수가 서로 틀릴 수는 있어도 규칙적으로 쓰인 여음 구절의 일부
가 어느 한 구절에서는 완전히 생략되는 일은 없다. 이러므로 <정읍
사>의 '아으 다롱디리'의 생략은 고도의 음악적 소양을 가진 사람이
특수한 음악적 효과를 내기 위하여 의도적으로 탈락, 변형시킨 결과에
서 연유된 것이라 보아야 할 것이다.

특히 『고려사』 악지 고려속악 무고정재조에는 무고의 창사(唱詞)로
<정읍사>가 사용됐음을 밝힌 기록이 있는데 이를 주목할 필요가 있다.

악관들은 두 줄로 앉는다. 악관 두 사람이 고(鼓)와 대(臺)를 받들어다가 전
(殿) 복판에 놓는다. 여러 기(妓)들은 정읍사(井邑詞)를 부르는데, 향악에서
그 곡을 연주한다. 기(妓) 두 사람이 먼저 나가 좌우로 갈라 고(鼓)의 남쪽
에 서서 북쪽을 향해 큰 절을 하고, 끝나면 꿇어앉아 손을 여몄다가 춤추
기 시작한다. …… 무고(舞鼓)의 유래는 이러하다. 시중(侍中) 이혼(李混)이
영해에 유배되어 갔을 때 바닷가에서 부사(浮査)를 얻어 그것으로 무고(舞
鼓)를 만들었는데 그 소리가 굉장했다. 그 춤은 즐겁게 돌아가는 것으로,
펄렁펄렁 한 쌍의 나비가 꽃을 감도는 것 같고, 용감스럽게 두 마리의 용
이 구슬을 다투는 것 같다. 악부(樂部)에서는 가장 기묘한 것이다.24)

위의 기록에서 무고를 만든 이는 시중 벼슬을 한 이혼(李混)임을 알
수 있다. 이혼은 고려 원종·충렬왕대의 사람이다. 시중 벼슬을 한 그가
바다에 떠 있는 부사(浮査)를 얻어서 무고(舞鼓)를 만들었다면 필경 음
률에 밝았다고 볼 수 있다. 그래서 이병기는 <정읍사>를 작곡한 것은

---

24) 『고려사』 권71 악2 무고정재조. 樂官重行而坐 樂官二人奉鼓及臺 置於殿中 諸妓歌井邑詞
鄕樂奏其曲 妓二人先出分左右 立於鼓之南 向北拜訖跪 …… 舞鼓 侍中李混謫宦寧海乃得海
上浮査 制爲舞鼓 其聲宏壯 其舞變轉翩翩然 雙蝶繞花矯矯然 二龍爭珠最樂部之奇者也.

충렬왕 때일 것이며 이 곡을 만든 이는 시중(侍中) 이혼일 것이라 말하고 있다.25) 그런데 이러한 이병기의 견해를 수용한다면 이처럼 악기 무고를 만들고 <정읍사>의 곡을 스스로 만든 그가 무고의 창사로, 민요인 <정읍>의 가사를 그대로 습용(襲用)했다고 보기는 더욱 어렵다. 즉, 악곡과 가사는 상호제약적인 관계에 놓여 있다고 할 수 있기 때문에 새로 지어진 곡에 따라서 가사를 변조했을 가능성은 충분히 있는 것이며, 이러한 과정에서 민요적인 <정읍>의 가사를 그들의 취향에 맞도록 변개했을 가능성도 충분히 짐작할 수 있는 것이다.

셋째, 속가의 일반적 특징에서도 <정읍사>의 변개성을 찾을 수 있다. 경기체가는 형태적 특성이나 작가계층을 보아 민요로 간주할 수 없으나 속가는 자체의 형태적 특성이나 내용으로 볼 때 민요성을 많이 간직하고 있음을 쉽게 알 수 있다. 특히 속가의 변개 가능성으로 속가들 간에 가사가 서로 넘나들고 있다는 점을 들 수 있다. 이는 지금까지 전하는 속가가 처음부터 단일가요에 단일가사를 채택하여 이루어진 것이 아니라, 편의상 서로 다른 가사에서 내용을 가져다 조합하여 만든 느낌을 준다. 가사의 일부가 서로 섞여 있는 노래로는 <정과정곡>과 <만전춘별사>, <서경별곡>과 <정석가> 등이 있다. 특히 <정과정곡>은 작자가 귀족계급인 정서로서 개인의 작품이다. 그런데도 <만전춘별사>의 가사 일부와 그 내용이 같다는 것은 그 시대의 속가의 성격과 구성원리를 잘 말해 준다 하겠다.

끝으로 속가에는 전체 가요를 관류하는 어떤 법칙이 결여되어 혼잡스럽다는 것이다. 이를테면, <만전춘별사>는 첫 연은 순 한글식으로, 둘째 연은 시조 형식을 방불하게 하는 국한문 혼용의 방식, 셋째 연은 <정과정곡>의 일부 가사와 유사한 가사의 차용, 넷째 연은 순 한글식,

---

25) 이병기, 『국문학전사』, 신구문화사, 1968, p.56.

다섯째 연은 국한문 혼용의 전개 방식과 부조리한 내용의 반복, 여섯째 연은 단독행으로 한 연을 이루면서 앞의 연들과는 다른 엉뚱한 내용으로 끝맺는 점 등이 대표적인 예라 하겠다. 이러므로 <만전춘별사>는 마치 잡다한 내용을 여러 가요에서 가져와서 억지로 맞춘 감을 주며, 일관성을 잃고 있다. 이는 <청산별곡>과 <서경별곡>의 경우에도 해당되며 특히 <쌍화점>은 <삼장>이라는 단연형식(單聯形式)의 노래를 토대로 하여 분화 발전한 것으로 볼 수 있어26) 이를 더욱 뒷받침해 준다. 속가의 전반적인 성격이 이런 것으로 보아 <정읍사>의 전승 변형도 이와 같은 차원에서 쉽게 짐작할 수 있다.

　이상에서 몇 가지 이유를 예증으로 들어 <정읍사>의 변개에 관하여 논하여 보았다. 그 결과 신라의 향가 <처용가>가 고려의 속가 <처용가>에 와서는 긴 사설의 형태로 개작되었는데, 이 경우를 미루어 보더라도 <정읍사>의 변개폭과 양상을 짐작할 수 있으리라 생각된다.

　이렇게 볼 때 백제의 <정읍>과 고려 때 궁중가악으로 채택되어 권문세족층에 의하여 향유되다가 조선조에 와서 문헌에 국문으로 기록, 정착된 현전 <정읍사>와의 거리는 아주 멀어서 신라 <처용가>와 속가 <처용가>와의 거리에 비견될 정도이다. 필자는 이런 점을 고려하여 『고려사』 악지 삼국속악 백제조에 적혀 있는 <정읍>과 같은 책 고려속악 무고정재조에 수록돼 있는 <정읍사>와는 서로 구별해야 한다고 본다. <정읍>은 백제시대의 민중에 의하여 불려졌던 민요로서 문헌기록대로 삼국의 속악 명칭으로, <정읍사>는 고려시대 궁중의 상부계층이 향유했던 궁중무악의 창사의 명칭으로 구별하여 부르는 것이 합리적이라 생각한다.

---

26) 제2부 '<雙花店>의 형성배경과 내용특성'을 참고할 것.

4. 상징성의 辨正

고려 속가 중에는 가요의 내용 일부를 정확히 설명할 수 없는 것들도
더러 있다. <청산별곡>이 여기에 해당되는 경우이며, <정읍사> 역시
그러한 노래 중의 하나다. 지금까지 파악된 <정읍사>의 내용은 크게
두 부류로 대별된다. 『고려사』 권71 악2 삼국속악조의 기록을 소중하게
생각하여 아내가 남편을 기다리는 순수한 애정이 담긴 순수 서정가요
로 보는 경우와[27] 『중종실록』 권32 13년 무인 4월조에 의거하여 음설지
사(淫褻之詞)로 파악하려는 견해가 서로 대립되어 있다.

후자의 경우, 특히 지헌영은 <정읍사>를 음설한 내용을 노래한 가요
로 규정하는 것과 함께 제목인 '정읍' 자체도 은어(隱語)로서 여성의
금단 지역을 나타내는 말이며, '샘골'·'옹달샘'과 같은 종류의 성적
의미를 상징하고 있다 했다. 그런가 하면 '즌디'도 '정읍'과 같은 각도에
서 해석하였으며, 그리고 '내 가논디'도 '정읍'과 같은 여성의 육체 안에
있는 어떤 비처(秘處)를 상징적으로 표현한 것이라고 했다.[28]

<정읍사>의 내용을 올바르게 규명하기 위해서는 먼저 이렇게 대립된
두 견해를 검토하여 그 타당성을 검증해야 한다. 따라서 본고에서는 <정
읍사>를 음사로 보는 견해를 검토하고 '정읍'이 '女性의 비처'를 상징한다

---

27) 이병기는 <정읍사>는 '그 남편이 밤에 다니다가 해를 입지나 않을까 함을 泥水之汚에 托
   하여 부른 노래이며, 그 남편이 오랫동안 돌아오지 않음을 조금도 원망하지 않고 다만
   몸이나 편안히 다니시라고 달을 빌어 말한 노래로 규정, 설명했다. 그리고 달은 천지신명
   이며, 그 천지신명에 기원한 것이 <정읍사>라 했다. (『국문학전사』, 신구문화사, p.71.) 이
   노래를 음사로 해석하려는 견해와는 달리 순수한 기다림의 시가로 해석하려는 이들 중
   정병욱은 "혹시나 바람을 피우지 않을까 하는 의심, 또는 오래도록 돌아오지 않는 남편
   에 대한 원한 같은 것은 털끝만큼도 찾아 볼 수 없는 순수한 애정을 느끼지 않을 수 없
   다. …… 이렇듯 고요한 물결처럼 관조적이고 석류알처럼 영롱한 감각을 지닌 이 노래의
   가락은 신라의 향가와 아울러 우리 문학의 역사를 빛낼 기념비적 존재라 할 수 있을 것
   이다"고 말하였다. (『한국고전시가론』, 신구문화사, p.104.)
28) 지헌영, 앞의 책, pp.141~194.

는 점을 변정(辨正)하여, <정읍사>를 기다림의 정서가 바탕이 된 순수 서정의 가요로 파악하고자 한다.

　<정읍사>를 음사(淫詞)로 단정하는 이들은

아박정재동동사(牙拍呈才動動詞) 같은 남녀 음사에 가까운 말은 신도가(新都歌)로 대신하였으니, 이는 대개 음절이 그와 같기 때문입니다. …… 무고정재정읍사(舞鼓呈才井邑詞)는 오관산(五冠山)으로 대용하였으니, 이것 역시 음률(音律)이 서로 맞기 때문입니다.[29]

라는『중종실록』의 기록을 준거로 삼고 있다. 특히 지헌영은『중종실록』의 이 기록을 두고서 "이 기록은 '아박정재(牙拍呈才)'의 <動動>과 '무고정재(舞鼓呈才)'의 <정읍사>를 '어섭남녀간 음사(語涉男女間 淫詞)'라 하여 이것을 남곤(南袞) 및 장악원제조 악사(掌樂院提調 樂師)들을 시켜 각각 악장을 개제하게 한 후에 신제악장(新製樂章) <新都歌>·<五冠山>으로 대용하게 했다는 사실의 보고인 것이다."[30] 하면서, <정읍사>를 음설지사(淫藝之詞)로 해석한 자신의 견해와 호응되는 것이라 하였다. 그러나 지헌영의 이러한 견해는 이 기록의 '남녀간 음사'라 한 구절을 깊이 음미하지 않고 액면 그대로 수용한 데서 오는 오류라 하지 않을 수 없다. 그러면 '남녀간 음사'라는 문제의 구절의 의미를 다시 검토하면서 <정읍사>를 음사로 파악하려는 견해의 타당성 여부를 검증하여 보기로 한다.

　'淫詞'라 했을 때 '淫'자의 자의는 ①담그다 ②음란하다 ③넘치다 ④과하다 ⑤정도가 심하다 등의 여러 뜻이 있다. '과하다'(過)·'정도가 심하다'(深)라는 뜻으로 쓰인 예로는『書經』의 '망음우악(罔淫于樂)'[31]

---

29)『중종실록』권32 13년 무인 4월조. 如牙拍呈才動動語涉男女間淫詞 代以新都歌 盖以音節同也 …… 舞鼓呈才井邑詞代用五冠山 亦以音律相叶也.
30) 지헌영, 앞의 책, pp.171~172.
31)『서경』大禹謨. 儆戒無虞 罔失法度 罔遊于逸 罔淫于樂.

과 『列子』의 '짐지과음의(朕之過淫矣)'[32] 등에서 찾아 볼 수 있다. 이렇게 볼 때 이 '남녀간 음사'라 한 구절도 '남녀 사이의 음란한 노래'로 단순하게 받아들이기보다는 '남녀 사이의 정도가 유교적 입장에서 볼 때 좀 지나치거나 심한 노래'라는 뜻으로, 보다 온건하게 받아들이는 것이 합당하지 않을까 생각된다.

아니면 설사 '남녀간 음사'라는 이 말이 그 당시에는 '남녀 사이의 음란한 노래'란 뜻으로 쓰였다 하더라도 '음란하다'란 의미는 특정시기나 개인의 윤리적 기준에 따라 사용되었을 수도 있으므로 액면 그대로 수용할 수는 없다고 생각된다.[33] 시대가 변천하고 사회가 변화함에 따라 그 시대와 사회의 윤리관과 가치관도 변하게 되고 윤리적 기준도 달라지게 마련이다.

<정읍사>를 '남녀간 음사'라고 한 그 조선시대는 사대부들이 주자적 세계관에 입각하여 도덕적 이상국가를 건설하려던 시기였다. 당시의 조선 사회는 '남녀칠세부동석(男女七歲不同席)'이나 '남녀칠세부대의(男女七歲不帶衣)', '남녀칠세부동식(男女七歲不同食)'이란 말에서 남녀간의 윤리적 기준이 단적으로 드러나듯이 남녀간의 내외법이 엄격하게 지켜졌으며, 애정의 표시도 극도로 절제되고 제한되던 사회였다. 그래서 『경국대전』에도 여자는 10살 이후에는 밖에 나가지 말도록 했다.

이러한 사회에서는 여자가 남자를 기다리며 노래한 것일 경우에는 그것이 비록 아내가 지아비를 기다리는 극히 기본적이며 일상적인 내용이더라도 지탄을 받을 수 있었을 것이다. 특히 아내가 산 위에까지 올라가 노래를 불렀다는 사실 그것만 가지고도 당시 사회의 윤리적

---

32) 『열자』 황제편. 朕之過淫矣 養一己其患如此 治萬物其患如此.
33) 이 문제는 고려 속가 <동동>의 경우를 보더라도 짐작할 수 있다. 예컨대 <동동>은 중종 13년 때는 음설의 노래로 치부되어 신제 악장 <신도가>로 대체되었다. 그러나 『고려사』 악지나 명종·선조 때 권문해의 『대동문부군옥』에는 음설여부는 일절 언급하지 않은 채, 송도지사(頌禱之詞)가 많다고만 했을 뿐이다.

기준에서는 당연히 '음란하다'고 하였을 것이다. 다시 말하면 엄정한 유교주의적 윤리 기준에다 당시『고려사』를 편찬한 정인지 등 학자들이나 관료귀족계층의 경직된 사고와 고려 것에 대한 배척심리가 상승 작용하여 단순한 남녀상열의 노래인 <정읍사>를 음란한 것으로 규정했다고 할 수 있다.

그리고 남녀상열의 일들이 일반 백성들의 생활 속에서는 혹시 허용되었을지 몰라도 사대부 사회에서는 어림도 없는 일이었다. 더구나 이러한 배경에서 생성된 노래였으므로 조선시대 궁중의 악장으로서는 '음란하다' 할 수밖에 없었을 것이다. 반면에 오늘날의 기준에서 보면 남편의 늦은 귀가 때 밖에서 남편을 기다릴 수도 있다는 것은 당연한 사실로 받아들여지고 있다. 이처럼 그 당시의 사회와 오늘날의 사회 사이에는 어마어마한 윤리관의 차이가 있는 것이다. 이런데도 불구하고 그 당시의 윤리적 기준에 입각하여 '음란하다'고 한 말을 오늘날의 기준에서 해석하여 음란한 내용의 노래로 규정할 수는 없다고 본다.

또 <정읍사>가 지헌영이 해석한 것처럼 '정읍'이 '여성비처(女性秘處)'이며, '즌ᄃᆡ'와 '내 가논ᄃᆡ'가 육체 안에 있는 무엇을 상징하는 은어·비밀어·유행어 정도의 '음설지가(淫褻之歌)'라면 조선초기, 특히 세종·성종대에 있었던 궁중악의 개편[34]에서 이 가요가 왜 개편의 대상에서 제외되었을까 하는 것이 의문스럽다. 특히『성종실록』에는

전교(傳敎)하기를 종묘악(宗廟樂)의 보태평(保太平)·정대업(定大業)과 같은 것은 좋지만 그 나머지 속악(俗樂)의 서경별곡(西京別曲) 같은 것은 남녀가 서로 좋아하는 가사(歌詞)이니 매우 불가하다. 악보(樂譜)는 갑자기 고칠 수 없으니 곡조(曲調)에 의하여 따로 가사를 짓는 것이 어떻겠는가?[35]

---

34)『세종실록』16년 8월조.『성종실록』19년 4월조와 8월조의 기록을 미루어 궁중악의 개편이 있었음을 알 수 있다.

라 하여 <서경별곡>과 같은 속가도 "남녀상열지사"라 하여 따로 가사
를 짓도록 하였다. 그리고 동왕 같은 해 8월조에도 <후정화>·<만전
춘> 같은 것에는 비리(鄙俚)한 가사가 많으므로 기공(妓工)들에게 학습
시키지 말라고 왕에게 청하였다.36) 특히 동왕 21년 5월조에도 <쌍화
점>·<이상곡>·<북전> 등은 가사 중에 음설스러운 것이 있어서 산개
(刪改)해야 된다고 했으나37) <정읍사>에 대하여는 "무고정재의 <정읍사>
가 <오관산>으로 대신하였으며, 이는 음률이 서로 역시 맞다(舞鼓呈才
井邑詞代用五冠山 亦以音律相叶也)"고 했을 뿐 음설스럽다든지 음란
하다는 등의 구체적인 지적은 없다. 그리고 <정읍사>가 과연 지헌영의
견해와 같은 그러한 정도의 '음사'라면 적어도 성종대의 궁중 악의 개편
시에 개편이 이루어졌어야 마땅하다.

그런데도 이 시기에 <정읍사>가 거론되지 않았다는 것은 <정읍
사>가 이른바 남녀상열의 음란한 노래는 아니라는 방증이 된다. 특히
허균의 『惺所覆瓿藁』 권2 시부(詩部)2 열악(閱樂) 중에 <정읍사>가 중
국 사신을 맞이하기 위한 자리에서 연주되었음을 알려 주고 있는데38),
이 때가 선조 39년이다. 그러므로 음사로서 논란이 있었다는 이 노래가
뒤에까지 계속 사용되었음을 알 수 있으며, 이 사실은 이 가요의 성격이
음설스럽지 않음을 이해하는 데에 역시 도움을 준다.

한편, 다른 각도에서 살펴보면 <정읍사>가 궁중 무악으로 사용되었
던 상황과 그 특수한 배경도 이 노래를 음사로 규정짓는 데 커다란

---

35) 『성종실록』 19년 4월조. 傳曰 宗廟樂如保太平定大業則善矣 其餘俗樂如西京別曲 男女相悅
   之詞甚不可 樂譜則不可卒改 依曲調別製詞 何如.
36) 但聞歌鄙俚之詞 如後庭花 滿殿春之類亦多 若致和平保太平 定大業 乃祖宗頌功德之詞 固
   當歌之 …… 今妓狃於積習 舍正樂而好淫樂 甚爲未便 一應俚語請昝勿習.
37) 先是命西河君任元濬 武靈君柳子光 判尹魚世謙 大司成成俔 刪改雙花店 履霜曲 北殿歌中
   淫褻之辭 至是元濬等撰進 傳曰令掌樂院肄習.
38) 허균의 『성소부부고』 권2 시부2의 내용은 다음과 같다. '昇來腰鼓置中筵 輪得紅桃彩袖翩
   催拍急簫謳井邑 八盤初轉響塡然'

인자(因子)로 작용했다고 볼 수 있다. 다시 말하면 <정읍사>는 '학연화대처용무합설(鶴蓮花臺處容舞合設)'에서 처용이 역신(疫神)을 위협하는 장면에 대비될 수 있으며 이 역신 위협의 내용이 향가 <처용가>와 동일한 부분이다.[39] 만약 그렇다면 <정읍사>와 대응되는 <처용가>의 음설스런 내용에 조응하여 좋지 못한 것이 연쇄적으로 연상되고, 그 분위기에 자극되어 본질과는 다르게 해석되어 평가될 수도 있었다 하겠다.

심리학자 앨버트 메하르비안은 언어 전달의 전체 충격을 말이 7%, 목소리가 38%, 얼굴 표정이 55%라 공식화했으며, "난 널 미워한다"는 내용까지도 얼굴 표정이나 목소리, 혹은 분위기에 의하여 발화의 표면적 내용과는 반대로 유혹적인 내용으로 들릴 수 있다고 했다.

이런 관점에서 생각한다면 <정읍사>는 단순한 남녀의 보편적 애정을 솔직하고 가림 없이 읊은 노래일 뿐 음설스러운 내용이 아닌데도, <처용가>와 함께 가창되는 마당에서 오히려 음설스럽게 들렸을지도 모른다. 그런가 하면 <처용가> 외에 <봉황음>·<정과정>·<미타찬> 등이 같이 노래되었는데, <정읍사>의 내용이 이런 종류의 노래들과 비교됨으로써 상대적으로 음설스럽게 보였을 가능성도 있었다. 이런 관계로 하여 필자는 <정읍사>의 내용이 음란해서가 아니라, <정읍사>가 불려진 주위의 배경이나 상황에 의하여 음사로 간주되어 밀려났을 가능성도 충분히 있다고 본다.

다음으로 <정읍>이라는 노래의 이름에 대한 '여성비처(女性秘處)' 상징성에 대하여 검토해 보기로 한다. 이 '정읍'을 여성의 신체 중 어떤 일부를 상징한 것으로 보느냐, 고유의 지명으로 보느냐 하는 것은 작품 전체의 해석 방향과 성격 규정에 큰 영향이 있으므로 대단히 중요한

---

39) 지헌영, 앞의 책, pp.33~34.

문제이다.

<정읍사>는 어떤 행상인의 처가 지은 것으로 되어 있지만 민요적 성격이 짙은 노래다. 그렇기 때문에 이에는 향유 계층인 일반 대중의 의식이 반영되어 있다 하겠다. 결국 고려조에 와서 무고정재의 가사로 채택되어 궁중 무악으로 수용되었으며, 이처럼 향유 계층의 변이에 의하여 민요적 요소가 많이 가시어지면서 세련된 구조로 그 형태도 탈바꿈되었다.

민요의 구조는 그 생성의 자발성 때문에 대체로 단순하다. 그리고 민요에 쓰인 어휘도 단순한 사실이나 감정을 나타내기에 적합한 비시적인 어휘들이 많으며 대중적이라는 말에는 복잡성이 제외된 뉘앙스가 들어 있다. 그러므로 민중의 노래였던 <정읍사>의 어휘는 민중이 쉽게 공감할 수 있는 것이어야 함은 물론이다. 고대의 민요 등에 많이 쓰인 말이나 다른 일상어는 일단 민중에게 공통의 감정을 유발할 수 있는 최적의 자질을 갖고 있는데, <정읍사>에 이와 같은 말이 '중심표상적 이미지(emblematic image)'를 형성하면서 사용된 것도 위와 같은 이유 때문이다. 또한 고대의 가요나 민요 등에 쓰인 어휘들이 상징이나 은유의 수법으로 차용되긴 해도 '개인적 상징(private symbol)'[40]이 아니고, '보편적 상징(universal symbol)', 즉 '공공적 상징(public symbol)'인 점도 이런 이유에서라 보겠다.

그러므로 고대 가요나 민요가 고도의 세밀한 문학적 창작의식을 갖고 작품을 형상화한 현대의 개인 시 작품처럼 개인적 상징이 사용되었다고 보기는 어렵다. <정읍사>의 '정읍'을 지명으로 간주하지 않고, '여성의 비처'를 상징하는 것으로 해석하려는 이들의 견해는 위에서와 같

---

40) 시인이 개인적으로 특수한 의미를 부여한 상징이다. '개인적 상징'은 보편성이 없는 만큼 난해하기 마련이다. 그렇기 때문에 일반 민중계층에서 형성된 민요에는 대체로 이와같은 개인적 상징이 잘 사용되지 않는다.

은 시각에서 볼 때 불합리하다. 모든 상징은 이중의 적절성과 지시를 갖고 있어야 한다.[41] 다시 말해서 원관념과 보조관념 사이에는 어떤 유사성이 유지되어야 함이 기본원리라 할 것 같으면[42], 또 상징이 일반 대중에 의한 반복이며 고집이라 할 것 같으면[43], '정읍'이 '여성의 비처'를 상징한다 함에는 근본부터 문제점이 내포되어 있다.

그리고 설혹 이 단어가 이와 같은 의미의 상징성을 띠고 있더라도 이는 보편적 상징이 아니라, 어떤 개인 심상을 통하여 제시된 특정의 '개인적 상징'인 것이다.[44] 우리의 말에 '우물'이나 '샘'으로 '여성의 비처'를 대신하는 수는 있어도 이에 해당하는 한자 '정(井)'으로 이를 나타내는 일은 없다. '정'이라는 한자음에서 연상되는 내용과 우물이나 샘에서 연상되는 내용과는 전혀 판이한 것이다. '정'이라는 한자 발음에서는 어떤 연상작용과 유추현상도 일어나지 않는다. 우물이란 단어가 들어간 말 중에 '우물이 깊다'나 '샘이 깊다' 등의 표현에서는 여성과 관련된 금제의미(禁制意味)가 연상되지만, 한자 발음 '정'과 관련된 '정(井)이 깊다'식의 표현은 우리말에는 없는 것이다.

이런 것으로 미루어 보더라도 <정읍사>의 '정'이 여성의 '비처'를

---

41) Wilber Urban, 『Language and Reality』, London, 1951, pp.415~426.
42) 프로이트는 여성 상징으로서 컵·잔·남비·상자·굴·우물 등을 들었는데, 이도 상징의 기본원리에서 벗어나는 것이 아니다.
43) Rene Wellek and Austin Warren, 앞의 책, p.189.
44) '정읍'이 '여성의 秘處'를 상징하기 위하여 사용된 경우, 이를 보편적 상징이라 볼 수 없는 이유는 다음과 같다. 즉, 보편적 상징은 상징과 상징되는 것과의 사이의 관계가 우연히 부합되는 것이 아니라 내재적인 유사한 관계를 가져야 한다. 이는 일 개인이나 어떤 특수한 집단에 한정되지 않는 육체, 감각 및 정신에 뿌리를 박고 있어야 한다. '정읍'이 여성의 '비처'를 상징한다면 이들 사이에는 엄밀히 따져 공통성이나 상관성이 있어야 하는데 이런 점이 없고, 그리고 아직도 이와 같은 수법의 상징을 다른 예에서는 발견할 수 없기 때문에 개인적 상징이라 해야 될 것 같다. 남 아프리카에는 샤마니즘적 치료를 할 적에 샤만들은 여자의 음문을 '안쪽의 흰 천'으로 대신하여 부르고 있다 한다. 이 경우는 '안쪽의 흰 천'이 그 곳에서는 누구에게나, 아무런 애매함도 없이 '여성의 비처'를 가리키는 것으로 언중들이 다 생각하는 점에서 이 둘이 서로 연관되어 있다고 생각할 수 있으며, 이런 면에서 이는 보편적 상징으로 볼 수 있다.

상징한다고 보기는 어렵다. 위에서도 언급되었지만 이 말이 상징성을 갖고 있다면, 이는 대중과 관련이 없는 순수한 개인 상징인 것이며, 이런 개인 상징이 쓰여졌다면 민요와 거리가 먼 것이라 하겠다. 더구나 정(井)에 고을을 뜻하는 '읍(邑)'자를 덧붙인 '정읍(井邑)'으로써 여성의 신체 중 금단지역을 상징하려 했다고 보기는 더욱 어렵다.45) '읍'이 일정한 장소를 나타내긴 하지만 앞의 내용과 같은 상징 기능 효과를 가져올 수 없는 것이다.

특히 지헌영이 언급한 대로 '샘골'이나 '옹달샘'은 우물과 같은 상징 효과를 가져올 수 있으나, 앞에서 언급된 바와 같이 '정읍'이 '샘골'이나 '옹달샘'이나 우물과 같은 상징 능력을 갖고 있다고 보기는 어려운 것이다. 또 우리들이 쓰는 말 중, 우물의 상징과 같은 것으로 볼 수 있는 말로는 '솥', '반개한 홍모란' 등 여럿이 있긴 하지만46) 행정구역을 나타내는 '읍'이라는 한자음으로 이를 대신하는 예는 없다. 고문헌 등의 기록에도 한자음 '읍'이 우물과 샘을 대신하여 사용된 예는 없다. 이렇게 생각할 때, '정읍'은 일반 대중이 공통으로 인식하고 있는 음사로서의 상징체계가 아닌 것이다. 이 '정읍'이 이런 상징성을 띠었다고 말하려면, 앞에서 언급된 부적절성을 해소시킬 수 있어야 한다.

어쨌든 위와 같은 이유에서 필자는 '정읍'은 단순한 지명으로 보아야 된다고 생각한다. 생각하건대, '정읍'이 음사적 내용을 상징한 것으로 보는 데에는 '즌더'와 '드더다'가 음사적 의미로 해석될 수 있다고 생각한 점과 이들과 의미상 유사성이 있다고 볼 수 있는 우물이란 단어가 '정읍'의 '정(井)'자 훈(訓)이기 때문에 그렇게 유추된 것이 아닐까 한다.

---

45) 최정여, 「정읍사 재고」, 『계대논총』 제3집, 1966, p.11 참조.
46) 사설시조 "드립더 브득안으니 셰허리지 즈늑즈늑 / 紅裳을 거두치니 雪膚之豊肥ᄒ고 擧胸
    蹲坐ᄒ니 半開한 紅牧丹이 發郁於春風이로다 / 進進코 又退退ᄒ니 茂林山中에 水春聲인가
    ᄒ노라"에서도 이런 예를 볼 수 있다.

앞에서 살핀 바와 같이 '정읍'은 음사적 상징이 부여된 낱말로 볼 수는 없다. 그렇다면 이와 관련하여 <정읍사>의 내용적 특성은 어떻게 파악할 것인가 하는 점을 살펴보기로 한다.

<정읍사>는 부대설화가 보여 주는 바와 같이 아내가 행상을 간 남편을 애타게 기다리며 부른 노래이다. 이 가사에는 기다리는 심정이 십분 잘 나타나 있다. 이는 고대 시가인 <공무도하가>가 드러내는 심상과 같은 맥락에서 파악할 수 있다. 예컨대 익사 직전의 남편을 보고, "장차 당신을 어찌하잔 말고(將奈公何)"라며 절규한 여심이나, 남편의 야행(夜行)에 일어날 위험을 염려하여 밤의 산석(山石)에서 달에게 기원한 여심은 본질적인 면에서는 같다.

그리고 <무등산>·<선운산>·<방등산> 등 다른 백제의 부전가요도 기다림이 주된 모티프인 점에서는 <정읍사>와 유사하다. 신충이 지은 <원가>, 정서의 작인 <정과정곡>, 후대의 연군류 시가문학도 이와 맥을 같이 하고 있다. 이런 점에서 <정읍사>는 철저하게 우리 민족에게 원형으로 내재해 있는 기다림의 정서가 짙게 밴 시가라 할 만하다. 사상이나 정서뿐만 아니라 이 노래를 해설하고 있는 설화의 배경과 구성도 역시 그렇다. 행상을 가서 오랫동안 돌아오지 않는 남편과 산의 고개에서 남편을 기다리는 여자, 이런 것들은 전부 우리 민족의 고유한 심성과 처지, 상황에서 펼쳐지는 일들이다.

5. '져재'의 의미

다음에 '져재'를 기다리는 여인의 심정과 이 노래의 배경설화 등에 초점을 맞추어 지금까지와는 다른 의미를 탐색해 보려 한다.[47]

---

47) 필자가 제기한 이 문제는 지금의 정읍 지방에서 '져재'라 불려지는 구체적인 고개를 정확

'져재'의 의미를 파악하기에 앞서 먼저 짚고 넘어가야 할 문제는 '後腔全져재'를 어떻게 볼 것이냐 하는 것이다. 이 문제에 대하여 지금까지 학계에서는 '全'을 '後腔'과는 띄우고, '져재'와는 붙여 '後腔 全져재'로 보는 경우[48]와 '全'을 악조명인 '後腔'에 붙여 '後腔全 져재'로 파악하는 경우의 두 방향으로 초점이 모아지고 있다.

전자, 즉 '後腔 全져재'로 보는 이들은 대체로 '全'을 전주(全州)의 약칭으로 보고 '全져재'를 '全州시장'으로 해석하고 있다.[49] 다만 최정여는 '全져재'로 파악하되 '全'을 글자 뜻 그대로 '온'의 의미로 새겨 '全져재'를 '온시장'으로 해석하고 있다.[50] 반면 후자, 즉 '後腔全 져재'라 파악하는 이들은 <정읍사>의 '후강전(後腔全)'이라는 표기는 전강(前腔)이나 과편(過篇)과는 달리, 소엽(小葉) '아으 다롱디리'가 없는 채로 그 곡조가 완전함을 나타내기 위하여 쓴 것으로 이해해야 된다고[51] 하였으나, '져재'는 전자의 견해와 마찬가지로 '시장'으로 해석하였다. 이 문제에 대해서는 지금까지 실로 다양한 의견이 제시되었으나 그 어느 쪽도 아직까지는 명쾌한 해결에는 도달하지 못하고 있는 실정이다.

다만 이러한 두 가지 견해에서 공통되는 점은 모두 '져재'를 '시장'으

히 찾을 수 없다는 이유에서나, 또 다른 예증을 대기가 어렵다는 점에서 볼 때 이론이 있을 수는 있다.

48) 그런데 만약 <정읍사>의 부대설화가 문헌에 존재하지 않는다면 과연 지금까지의 연구자들은 '全져재'를 '全州져재'의 약칭으로 볼 수 있었을까 하는 의문이 든다. 부대설화에 정읍은 전주의 속현이라는 기록이 있었기 때문에 어휘 구성면에서 옹색한 설명에다 그 전례를 찾기 어려운 이와 같은 착안이 가능한 것이 아니었을까 여겨진다. 그렇기 때문에 이를 전주 시장으로 본 사람들은 한결같이 전주 지명의 역사적 변천 자료를 가져와서 설명하고 있다.

49) 양주동, 『여요전주』, 을유문화사, 1946, p.51.
  장사훈, 「정읍사의 음악적 고찰」, 『자유문학』 통권27호, 1959, pp.242~246.
  김형규, 「정읍사 주석」, 『서울대논문집』2, 1955, pp.280~305.

50) 최정여, 앞의 논문, pp.26~27.

51) 이병기, 『국문학전사』, 신구문화사, 1968, pp.58~59.
  지헌영, 앞의 책, pp.241~246.

로 해석하고 있는 점이다. 특히 '後腔全져재'를 '後腔 全져재'로 보려는
견해는 '져재'를 반드시 '시장'으로 해석해야만 '全져재'를 '전주시장'
혹은 '온시장'으로 의미의 성립이 가능하게 된다. 따라서 만약 '져재'가
'시장'이 아닌 다른 어떤 것으로 해석된다면 '後腔全져재'의 문제는 '全
져재'를 '전주시장'으로 볼 수 없기 때문에 자연히 '後腔全 져재'로 보아
야 마땅할 것이다. 본고에서는 '져재'의 의미를 지금까지 선학들이 고구
해 온 '시장'과는 달리 해석함으로써 '後腔 全져재'의 부당성을 지적하
고 '後腔全 져재'로 보아야만 하는 근거를 제시하고자 한다.

　지금까지 모든 <정읍사>의 연구에서 '져재'가 단독으로 해석되든지
혹은 전(全)자와 합쳐져 '全져재'로 의미가 파악되든지 간에 '져재'는
저자, 즉 시장으로 생각하여 의심치 않았다. 모든 논고에서 '져재'를
시장으로 보는 이유는 첫째, 이 단어 해석이 『고려사』 악지나 『동국여
지승람』 등 관련 옛 문헌 등에서 추량할 때 시장으로 풀이할 수 있으므
로[52] 별다른 이의 없이 이를 시장으로 해석할 개연성이 가장 짙어 다른
방향으로의 뜻 모색을 용납하지 않았기 때문이다. 둘째, 행상을 간 남편
이 오랫동안 돌아오지 아니하므로 그의 아내가 산석에 올라가 바라보
면서 이 노래를 불렀다는 부대설화 속에 나오는 '행상'과 '져재'가 쉽게
결부될 수 있기 때문이 아닌가 한다.

　그러나 '져재'를 이렇게 '시장'으로 파악한다면 첫째, 이 가요의 부대
설화와 가요의 내용 사이에 불합리한 모순점이 생기게 된다. 설화 속의
행상인의 처는 남편이 시장에 있다는 것을 예견하면서도, 낮도 아닌
밤에 산의 고개로 남편의 마중을 갔다는 아주 불합리한 기록이 되어
버린다. 둘째, '져재 녀러신고요'에서 '져재' 다음에는 처소격 조사 '의
(애)'가 생략된 것인데, '져재'를 '시장'으로 해석할 때 이 '져재', 즉 시장

---

52) 문헌의 기록 몇을 보면 다음과 같다. 즉, <용비어천가> 6장의 '東海人ᄀᆞ싀 져재 ᄀᆞᆮᄒᆞ니'
　　(東海之濱如市之從)와 훈몽자회 중 8의 '市 져재시' 등이 해당된다.

은 그 속성으로 보아 '행상'이 낮에 모이는 장소이며, 또 거기서 좌판을 벌이고 앉아서 물건을 파는 장소이지 낮도 아닌 밤에 장사꾼들이 주로 '녀는'(다니는) 장소는 아닌 것이다. 특히 일반적으로 장이 파하는 것은 저녁 무렵이므로 달이 뜬 밤 시간에 행상이 시장을 왕래한다는 것은 사리에 맞지 않는다. 따라서 '져재'를 '시장'으로 해석하는 것보다는 다른 방향으로 그 뜻을 모색해보는 것이 보다 타당하리라 생각된다.53)

『고려사』 권71 악2 삼국속악조에는 다음과 같이 <정읍사>의 부대설화가 기록되어 있다.

> 정읍은 전주의 속현이다. 정읍 사람이 행상(行商)하러 나간 지가 오래도록 돌아오지 않아 그의 처가 산 위의 돌에 올라가 바라다보면서 그의 남편이 밤길을 가다가 해를 당하지 않았을까 두려워함을 진흙물의 더러움에 부쳐서 이 노래를 불렀다. 세상에 전하기는 고개에 올라가 남편을 기다린 돌이 있다고 한다.54)

이 설화의 내용을 바탕으로 '져재'의 의미를 찾아내려면 먼저 행상의 일반적 성격과 그 아내의 기다림의 심정 등에 초점을 맞추어야 한다.

오늘날과는 달리 옛날에는 시장이 상설이 아니고, 5일이나 7일을 주기로 열렸다. 그렇기 때문에 장사꾼들은 장이 열리는 곳으로 장삿길을 옮겨 가기 마련이다. 그리고 장이 파하면 짐을 챙겨 밤에 고개를 넘어

---

53) 이 '져재'도 '全져재' 해석의 경우와 같이 이 노래의 부대설화와 관련시킬 때에 시장으로의 의미 획득이 설득력을 얻을 수 있으며, 이런 입장 때문에 시장이라는 논리가 일반적으로 받아들여지고 있는 형편이라 본다. 만약 부대기록에서 이 노래의 화자가 행상인의 처이며, 행상을 나간 남편을 기다리다가 산석에 올라가 이 노래를 불렀다라는 구체적인 설명이 없었다면, 이 '져재'의 의미도 얼마든지 다른 쪽으로의 해석이 시도되었으리라 본다. 그러나 이런 내용의 배경설화가 존재하긴 해도, 이것이 이 노래의 모든 것을 요지부동하게 규정하거나 제한할 수는 없다고 본다. 왜냐 하면 가요의 부대설화는 가요의 내용에 맞게 뒤에 의도적으로 짜서 맞춘 것일 수 있기 때문이다.
54) 원문은 주 12)의 것을 참고하기 바람.

다음 장이 설 장소로 줄곧 옮겨 가야 된다. 이렇게 옮겨 다니다가 장을 보고, 장이 파한 후 늦은 밤에야 주로 다니던 산 고개를 넘어서 다른 시장으로 가거나, 집으로 오기 때문에 가족들은 마중을 간다. 그 마중의 장소는 보통 장사꾼들이 택하는 지름길인 산의 고갯길이다.

그리고 마중을 간다는 것은 상대방이 온다는 확신이 있거나 올 가능성이 있음을 짐작하고 취하는 행동이다. 특히 이 노래의 첫 행에 "달아 노피곰 도드샤 어긔야 머리곰 비취오시라" 한 것으로 보아 남편의 행로를 걱정하면서 기원하는 심정의 표현임을 알 수 있다. 달이 높이 뜸으로써 남편의 가는 길이 안전할 수 있고, 달이 높이 솟아 오름으로 하여 서원(誓願)의 대상인 달이 구심의 축이 되어 자신과 남편과의 거리는 빨리 가까워질 수 있다는 심리적 기제(機制)를 배경으로 하고 있기 때문이다.

이렇게 행상의 일반적 성격과 기다림의 심정에 초점을 맞추어 보았을 때 '져재'는 '시장'이 아니라, 당시 어딘가 실존했던 '어느 산의 고유한 고개', 다시 말하면 여인의 마음속에 그의 남편이 오고 있으리라 짐작되는 실제 '산의 고개 명칭'일 가능성이 있지 않을까 생각한다. 따라서 필자는 '져재'를 '져＋재[嶺]'로 구성된 단어로 보고자 하며, 이는 밤재(밤＋재), 새재(새＋재), 갈재(갈＋재), 뒷재(뒷＋재), 연재(연＋재), 굴재(굴＋재) 등의 현존하는 여러 고개의 명칭과 그 어휘 구조는 동일하다고 생각된다.

이렇게 '져재'를 '어느 산의 고유한 고개 명칭'으로 본다면 앞서 언급했던 '後腔全져재'의 문제도 자동적으로 해결된다고 생각된다. 즉, 이 경우 '後腔 全져재'라 처리하면 '全져재'의 의미가 통하지 않게 되므로 '後腔全져재'는 '後腔全 져재'로 파악되어야만 하는 것이다.

뿐만 아니라 '져재'를 '어느 산의 고유한 고개 명칭'으로 해석하게 되면 설화 속의 '恐其夫夜行犯害 托泥水汚'의 구절과 가요의 내용 중 '즌디롤 드디 욜셰라'가 보다 잘 연결되어 이 노래를 무리하게 '음사'로 해석하기보다는 기다림의 정서가 바탕이 된 서정적 노래로 파악할 수 있는 것이다. 밤에 다니다가 해를 입을 곳은 사람이 많이 다니는 시장의 평탄한 길이 아니고 인적이 드문 고개의 길이다. 사람이 많이 다니는 시장 바닥의 '즌디' 정도가 가히 불안과 두려운 생각을 일으키지는 않았을 것이다. 만약 지헌영이 주장한 바와 같이 '즌디'가 '화류항(花柳巷)'을 의미한다면 아내에게는 두려운 감정보다는 오히려 질투의 마음이 더 일어난다고 보아야 된다. 그런데도 가사에는 '즌디룰 드디 욜셰라'로 표현하여 화자의 심경이 두려움 일변도임을 나타내고 있다. 이러므로 '즌디'는 부대설화의 내용대로 길에 나 있는 '질퍽질퍽한 곳', 즉 이수지처(泥水之處)로 봄이 좋을 것이다. 또 '즌디'는 시장보다는 길이 패여 다니기가 불편한 들길이나 산길에 훨씬 많이 나 있음이 사실이다.

이래서 여인은 남편이 산 고개를 넘다가 해를 입지 않을까 근심하여 이 노래를 불렀다(恐其夫夜行犯害 …… 以歌之)라는 『고려사』 악지 삼국속악조의 기록을 그대로 받아들이는 것이 타당할 것 같다. 앞에서 언급된 '-ㄹ셰라'는 의구형종결어미로 두려움과 불안을 나타내고 있기 때문에 위와 같이 말할 수 있겠다.

특히 아내가 질투의 감정을 마음에 품고 달에게 기원했다는 것은 예부터 부인네들이 달을 기원의 대상으로 삼아 서원한 성격과 내용으로 보아도 사리에 부합되지 않을 것 같다. <정읍사>에서 여인이 기원한 내용은 마땅히 남편의 안위에 대한 두려움과 불안의 감정이었다고 봄이 옳을 것 같고, 이의 해소를 위해 달에게 기원한 것이라고 봄이 이치에 부합된다. 달이 성적인 면과 관련되며 남편에 대한 질투에 싸여 이 노래를 불렀다고 보는 것은55) 부인들의 마음속에 생각하는 달의 신성함과 신비함, 그녀들의 정결한 마음과 행동을 전혀 고려하지 않음에서 생긴 것이 아닌가 한다.

---

55) 이상섭, 『문학 연구의 방법』, 탐구당, 1979, p.170.

그리고 또 다음과 같은 방향에서 '져재'의 의미를 생각할 수 있다고 본다. 즉, 우리 민족은 실제의 생활에서는 물론이고, 설화에서도 기다림의 장소가 주로 산의 고개이었다는 점에서다. 우리의 신화에서는 산이 신성한 중심 공간이며, 이 장소에서 모든 신화적 현상이 이루어졌다. 단군신화를 비롯하여 많은 신화가 산을 태초의 공간인 신성한 장소로 설정하고 있으며, 이 가운데 환웅이 하늘에서 내려 온 곳이나 단군이 나라를 세운 곳이 모두 산이다. 그런가 하면 마고할미와 관련된 홍수설화의 진원지도 장백산이다. 그리고 김수로왕의 탄강설화의 배경도 구지봉 산상이 주무대이며, 이를 맞이하기 위하여 구간들이 '굴봉정촬토(掘峰頂撮土)' 하면서 무속적인 영신제의(迎神祭儀)를 벌인 곳도 구지봉이었다. 많은 민담에서 산의 고개는 언제나 주인공이 통과해야 할 고난의 장소로 마련되고 있기도 하다. 산너머 간 어머니가 호환(虎患)을 당한 장소도 산의 고개이며, 아들이 어머니를 기다린 장소도 산의 고개였다. 더구나 그 고개는 '한 두 고개가 아닌 열두 고개'식으로 관념화되기도 했다. 이런 것으로 보아 마중을 간 아내의 기다린 장소가 산의 고개였으므로 '져재'도 '특정 산의 명칭'인 고유명사일 것으로 생각되며, 뒤에 전승되면서 본래의 의미가 미약하게 인식되어진 것이라 하겠다. 그런데 지금의 민요 중에 <댕기노래>는 고개로 올라서 멀리 가는 임을 노래하고 있기도 하여 이런 사정을 뒷받침하기도 한다.

> 궁초 댕기 풀어지고
> 신고산 열두 고개
> 단숨에 올랐네
> 무슨 짝에 무슨 짝에
> 부령 청진 간 임아
> 신고산 열두 고개
> 단숨에 올랐네[56]

이상에서 언급한 바와 같이 이 노래의 '져재'가 시장이 아닌 고개로
해석될 수 있을 경우에는 아내가 행상 간 남편을 기다리는 애틋한 사랑
이 담긴 시가일 수밖에 없는 것이다. 이 기다림의 정서는 한국의 서정시
가에서 면면히 이어져 오는 주류적인 요소이며, 헤어짐의 비극적 상황
이 강을 배경으로 하여 펼쳐진 <箜篌引>을 비롯하여, 우리의 고전문학
전반에서도 가장 뚜렷이 드러나는 정서이다. 문학은 삶의 표현과 관련
되고, 이 속에 우리가 지향하는 목표가 어떤 형식으로든지 나타난다.
문학을 사회제도의 하나로 볼 경우에는 더욱 그렇다. 문학 작품은 아무
것도 없는 공간에서 다만 작가의 개성이라든지 세계관에만 의지되어
생겨나는 것이 아니라, 충일된 문학 전통의 테두리 속에서 수행되는
것이며, 이것이 민중 속에서 생겨난 민요적 성격의 노래일 때는 전통과
의 결별은 생각할 수 없는 것이다.

그러므로 우리의 문학에서 중요한 모티프가 기다림이라면, 이는 우리
민족이 간직해 내려 왔으며, 앞으로도 이어 갈 우리 민족의 기본 신화임
에 틀림없다. 이 기다림이라는 원형적 심상이 <정읍사>에서는 구체적
인 인물과 장소를 통해서 제시되어 나타났다고 하겠다.

6. 결 론

앞에서 <정읍사>의 민요적 성격과 <정읍>과 <정읍사>의 구별
문제, 그리고 <정읍사>의 내용 및 <정읍>의 상징성과 '져재'의 의미
에 대하여 필자 나름의 견해를 밝혔다. 그 내용을 간추려 본다.

사실 『고려사』 악지 무고정재조의 <정읍사>는 백제의 다른 가사
부전의 가요에 비하여 민중의 주된 정서인 애한, 즉 민족의 보편적 정서

---

56) 임동권, 『한국민요집』 3, 집문당, 1961, p.269.

를 주된 내용으로 하고 있다. 그리고『고려사』악지 삼국속악조에 '행상인의 처'로 기술되어 있는 <정읍>의 작자는 시가와 설화가 습합되는 과정에서 생겨난 것에 불과하기 때문에 이것에만 근거하여 <정읍사>를 개인 창작가요로 규정할 수는 없다. 오히려 <정읍사>에 우리 민족의 전통적 정서가 짙게 배어 있는 점으로 보아 민중 전체가 이 노래를 창작한 공동성을 인정해야 한다. 이렇게 <정읍사>가 전통적 정서를 주 내용으로 하고 있으며, 민중 공동의 손에서 창작되었다는 점은 바로 무고정재조의 <정읍사>가 갖는 민요적 성격을 단적으로 드러내 주는 요소라 할 수 있다.

이렇게 볼 때『고려사』악지 삼국속악조에 나오는 <정읍>은 백제 민요의 명칭으로, 같은 책 무고정재에 보이는 <정읍사>는 백제 가요 <정읍>을 기반으로 재편된 고려 속가의 명칭으로 구분하여 사용하는 것이 보다 합리적이다. 그리고 <정읍사>가 중종 때 효를 주제로 한 <오관산>으로 대체되었다는 문헌상의 단순한 기록에 근거하여 이 노래를 음사로 보아야 된다는 견해가 있으나 조선조 사회의 윤리적 가치기준과 현대 사회의 윤리적 기준의 차이를 고려하여 '음란한 노래'로 단순하게 해석할 것이 아니라 '남녀 사이의 보편적 애정을 가림없이 노래한 가요'로, 또는 '남녀 사이에 정도가 좀 지나친 내용의 노래'로 파악해야 한다. 또한 가명(歌名)인 '정읍'도 '여성의 비처'를 가리키는 상징어가 아니라 지방의 명칭으로 이해해야 할 것이다. 그런가 하면 <정읍사>에 나오는 '져재'도 시장으로 해석할 것이 아니라, 행상의 일반적 성격과 기다림의 심정을 고려할 때 고유의 고개 명칭으로 해석하는 것이 보다 합당하다 하겠다. 결국 <정읍사>는 음사가 아니라 애절한 기다림의 정서가 바탕이 된 순수한 서정가요인 것이다.

(『새결 박태권선생회갑기념논총』, 회갑기념논총간행위원회, 1985)

Ⅴ. <雙花店>의 형성배경과 내용특성

1. 서 론

『樂章歌詞』 소재 속가 <雙花店>은 산개(删改)되지 않은 원래의 모습을 대체로 유지하고 있다. 반면 『時用鄕樂譜』의 <雙花曲>은 속칭 <쌍화점>이라 부르는 것으로 되어 있지만 기실 <쌍화점>의 개작인 한역 가요이며, 가사 내용과 곡에 있어서도 『악장가사』의 <쌍화점>과는 전혀 다르다.[1]

그런데 <쌍화점> 2연의 내용에 해당되는 <三藏>이 『고려사』 권71 악2에 <蛇龍>과 함께 충렬왕 때 남장별대(男粧別隊)에 의하여 가창되었다고 기술되어 있으나 <쌍화점>과 <삼장>의 완전한 관계 해명은 아직도 과제로 남아 있는 실정이다. 그래서 여기서는 <삼장>과 <쌍화점>과의 관계와 <쌍화점>의 성격, 그리고 <쌍화점> 형성의 사회적 배경에 대하여 고찰하고자 한다. 그와 함께 악장(樂章)으로서의 <쌍화점>이 갖고 있는 내용상 문제점과 이에 따른 몇 가지 점에 대하여도 살펴볼 것이다. 이러한 일련의 작업을 통해 <쌍화점>의 전반적 특성이

---

1) <쌍화곡>은 그 내용이 한문으로 되어 있으며, 아래와 같다.
　寶殿之傍　雙花薦芳　來瑞我王　馥馥其香　燁燁其光　允矣其祥／於穆我王　俾熾而昌　維序不忘　率由舊章　無怠無荒　綱紀四方／君明臣良　魚水一堂　徹戒靡遑　庶事斯康　和氣滂洋　嘉瑞以彰／嘉瑞出彰　福履穰穰　地久天長　聖壽無彊.

보다 분명히 밝혀지리라 믿는다.

2. <三藏>과 <雙花店>의 관계

『고려사』 악지 등에 한역가요(漢譯歌謠)로 실려 있는 <삼장>과 『악장가사』 소재 <쌍화점>과의 관계를 논할 때는 일반적으로 <삼장>에 관한 부대기록을 차용하고 있다. 이 부대기록과 한역가사를 살펴보면 <삼장>의 내용이 현전 <쌍화점> 2연의 내용과 같으므로 <쌍화점>이 바로 <삼장> 그것이며, 그러므로 <쌍화점>의 생성시기를 <삼장>이 형성되어 가창된 시기와 동일한 것으로 미루어 생각하고 있다.

여기서는 이러한 <삼장>과 <쌍화점>의 부대기록과 그것들의 관계에 대한 기존의 견해를 검토해 보고 그 타당성 여부를 알아보고자 한다.

<삼장>과 <쌍화점>의 동일성 여부 등, 이 두 가요의 관계를 확인하는 데에는 두 작품의 창작시기, 창작주체 혹은 작자, <삼장>의 독립원가(獨立原歌) 여부 확인 등이 원용될 수 있다. 왜냐하면 창작시기의 동일여부나 혹은 선후 관계가 확인되면 이를 근거로 이 두 작품의 관계가 어떤 식으로든지 구명되며, 또 작품 이해의 주요 요소라 할 수 있는 작가 문제가 해결되면 더욱 확실하게 두 작품의 관계가 바르게 파악될 수 있기 때문이다. 그리고 창작시기와 작가의 확인이 불가능하더라도 <삼장>이 <쌍화점>의 독립원가라는 사실만 밝혀지면 이 둘의 관계는 이를 통해 어느 정도 명확히 규정될 수 있을 것이다.

그러면 먼저 창작시기와 관련해 이 둘의 관계를 규명해 보고자 한다.

창작시기를 확인하는 데에 하나의 근거가 될 수 있는 『고려사』 권71 악2 고려속악조에 수록된 <삼장>과 그 부대기록(附帶記錄)을 보면 다음과 같다.

삼장(三藏)

삼장사에 등불을 켜러 갔더니
사주가 내 손목을 덥석 잡았다.
혹시 이 말이 절 밖으로 퍼져 나가면
상좌야! 바로 너 더러 소문냈다 말하겠다.[2]

뱀과 용(蛇龍)

뱀이 용의 꼬리를 물고서
태산 기슭을 지나갔다고 들었다.
만 사람이 각각 한마디씩 하여도
짐작하는 것은 두 사람 마음에 달려 있다.[3]

위의 두 노래는 충렬왕조에 지어진 노래다. 왕이 군소배를 친근히 하고 연락을 좋아했다. 행신 오기와 김원상, 내료 석천보와 석천경 등이 성색으로 왕을 기쁘게 해주기에 힘썼다. 관현방의 태악재인으로도 부족하다 하여 여러 고을에 행신을 보내서 관기로 자색과 기예가 있는 자를 고르고, 또 성중에 있는 관비와 무당으로 가무를 잘하는 자를 골라 궁중에 적치해 두고는 비단옷을 입히고 마종립을 씌워서 따로 남장별대라 칭하여 이 노래를 가르쳐 군소배들과 밤낮으로 가무를 하고 난잡하게 구니 군신 사이에 예가 전혀 없었다. 그 뒤를 대어 주는 경비와 상을 주는 비용을 일일이 기록할 수 없으리만큼 많았다.[4]

　『고려사절요』에도 이 노래에 대한 해설로서 위의 『고려사』 악지의 것과 비슷한 내용이 실려 있는데 이것을 들어 보면 다음과 같다.

---

2) 三藏寺裏點燈去 / 有社主兮執吾手 / 倘此言兮出寺外 / 謂上座兮是汝語.
3) 有蛇含龍尾 / 聞過太山岑 / 萬人各一語 / 斟酌在兩心.
4) 『고려사』 권71 악2 속악조. 右二歌 忠烈王朝所作 王狎群小好宴樂 倖臣吳祈金元祥內僚石天輔 天卿等 務以聲色容悅 以管絃房太樂才人爲不足 遣倖臣諸道 選官妓有姿色技藝者 又選城中官 婢 及女巫善歌舞者 籍置宮中 衣羅綺戴馬鬃笠 別作一隊稱爲男粧 敎閱此歌 與群小日夜歌舞褻 慢 無復君臣之禮 供億賜與之費不可勝記.

수강궁에 행차하였다. 왕이 여러 소인들을 가까이 하며 유흥을 즐기니, 행
신 오기, 김원상과 환관 석천보, 석천경 등이 소리와 여색으로 환심사기에
힘써, 관현방의 태악재인이 오히려 부족하다 하여 행신들을 각 도로 보내
어 관청 기생으로서 인물과 재예가 있는 자를 뽑고, 또 도성 안의 관비나
무당으로서 노래와 춤을 잘 추는 자를 선발하여 적을 궁중에 두었다. 그리
고는 비단옷을 입히고 말총모자를 씌워 따로 한 대를 만들어 남장이라 부
르고 새 음악을 가르쳤다. …… 그 높고 낮음과 느리고 빠른 것이 음절에
맞지 않는 것이 없었다. 왕이 수강궁에 행차하면 천보의 무리들은 그 곁에
장막을 치고 각기 명기를 끼고는 밤낮으로 노래하고 춤추며 희롱거리어
군신간의 예의를 찾아 볼 수 없었으며, 공궤하고 하사하는 경비가 이루 기
록할 수 없이 많았다.5)

　　장황하게 예로 든 『고려사』의 기록으로 보면 <삼장>의 창작연대는
충렬왕대나 그 이전으로 볼 수 있다. 그리고 그 다음 예로 든 『고려사절
요』의 기록에도 충렬왕 25년 5월조에 인요(人妖)의 무리라 칭할 수 있는
남장별대(男粧別隊)들이 이 노래를 불렀다고 되어 있으므로, 적어도 동
왕 25년 이전부터 이 노래가 있었음을 추정해 볼 수 있다. 그러나 이
이상의 추단은 위의 기록들로써는 불가능하다. 그런데도 이 <삼장>의
창작시기가 대체로 <쌍화점>의 창작시기로 인정되어 왔다. 왜냐하면
앞선 문헌의 기록 외에는 이 작품에 관련된 다른 문헌이 발견되지 않기
때문이다. 그러나 원론적인 언급이지만, 이들 작품의 창작시기가 동일
함을 뒷받침할 만한 어떤 결정적 자료가 확보되지 않는 한 <쌍화점>

---

5) 『고려사절요』 권22 충렬왕 25년 5월조. 幸壽康宮 王狎昵群小 嗜好宴樂 倖臣吳祈金元祥 內僚
　　石天輔天卿等 務以聲色容悅 謂管絃坊太樂才人猶爲不足 分遣倖臣諸道 選官妓有色藝者 又選
　　城中官婢及女巫善歌舞者籍置宮中 衣羅綺戴馬尾笠 別作一隊 稱爲男粧 敎以新聲 其歌云 ……
　　中略 …… 其高低緩急無不中節 王之幸壽康宮也 天輔輩張幕其側 各私名妓 日夜歌舞褻慢 無
　　復君臣之禮 供億賜與之費不可勝記.
　　이와 관련하여 『晏子春秋』에 보면, 춘추 전국시대 제 나라 영공은 어여쁜 여자에게 남자의
　　옷을 입혀 놓고 즐기는 별난 취미를 갖고 있었음을 알 수 있다. 중국의 이같은 풍습은 곧
　　민간에게까지 번져 나가, 제 나라에서는 남장 미인의 수가 늘어 갔다는 기록도 있다.

2연의 내용이 <삼장>과 같다는 이유만으로 <삼장>과 <쌍화점>의 창작시기를 동일시해서는 안된다. 만약 창작시기가 동일하면 <삼장>은 당연히 <쌍화점>의 발췌한역가요(拔萃漢譯歌謠)가 될 것이므로 이는 간단히 단정할 일이 아니다.

다시 말하면 <삼장>의 창작시기 내지 그 하한선은 문헌기록으로 어느 정도 추정할 수 있다. 그러나 이것으로 <쌍화점>의 확실한 창작시기를 알 수 있는 일이 아니므로 창작시기에 의한 두 작품의 동일관계 확인은 사실상 불가능하다.

다음, 이 두 작품의 관계를 작자의 확인을 통해서 알아보자. 부대기록을 토대로 한다면 오기(吳祁)와 김원상(金元祥) 등의 무리가 이 가요와 깊게 관련되어 있음은 사실이나 그들이 <삼장>의 작자라는 단서는 찾아 볼 수 없다. 단지 오기 등이 이 노래를 가르치고 검열했다[教閱此歌], 혹은 새 노래를 가르쳤다[教以新聲], 또 성색(聲色)으로 기쁘게 하는데 힘썼다[務以聲色容悅]는 정도의 기록 확인에 머물 수 있을 뿐이다. 이러한 창작자에 대한 불확실성은 『고려사』의 다른 기록과는 대조적이다. 왜냐하면 『고려사절요』 등의 기록을 보면 작품의 창작 여부를 대체로 잘 명시하고 있기 때문이다. 예를 들면 <삼장>·<사룡>과 함께 충렬왕 앞에서 가창된 <太平曲>은 간신(奸臣) 김원상이 창작한 것인데, 이에 대한 기록은 원상이 새 가사 <태평곡>을 지었다[6]고 분명히 밝혀 놓아 작자 문제에 관한 한 논란의 여지를 없애고 있다.

따라서 <삼장>과 <태평곡>이 다 개인에 의한 창작가요인데도 김원상의 <태평곡>은 '제(製)' 자를 넣어 그가 창작한 가요임을 정확히

---

6) 『고려사절요』 권21 충렬왕 22년 10월 조. "謫仙來라는 기생이 왕의 총애를 받았는데, 김원상과 박윤재는 그 기생과 한 마을에 살았기 때문에 서로 왕래가 있었다. 김원상이 新調 <太平曲>을 지어 기생으로 하여금 이를 연습하게 하였다 (…… 元祥製新調太平曲 令妓習 一日內宴歌之 ……)".

나타내고, <삼장>은 창작가요인데도 '제(製)'자를 쓰지 않은 채, 그냥 충렬왕대 지어진 작품이라고『고려사』찬자들이 막연히 기술해 놓지는 않았으리라고 본다. 개인 창작가요가 확실한 것은 '제(製)'자를 사용해서 창작가요임을 명확히 밝혔고, 그렇지 못한 것은 창작주체에 대한 명확한 기록을 보류했다고 할 수 있다. 이러한 가능성은 충렬왕이 향각(香閣)에서 놀이를 벌이던 중 술에 얼근하게 취하자 옆에 있는 전리정랑 민책(典理正郎 閔漬)과 직강 조간(直講 趙簡) 등에게 새로운 악곡을 짓게 한 사실을 '짓다'라는 말인 '제(製)' 자를 넣어 분명히 이들이 창작했음을 밝힌 기록을 통해서도 위의 사항들을 짐작할 수 있다.7)

이와는 달리 충선왕이 원에 머물다가 고려로 돌아오자 풍악을 베풀고 학생들이 가요를 올렸다는 기록8)에는 '만들었다'는 뜻의 '제(製)'자를 쓰지 않았다. 왜냐하면 학생들이 가요를 창작하여 왕에게 바친 것이 아니라 이미 있던 가요를 단순히 가져다가 올렸기 때문이다.

이와 같이 새로운 악곡을 짓게 했을 경우에는 '짓게 했다'로, 그렇지 않을 경우는 그냥 기록한 것으로 보인다. 또 충혜왕조의 시중 채홍철(蔡洪哲)에 관한 글 중에는 "집의 남쪽에 중화당(中和堂)을 지어서 국가의 원로 8명을 맞이하여 기영회(耆英會)라 하고 <紫霞洞> 신곡(新曲)을 지었는데, 지금도 악부에 악보가 있다."9) 하여 <자하동> 신곡은 채홍철이 지은 것으로 분명히 밝혀 놓고 있다. 이처럼 새로운 가요를 창작할 적에는 제(製)를 분명히 사용했음을 여기에서도 알 수 있다. 그리고 새로운 가요에는 '신곡'이란 말로 표현했으며, 기존의 노래는 '가요(歌謠)'

---

7)『고려사절요』권21 충렬왕 14년 4월조. 宮花盛開 宴群臣于香閣 酒酣 王命典理正郎閔漬國學 直講趙簡製新曲 左副承旨安珦亦製詩以進.
8)『고려사절요』권23 충선왕 5년 6월조. 丙子入京 張樂雜戲 學生獻歌謠 上王命止之.
9)『고려사절요』권25 충혜왕 후 원년 1월조. 洪哲 …… 爲人精巧 於文章技藝 皆盡其能 尤好釋 敎 …… 又於第南作中和堂 邀國老八人爲耆英會 作紫霞洞新曲 今樂府有譜. 그리고『고려사』 권71 악2 속악조에 비슷한 내용이 적혀 있다. 여기에는 그의 집 여종에게 이 노래를 부르게 했다고 한다.

란 단어로 표기했음도 알 수 있다. 이 외에도 <삼장>이 창작가요가
아니라는 사실을 뒷받침할 수 있는 몇 가지 예를 더 들 수 있다.10)

그런데 작자 유무에 관하여 어느 정도 추정케 하는 <삼장>과는 달
리, <쌍화점>에는 작자를 추정케 할 자료가 <삼장> 관련 문헌 이외는
전혀 없다. 다만 <삼장>과 <쌍화점>의 창작시기가 동일하고, 또 <삼
장>이 <쌍화점>의 발췌한역이라면 <삼장>의 작자가 바로 <쌍화
점>의 작자와 같은 차원에서 동일하게 취급되겠지만 사정이 그렇지
않으니 작자 유무의 추정도 어렵다.

지금까지의 논의를 통해 보면 <삼장>에 대한 부대기록을 토대로
할 때 <삼장>은 물론 <쌍화점>의 확실한 창작연대와 작자를 밝힐
수가 없다. 그러므로 창작시기나 창작자의 고구를 통한 두 작품의 관계
확인의 가능성은 거의 찾을 수 없게 된다.

그러면 <삼장>과 <쌍화점>의 관계 확인의 일환으로 <삼장>이
독립원가(獨立原歌)인지의 여부를 파악해 보도록 하자. 결론부터 말하
자면, <삼장>은 <쌍화점>에서 발췌한역한 가요가 아니고 독립된 원
가로 보는 것이 필자의 입장이다. 만일 <삼장>이 독립된 원가라는
견해가 받아들여진다면 <삼장>은 <쌍화점>에서 발췌한역된 동일시
가라기보다는 이미 존재해 오던 <삼장>이 후대로 내려오면서 확대
발전하여 <쌍화점>으로 형성된 것이라 할 수 있으며, 이 둘의 관계는
확연해진다.

그런데 <삼장>이 독립된 원가의 한역일 것이라는 문제에 대해서
최정여는 다음과 같이 주장한 바 있다.

> <쌍화점> 제 2연의 三藏寺句는 여사 악지에 <삼장>·<사룡>이라 하
> 여 독립된 가요였음을 알 수 있고 또 역가에 있는 歌意와 일치된 것으로

---

10) 여기에 들어가는 몇 가지 이유로는 <三藏>의 국문표기 형식이 교대창 형식이며, 후렴구
　　를 사용했다는 점, 표현 양식이 서술적으로 되어 있다는 점을 들 수 있다.

보아 타 가요와의 합성물이, 즉 <쌍화점>임을 인지할 수 있다.[11]

이러한 논지는 <삼장>과 <쌍화점>이 지닌 구조적 특성에서 보면 그 타당성을 일단 인정하지 않을 수 없다. 그리고 만약 현전 <쌍화점>이 처음부터 악장으로 전부 사용되었는데도 <삼장> 내용 부분만 편의상 발췌한역하여 『고려사』 악지 등에 수록됐다면 그것을 발췌한역한 타당한 동기를 찾거나, 설명할 수 있어야 되겠는데 현실적으로 그것을 밝히기는 어렵다. 또 이와 함께 『악장가사』의 가요 명칭도 <쌍화점>보다는 <삼장>으로 명명했어야 하리라 본다. 왜냐하면 편찬 연대로 보아 『고려사』 악지가 『악장가사』보다 앞서며 또 정사(正史)이기 때문이다. 그리고 『고려사』 악지가 역사적 사실에 중점을 두었고 『악장가사』가 편찬 당시의 내용과 명칭을 중히 여겼다고 한다면, 『고려사』 악지와 『고려사절요』 등의 기록은 고려의 시대성과 사서(史書)로서의 최소한의 조건을 고려하여 처음 사용된 당시의 가요 <삼장>만을 한역하여 기록했을 것이고, 이와 달리 『악장가사』는 편찬 때 악장으로 사용된 가요 내용 전부와 그 실상을 그대로 악보에 실었다고 추단할 수 있다.

<삼장>이 독립된 원가의 한역일 가능성은 당시의 다른 속가들을 독립된 원가로 보는 견해가 일층 설득력을 얻고 있기 때문이기도 하다. 최동원은 익재(益齋)가 한시로 풀이한 것이 <서경별곡>의 단순한 발췌한역이라 보겠으나 <정석가>의 끝 연이 꼭 같은 가사로 되어 있다는

---

11) 최정여, 「고려의 속악가사논고」, 『청주대논문집』 제4집, 청주대학, 1963, p.9. 그는 또 같은 책 p.43에서 "고려 속악가사는 결국 민요로 형성되었다 하겠으며, 따라서 속악가사 중 同一句 그것들은 <삼장>이 독립되어 속악가사로 사용되었듯이 본래 삼국 이래 내려오면서 사용되었던 단형이 속악가사로 애창되어 온 것들이라 볼 수 있지 않을까 한다. 민요 중에서 想이 유사한 것을 배열하여 놓으면 <서경별곡> …… 등의 類와 근사하게 될 것이다. 이런 견지에서 소악부 직역시 부분은 독립된 원형이라 할 수 있을 것이며, <정과정>·<정읍사>·<만전춘>도 본래 단형에다 후렴 혹은 합성으로서 악절에 부합시킨 것이 아닐까 한다."라는 유사한 주장을 폈다.

점은 혹시 이 부분이 당시 유포(流布)되어 있던 독립된 노래가 아니었을까 하는 의문을 가지게 된다면서 속가 중 <쌍화점>·<서경별곡>·<만전춘> 등 가사 현전 작품의 직역부분은 독립된 원가일 가능성이 짙다고 보았다.[12]

『악장가사』 소재 <서경별곡>은 후렴을 제외한 그 가사의 일부가 익재 소악부에 한역되어 있으며, 또 <정석가>의 끝 연으로도 되어 있다. 또한 『고려사』 악지의 <삼장>은 『악장가사』에 실려 있는 <쌍화점>의 제2연에 해당하며, <만전춘별사>의 제 3연은 <정과정곡>의 일부의 일부와 아주 흡사하다.

이에 대하여 양주동은 <정석가>의 끝 연이 원래 어느 노래의 것이었는가는 문제이나 <서경별곡>의 것이라 말한 바[13] 있다. 그러나 이는 <정석가>와 <서경별곡> 중 어느 노래의 가사가 원래의 것인가를 생각케 하는 동시에, 나아가서 전연 다른 별개의 노래에서 이 두 노래가 다 같이 어떤 영향을 받았을 가능성도 생각하게 하는 것이다. 어쨌든 『고려사』 악지에 해시(解詩)되어 실려 있는 <삼장>은 <쌍화점>의 제2연과 같지만 당시에 널리 불려지던 독립된 노래일 가능성은 충분히 있는 것이다.

이러한 관점에서 본다면 <삼장>은 <쌍화점>의 일부 한역이 아니고 독립된 원가의 한역으로 봄이 좋을 것이다. 그리고 또 <삼장>이 독립원가라는 사실을 더욱 알 수 있게 하는 것은 급암 민사평(及菴 閔思平)의 『소악부』에도 <삼장>이 신사(新詞)로 실려 있다는 점이다. 즉, 급암 민사평이 익재에 화답한 『소악부』 속에 <삼장>의 내용인 "三藏精廬去點燈 執吾纖手作頭僧 此言若出三門外 上座閑談是必應"이 들어 있

---

12) 최동원, 「고려속요의 향유계층과 그 성격」, 『고려시대의 가요문학』, 새문사, 1992, p.Ⅱ-98.
13) 양주동, 『여요전주』, 을유문화사, 1971, p.335.

다. 민사평이 익재에 화답한 이것은 별곡에서 제재를 취하여 신사를 지은 것이므로 충숙·충정왕대에는 <쌍화점> 2연에 해당되는 <삼장>이 단독원가로 불리어지고 있었음이 확실하다. 왜냐하면 현전 <쌍화점> 같이 전 4연이 있었는데도 민사평이 제 2연인 <삼장> 부분만 취하여 소위 신사를 지었을 뚜렷한 이유가 달리 없기 때문이다. 그러므로 <삼장>은 독립원가의 한역으로 봄이 타당할 것 같다.

이렇게 <삼장>이 독립원가라면 지금까지 논의된 바와 같이 두 작품의 창작시기와 창작자는 불확실하다고 결론지을 수밖에 없다. 그리고 이는 <삼장>이 원래는 민요이었음을 주장할 수 있는 증거라고 생각한다. 민요는 그 창작시기의 확실한 추정과 창작자의 확인이 어려운 것이 그 한 특징이기 때문이다. 그러므로 사회·역사적 상황과 관련하여 생성된 <삼장>은 민간에 전승하던 민요였지만, 뒤에 상승문화재의 한 형태로 궁중악이 된 것이라 본다. 그래서 『고려사』 악지에 기록으로 남겨졌으나 그 근원이 민요였기 때문에 확실한 창작시기와 창작자가 남겨지지 않았던 것이다.

그런데 민요였던 <삼장>은 궁중악으로 승화되기는 했지만 민간에서도 계속 구비전승되는 이원전승체계를 유지하고 있었다 하겠다. 그러다가 결국 속가 <삼장>의 내용에 다른 내용의 여러 가요들이 대등한 자격으로 합쳐지면서 재정비된 것으로 생각되는데 이것이 현전의 <쌍화점>이라고 생각한다.[14]

즉, <쌍화점>은 독립원가였던 <삼장>이 모태가 되어 형성된 민요로서 다른 3개 연은 <삼장>의 형식구조에 맞게 맞추어 읊어진 나열식 가요이며, 그 창작시기는 <삼장>의 형성 이후 생성된 것으로 본다.

---

14) 『악장가사』에 남겨져 있는 4연의 <쌍화점>이 어느 시기에 궁중악으로 승화되었는지에 대한 고찰은 계속 연구되어야 할 남겨진 과제이다. 이는 뒤에 논급이 되는 '악장일 때 제기되는 <쌍화점> 내용의 문제점'과도 관련이 된다.

그리고 각 연마다 생성된 시기는 다르다. 왜냐하면 <삼장> 생성의 배경인 불교 타락은 그 당시 사회적 배경이나 여건으로 보아 충렬왕대로 보아도 그리 큰 무리가 없으나, <쌍화점> 1·3·4연의 내용은 충렬왕대와는 거리가 생기는 내용이며, 각 연의 형성배경이 된 사회·역사적 상황도 시차를 둘 수 있는 것들이기 때문이다. 예컨대 <쌍화점>의 행위 주체격인 회회아비가 고려에 와서 만두집을 개설한 시기가 고려 후기이며, 만두인 '쌍화(雙花)'에 대한 구체적 기록이 충혜왕 4년에야 비로소 나오기 때문이다. 즉, 충혜왕대에 '어느 사람이 안 주방에 들어가 만두를 취하니 왕이 노하여 도둑이라 하고 곧 명하여 죽였다'[15]는 기록으로 보아 만두는 이때까지 왕궁에서나 먹을 수 있었지 백성들에게는 일반화되지 못했다고 볼 수 있다.

그러므로 가요생성 과정상으로 추량할 때 민요적 성격이 짙은 <쌍화점> 첫째 연의 생성시기는 충혜왕 이후로 잡는 것이 온당하다고 본다. 따라서 <쌍화점>은 민요 <삼장>이 유행되던 당시의 시대상이 배경이 되어 4연 형식의 연장체 가요로 일반 민중에 의해서 확대 발전하면서 형성된 가요라 할 수 있다.

3. 작품형성의 사회적 배경

<쌍화점>은 4연으로 된 속가인데, 각 연에 등장하는 중심된 행동주체는 1연에 회회아비, 2연에 삼장사주(三藏社主), 3연에 우물 용, 4연에 술집아비로 각각 나타난다. 그런데 이러한 주체들의 행위에는 당시의 시대상과 사회상이 잘 반영되고 있을 뿐만 아니라, <쌍화점> 형성의 주된 배경 구실을 하고 있으므로 각 연 단위로 이들 주체와 관련된 현상

---

15) 『고려사』 권36 충혜왕 4년 10월조. 有人入內廚 取饅頭 王怒以爲盜 卽命殺之.

을 중심으로 이 노래 형성의 사회·역사적 배경을 살펴보고자 한다.

1) 외국인에 의한 고려 여성의 성적 수난

충렬왕 이후 공민왕 초까지 80여 년 간 고려는 원(元)의 속국이 되어 거의 자주성을 상실했으며 온전한 국가로서의 기능을 충분히 발휘할 수 없게 되었다. 원에 복속된 이후에는 심하게 내정의 간섭을 받았으며, 왕위 계승도 원이 좌지우지했다. 또 원으로 인한 사회 문제도 많이 대두되었는데 그 중 인삼, 매의 공출과 공녀(貢女) 징발문제가 고려의 가장 큰 고민이었다.

원 지배하 80여 년 간에 처녀공납(處女貢納)의 횟수가 정사(正史)에 기록된 것만도 50여 차례였으며, 공납된 처녀의 수도 수백 명에 달했다.16) 이리하여 원 말에 이르러서는 궁중의 급사(給事)나 사령(使令)의 태반이 고려 여성이었으며, 연경의 달관(達官) 귀인은 물론 지방의 왕공(王公)과 고관까지도 고려 여성을 처첩으로 거느렸다.17) 이런 것으로 보아 실제로 원으로 끌려갔던 공녀의 수는 정사의 기록에 나타난 것보다 훨씬 많으리라 생각할 수 있다. 충렬왕 원년 2월에 대부경(大府卿) 벼슬의 박유(朴楡)라는 사람은 고려의 여자가 원으로 많이 끌려감을 걱정한 나머지 신하들이 첩을 관품에 따라 둘 수 있도록 하자는 상소를 올리기까지 한 것으로 보아도 그 당시의 사정을 쉽게 알 수 있다.

> 2월에 대부경 박유가 상소하기를, "우리나라에는 남자가 적고 여자가 많습니다. 그런데 높은 이나 낮은 이가 한 아내에만 그치고, 아들이 없는 사람도 감히 첩을 두지 못하는데 다른 나라 사람이 와서는 아내를 얻는 데 제한이 없으니 신은 인물이 모두 장차 북쪽으로 흘러나갈까 두려워하나이

---

16) 유홍렬, 「고려의 원에 대한 공녀」, 『진단학보』 18호, 진단학회, 1957, p.37.
17) 김상기, 『고려시대사』, 동국문화사, 1961, pp.692~699.

다. 신하들에게 첩을 두는 것을 허락하되 관품에 따라 그 수효를 감하여
서인에 이르러서는 일처일첩을 얻을 수도 있도록 하여 그 서처(庶妻) 소생
의 아들도 조정에 벼슬하기를 모두 적자와 같이 한다면, 짝이 없어 원망하
는 남녀가 없어지고 인물이 밖으로 흘러 나가지 않으며 인구가 점점 증가
하게 될 것입니다."18)

위와 같이 극단적인 처방을 논의한 실정이었으니 원의 공녀 요구로
인하여 고려 여성이 받은 수난은 대단했으며 고려 사회는 이로 인하여
혼란이 가중되었다. 그러나 이를 막을 힘이 고려에는 전혀 없었다. 오히
려 '결혼도감(結婚都監)'·'과부처녀추고별감(寡婦處女推考別監)'이라
는 관청을 두고 처녀징발(處女徵發)에 힘쓰기도 했다. 또 충렬왕 18년
12월에는 시집가는 양가의 처녀들은 관청에 신고해야 된다는 조칙과
금혼령을 내렸으며19) 위반자에게는 형벌을 가하기도 하였다. 불행히도
처녀징발에 뽑힌 집에서는 밤낮으로 곡성이 끊이지 않고, 목매거나 졸
도하는 자도 많았다. 전의부령(典儀副令) 이곡(李穀)이 원 황제에게 올
린 아래의 기록은 이를 잘 나타내 준다.

이런 것이 1년에 한두 번이나 혹은 2년에 한 번 있는데, 그 수가 많을 때는
40에서 50명에 이른다. 그 선발에 뽑히게 되면 그 부모나 일가 친척들이
서로 모여 통곡하므로 밤낮으로 그 곡성이 끊이지 않았으며 국경에서 송
별할 때에는 옷자락을 붙잡고 발을 구르며 넘어져서 길을 막고 울부짖다
가 슬프고 원통하여 우물에 몸을 던져 죽는 자도 있고, 스스로 목매어 죽
는 자도 있으며, 근심걱정으로 기절하는 자도 있고, 피눈물을 쏟아 눈이
먼 자도 있다.20)

---

18) 『고려사절요』 권19 충렬왕 원년 2월조. 二月 大府卿朴褕 上疏 曰 我國男少女多 而尊卑止
於一妻 其無子者 亦不敢蓄妾 異國人來娶妻無定限 臣恐人物皆將北流 令臣僚 許娵庶妻 隨
品降殺其數 至於庶人得娵一妻一妾 其庶妻所生之子得仕于朝 皆比適子 怨曠以消 人物不流
戶口日增矣.
19) 『고려사절요』 권21 충렬왕 18년 11월조.

이 외에도 몽고가 고려에 처음 침략해 왔을 때 고려 여성의 성적 수난
은 엄청나게 컸다. 외침 시 몽고군에 의한 고려 부녀자의 약탈·능욕은
비일비재 했으며[21], 특히 충렬왕 때 합단(哈丹)의 군사 수만 명이 두
고을을 함락시키고는 부녀자를 윤간하고 포(脯)를 떴다는 사실[22]은 외
부 세력에 의한 고려 여성의 수난이 극에 달했음을 보여주고 있다.

그런데 <쌍화점> 제1연에 나오는 회회아비는 이런 외부 세력의 극
히 일부에 해당된다. 그 구체적 사례로 고려후기인 원 복속 때 원 제국
공주의 사속인(私屬人)인 겁령구(怯怜口)로 고려에 들어 온 사람 중에
장순룡(張舜龍)으로 이름을 고친 삼가(三哥)는 회회인으로서, 궁중에서
세력이 아주 컸다. 그는 부지밀직사사(副知密直司事)와 대장군의 관직
을 받기까지 했다.[23]

그런가 하면 원 공주의 겁령구 및 내료(內僚)가 양전(良田)을 넓게
점령하면서도 조세를 전혀 바치지 아니한 점[24]으로 보아서도 이들의
미치는 힘이 얼마나 컸던지를 볼 수 있다.

또 회회인들은 왕을 위하여 신전(新殿)에서 향연을 베풀 정도였다.[25]
더구나 충렬왕은 재상들이 매의 사육과 사냥을 맡은 응방(鷹坊)의 폐해

---

20) 『고려사절요』 권25 충숙왕 후 4년 12월조. 如此者 歲再焉 或一焉 間歲焉 其數多者 至四五
十 旣在其選 則父母宗族 相聚哭泣 日夜聲不絶 及送于國門 牽衣頓仆 欄道呼號 悲痛憤懣
有投井而死者 有者縊者 有憂愁絶倒者 有血泣喪明者 如此之類不可殫記.
21) 이화여자대학교 한국여성연구소, 『한국여성관계자료집 중세편』(上), 이화여자대학교 출
판부, 1983, p.85.
22) 『고려사절요』 권21 충렬왕 16년 12월조. 哈丹兵數萬 陷和登二州 殺人爲粮 得婦女聚麀而
脯之 遣萬戶印侯禦之.
23) 『고려사절요』 권19 충렬왕 3년 1월조. 賜公主怯怜口等姓名 忽剌歹爲印侯 三哥爲張舜龍
車忽難爲車信 職皆將軍 …… 怯怜口者 華言私屬人也. 장순룡 외에도 노영이란 자도 回回
人이었으며, 그는 장군직에 올랐다. 그리고 충선왕 때 민보도 회회인으로서 평양부윤 겸
존무사가 되었다. 이 외에도 고려에서 세력을 떨친 회회인은 많았다. (김상기, 앞의 책,
p.702~703. 민현구, 「고려후기의 권문세족」, 『한국사』 8, 국사편찬위원회, 1974. 참조.)
24) 『고려사』 권28 충렬왕 3년 2월조. 僉議府言 公主怯怜口及內僚 廣占良田 標以山川 多受賜
牌 不納租稅 請收還賜牌 不聽.
25) 『고려사』 권28 충렬왕 5년조.

를 없애도록 간하자 이를 듣지 않고 도리어 원 황제의 신임을 받은
회회인들에게 응방을 관리토록 하여 재상들로 하여금 다시 말을 꺼내
지 못하도록 하려 한 일도 있었다.[26] 이러하므로 회회인 중에는 마음대
로 돌아다니며 가축을 도살하는 등의 피해를 고려 백성들에게 입힌
자도 있었다.

충렬왕은 왕으로서의 체모를 지키면서 처신한 그런 왕이 아니었다.
그가 원의 압력에 조금도 대항할 수 없었음은 물론이다. 공주가 왕 자신
을 책망할까 두려워 한 사실이라든지[27] 공주의 지팡이에 맞고도 그냥
있었던 일과, 왕을 향하여 욕을 하면서 치기도 했으나 참기만 했던 일[28]
은 원의 막강한 힘을 의식했기 때문이라 풀이할 수 있을 것이다. 또한
충렬왕은 동왕 13년에 원으로부터 '정동행상서성좌승상(征東行尙書省
左丞相)'에 봉해지는 등 일국의 왕으로서 전혀 대접받지 못하는 처지와
상황이었다.

이런 사정으로 짐작해 보건대 왕과 내료들이 막강한 원의 힘을 얻고
있는 회회아비의 비행을 궁중놀이에서 가무의 내용으로 연회하여 그들
의 질시를 샀을 까닭이 없다.[29] 다만 이런 회회아비로 대표되는 외부
세력의 막중한 억압을 직접 받은 백성들 사이에서는 민요가 자연스레
생겨나서 바람처럼 번져나갈 수 있었음이 가능하다 할 수 있다.[30]

작품의 내용을 보면 회회아비가 <쌍화점>에서 부녀자의 손을 잡았
는데 오히려 여자는 조그만 새끼 광대에게 소문을 내지 말라고 당부하

---

25) 『고려사절요』 권20 충렬왕 6년조. …… 王怒欲請回回之見信於帝者 來管鷹坊 令宰相不敢復
　　言…….
27) 『고려사절요』 권19 충렬왕 3년 1월조.
28) 『고려사절요』 권19 충렬왕 3년 7월조.
29) 이 문제는 여러 측면에서 고찰해 보아야 할 것이라 생각된다. 이는 다음 장을 참고할 것.
30) 고려 충렬왕 이후 세태를 반영한 민요가 많이 생겨났다. 예컨대 충숙왕 때 김지경 일파의
　　政事를 비난한 동요인 <墨冊>이나 충혜왕이 원으로 끌려 가던 정경을 슬퍼한 민요 <阿
　　也謠>가 대표적인 것이라 하겠다.

고 있다. 어떻게 보면 여자가 자발적으로 이런 음란한 정사에 순응한 것처럼 보일는지도 모르지만 그 당시의 여러 정황에 비추어 보면 그렇게 볼 수는 없다. 예컨대 고려시대 딸을 둔 양가(良家)에서 딸이 공녀로 차출되었을 때 그 집 부모는 물론이고, 차출된 처녀들이 전전긍긍(戰戰兢兢)한 사실은 성을 출세의 도구로 절대 삼지 않으려는 고려인의 굳은 성 의식의 일면을 보여 주기도 하는 예이다.31) 그리고 다른 여러 경우를 보더라도 고려의 여자들 중에도 정조관념이 아주 강한 여자들이 많았다는 것을 알 수 있다.32) 그러므로 이것은 오히려 외세의 강압적인 성적 수모를 노래하고 있다고 보아야 옳다.

어느 시대를 막론하고 지배를 받는 나라의 여자들은 정복자들에 의해 성적으로 수모를 당하기 마련이다. 그것도 전혀 예상하지 않는 순간에 불가항력적으로 수모를 겪기가 일쑤다. 이럴 때 여자의 마음은 그런 일들이 자의에 의한 피해가 아니더라도 외부의 다른 사람에게 알려지기를 원치 않는 것이 일반적인 심정이다. 그래서 우리의 고대 문학에서 많이 보이는 성의 희생자나 피해자들은 가해자들에게 정면으로 도전하는 행동을 삼가면서 숨기려 하고 있다. 즉, <처용가>의 처용랑의 행동이 그렇고, <헌화가>에서 수로부인의 남편인 순정공(純貞公)이 신물

---

31) 충렬왕 14년 11월에 전 추밀원부사 홍문계의 딸이 원 황제에게 바쳐지게 되자 그것을 모면하려고 일부러 그의 딸을 삭발시켰으나 뒤에 발각되어 가산이 몰수당하고 혹형을 받았다. 결국 뒤에 귀양을 가게 되었으며 그의 딸은 몽고인 阿古大에게 주어졌다. 『고려사』에는 이와 유사한 사건이 매우 많다.

32) 김상기, 앞의 책, p.697. 고려시대에도 음란한 부녀자에 대하여 처벌규정이 엄격했다. 『고려사』 권84 형법 1 戶婚을 보면 예종 3년(1108)에 유부녀가 음란한 행동을 하면 '자녀안(恣女案)'에 올리고 針工으로 삼았다고 기록되어 있다. 그리고 이들에게서 난 자녀들은 전혀 벼슬을 할 수 없다고 의종 6년에 법으로 정했다. (『고려사』 권75 選擧 3 銓注.) 고려시대 열녀에 관한 기록도 문헌에 많다. 충렬왕 때의 이야기로 『신증동국여지승람』 권38 정의현 열녀조가 그 대표적인 것이다. 즉, 職員 甫介의 아내 정씨는 哈赤의 난에 그의 남편이 죽었는데 아들이 없고 얼굴이 아름다웠다. 안무사 군관이 강제로 장가들려 하매 정씨가 죽기로 맹세하여 칼을 끌어 스스로 목을 찌르려 하므로, 마침내 장가들지 못하였다. 늙도록 시집가지 않으매 이 일이 알려져 정려되었다.

(神物)에게 보여 준 대응 자세 역시 그렇다. 그리고 죽음을 택한 많은 열녀들이 자신을 죽음에 이르게 한 원수를 죽이거나 복수를 하는 대신, 자결하는 모티프가 많은 것은 이런 선상에서 생각해 볼 수 있을 것이다.

그리고 여자가 만두 집에 갔다는 사실은 이 여자의 신분이 상층계층이 아님을 분명히 한다. 그러므로 이 노래에는 일반 서민의 아픔이 노래된 것으로 보아진다. 왜냐하면 당시 상층귀족계층에서는 회회아비 등에 의한 피해가 없었겠지만 설령 피해가 있었다 하더라도 이들의 비행을 직접 노래할 수 있는 여건이나 상황은 아니었을 것이라 생각되기 때문이다. 그러나 민간에서는 이런 회회아비의 비행을 노래로 읊는 것이 가능했을 것이다.

<쌍화점> 제 1연의 내용은 위와 같은 여러 상황들을 노래하고 있는 것으로서 당시 고려 민중들의 애한이 응결, 가락으로 변조된 슬픈 고백의 문학이라고 본다. 다시 말하면 외부세력에 의한 고려 여성의 성적 피해현상을 회회인이라는 일부의 외세로 대표시켜 노래한 것으로, 이런 면에서 볼 때 이 노래는 대유법이 적용된 민요라 해도 무방할 것이다.

2) 승려들의 부패상

고려 태조는 훈요 10조 첫 번째에서 불교를 호국 종교로 강조했다. 그 이후 불교는 국교로 국가에 공헌을 많이 했으나, 반면 폐해도 심했다. 잦은 불사로 국가의 재정은 낭비되었으며, 더구나 별사전(別賜田) 제도 등과 같은 특권 부여로 사원의 부는 확대되었으며 이를 지키기 위하여 사원은 승병까지도 양성했다. 김부식과 같은 귀족 계급도 자신의 재산을 도피시키기 위해 불교사원의 원당(願堂)을 만드는 등 불교를 빙자(憑藉)한 비행을 자행했다.[33] 백성들 중에 더러는 군역(軍役)을 면

---

33) 김철준, 『한국문화사론』, 지식산업사, 1979, p.128.

하려고 불문에 가탁하기도 했으며, 이런 일들로 인해 교단의 부패와
불교의 타락은 가속화됐던 것이다.

그런가 하면 서긍의 『高麗圖經』에 고려시대에는 재가화상(在家和尙)
이 있었는데, 가사(袈裟)도 입지 않고 계율도 지키지 아니하며 처자를
거느리고 집에서 살았다[34]고 되어 있다. 아마도 이런 재가화상들이 승
려 비행의 주요 진원이 된 것이 아닌가 한다.

또 승려 중에는 파계행위를 저질러 비난을 받는 자도 많이 생겼다.[35]
승려와 사찰에 공을 빌러 간 부녀자나 규수들 간에도 불미한 행위가
빈번하게 있었다. 이런 관계로 여자들을 사찰에 못 가도록 하였는데,
이런 타락된 일에 크게 부추김 역할을 했던 부류가 궁인이나 폐첩(嬖妾)
에게서 난 왕의 왕자로서 탁발위승한 소군(小君)[36]들이나 귀족의 자제
로 승문에 들어간 사리였다.[37] 당시 승려들의 타락상에 대해서는 많은
기록들이 있으나 그 가운데 다음과 같은 예를 통해서도 그 정도의 일단
을 짐작할 수 있을 것이다.

> 선근은 내원당의 중으로 평소 왕의 총애를 받았다. 이 때에 사인의 처와
> 정을 통했다. 이 당시 중들이 제 마음대로 음탕한 짓을 하고 있었다. 자은
> 종(慈恩宗)의 중 영욱(英旭)이 환관 김불화(金不花)의 아내와 간통하였으므
> 로 대관이 구속하고 처벌하려 하니 영욱이 말하기를 만약 나를 처벌하려
> 면 반드시 종문(宗門)을 해체시켜야 할 것이다. 지금 종문의 중으로서 누가
> 나와 같은 이가 아닌가?[38]

---

34) 『고려도경』 권18 재가화상. 在家和尙 不服袈裟 自爲居室 娶婦鞠子.
35) 진단학회, 『한국사』 중세편, 을유문화사, 1980, p.708.
36) 『고려사』 권26 원종 6년 4월조에 보면, '小君'에 대한 기록이 다음과 같이 나온다. 己未有
　一小君犯禁 臺吏折辱之…國制宮人侍幸而有子 則禮削髮爲僧 稱爲小君. 그리고 고려 시대
　에 왕의 자제인 소군과는 달리 귀족의 자제들로 승문에 들어간 아이들을 특히 '사리'라
　대접하여 불렀는데, 이들도 막강한 세력 집단을 이루었을 것으로 짐작이 된다.
37) 이기백, 『한국사신론』, 일조각, 1981, p.162.
38) 『고려사』 권38 공민왕 4년 6월조. 禪近內願堂僧也 素有寵於王 至是通士人妻 …… 時僧徒

국가 초기에는 체제상 권력과 결탁하여 비호(庇護)를 받았던 고려의 불교가 중기·후기로 내려갈수록 타락하자 급기야 불교를 비판하며 배척하는 세력이 차츰 생겨나기 시작했다. 성종 때 최승로는 '시무이십팔조(時務二十八條)'에서 불교 및 도참의 사상을 비난하여 불교 배척의 전기를 마련했고[39], 그 뒤 무신정권시대 최충헌은 '사회개혁안 10개조'에서 미신(迷信)에 사로잡히지 말 것과 왕실이 불사(佛寺)와 결탁하여 고리대(高利貸)를 하지 말 것, 그리고 원당(願堂)을 건립하지 말 것 등 불사의 비행을 지적하여 불교배척의 기운을 양성하는 데에 한 몫을 했다. 그 뒤 충렬왕조의 안유(安裕)·충선왕조의 백이정(白頤正)·충숙왕조의 최해(崔瀣) 등 명유(名儒)가 나와 성리학을 진작시키면서 또한 불교배척에 앞장 섰다. 안유는 원나라에 다녀와서 유교진흥을 위해 섬학전(贍學田)을 설치하고, 국학대성전을 낙성하여 유학을 크게 장려하였으며, 백이정도 원에서 주자학을 배우고 돌아와 이제현·박충좌 등의 제자를 가르쳐 성리학을 전파시키고, 불교를 배척하는 데 큰 역할을 했다.

성리학의 전래와 발달은 양립이 거의 불가능한 불교의 배척을 초래하지 않을 수 없었는데, 여기다가 불교 자체가 타락했으니 배척의 기운이 일어남은 불가피한 현상이었다고 하겠다. 이런 중에서도 왕들은 음식물을 승려에게 베푸는 반승(飯僧)을 자주 했는데, 이러한 것도 굶주리는 백성들에게 좋게 보였을 까닭이 없었을 것이다. 결국 상층 계층의 불교 배척의 기운,[40] 불교 자체의 타락, 정신 세계를 지배할 새로운 이념이라

恣淫 慈恩宗僧英旭通宦官金不花妻 臺官鉤致欲罪之 旭曰 若欲罪我須罷宗門 今宗門僧 誰非我乎.
39) 최승로가 불교의 폐해를 9조목에 걸쳐 지적했지만, 불교 교리 자체를 비난한 것은 아니라 본다. 그의 時務策에도 "佛法을 崇信함은 비록 善이 아님은 아니지만……"이라고 한 점이나, "불교를 봉행함은 修身의 근본이라"고 한 점이 이를 말해 준다.
40) 앞의 예 외에도 『익재난고』 서문에 있는 승려 비행에 관한 비난의 글도 여기에 해당될 것이다.

고 할 수 있는 유학의 등장, 백성들의 불교에 대한 환멸[41], 이런 것들이
제 요인이 되어 승려의 음란 행위를 담은 민중의 노래가 자연스레 형성,
유포되는 사회적 분위기가 만들어졌다고 보아진다. 이러한 노래의 내
용이 <쌍화점>의 2연 "三藏寺애 브를 혀라 가고신딘 그 뎔 社主 내
손모글 주여이다"로 형상화되어 있는 것이다. 여기서 삼장사(三藏寺)는
개성에 있던 한 사찰로서 삼장사(三藏社)라 표기하기도 했다. 그러므로
사주(社主)는 절의 주지인 사주(寺主)다. 그렇다면 이 내용은 어떤 부녀
자가 삼장사에 공덕을 닦기 위하여 연등(燃燈)하러 갔는데, 이 절의 사
주가 음행을 저질렀다는 내용으로 해석해 볼 수 있다.

어떤 사회적 현상이 민중의 심성에 감발되어 하나의 노래로 형성되어
불려지기에는 겹치는 많은 사건들과 시간이 혼효(混淆)된 뒤에야 가능
하리라 본다. 하나의 사건에 따라 바로 하나의 노래가 민중이나 한 개인
에 의하여 당장 창작된다고는 보기 어렵다. 이렇게 볼 때 이 노래가
생겨날 즈음에는 벌써 불교의 타락이 극심했으며, 이 삼장사는 당시
부패한 모든 절을 대표한 하나의 절에 불과했던 것으로 볼 수 있다.
그리고 삼장사와 같이 부패한 사원은 고려시대 어느 곳에도 있었다고
보아야 될 것이다. 부패한 불교계와 민중의 고통은 이처럼 함수관계에
있었고, 이런 역학관계 속에서 백성들의 비분강개한 마음은 자연 가요
로 분출될 수밖에 없었을 것이다. 이렇게 볼 때, <쌍화점> 2연은 당시
불교사원의 타락과 부패현상이 반영된 민중의 노래인 민요로 봄이 자
연스럽다 하겠다.

3) 지배계층의 퇴폐적 행위

지배계층이 어느 정도 타락해 있었는가 하는 점은 당시의 권력구조상

---

41) 역시 『익재난고』에 한역되어 있는 민요 <都近川謠>도 증거가 될 것이다.

최고의 위치에 있었던 왕들의 생활상을 통해 그 전모를 개략적으로 추단해 볼 수 있을 것이다. 원래 왕들의 절도 없는 행위와 음란은 어느 정도는 정당화되거나 묵인할 수 있는 것이라 볼 수도 있다. 그러나 고려 후기나 고려말에 들어와서 왕들의 음행은 그 도가 지나쳤다. 원종은 궁녀를 수방(水房)에 모아 놓고 음란하고 방종한 행위를 하여 절도가 없었는데[42] 이러한 행위가 원 복속기의 왕들에 이르러서는 더욱 심했으며, 여말 우왕에 이르러서는 극에 달했다. 기록에 의거하여 각 왕들의 타락상을 살펴보면 대략 다음과 같다.

충렬왕은 그의 아들 충선에게 동왕 24년 1월에 양위(讓位)했다가 8월에 복위했는데, 그는 이후 정치에는 뜻을 두지 않고 황음연락(荒淫宴樂)에만 탐닉했으며, 충선·충숙·충혜왕도 음란하여 왕으로서의 체모를 지키지 못했다.

즉, 충렬왕은 세자 때 '신 만드는 사람(鞋工)'인 김준제의 처가 미인이라는 소리를 듣고 그녀를 궁으로 맞아 들였는데, 그 때 이미 그녀는 임신한 몸이었다. 딸을 낳자 충렬왕은 그 아이를 기르면서 마치 자기 딸처럼 여겼다.[43] 그리고 또 왕은 여염집 여자를 자주 음행했고, 특히 공주가 현성사에서 훙거(薨去)한 뒤 김방경의 집에 이어(移御)한 것을 필두로 하여 수시로 다른 곳에 이어하여 음행을 저질렀다.[44]

충선왕은 성도착행위(性倒錯行爲)까지도 서슴지 않았던 변태성욕자였다. 그는 남색(男色)을 많이 사랑했는데 특히 원충이라는 20세의 청년을 총애하여 왕주충(王鑄忠)이라는 새로운 성명을 하사하기도 했다.[45]

---

42) 『고려사절요』 권18 원종 순효대왕 원년 12월조. 王聚宮女于水房 淫縱無節 御史大夫金仁俊移置水房于外.
43) 이화여자대학교 한국여성연구소, 『한국여성관계자료집 중세편』(上), 이화여자대학교 출판부, 1983, p.241.
44) 『고려사절요』 권21 충렬왕 23년 5월조. 移御金方慶第 自是移幸非一所.
45) 『고려사절요』 권23 충선왕 2년 10월조. 王多愛男色 忠有龍陽之寵 王欲拜爲代言 忠辭曰 年少無知 驟登華要取譏多矣 願更擇人 王怒貶之 忠時年未二十.

충혜왕은 그의 외숙의 후처인 황씨를 간음했는가 하면, 서모인 수비 권씨를 강제로 욕보이기도 했다. 남의 아내나 첩으로서 얼굴이 잘 생겼다는 말만 들으면 친척이거나 누구거나 귀천을 가리지 않고, 총애하는 측근자나 불량배를 시켜 빼앗아 오거나 그 집에 가서 음란한 짓을 하였으니 절도가 없었다46)고 했다. 그 구체적 예를 보면 충숙왕의 비인 경화공주를 송명리(宋明理)라는 무뢰배들로 하여금 몸을 붙들어서 꼼짝 못하게 하고는 봉욕케 했고47), 충혜왕 2년 11월에는 내시 전자유의 집에 행차하여 그의 아내 이씨를 강제로 간음했으며, 남의 집안 일을 잘 아는 장님과 무당에게 미모가 뛰어난 여자가 있는 집을 가르쳐 달라고 못살게 굴기도 했다.48)

또 왕 4년에는 폐신 배전이라는 사람의 집에 행차하여 그의 아내와 동생을 같이 간음하기도 했으며49), 새로운 이궁(離宮)에 거주하기 위하여 뽑혀 들어오는 여자가 눈물을 흘린다 하여 철퇴로 때려 죽였다고 한다.50) 그의 시종들은 대개가 불량배였으며51), 그는 결국 원제에 의해 게양현으로 귀양하던 도중 죽었다. 그가 귀양가다 죽은 사실을 두고 고려 백성들이 노래로 부르기도 했다.52) 귀양보내기 전에 원제가 "너는 백성들의 왕이 되어 백성을 너무 심하게 약탈했으니 너의 피를 천하의 모든 개에게

---

46) 『고려사절요』 권25 충숙왕 후 8년 5월조. 前王 若聞人妻妾有姿色 則無問親戚貴賤 使嬖幸群小往奪之.
47) 『고려사절요』 충숙왕 8년 8월조. 前王 佯醉不出 暮入公主臥內 主驚起 前王使宋明理輩 扶其身 使不敢動 掩其口 烝焉 主恥之.
48) 『고려사절요』 권25 충혜왕 4년 7월조. 有一嬖人白正曰 知人室家 莫若盲人巫女 上若求美女 當問此輩 王卽命惡小 侵虐盲巫.
49) 『고려사절요』 권25 충혜왕후 4년 3월조. 幸裵佺第 淫其妻及弟.
50) 『고려사절요』 충혜왕 후 4년 9월조. 有二女被選 當入泣下 王怒以鐵鎚擊殺之.
51) 『고려사절요』 권25 충숙왕 8년조에 이조년이 충혜왕을 諫한 말 중에 "전하는 궁녀와 환관의 집에서 자라시어 함께 노는 자 중에 무뢰배가 많았으니, 전하께서는 누구에게 옳은 말을 들으시고 옳은 일을 보셨겠습니까?"하는 대목이 있음.
52) 『고려사절요』 권25 충혜왕 5년조에 '阿也麻古之那 從今去何時來'라는 노래가 있음.

주어도 오히려 부족하다"53)고 했으며, 고려 백성들이 왕이 죽었다는 말을 듣고 "이제는 다시 살 수 있는 날을 보겠다"고까지 했다.54)

사적 기록에 음란행위가 비교적 적게 나타난 왕이 충숙왕인데도, 그도 즉위 4년에 미행으로 기녀 만년환의 집에 가서 은폐를 후하게 하사할 정도였다55)고 하니, 고려후기 왕이나 지배계층에 의한 여성들의 성적 수난이 어떠했는가를 짐작할 수 있겠다.

그런데, 고려말 우왕 때에 이르러서는 왕의 음란한 행각이 더욱 극에 달했다. 우왕은 『고려사』에도 왕으로서 권위를 갖춘 자라고 하기보다는 하나의 무뢰배처럼 서술되고 있다. 이는 여말 고려 백성들의 왕에 대한 인식과도 유사하리라고 보는데, 이로 보면 '우물의 용'에 가장 근접되는 왕이 고려후기의 어떤 왕보다도 우왕이라고 생각된다. 그는 동쪽 교외에서 놀다가 귀법사의 남쪽 개천에 이르러 궁녀와 함께 음란하기 그지없는 짓을 했으며56), 물 속에서 옷을 벗고 여러 기생들과 마교(馬交)를 행하기도 했다.57) 이처럼 우왕이 음란한 짓을 한 개천 등은 여성이 빨래를 하기 위하여 모이는 곳으로 물을 긷기 위하여 모이는 동네의 우물과 비슷한 역할을 하는 곳이다. 그렇기 때문에 <쌍화점>의 우물을 개천으로 치환시켜도 노래의 뜻은 다치지 않는다. 충렬왕이 기녀들에게 남자 옷을 입혀 남장별대를 만든 것처럼 우왕도 종종 봉가이(鳳加伊)·수정(水精)·초생(初生) 등 여자 기생들에게 남장을 시켜 데리고 다녔다.58) 그리고 이 외에도 우왕은 서해도로 사냥을 갔을 때 숙녕옹주와 궁녀들에게 남장을 시켜 수행케 했으며59), 또 금비회회의 딸에

---

53) 『고려사절요』 권25 충혜왕 4년 12월조.
54) 『고려사절요』 권25 충혜왕 5년조. 國人聞之 莫有悲之者 小民至有欣躍 以爲復見更生之日.
55) 『고려사절요』 권24 충숙왕 4년 1월조.
56) 『고려사』 열전 권48 신우3 10년 6월조.
57) 『고려사』 열전 권49 신우4 13년 8월조. 禑裸水中馬交群妓女天大雷電以雨.
58) 『고려사』 열전 권48 신우3 10년 8월조.
59) 『고려사』 열전 권48 신우3 12월 2월조.

게도 남자 옷을 입혀 데리고 다녔다.[60)]

우왕이 창기(娼妓)와 가까이 하면서 왕으로서의 도리를 다하지 못한 것은 차치(且置)하고라도 시집가기 위하여 준비하고 있는 남의 집 처녀를 빼앗는 등 일반 부녀자를 탈취한 행위도 수없이 많았다. 그의 행위는 낮이건 밤이건 가리지 않았으며, 그 장소가 길가든지 민가든지 전혀 고려하지 않았다.[61)] 이러한 우왕의 행위로 인하여 나라 전체가 어수선했으며, 희망을 잃은 백성들 사이에는 자신들의 구원과 관련된 불교의 미륵신앙(彌勒信仰)이 크게 일어났다. 생각하건대, 이토록 끝간 데를 모르는 왕의 변태적 행위, 일반 백성들의 실망과 원성, 왕권의 실추 등 복합적 요인이 기저가 되어 <쌍화점> 3연과 같은 노래가 일반 민중들 사이에서 형성되었을 가능성이 가장 크다.

그러므로 당시의 이러한 왕을 중심한 지배계층의 도덕적 타락을 생각해 볼 때 <쌍화점> 3연에 나타난 용의 의미는 여러 이견이 있음에도 불구하고 왕, 특히 우왕 같은 왕들의 상징으로 해석함이 가장 타당할 것이다.

서양에서는 용이 사람에게 해악을 끼칠 수 있는 것으로 많이 이해되고 있긴 하나[62)], 동양 문화권에서는 수호신이나 절대권력을 가진 왕을 지칭함이 일반적인 현상이므로 3연에 나오는 '우물의 용'을 왕 이외의 일반적인 사람으로 보기는 어렵다. 또한, 우리의 관념에서 일반 사람을 용으로 대신하여 나타낸 예는 드무나, 왕을 용으로 상징하여 일컬었거나 왕궁을 아예 용궁이라 불렀던 예들은 많기 때문이다.[63)] 이는 대륙민

---

60) 『고려사』 열전 권49 신우4 13년 11월조.
61) 우왕의 이러한 행각은 최영의 다음과 같은 간언(諫言)으로써도 잘 알 수 있다. "충혜왕이 비록 色을 좋아하였으나 밤에 그렇게 하여 사람의 눈에 띄지 아니하였으며 숙종도 놀기를 좋아했으나 때를 가려 하였으므로 民怨이 없었는데, 지금 전하는 유희(遊戱)가 度가 없도다. 臣等이 재상으로서 서로 광구(匡救)치 못하니 무슨 面目으로 사람을 대하리까." (김상기, 앞의 책, p.753.)
62) J.E. Crilot, 『A Dictionary of Symbols』, Philosophical Library, Inc, 1962, pp.82~85.

족 신앙의 종교 대상이 용과 무관하지 않은 것과도 관계가 있을 것이다.
이렇게 볼 때, 우물의 용은 고려 시대의 왕으로 봄이 자연스럽다. 하나
의 구체적인 예로는 오제재가 그의 시에서 의종의 미행(微行)을 풍자하
여 왕을 용으로 나타내고 있음을 들 수 있다.[64]

그러나 여기에 나오는 용은 광활한 강에서 노닐면서 승천하여 조화를
부리는 영물이 아니라, 협소한 우물에 들어앉아 해악을 끼치는 해로운
짐승으로 표현되었다.[65] 마치 용이 못 되어 승천하지 못한 '이무기'라는
짐승에 비유할 수 있다. 사실 우리 민족의 속신(俗神)에는 용다운 용은
우물이나 좁은 개천에 있는 것이 아니다. 그런데도 여기서 굳이 우물
속의 용으로 형용한 것은 용으로 상징되는 존재를 비하시킨 수법의
결과에서 연유된 것이라 할 수 있다. 용이지만 용 같지 않은, 우물에
있는 용, 바꾸어 말하면 왕이지만 왕으로서의 품위와 금도(襟度)가 없는
그런 왕을 나타내기 위하여 '우물의 용'으로 표현한 것이라 보인다.
이런 왕들의 행동거지는 한번 지나가면 산천의 초목이나 논밭의 곡식
을 말라 죽게 하는 '강철이'나 '이무기'에 비견된 것이라 보겠다.[66]

다시 말하자면 이러한 왕들의 음행이 촉발제로 작용하여 민간에 유행
된 노래가 <쌍화점>의 3연 부분이라 하겠다. 즉, <쌍화점> 3연은 왕들
의 문란(紊亂)했던 당시의 사실들이 작품 형성배경의 요인으로 작용했고,

---

63) 『삼국유사』 권3 탑상 제4의 가섭불연좌석(伽葉佛宴坐石)조에 "신라의 월성 동쪽 용궁의
   남쪽에는 가섭불연좌석이 있는데, 그 곳은 곧 전불(前佛) 시대의 절터였다."고 기록하고
   있다. 또 민주면의 『동경잡기』에도 "신라 사람들은 왕궁을 용궁이라 했다.(羅人以王宮爲
   龍宮)"고 적혀 있다.
64) 『역옹패설』 후집(後集)에 "胡乃日淸明 黑雲低地橫 都人且莫近 龍向此中行"
65) N. Frye, 『Anatomy of Criticism』(임철규 역, 『비평의 해부』), 한길사, 1982, p.218. 용의
   상징은 일률적으로 규정할 수는 없다. 중세의 서구 로만스에서는 용은 사악한 것으로, 중
   국의 이야기에서는 인간에게 우호적인 것이 보통이다.
66) 용이 악마적 이미지를 갖고 있다고 생각하는 이런 비하적인 비유는 다른 나라에서도 많
   이 볼 수 있다. 성서에서 이집트나 바빌로니아의 왕들을 괴물 같은 짐승과 동일시하그
   있음과 같다. 즉, 네부카드레갈 왕은 짐승의 모습으로, 파라오는 강의 용으로 일컬어지고
   있다.

자연 발생적으로 이런 유의 노래가 백성들에 의해 형성되었다고 본다.
충렬왕 이후 사회적 상황과 관련된 참요(讖謠)가 많이 등장하여 유행하였
다[67]는 점도 <쌍화점> 형성근거를 뒷받침해 주는 한 요소가 된다.

4) 無賴輩들의 횡포

충렬왕 이후의 시대는 지배계층의 도덕적 타락과 함께 일반 사회의
기강도 상당히 문란해져 있었다. 그래서 이러한 시대일수록 완력있는
자들이 날뛰며 상당한 세력으로 일반 백성을 괴롭히기 마련이다. 그러
므로 충렬왕 이후의 기록을 보면 불량배들의 행적이 눈에 많이 띈다.
불량배들의 부녀자 약취 사건 중 정사(正史)에 기록되어 있는 것으로는
대개 다음과 같은 것들이 있다.

> 원윤 신여계의 아내 김씨가 여종들을 데리고 거리에 나갔더니, 불량배 10
> 여명이 크게 소리를 지르며 달려들어 떠메고 달아났다.[68]

> 불량배 봉골 등이 大家라 사칭하고 밤에 주부 공보의 집에 들어가서 그
> 아내를 강간하여, 행성에서 그들을 잡아 죽였다.[69]

위에서 알 수 있는 바와 같이 불량배 10여 명에 의해 신여계(申汝桂)라
는 사람의 아내와 그 여종이 강탈당한 사건이나, 공보(孔甫)의 아내가
불량배 봉골 등의 무리에 의해 강간당한 사건, 그리고 충렬왕 때 불량배
들의 소행은 사적에 기록된 몇 예에 불과한 것이다. 그러므로 일반 서민

---

67) 이 때 유행한 참요로는 <萬壽山謠>, <墨冊謠>, <阿也謠> 등임.
68) 『고려사절요』 권24 충숙왕 3년 3월조. 元尹申汝桂妻金氏 率婢僕出巷 有惡小十餘人 大呼
　　突入 擔而走.
69) 『고려사절요』 권25 충혜왕 후 4년 9월조. 惡小鳳骨等三人詐稱大家 夜入注簿孔甫家 姦其
　　妻 行省執殺之.

인 백성이 불량배에 의해 억압되고 착취됐던 일은 비일비재(非一非再)
했다고 보아야 한다. 또한 충혜왕 때의 다음의 기록은 이 같은 불량배들
의 소행을 더욱 확실히 보여 준다.

> 경성 안에 뜬 소문이 돌기를, "왕이 민가의 어린아이 5, 60명을 데려다가
> 새 궁궐 주춧돌 아래에 묻으려고 한다"하여, 집집마다 놀라서 어린아이를
> 안고 도망하여 숨는 자가 많았는데, 불량배들은 이 틈을 타서 도둑질을 마
> 음껏 자행하였다.[70]

그러나 이러한 불량배들의 행패가 일일이 사적에 기록되었을 리 없
다. 이는 한국 전통 사회의 역사서들은 대개가 역사를 정치의 거울로
이해한다는 입장에서 찬술(撰述)되었기 때문에 서민 생활의 기록은 거
의 채록되어 있지 않았다는 사실로써도 증명된다.[71]

위의 기록에 관련된 여자도 전부 일반 백성의 아내가 아닌 관리의
부인이었다. 만약 피해 대상이 일반 서민의 아내라면 이 정도의 기록으
로도 남지 않았을 것이다. 그렇지만 그 때의 여러 정황으로 보건대 술집
을 중심으로 무리를 지어 지내는 잡배·무뢰한들에 의한 일반 부녀자
들의 피해가 많았으리라는 것은 쉽게 추측해 볼 수 있다. 이 노래에
나오는 '아비'로 대표되는 계층의 인물은 정확히는 밝힐 수 없다. 그러
나 왕이나 상층계층을 시종하는 무리나 기타 불량한 건달들임은 확실하
다. 충혜왕을 중심으로 불량배인 박양연(朴良衍)·박신(朴信)·최안의(崔安
義)·김선장(金善莊)·승신(承信) 등이 모여 있었는데 이들은 남의 집 부
녀자를 약취할 때에 자주 동원됐다. 원래 어느 시대를 막론하고 이들
무법자 불량배 집단들은 대개 주막을 중심으로 모였으며, 더러는 그들

---

70) 『고려사절요』 권25 충혜왕 후 4년 4월조. 京城 訛言王欲取民家小兒五六十輩 埋新宮礎下
　　家家驚駭有抱兒逃竄者多 惡小乘間恣行剽竊.
71) 이기백·민현구, 『한국문화사』, 일지사, 1984, p.84.

스스로 주막을 경영하기도 하고 그러면서 부를 쌓으면서 비행을 자행했던 것이다. 다시 말하면 <쌍화점> 4연의 "술폴지비 …… 그짓아비 내손모글 주여이다"에 나오는 '그짓아비'는 술을 파는 집의 관리자나, 술집과 관련돼 있는 무뢰한으로 완력을 행사하면서 백성들에게 해를 끼치는 시정의 잡배(雜輩) 무리로 봄이 좋을 것 같다. 노래에서도 여자가 술을 사러 간 것으로 보아 상층계층의 부녀자라기보다는 이름없는 일반 서민이나 천민계층의 부녀자로 보는 것이 더 맞을 것이다. 그러므로 피해를 입은 서민계층에서 이 노래가 집중적으로 발생하여 불려졌다고 하겠으며, 그런 집단의 횡포에 의하여 성적으로 고통을 받던 당시 고려의 사회·역사적 상황이 4연에 역력히 나타나 있다고 생각된다.

4. 악장일 때 제기되는 <쌍화점> 내용의 문제점

쌍화뎜에쌍화사라가고신딘휘휘아비내손모글
주여이다이말슴미이뎜밧긔나명들명다로러거
디러죠고맛감삿기광대네마리라호리라더러둥
셩다리러디러다리러디러다로러거디러다로러
긔자리예나도자라가리라위위다로러거디러나
로러긔잔디ㄱ티덦거츠니업다○삼장스애블
혀라가고신딘그뎔샤쥬ㅣ내손모글주여이다이
말스미이뎔밧긔나명들명다로러거디러죠고맛
간삿기상좌ㅣ네마리라호리라더러둥셩다리러
디러다리러디러다로러거디러다로러긔자리예
나도자라가리라위위다로러거디러다로려긔잔
디ㄱ티덦거츠니업다○드레우므레므를길라가
고신딘우뭇룡이내손모글주여이다이말스미이
우믈밧끠나명들명다로러거디러죠고맛간드레

바가네마리라호리라더러둥셩다리러디러다리
러디러다로러거디러다로러거자리예나도자라
가리라위위다로러거디러다로러긔잔디ᄀ티뎠
거츠니업다○ 솔폴지븨수를사라기고신ᄃᆞᆫ그짓
아비내손모글주여이다이말ᄉᆞ미이집밧긔나명
들명다로러거디러죠고맛간싀구비가네마리라
호리라더러둥셩다리러디러다리러디러다로러거
디러다도러긔자리예나도자라가리라위위다로
러거디러다로러긔잔디ᄀ티뎠거츠니업다

— <쌍화점> 전문, 『악장가사』 소재

  여기서는 위에 보인 <쌍화점>의 내용과 관련지어 이 노래가 악장일 때 제기될 수 있는 문제점에 대하여 간략하게 살펴보고자 한다. 원래 속가는 속악의 가사이니 만큼 엄연히 악장이다. 악장의 향유계층은 왕과 왕을 둘러싸고 있는 권신들이며, 가창자들은 교방여기(教坊女妓)들이 중심이다. 이러하므로 이들 속가들 중에는 애초에는 민요였으나 이것이 궁중 가무악의 체재와 특성에 적합하도록 재편되면서 이것의 형식과 내용, 그리고 곡조 등 전반적인 면에 손질이 불가피하게 가해져 민요이었을 때의 특성이 묽어졌음은 재론의 여지가 없다. 그런데 <쌍화점>은 독립원가(獨立原歌)였던 <삼장>에서 확대 발전한 것이며, 또 <삼장>은 원래 민중에 의해 형성된 민요였다.

  그러므로 속가의 향유자들이나 가창자들이 <쌍화점>의 내용도 악장의 성격에 적합하도록 많이 변개(變改)시켜 사용했음이 확실하다. 그러나 그렇게 악장에 합당하도록 바꾸거나 고쳤음에도 이 가요가 악장으로 사용될 경우, 가사의 내용이 문제가 될 소지가 많다. 다시 말하면 <쌍화점>의 노래 가사가 민요이었을 때는 별 문제가 되지 않지만, 이것이 향유자와 가창자가 민요와는 전혀 다른 궁중의 악장으로 사용될 때는 이들 계층에 도저히 용납되기 어려운 내용이라는 점이다.

즉, <쌍화점>의 각 연에서 노래되고 있는 내용이 당시의 사회·역사적 상황으로 볼 때 여하한 경우라도 궁정에서 속악의 가사로 사용되기에는 부적합한 것인데도, 『고려사』 등에는 충렬왕대에, 폐행(嬖倖)들이 왕의 성색을 맞추기 위해 교방여기들로 하여금 궁정에서 속악으로 부르게 했다고 기록되어 있다. 이는 사서(史書)에 적혀 있으니 엄연한 사실로 받아들일 수밖에 없다. 이러함에도 불구하고 <쌍화점>은 악장으로 수용되어 가창되기는 불가능했을 것이라는 생각이 든다. 부연하면, 고려후기 왕과 폐행들이 아무리 음설스러운 관행에 젖어 변태적인 행위를 일삼았다 하더라도 그들 스스로가 자신의 일탈된 행위를 노래한 가요를 즐겨 듣고 있지는 않았을 것이다. 만약 그들 자신의 행위와 관련된 내용이 아닌, 불특정인에 대한 일반적 음설가요인 <이상곡>이나 <만전춘별사>와 같은 노래라면 몰라도 적어도 <쌍화점>과 같은 가사 내용은 왕과 상층 관료계층이 향유자인 속가로 궁중에서 가창되기는 어려웠을 것이라는 말이다. 아무리 사회 여건과 역사적 상황에 따라 가요의 기능과 목적이 변할 수 있다 하더라도 현전 <쌍화점>의 내용으로는 악장으로 사용되기 힘든 몇 가지가 있으므로 그 점을 본 장에서는 살펴보려고 한다.72) 물론, 이러한 내용임에도 불구하고 『고려사』 등의 기록처럼 고려 궁정에서 <쌍화점>이 어떻게 악장으로 사용되었겠느냐 등의 제반 문제도 함께 다각적으로 검토되어야 되겠지만 이 책의 제1장에서 미흡한 대로 논급이 된 상황이므로 여기서는 재론은 하지 않는다.73)

---

72) <쌍화점> 내용의 음란성 문제는 왕조실록에 보이는 배척기록 등을 가지고 말하지 않더라도 작품 자체로써도 이는 충분히 알 수 있는 문제라 여긴다.
여기에 중종 시의 주세붕이 그의 후배에게 보낸 한 서신인 <答黃俊良書>의 일부 내용을 참고로 보인다. "요사이 노래라는 것이 많이 桑濮에서 나온 것이니 쌍화점 諸歌 등속은 다 인심을 나쁜 곳으로 유인하여 풍속을 파손케 할 뿐이며 그 음설패리는 차마 듣지 못할 것이 많아 설사 공자가 후에 태어난다 하더라도 그냥 버려두지 아니할 것이다"(조윤제, 『국문학사』, 동국문화사, 1970, p.155. 재인용).

위에 예시된 <쌍화점>에서 보는 바와 같이 이 노래의 첫째 연에서는 회회아비로 대표되는 외국인들의 고려 여성에 대한 성적 착취가 거침없이 노래되고 있다. 그런데 <쌍화점>의 원가인 <삼장>의 경우, 문헌 기록으로 보건대 충렬왕 때 창작되어 궁정에서 불려졌다고 되어 있기 때문에 <쌍화점>의 창작 내지 형성시기는 자연 충렬왕대이거나 그 이후일 수밖에 없고, 그 가창된 시기도 창작시기 이후로 봄이 순리다.

그런데 앞에서 이야기되었듯이 충렬왕 이후는 원 복속기로서 고려 조정은 자주성이 거의 없었고, 형식적이긴 하지만 왕 자신은 원에 의하여 '정동행상서성좌승상(征東行尙書省左丞相)'에 임명되기도 했다. 이래서 원의 간섭에 의하여 모든 일들이 좌지우지되었다. 이런 형국이므로 거세(去勢)한 지 얼마 안 되어서 썩힌 자국이 아직 다 마르지도 않은 채 원에 간 엄인(閹人)까지도 본국 고려를 경시하는 일도 있었다.74) 이러한 시기에 원 세력을 업고 고려에 들어와서 전횡을 자행한 외국인들이 곧 이 노래에 나오는 회회아비, 소위 색목인(色目人)들이었다. 이들은 수로 볼 때는 그리 많지는 아니했지만 그들이 고려 조정에 미친 영향력이란 아주 막강했다.

회회인들 중에 대표적인 사람은 원래 이름이 삼가(三哥)인 장순룡이다. 그는 『고려사』의 여러 기록에 자주 등장하는데, 원 공주의 사속인(私屬人)인 겁령구(怯怜口)였다. 그는 대장군의 관직에까지 올라 궁중에도 무상으로 출입하였으며 왕을 위하여 내전(內殿)에서 향연을 베풀기도 할 정도였다.75) 하서국(河西國) 사람이었던 노영도 장군직에 올랐으며, 원래 회회인이었던 민보도 충선왕 때 평양부윤(平壤府尹) 겸 존무사(存撫使)가 되었다. 또 최노성도 회회인으로 회의군(懷義君)에 피봉(扶

<hr>

73) 제1부 俗歌 형성배경론 중의 '조선 건국 초 俗歌의 수용 상황과 변개'를 참고하기 바람.
74) 『고려사절요』 권23 충선왕 2년 9월조.
75) 『고려사절요』 권21 충렬왕 13년 3월조.

封)되었다.[76]

특히 회회인들 중에는 고려 백성들에게 막심한 폐해를 준 응방(鷹坊)의 관리를 맡은 이도 있었는데, 이들은 원 황제의 신임을 얻기도 했다.[77] 이러므로 이제현은 오히려 고려인들을 색목인들과 대등하게 대우해 줄 것을 바라는 표(表)를 원의 황제에게 올리기까지 했던 것이다.[78] 이런 사정으로 이들 회회인들은 고려 조정에 대하여 심하게 간섭을 했으며, 또 부의 축재도 쉽게 이루었다.

이런 여러 정황으로 보아서 고려 왕이나 고려의 관리들이 회회인들을 멀리하거나 물리칠 수 있는 입장이 아니었으며, 오히려 그들의 눈치를 살펴야 하는 형편이었다. 예컨대 충렬왕도 회골(回鶻) 사람인 활활불화(濶濶不花)와 활활대(濶濶歹)를 두려워하여 이들에게 김수와 도성기 등에게서 몰수한 가산과 사람을 주었으며, 특히 김수의 아내를 활활불화에게 주기도 했다.[79] 이 때가 <삼장> 등이 남장별대에 의하여 불려졌다는 충렬왕 25년보다 1년 전인 동왕 24년이다. 그런데 어떻게 고려 여성들에 대한 회회인들의 성적 착취 사실을 숨김없이 읊고 있는 <쌍화점>의 첫째 연이 이런 분위기의 고려후기 조정에서 악장으로 사용될 수 있었겠는가? 이는 상황이나 시기로 보아 아무래도 이해하기 어려운 일이다.

또 회회인들은 왕을 위하여 궁 안에서 잔치를 벌일 정도로 왕과 가까웠는데, 그들의 비행에 관한 폭로라 볼 수도 있는 이 노래를 그들이 용납한 채 즐기고만 있었겠는가? 아마도 방관한 채 그냥 있지는 않았을

---

76) 최노성에 대하여는 『고려사』 열전 권37 폐행2 왕삼석조에도 비교적 상세히 기술되어 있다.

77) 『고려사절요』 권20 충렬왕 6년 3월조. 宰相白王 請去鷹坊之弊 王怒欲請回回之見信於帝者 來管鷹坊.

78) 『익재난고』 권8의 '색목인과 대등하게 대우해 줄 것을 비는 표(乞比色目表)' 참조. 여기에는 고려와 원과의 관계가 국가 간 혼인 등으로 특히 긴밀한 점을 열거한 후 색목인과 동등하게 대우해 주는 은혜를 내려 주기를 간곡히 바란다고 되어 있음.

79) 『고려사절요』 권22 충렬왕 24년 4월조의 기록 참조.

것이다. 다만 이와 같은 내용의 노래는 여러 제약이 있다 하더라도 일반 백성들이 부르는 민요로서는 가능했으리라 여겨진다.

다음으로 <쌍화점>의 둘째 연을 보면, 이 연에는 삼장사의 사주(社主)가 절에 복을 빌기 위하여 불켜러 온 부녀자의 손을 잡는 행위가 노래되고 있다.

고려는 불교가 국교였다. 고려가 부처의 힘으로 건립되었다고 태조 왕건의 훈요10조(訓要十條)에도 나와 있다. 그래서 왕과 고려인들의 불교에 대한 인식은 대단하고 호의적일 수밖에 없었으며, 그래서 그들의 문화와 사상 전반의 상부구조는 물론 민중계층의 하부의식 구조도 불교와 떼어서는 생각할 수 없는 처지였다. 그러나 후대로 내려오면서 불교가 세속화하여 타락하자 불교배척의 기운이 많이 확산되었다. 고려의 척불론자(斥佛論者)로서는 안향과 최해, 그리고 이색 등이 대표적이었다. 그러나 이러한 사람들은 불교 교리 자체에 대하여는 특별한 불신이나 배척감이 없었다. 다만 세속화하여 타락한 승려와 그 행위에 대해 질시의 감정과 배척의 정서가 컸을 뿐이다. 특히 서경천도를 주장한 묘청 등에 대한 반감이 점점 팽배(澎湃)하여 불교배척이 구체적 움직임으로 나타났던 것이다.

물론 성리학이 안향 등에 의하여 유입되고 주창(主唱)되긴 했어도 고려전기나 중기·후기 등을 통틀어서도 불교가 여전히 국교였고, 불교 교리나 이념이 고려 사회를 전반적으로 주도하고 있었다. 이러므로 충렬왕 때나, 혹은 그 이후에 승려의 음란성이 구체화되어 있는 <삼장>과 같은 노래가, 그것도 다른 곳도 아닌 궁정에서 악장으로 교방여기(敎坊女妓)들에 의해 불려졌다는 것은 언어도단이다. 이를 좀 더 구체적인 예로써 살펴본다.

고려중기로 들어오면서 불교 비난의 소리가 들리는 한편, 대간(臺諫)들에 의해 승려들이 더러 순찰의 대상이 되는 일이 벌어지긴 했어도 고려는 역시 국사(國師)와 왕사(王師) 제도가 엄연히 존재했다. 그리고 인종은 불교를 너무 깊이 믿어 생민(生民)들에게 피해를 주기도 했으며80), 또 그 자신이 보살계(菩薩戒)를 받기도 했다.81) 또 몽고의 침입을 불력으로 막기 위하여 진력을 다하여 대장경판을 만들었으며, 궁정에서는 소재도량(消災道場)·인왕도량(仁王道場) 등을 연중행사처럼 벌였다. 더구나 왕들이 수 천명의 중들에게 밥을 먹이는 반승(飯僧)을 자주 했는데82), 어떤 때는 반승에 참여하는 승려의 수가 1만 명이 넘을 때도 있었다.83)

그런가 하면 원 복속기인 충렬왕 20년 7월에 원 성종은 불교를 보호하라는 조서(詔書)를 흘절사팔(吃折思八)과 팔합사(八哈思) 등을 통해서 고려에 내리기도 했다.84) 그러므로 원의 승려들이 고려로 오기도 하고, 고려의 승려가 원에 가기도 했다. 충숙왕 초에 고려의 승려 원담(元湛)·숭안(崇安)·법운(法雲) 등이 원으로 가서 큰 불사를 일으키기도 했는데 이는 그 한 예다. 특히 고려초기는 물론이고 중기나 그 이후인 충렬왕과 충선왕에 이르러서도 왕들의 승려에 대한 호의적인 입장이 대단했다.85) 그래서 왕이 승려들과 어울려 놀이를 벌이는 일도 있었다. 특히 일단 출가하여 승려가 되면 왕과 부모에게 배례(拜禮)를 하지 않아도 되며, 만약 배례를 하면 오히려 국법의 제재를 받기도 한 때가 충선

---

80) 『고려사절요』 권10 인종 공효대왕 24년 2월조.
81) 김상기, 『고려시대사』, 동국문화사, 1961, p.333 참조.
82) 『고려사절요』 권19 충렬왕 2년 3월조와 동왕 2년 8월조 참조. 승려에 대한 왕의 이러한 반승 행위는 『고려사』의 기록 여러 곳에 많이 나온다.
83) 『고려사절요』 권23 충선왕 5년 10월조.
84) 『고려사절요』 권21 충렬왕 20년 7월조. 秋七月 元遣吃折思八八哈思 賚護沙門詔來 吃折思八者蕃僧之名 八哈思者蕃師之稱.
85) 승려들에 대한 왕들의 비호를 말해 주는 예로는 최승로의 '時務策'에서 거론된 다음의 일을 들 수 있다. 즉, 승려가 군현에 왕래하며 관이나 역에 머물러 묵으면서 鄕吏나 백성들을 매질하며 그 영접과 대접이 더딘 것을 책망하였지만, 그 승려가 어명을 지니고 온 것을 의심하여 감히 말도 못하였다 하였다.

왕 즈음이었다. 그런데도 충렬왕 25년에 승려의 행동을 비난하는 내용이 담긴 속가 <삼장>을 궁정에서 공공연히 노래로 불렀겠는가?

충렬왕 18년에는 승려 혜영(惠永)이, 또 21년에는 승려 경의(景宜)를 국존(國尊)으로 임명하였으며[86], 왕이 승려 조영(祖英) 등과 친하여 재상과 대간의 간언도 듣지 아니할 정도였다.[87] 충숙왕 때는 승려 경린(景麟)과 경총(景聰)이 왕의 총애를 받아서 궐내(闕內)를 아무런 제한없이 드나들었으며, 대선사(大禪師)에 오르게 되었다.[88] 또 충혜왕이 묘련사(妙蓮寺)에 가서 벌인 놀이에서 승려 중조(中照)가 일어나 춤을 추니, 왕이 기뻐하며 궁인에게 명하여 모두 춤을 추게 하니 어떤 자는 처용놀이를 했다[89]고 한다. 그런가 하면 충선왕이 원의 백안독고사(伯顔禿古思) 등의 무고(誣告)로 원제(元帝)에 의하여 서장(西藏)으로 유배되었을 때 충숙왕은 많은 승려를 민천사(旻天寺)에 모아 선왕을 위하여 기도를 하기도 했는데, 이는 승려들의 역할과 왕의 불교에 대한 의식이 우호적이었음을 보여 주는 한 예라 하겠다. 더구나 고려말 공민왕 자신은 불교에 심취하여 노국공주가 죽었을 때 공주를 불교식으로 화장하려고까지 했다.[90] 그리고 그 때의 요승(妖僧) 신돈(辛旽)은 왕의 사부(師傅)였으며, 왕은 그에게 국정을 자문하는 입장이었다. 비록 신돈 자신은 사서의 기록처럼 한없이 음란했더라도[91], 자기를 포함한 승려 계층의 음행을 내용으로 한 가요를 악장으로 사용하도록 그냥 있지는 아니했을 것이라 여겨진다.

그리고 불교와 승려에 대한 왕들의 인식이 이렇게 나쁘지 않음과 마

---

86) 『고려사』 권30 충렬왕 21년 5월조.
87) 『고려사절요』 권23 충렬왕 34년 7월조.
88) 『고려사절요』 권24 충숙왕 원년 1월조.
89) 『고려사절요』 권25 충혜왕 후 4년 8월조. 王率二宮人及晡乃至 登寺北峯張樂 僧中照起舞 王悅命宮人對舞 王亦起舞 又命左右皆舞 或作處容戲.
90) 『고려사』 열전 권24 유탁조.
91) 『고려사』 열전 권43 반역6 신돈조 참조.

찬가지로 관료계층들 중에도 특별히 불교를 좋아하여 옹호하는 사람이 있었다. 충선왕 때 권단(權㫜)은 동경유수(東京留守)를 지낸 관리로서 청렴하고 성품이 아주 곧았는데 불교를 대단히 좋아했다.[92] 그런가 하면 충혜왕 때의 <冬栢木>의 작자인 채홍철은 재상에까지 오른 사람으로 문장과 기예에 모두 능했는데 그는 불교를 좋아하여 온 나라에 약을 보시(布施)하며 많은 사람들에게 덕을 보였다.[93]

고려의 많은 승려들이 불교의 깊은 이념이나 사상을 도외시하고 세속의 길을 걸으면서 일반인이나 국가에 폐해를 끼쳤음은 앞에서 살핀 바와 같다. 그래서 민간계층에서는 이를 비난하거나 한탄해 마지않는 비난의 말과 풍자한 가요가 생성될 수도 있었겠으나, 사실 이도 쉽지 않는 일이다. 그런데 불승과 밀착되고, 불사(佛寺)와 결탁하여 고리대(高利貸)를 하기도 한[94] 궁정의 입장에서 볼 때 <쌍화점>과 같은 내용의 노래가 악장으로 사용될 수 없었을 것임은 능히 짐작할 수 있을 것이다.

물론 <쌍화점>에 나오는 삼장사는 어떤 특정의 일개 사찰일 뿐이다. 그러므로 이 절 주지의 비행이 삼장사 한 절의 일일 뿐 전체 사찰과 승려의 비행으로 생각되지 않을 수도 있기 때문에 이런 내용을 담은 노래를 악장으로 사용한다 해도 아무런 문제가 되지 않을 수도 있다. 그러나 삼장사는 중앙지역인 개성에 있던 규모가 큰 절이어서 그 당시 다른 사원은 물론, 일반인들에게까지 영향력이 지대하였을 것이므로 그 사찰의 문제가 일반인들에게는 중대한 과실로 받아들여졌을 것이다. 그렇기 때문에 정신적인 지주 역할을 했던 개성의 큰 절 주지의

---

92) 『고려사절요』 권23 충선왕 3년 12월조.
93) 『고려사절요』 권25 충혜왕 후 원년 1월조.
94) 왕실이 불사와 결탁하여 고리대를 하지 말라는 내용이 최충헌이 제출한 개혁안 10개조에 나오는데, 이는 궁정과 사원이 깊게 밀착되어 있음을 말해 주는 것이 된다.

비행을 민중계층에서는 그래도 별 주저없이 노래로써 원망하거나 폭로하려고 했을 것이다. 왜냐하면 호이징하의 말처럼 시가란 사회에서 일어나는 중대한 사실을 자연스럽게 표현하는 가장 적당한 방법이기 때문이다.[95] 그러나 이것도 민요일 때 가능한 일이지, 악장의 경우는 현실적으로 많은 제약이 따를 수밖에 없었을 것임은 자명하다.

다음에는 <쌍화점> 셋째 연이 악장으로 사용되기에는 불가능한 점에 대하여 논급해 보고자 한다.

셋째 연에서 문제되는 것은 가해자격인 우물의 용이 화자의 손목을 잡는 행위이다. 여기서 '우물의 용'은 왕이다.[96] 그러니 왕이 우물에 물을 길으러 온 여인의 손목을 잡는다는 식의 내용이다. 그러므로 이 연의 내용도 악장으로 사용되기는 참으로 어려운 일이다. 노래의 주된 향유자인 왕은 백성을 다스리는 사람인데 왕 자신들이 그들의 음란한 행위를 다룬 노래를 그냥 들으면서 즐겼다는 것은 언어도단이기 때문이다.

이 노래의 1연과 2연에 나오는 '회회아비'와 '삼장사 사주'에 관련된 내용도 악장으로 사용되기에는 상당히 무리이지만 이 3연은 1, 2연과는 비교할 수 없을 정도로 제약이 되는 요인이다.

충렬왕과 충혜왕 등 원 복속기의 왕들이 아무리 분별없는 행동을 함이 도에 지나쳤다 하더라도, 또 여증동의 주장처럼 충렬왕의 마조히즘

---

95) 호이징하 (권영빈 역), 『놀이하는 인간』, 홍성사, 1981, p.169.
96) 앞에서 필자는 우물의 용을 불륜과 음행을 일삼는 고려후기의 왕들로 보았다. <쌍화점> 3연에 나오는 이 용을 '하인이나 과객'이라 한 송정헌(「雙花店의 우뭇용에 대한 연구」, 『충북대 논문집』 20, 1982)처럼 왕으로 보지 않고 다른 대상으로 볼 수도 있을 것이다. 그러나 용이란 낱말은 아무에게나 사용될 수 있는 것이 아니며, 또 이 노래의 1연과 2연의 가해자격인 인물은 왕들과 가깝거나, 특수 계층의 권세를 누린 자들이기 때문에 3연에서의 우물용을 왕 이외의 다른 대상으로 보기에는 어렵다.
우물에 있는 용에 관한 기록은 『삼국사기』에도 몇 군데 보인다. 즉, 혁거세 60년 9월에 두 용이 금성 우물에 나타났다는 것과 유리왕 33년 용이 금성 우물에 나타났다는 기록, 그리고 법흥왕 3년에는 양산의 우물 속에 용이 나타났다 기록 등이 그 예다. 그런데 이들 우물의 용들은 왕이거나 왕에 비견될 수 있는 힘을 가진 유력자, 혹은 왕과 대척적인 관계에 있는 지방세력이라고 여겨진다.

과 변태적 성욕에 부응하기 위한 것[97]이 이 노래라 하더라도, 왕들이 이 노래를 악장으로 사용함을 용허할 정도로 관대하거나 정신박약적 행동을 할 만큼 체면을 모르거나, 또 상하구별 없이 행동하더라도 자신을 모욕하는 일에까지도 무관심하게 넘기지는 않았을 것이다. 왜냐하면 충렬왕은 왕 자신에 관한 일에는 아주 예민하게 반응했기 때문이다. 예컨대, 김원상이 왕에게 총애를 받는 적선래(謫仙來)라는 기녀에게 새로 지은 <태평곡>을 연습시켜 대궐의 잔치에서 부르게 했는데 왕이 질투로 얼굴색이 변하면서 따져 물은 일도 있었다.[98] 더구나 이 노래 <삼장>의 가창자는 교방여기들이며, 같이 놀이를 벌였던 인물은 오기(吳祁) 등 폐신들이다. 이들의 생리는 아첨이다. 그렇기 때문에 이들은 이런 내용의 노래를 스스로 부르게 하여 화를 자초하지는 않았을 것이다. 설령 이들이 기록대로 왕을 노래와 여색으로 즐겁게 하는데 힘을 썼다(務以聲色容悅) 하더라도, 이들은 왕들의 좋지 않은 행위까지를 내용으로 한 노래를 가지고 왕을 즐겁게 하여 화를 자초하는 어리석음을 범하지는 않았을 것이다.

어쨌든 군주시대는 왕의 권력과 권한은 절대적이며, 그 권위는 신성불가침의 대상이다. 이는 왕의 자질과 행동과는 전혀 관계없이 지켜지는 일이다. 그렇기 때문에 <쌍화점>의 용이 왕의 상징이 아니면 몰라도 왕일 것 같으면 이런 내용의 노래를 속악의 가사로 사용한다는 것은 상상할 수 없는 일임에 틀림없다. 설령 충렬왕과 충혜왕을 비롯해서 우왕 등 고려후기의 왕들이 끝없는 무절제와 도착증세나 인격파탄의 정신분열증에 빠져 있었다 하더라도 <쌍화점> 현전의 내용이 악장으로 사용될 수 있는 충분한 이유가 되지 못함은 매한가지다. 이러함에도 불구하고 이 <쌍화점>이 고려 때에 악장으로 사용될 수 있었던 배경

---

97) 여증동, 「쌍화점 고구1」, 『어문학』 19집, 어문학회, 1968.
98) 『고려사』 열전 권38 간신1 김원상조.

문제에 대해서는 한 번쯤 의문을 가져 보아야 되리라 여긴다. 아울러 조선초기 역성혁명을 주도한 세력들이 그들의 입장을 합리화하고 고려의 멸망을 당연시하는 작업의 일환에 의하여 이 노래의 내용이 전폭적으로 고쳐졌던지, 아니면 그들에 의하여 합목적적으로 새로 창작된 것일 수도 있다는 점에 대하여도 생각해야 되리라 믿는다.

다음에는 이 노래의 4연을 보자. 이 연에서 화자의 손목을 잡는, 술을 파는 집의 술집아비는 1연과 2연, 3연에 등장하는 음란행위 주체자들처럼 상층계층이 아닌 무뢰배라 할 수 있다.[99] 이 점만 보면 <쌍화점>이 속악의 가사로 사용되는데 직접적인 큰 장애요소라 보기는 어렵다. 그러나 앞에서의 언급처럼 이들 무리가 왕을 따르면서 비행을 일삼는 왕의 측근들이라면 이것 또한 앞의 연에 나오는 회회아비나 삼장사의 사주, 우물의 용과 마찬가지로 충분히 장애요인이 될 수 있을 것이다.

필자는 지금까지 <쌍화점> 각 연의 내용이 고려시대 속악으로 사용되기에는 어렵다는 점을 지적했다. 그러나 이 노래가 고려 충렬왕 때 속악으로 사용되었음을 『고려사』 등 관련 문헌이 분명히 밝혀 놓고 있다. 그러므로 지금까지 필자의 주장이 정당성을 확보하려면 『고려사』에 있는 엄연한 역사적 기록을 부정하거나 이 기록과 상충되는 문제를 해명할 수 있는 근거와 함께 이 노래가 악장으로 승화된 시기가 조선 초의 어느 때일 가능성, 그리고 『고려사』 편찬자들의 편찬의식과 역사 의식 등 여러 방면에 대한 다각적인 연구가 병행돼야 한다고 보는데, 이 일은 다음 기회로 남겨 둔다.[100]

---

99) 市井의 무뢰배 중에는 신분상 상층도 많이 있었다. 그 중에 고종 때 최우의 서자로서 승려 노릇을 한 萬宗과 萬全이 대표적이다. 이들은 악한 중들을 모아서 재산을 모으는 데에 힘썼으며 불의한 짓을 함부로 하고 남의 아내를 강제로 욕보이기를 예사로 했다. 그런데도 겁이 나서 아무도 말하지 못했다(『고려사절요』 권16 고종 안효대왕 27년 12월조 참조).

5. 결 론

지금까지 <삼장>의 성격, <삼장>과 <쌍화점>의 관계, <쌍화점>
형성의 시대배경과 이 노래의 내용이 악장으로 사용되기 어려운 점에
대하여 간략하게나마 논하여 보았다. 이를 요약해 보면 다음과 같다.

첫째, 고려사 악지의 한역가요 <삼장>은 원래 유행 민요로서 오잠
(吳潛) 등 폐행(嬖倖)에 의하여 충렬왕 때에 악장으로 취택된 가요다.

둘째, <삼장>은 <쌍화점>의 모태가 된 기본연이고, <쌍화점>은
독립원가였던 <삼장>이 고려의 역사적 사실과 사회상을 배경으로 확
대 발전된 4연 형식의 연장체 가요다.

셋째, <쌍화점> 각 연은 회회아비로 대표되는 외세에 의해 고려
여성들이 당한 성적 수난상, 사주(社主)로 나타난 승려들의 성적 타
락과 부패상, 우물 안 용으로 상징되는 왕을 중심으로 한 지배계층의
도덕적 타락과 퇴폐상, 술집아비로 대표되는 무뢰배들의 횡포 등
사회 각 계층의 비행으로 피해를 입은 민중의 삶이 형성배경이 된
민요다.

넷째, <삼장>의 확대 발전인 이 <쌍화점>은 충렬왕 이후 원 지배하
의 어느 시기에 악장으로 채택되면서, 원가 <삼장>의 자리를 차지했다
고 볼 수 있겠으나 다섯 번째의 지적과 같은 문제점을 안고 있다.

다섯째, <쌍화점>에는 고려시대 악장으로 사용되기 어려운 면이 있
다. 즉, 1연 회회아비의 음행, 2연 삼장사주의 음행, 3연 우물용의 음행,
4연 무뢰배들의 행위는 민요로서는 가사의 내용이 될 수 있지만, 고려
속악의 가사로서는 불가능하리라고 여겨진다. 왜냐하면 이들 각 연에
나오는 '손목을 쥐는 행위자들'인 이들이 고려 시대 이 노래의 주된

---

100) 이 문제에 관하여는 제1부 '조선 건국 초 俗歌의 수용 상황과 변개'를 참고하기 바람.

향유자들이며 이 노래들이 불려지는 연향의 주된 참여자들이기 때문이
다. 이러하므로 <쌍화점>의 내용은 물론, 이 노래에 대한 보다 종합적
이고도 전반적인 고찰이 이루어져야 될 것이라 생각된다.

(『한국문학논총』 4집, 한국문학회, 1981)

Ⅵ. 〈滿殿春別詞〉의 민요적 성격과 시적 화자

1. 민요적 성격

〈滿殿春別詞〉는 별개의 가요들에서 일 부분씩을 떼어 와서 짜 맞춘 가요일 가능성이 크며, 그렇기 때문에 다른 속가들과는 달리 특이한 형태적 특징을 갖고 있다. 또 마지막 6연은 한 행으로 되어 있는데, 이와 같은 연구성 방식은 다른 속가들에서는 찾아 볼 수 없는 것으로서 이것도 이 노래의 특성 중 하나라 할 수 있다. 이 노래의 내용은 남녀상 열지사(男女相悅之詞)로 지탄을 받았던 〈쌍화점〉과 같이 남녀의 진한 애정을 적나라하게 읊음으로써 남녀 관계가 비교적 자유로웠던 고려 사회의 일면을 잘 드러내고 있다.

이번 장에서는 이 노래의 작자가 미상(未詳)이라는 점과, 시적 화자가 애정을 표현하고 있는 방식, 그리고 그 내용상 특징 등에 초점을 맞추어서 〈만전춘별사〉의 민요적 성격을 살펴보려 한다.

1) 작자 문제로 본 민요적 성격

〈만전춘별사〉가 민요이며, 그 작자는 일반 민중이라는 점은 속가 대부분이 본래는 민요였다는 입장에서 큰 무리없이 도출시킬 수도 있다.[1] 그러나 이를 개별 작품의 근거로 채택하기는 미흡하다. 그렇기 때문에 여기서는 이 작품의 어떤 점이 민요적 요소인지를 구체적으로 따져 본 후 이 노래의 민요적 성격에 대하여 단안을 내리려 한다.

속가의 성격을 논하는 자리에서 최동원은 지방의 창기(娼妓)나 관비(官婢), 무녀들이 중앙으로 선발되어 올 때 이들에 딸려 온 가요 중 많은 수가 속가로 되었으며, 그렇기 때문에 근본적으로 이것들은 민요일 수밖에 없다고 단정지었다. 그리고 이들 노래는 악장으로 승화되는 과정에서 내용이 산개(刪改)되고 형식이 정제되어 결국 민요의 원래 모습은 많이 없어졌으므로 지금 우리가 접하는 속가를 민요 바로 그것으로 보기는 어렵다고 결론지었다.[2]

마찬가지로 <만전춘별사>도 궁중의 주악(奏樂) 조건에 의하여 많은 산삭(刪削)을 거쳐 지금의 노래로 정착되어 이 작품이 원래 갖고 있던 민요적 색채가 많이 가시어졌다 하겠다. 그렇기는 하지만 이 노래에는 아직도 민요적 요소가 많으며, 이 노래의 기본 정서는 결국 민요의 주된 정서인 '한(恨)'으로 파악된다.[3]

그럼, 먼저 작자 문제와 관련시켜 이 노래의 민요적 성격을 구명(究明)해 보기로 하자. 민요의 특성 중 가장 뚜렷한 것은 공동작이기 때문에 어떤 특정 작자를 알 수 없다는 점이다. <만전춘별사>의 작자를 막연히 유녀(遊女)로 규정하는 등 많은 논의가 있었음에도 불구하고 필자는 다음과 같은 이유에서 <만전춘별사>의 작자를 어떤 특수 계층이나 개인으로 볼 수 없으며, 이런 점에서 이 노래는 일반 대중이 부른 민요로 봄이 옳다고 본다.[4]

---

1) 김준영, 「속악가사로 민요를 채택한 명분」, 『한국고시가 연구』, 형설출판사, 1990, pp.251~267.
2) 최동원, 「고려속요의 향유계층과 그 성격」, 『고려시대의 가요문학』, 새문사, 1982, pp.Ⅱ-95~109 참조.
3) 이에 대하여는 제1부 '俗歌에 나타난 恨의 양상과 형성배경'을 참조하기 바람.
4) <만전춘별사>를 민요로 파악한 몇 분들을 들면 다음과 같다.

앞에서도 이미 언급이 되었듯이 원에 복속되어 자주성을 상실한 고려 후기에는 민요적 구조로 되어 있는 <井邑詞>나 <만전춘별사> 등의 속가가 궁중에서 많이 불려지긴 했으나, 이들 가요가 누구에 의해 창작 됐는지에 대하여는 문헌상 확실한 기록이 없다. 다만 김원상(金元祥)이 <太平曲>을 지었다는 『고려사』의 기록5)과 함께, 오잠(吳潛)·석천보 (石天輔)·석천경(石天卿) 등 폐신들이 충렬왕을 성색(聲色)으로 즐겁 게 하도록 하기 위하여 기녀들에게 <삼장>이나 <사룡> 등 신성(新聲) 을 가르쳤다는 기록이 있을 뿐이다.6) 이처럼 <태평곡>의 작자는 문헌 에 분명하게 지적되어 있지만, <만전춘별사> 등 다른 속가의 작자는 문헌 어느 곳에도 분명하게 기록으로 명시되어 있지 않는 실정이기

고정옥, 『조선민요연구』, 수선사, 1947.

임동권, 『한국민요사』, 집분당, 1974.

정동화, 『한국민요의 사적 연구』, 일조각, 1981.

위의 분들이 <만전춘별사>를 민요로 보는 이유는 대략 다음과 같다.

첫째, 연장체 구성이며, 각 연마다 반복구와 상투구(常套句)가 관용되고 있는 점.

둘째, 작자를 알 수 없으며, 그 내용이 민요의 주된 정서인 情恨에 치우쳐 있는 점.

셋째, 남녀의 애정을 솔직하고 대담하게 읊고 있는 점.

5) 『고려사』 열전 권38 간신1 김원상조.

김원상은 충렬왕조에 登第하여 점차로 옮겨 주부가 되었다. 妓女 謫仙來가 있어 왕에게 사랑 을 얻었는데 원상이 內侍 朴允材와 더불어 함께 妓와 한 동리에 살아 서로 왕래하였다. 원상 이 새로 <太平曲>을 지어 妓로 하여금 익히게 하였는데 어느 날 內宴에서 이를 노래하니 왕이 투기하고 또한 낯빛을 변하여 말하기를 '이것은 글에 능한 자가 아니면 능히 하지 못할 것이니 누구가 지은 것이냐' 하거늘 대답하기를 '첩의 형제인 원상과 윤재의 지은 바입니다.' 라고 하니 왕이 기뻐하여 말하기를 '재주가 이와 같이 있거늘 가히 쓰지 않을 수 없다.'하고 원상으로써 通禮門祇侯를 삼고 윤재를 權務官으로 삼았다. (金元祥 忠烈朝登第 稍遷注簿 有 妓謫仙來 得幸於王 元詳與內待朴允材 俱爲妓同里門開 相往來 元祥製新調太平曲 令妓習 一 日內宴歌之 王妬且變色曰 此非能文者不能 誰所爲耶 對曰 妾兄弟元祥允材所製 王喜曰 有才 如此 不可不用 以元祥爲通禮門祇侯 允材爲權務官.)

6) 『고려사』 열전 권38, 간신1 오잠조 참조.

吳潛 初名祁 同福縣人 父璿 官至贊成事 潛忠烈朝登第 累官至承旨 王狃昵群小 好宴樂 潛與 金元祥 內僚石天輔. 天卿等爲嬖倖 務以聲色容悅 謂管絃坊大樂才人不足分遣倖臣 選諸道妓有 色藝者 又選京都巫及官婢善歌舞者 籍置宮中 衣羅綺 戴馬尾笠 別作一隊 稱男粧 敎以新聲 其 詞云三藏寺裏點燈去 有社主兮執吾手

倘此言兮出寺外 謂上座兮是汝語有蛇含龍尾 聞過太山岑萬人各一語 斟酌在兩心

때문에 가요에 따르는 부수적인 조건만 가지고는 개인 창작시가로 보기 어렵다.[7]

그런데 고려 의종 때 오도(五道)와 동서양계(東西兩界)에 조서를 내리고 관리를 파견하여 민요를 채집했다는 기록이 있는 것[8]으로 보아, 같은 왕조인 고려후기 충렬왕 때도 이와 같은 관행이 계속되었을 것이라 생각할 수 있다. 실제로 충렬왕 때 '민간의 저속한 음악'(委巷之俚音)이 궁중에서 많이 연주되므로 이를 물리쳐야 된다는 기록[9]이 있는 것으로 보아 민요가 궁중에 많이 들어 온 사실을 알 수 있는데, 이 때 '민간의 저속한 음악'이라 일컬어진 이것이 곧 남녀의 진한 애정을 노골적으로 노래한 민요류인 <삼장> 등일 것이라 생각한다.[10] 마찬가지로 남녀의 진한 애정을 솔직 대담하게 노래하고 있는 속가 <만전춘별사>도 같은 차원으로 이해할 수 있을 것이다. 즉, 이 노래도 처음에는 백성들 사이에서 불려졌던 민요였는데 뒤에 여러 경로를 통하여 궁중으로 들어와 악장으로 승화되었다고 봄이 옳을 것이다.

<만전춘별사>는 별개의 여러 가요 중에서 각기 다른 일부분씩을 가져와서 짜 맞춘 것과 같은 특성을 갖고 있다고 했는데, 이것도 이 노래의 작자가 특정 개인이 아님을 말해 주는 한 요인으로 생각할 수 있다. 이 노래는 의미가 유사한 별개의 여러 노래가 악장으로 재편된

---

7) 만약 <삼장>이나 <사룡>을 이들 노래와 관련이 있는 오잠이나 김원상 등이 창작했을 것 같으면, 김원상이 신조 <태평곡>을 지었다(元祥製新調太平曲)라고 기록한 것처럼 이들 노래도 오잠·김원상 중 어떤 사람이 지었다고 분명히 기록했을 것이다. 이런 점으로 미루어볼 때, 이들 두 노래는 개인의 작이 아닌 것이다. 이는 앞의 <쌍화점>을 민요로 보는 입장과 같은 것이다.

8) 『파한집』下. 毅王詔五道及東西兩界 分遣使悉錄諸院宇郵置所題詩 悉納御府 察其風謠 及民物利病 …….

9) 『고려사절요』권20 충렬왕 6년 3월조. …… 聲樂則斥委巷之俚音 進敎坊之法曲 一國之望也 …….

10) <삼장>의 민요성에 대하여는 앞에 나온 '제2부 <雙花店>의 형성배경과 내용특성'을 참조하기 바람.

것으로, 이 과정에서 누군가가 필요에 의하여 여러 노래의 가사 일부를 취사선택하여 새로운 다른 노래로 짜 맞추었다고 하겠다. 그래서 한 가요 안에 순수 국어체로 기사(記寫)된 연이 있는가 하면, 한자어가 많이 들어 있는 2연이나 5연과 같은 연도 있게 된 것이라 생각한다. 그리고 독특한 형태의 시조시형과 아주 비슷한 연이 존재하게 되고, 또 <정과정곡>의 일부와 유사한 "넉시라도 님을 혼디 녀닛景 너기다니 벼기더시니 뉘러시니잇가 뉘러시니잇가"의 구절도 있게 된 것이라 보아진다. 따라서 이 모든 것들이 이 노래가 원래는 여러 다른 민요들에서 형성된 사실과 이 노래가 아직도 갖고 있는 민요적 성격을 뒷받침하는 증좌(證左)라 할 만하다. 만약 이 노래를 전문적인 가요 작가가 일정한 법칙에 준하여 만들었다면 연이 불균제한 형태를 띠지는 않았을 것이라 여겨진다. 예컨대, 1연과 3연은 첫 행과 둘째 행이 반복구조로 이루어져 있는데 반하여 2연과 4연은 전혀 그렇지 않다. 그리고 5연은 다른 연보다 전체의 행수도 많아서 양으로 볼 때 배 정도이다. 또 5연은 반복의 방법도 하나의 행이 아니라 하나의 연이라 할 수도 있을 정도다. 속가 중에서 아직 이와 같은 연 구성 방식으로 개인이 창작한 가요가 발견되지 않았으므로, <만전춘별사>는 몇 개의 다른 형태의 민요에서 민중들이 편의상 짜 맞추어 불렀던 노래라 볼 수 있겠다.

그런데 이 노래가 서로 다른 가요에서 일부를 가져 와서 조합한 것 같고, 또 여러 연이 서로 불균제한 형태를 취하고 있음에도 불구하고 주제는 하나의 지향점으로 잘 통일되어 있는데, 이는 이 노래의 각 연들이 새로운 가요의 한 부분으로 전이될 때에 전체 가요의 주제에 부합되는 역할을 하도록 맞춰졌기 때문이다. 즉, 이 노래가 여러 다른 노래에서 악장으로 새로 재편될 때부터 의미상의 통일이 일차적으로 고려(考慮)의 대상이 된 것이며, 그렇기 때문에 전체 의미전달과 의미형성에 적합하지 않는 부분들은 처음부터 제외되었을 것이다. 이는 왕과 귀족이 향유계층인 속가가 구비해야 할 최소한의 요건이기도 하다. 이러므로 이 노래의 내용이 정연한 의미망(意味網)을 구축한다 하여 특정 작자를 상정함은 별 의미가 없는 일이라 하겠다. 어쨌든 <만전춘별사>도 이와 같은 점에서 원래는 민중의 노래인 민요였을 것이라고 하겠다.

2) 내용으로 본 민요적 성격

다음으로는 <만전춘별사>에 남녀의 진한 애정이 솔직하고 대담하게 노래되고 있는 점과 관련시켜 이 노래의 민요적 성격을 살펴보기로 한다.

물론 내용상 남녀의 애정이 노골적으로 노래되고 있다 하여 이 노래를 민요라 단정하기는 어렵다. 그러나 이 노래의 내용이 남녀의 애정을 노골적으로 노래하고 있는 일반의 여러 민요들과 너무 같고, 표현수법 또한 이들과 비슷하여 <만전춘별사>를 개인창작 가요가 아닌 민요로 볼 수 있다고 생각한다.

그런데 우리나라의 민요에서 애정요가 주종을 이룸은 주지의 사실이다.[11] <만전춘별사>도 남녀의 뜨거운 육욕적 사랑 행위를 대담하게 노래하고 있다. 여기서는 이 노래의 이러한 내용적 특성을 구체적으로 살펴보면서 논급하려 한다.

　　　南山에 자리보와 玉山을 벼여누어
　　　錦繡山 니블안해 麝香각시를 아나누어
　　　藥든 가슴을 맛초옵사이다 맛초옵사이다

---

11) 우리나라의 노동민요 중에서 성 본능을 주제로 한 것이 55%나 되는데, 이는 "인생의 진실은 성이며 노동은 성의 또 하나의 얼굴이기 때문"이라고 김무헌은 언급하고 있다(『한국민요 문학론』, 집문당, p.184).
　　또 김재영이 조사한 바에 따르면 고정옥의 『조선민요 연구』에 나오는 364수의 민요 중에 129수가 성욕과 사랑, 그리움의 정서를 노래하고 있는 것으로 되어 있다(『한국민요론』, 집문당, p.107).

위의 내용은 반복되는 부분이 제외된 것인데, 여기서는 시적 화자가 임과 어울려 정사(情事)를 벌이는 장면을 읊고 있다. 만약 이 노래가 어느 특정인의 창작이라 할 것 같으면, 비록 고려시대가 남녀의 애정을 어느 시대보다 자유롭게 표현할 수 있었던 때라 하더라도 위의 노래 내용과 같은 성희(性戲)를 노골적으로 노래로 불러 표현하기는 어려웠을 것이라 생각된다. 왜냐하면 어느 시대나 어느 곳에서든지 작품 내용에 대한 작자 개인의 책임과 체면이 완전히 배제되거나 무시될 수는 없기 때문이다.

그러나 민요일 경우, 그 내용이 대중의 입을 통하여 전파되고 전승되기 때문에 어느 특정인이 책임을 질 필요가 없으며, 여러 사람 가운데 묻혀서 노래할 수 있기 때문에 한 개인이 내용 때문에 낯을 붉히지 않아도 된다. 다중(多衆) 속에 묻혀 개인이 익명화(匿名化)되면 지금까지 갖고 있던 자신의 가치기준이 끝없이 완화되거나 상실되며, 행동은 윤리 의식에서 멀어지든지 과감하게 자신을 허물어뜨릴 수 있는 것이다. 그래서 애정면에서 엄격했던 조선시대의 민요 중에 그 당시 유교적 관념이나 도덕적 기준으로는 도저히 용납될 수 없는 내용들이 많음도 이로써 쉽게 설명될 수 있을 것이다.

조선시대는 『예기』 내칙 제12에 나오는 '남녀가 칠세가 되면 같이 자리를 해도 안되며, 함께 음식을 먹어도 안된다는 것'12)을 남녀 관계의 철칙으로 여기며, 이를 실생활에서 엄격하게 규정하고 있는데도 일반 대중들은 민요에서 아주 노골적인 성을 제재로 한 노래를 자연스럽게 불렀던 것이다. 그렇다고 해서 조선시대의 서민들이 민요에서 노래되고 있는 것처럼 일상에서도 그렇게 생활했던 것은 물론 아니다. 서민 대중들도 유교 도덕률에 준하는 윤리적 생활을 했던 것이다. 그런데도

---

12) '七年男女不同席不共食'이나 '男女不同椸枷', '外內不共井 不共湢浴 不通寢席 不通乞假男女 不通衣裳' 등이 남녀 관계의 기준으로 되어 왔다고 볼 수 있다.

이들은 뭉쳐진 대중 속에서는 인간의 적나라한 면을 자연스레 드러내어 결국 원초적·본능적 정서에 자신들을 맡긴 채 거침없이 사랑노래를 부르면서 억압된 생활에서 나온 욕구불만을 떨쳐버리려고 했던 것이다. 왜냐하면 이런 사랑노래는 분노나 억압된 감정을 처리하는 데 가장 좋은 언어적 방편이 될 수 있기 때문이다.

어쨌든 민중의 노래인 민요에는 수용 못할 내용이 없고, 그것의 제재 또한 무제한적이다. 따라서 민요에는 은근한 애정을 노래한 것도 있지만, 어떤 것에는 차마 입에 올리기도 어려운 내용을 원색적 어휘를 사용하여 담대하게 노래한 것도 있다. 이는 앞에서 이야기한 바와 같이 대중 속에 묻혀 버린 개인 심리는 자연히 대담해지며, 혼자 부르기 불가능할 정도의 음란한 내용에 오히려 더 큰 흥미를 갖고 그것에 빠져버리는 것이 인간의 속성이나 심리이기 때문이라 생각된다.

또 꼭 같은 경우라고 단정하기는 어렵겠지만, 향가 <서동요>도 남녀의 애정문제에 흥미와 관심을 갖는 인간의 공통적 취향에 적중되어서 전파될 수 있었던 민요라 생각된다. 단순하면서 원색적인 이 노래의 내용이 일반 대중의 내면심리나 속성을 쉽게 자극하고, 결국 대중의 호기심과 호응을 얻어 바람처럼 서라벌을 덮어 그 맹위를 떨칠 수 있었다고 보겠다.

만약 이 노래가 개인 차원에서 불려진 노래일 것 같으면, 그 자극적 내용으로 말미암아 창자(唱者)는 진평왕에게 잡혀서 아마도 중형을 받았을 것이다. 그러나 어느 누구에게도 책임을 지울 수 없는 대중의 노래인, 바람과 같은 민요이므로 궁궐에서도 어쩔 수 없었을 것이고, 결국 서동은 선화공주를 아내로 맞이하는 데 성공했던 것이다.

<만전춘별사> 5연도 대중 속에 묻힌 개인이 아니고서는 나서서 부르기가 어려웠던 내용이 아닐까 한다. 이러한 것이 고려후기 궁중의

음란한 분위기에 부합되고[13] 향유계층의 취향에 딱 들어맞아 속악의
가사로 취택되었으리라 생각된다.

  그러면 현대의 민요 중에서 몇 편을 들어 이 노래의 내용과 비교해
보기로 하자. 물론 현대의 민요를 비교 대상으로 삼아 <만전춘별사>의
민요성을 살피는 데에 전혀 문제가 없는 것은 아니나 민요는 시대를
초월하여 전승되고 또 기본적인 표현방식이나 본질적 내용은 오랫동안
변하지 않고 계승되기 때문에 비교 대상을 현대의 민요로 잡아도 괜찮
으리라 생각된다.

  ㈎ 총각캉 처자캉 골방에 놀고
      샛별같은 접이불 달싹달싹.[14]

  ㈏ 나와 너와 정들 때는
      풋 보리밭에서 들고
      너와 나와 정떨어질 때는
      아주까리 밑에서 떨어진다.[15]

  ㈐ 유자와 탱자는 의가 좋아 한 꼭지에 둘이 여네
      처자 총각은 의가 좋아 한 벼게에 잠이 드네.[16]

  위의 민요들은 내용이 노골적인 면에서 <만전춘별사>의 5연에 잘
비견(比肩)될 수 있으리라 본다.[17] ㈎의 내용은 족히 음설스럽다. 남녀

---

13) 고려후기 궁중의 음란한 분위기는 상당히 심했다. 이는 당시에 사용됐던 악장의 내용이
    노골적으로 남녀의 애정을 드러 낸 것은 차치하고라도 기록에 전해지는 왕들의 음행이
    이를 잘 말해 준다. 특히 충렬왕과 충혜왕의 음란 행각은 굉장히 심했던 것 같다. 이런
    사실은 충혜왕이 <후전진작>과 같은 음설적 가요를 지었다는 등의 여러 기록으로써도
    잘 알 수 있다. 이 점에 관하여는 앞 장의 내용을 참작할 것.
14) 임동권, 『한국민요연구』, 삼우사, 1976, p.243 재인용.
15) 임동권, 『한국민요집』, 집문당, 1974, p.188.
16) 임동권, 위의 책, p.14.

가, 그것도 총각과 처녀가 접이불을 덮고서 자는 장면을 조금도 누그러
뜨리지 않고서 노골적으로 노래하고 있는 점에서는 <만전춘별사>의
5연에 나오는 남녀의 사랑 행위와 아주 흡사하다. 즉, '샛별 같은 접이불
이 달싹달싹'하는 내용은 '약든 가슴을 맞추는 행위'와 바로 비교할
수 있는 것이다. 그리고 ⑭의 내용도 표현된 언어로 볼 때는 그 음설의
정도가 덜하지만 그 문면에 깔려 있는 의미는 ㉮보다 조금도 점잖은
것이 아니다. 말하자면 ⑭의 둘째 행인 '풋 보리밭'은 젊은 남녀의 정사
와 노골성을 동시에 연상케 하는 장소인 셈이다. 또한 ㈐도 ㉮와 ⑭보다
는 노골성에서는 좀 덜하지만, 처자 총각이 한 베개에 잠이 드는 상황을
설정하여 결국은 ㉮나 ⑭와 같은 의미와 효과를 드러내고 있는 것이다.
위에 예시된 세 민요는 내용에 있어서 직설성과 거칠음을 잘 구사하였
는데 이는 <만전춘별사>와 아주 유사한 것으로 이 노래의 민요성을
말해 준다 하겠다.

요컨대, <만전춘별사>에서 노래된 남녀 관계의 내용에는 현대의 민
요와 비교하여 볼 때 유사성이 아주 많다는 것을 알 수 있다. 물론 시대
적인 격차가 있어서 현대의 민요와 비교하여 그것의 민요성을 추단(推
斷)함에는 난점이 따르긴 하지만, 위와 같은 점에서 <만전춘별사>는
애초에는 고려 사회에서 당시 민중들이 불렀던 민요였을 가능성이 대
단히 크다고 하겠다.

3) 애정처리 방식으로 본 민요적 성격

다음으로 이 노래에서는 일반 민요에서 빈번하게 사용되던 전형적인

---

17) 직산 지방 민요 <사랑가>도 남녀의 노골적인 사랑을 노래한 점에서는 같다. "들어를 간
　다 들어를 간다 / 삼밭에로 들어를 간다 / 둥기덩기 노니던 사랑 / 굵은 삼대는 춤을 추고 /
　잔 삼대는 쓰러를 진다 / 사르랑 사르랑 / 둥기덩실 노니던 사랑"(임동권, 『한국민요사』,
　집문당, 1974, p.223 참조)

애정처리 방식이 차용되고 있음을 들고, 이와 관련시켜 이 노래의 민요적 속성을 구명해 보려 한다.

먼저 <만전춘별사>의 첫 연을 보자.

> 어름우희 댓닙자리 보와
> 님과 나와 어러주글만뎡
> 어름우희 댓닙자리 보와
> 님과 나와 어러주글만뎡
> 情둔 오늜밤 더듸새오시라 더듸새오시라

위의 연에 사용된 표현기법과 같은 방식이나 내용으로 자신의 감정을 솔직하게 노래로 나타낼 수 있는 계층은 대체로 일반 서민들이다. 이는 서민들의 의식이 집중적으로 스며 있는 조선시대의 사설시조나 판소리와 같은 문학 양식에는 양반계층이 향유했던 평시조와는 다른 정서와 사상, 그리고 표현방식이 사용됐다는 점으로도 쉽게 알 수 있다. 그리고 이들 서민계층의 문학은 제재는 말할 것도 없고 진술해 나가는 표현방식도 양반계층이 담당했던 문학과는 아주 동떨어졌다.

말하자면 일반 서민들은 그들의 의식을 별다른 기교나 까다로운 형식, 세련된 언어에 의하지 않고 그대로 단순하게 노래로 나타낸다. 그들은 그만큼 생활 자체도 단순하며 거기에 따라 생각도 소박하다. 쓸데없는 속박이나 허식은 스스로 거부한다. 그렇기 때문에 그들에게서 나온 노래의 내용은 직선적이며 자락을 깔지 않는 것이 특징이다. 그러면서도 놀라울 만큼 내용은 풍부하다.

이처럼 담당계층이 민중인 민요에는 언제나 비슷한 표현수법이 반복하여 나타나게 된다. 우리의 구전 민요에 다음과 같은 것이 있는데, 이는 <만전춘별사> 첫 연의 감정 표출 방식과 내용이 비슷하다.

大同江 층암절벽에 떨어져 죽어도
님 떨어지고는 못 살겠네.[18]

대동강의 층암절벽(層岩絶壁)에 떨어져 죽더라도 임과 헤어져서는
못살겠다는 식의 거르지 않은 생각의 표현은 다른 여러 민요에서도
많이 볼 수 있다. 이와 같은 표현은 투박하지만 진실성과 열렬성을 최고
조로 고취시킬 수 있기 때문에 일반 민중이 임에 대한 자신의 간절한
마음을 표현하는 데는 최적의 방법이라 하겠다. 즉, 죽음을 끌어다가
임에 대한 그리움을 극한적으로 나타내거나 임을 잡아 두려는 수법은
서민 대중들이 흔히 쓰는 쉬운 방법으로 의미 전달에 기교를 섞지 않으
면서도 감정을 무한량으로 전달할 수 있는 효과적인 표현법이다.

닭아 닭아 꼬꼬 울지를 마라
네가 울면 날이 새고 날이 새면 임이 간다.[19]

위의 민요는 닭이 울면 날이 새고, 날이 새면 임이 자신의 곁을 떠나므
로 닭도 울지 말고 날도 새지 말았으면 좋겠다는 내용이다. 이는 임과
함께 한다면 얼어 죽어도 좋으니 정을 둔 이 밤이 새지 말아 주었으면
하는 염원을 간절히 읊고 있는 <만전춘별사>의 첫 연과 근본적으로는
동류의 표현기법이다.

민요 '닭아 닭아……'는 심청이가 눈먼 부친을 홀로 남겨 두고 뱃사
람들을 따라가야 하는 비참한 자신의 신세를 한탄하면서 마지막 날
밤의 새벽에 부른 타령조(打令調)와 비슷한 표현기법이며 내용 구조
다.[20] 또 옛날에 민간의 부녀자들이 시집갈 날을 받아 놓고 부모 형제를

---

18) 임동권, 『한국민요사』, 집문당, 1974, p.75 재인용.
19) 임동권, 위의 책, 같은 쪽.
20) "닭아 닭아 우지 마라. 반야진관에 맹상군이 아니 온다. 네가 울면 날이 새고 날이 새면

떠나가야 하는 자신의 처지를 괴로워하면서 눈물 흘려 부르던 노래와
도 거의 비슷한 내용이다. 그만큼 이별의 아픔과 쓰라림을 삭이는 마음
을 노래로 하는 데는 이와 같은 표현 내용과 수법이 가장 알맞다. 그렇
기 때문에 이런 표현기법은 단순하며 직선적이고 서민적이다. 그래서
한 유형으로 남아 다음 세대에서도 관용될 수 있었으며, 이 유형을 근본
적으로 흐트리지 않는 한 다소의 자의적인 변경이나 첨삭이 가능하다.
그래서 이 유형과 기법을 일반 서민들이 자신의 처지에 맞게끔 조금씩
변형시켜 사용해 왔다 하겠다.

앞의 서술에서 본 것처럼 <만전춘별사>의 1연과 예시한 민요에 사
용된 표현기법과 내용은 우리 서민들이 즐겨 사용한 전형적인 것이며,
그렇기 때문에 위의 모든 노래들은 하나의 틀에서 변이된 형태라고
할 수 있다. 이런 사실로써 미루어 볼 때, 역시 <만전춘별사>는 고려의
민중들이 민요의 한 틀을 빌려서 자신들의 마음을 노래로 불렀던 민요
였을 가능성이 높다고 하겠다.

<만전춘별사>가 민요임을 말해 주는 또 다른 요인으로는 이 노래에
일상어가 주로 사용된 점과 애정표현이 소극적이면서도 우회적으로
표출한 점 등을 들 수 있다. 애정의 소극적·우회적 표현은 전항(前項)
의 서술 내용과는 대조적인 면이긴 하나 애정의 적극적인 표출방식과
더불어 우리 민요의 한 특성이기도 하다.[21]

나 죽는다. 나 죽기는 섫지 않으나 의지없는 우리 부친 어찌 잊고 가잔 말인가"(『심청전』
에서)

[21] 애정의 적극적인 표현이 우리 민요의 한 특징이라면, 이와는 대조적인 소극적인 애정표
현 또한 우리 민요에서 뺄 수 없는 한 특성이다. 이와 같이 상반된 애정표현법은 그들의
생활과 의식에서 나온 것으로서, 해학과 풍자를 노도처럼 토해 내어 작품의 전편에 깔다
가도 지배 계층으로부터의 억압에서 형성된 소극성을 갑자기 튀어 나오게 하는 것과 같
은 것이다. 이러므로 민중들은 혁명을 일으킬 수 있는 기질도 내재하여 철저하게 저항하
기도 한 반면에 참고 견디는 마음을 가슴에 간직한 채 숨 죽이고 살기도 했던 것이다.

올하 올하 아련 비올하
여홀란 어듸두고 소해 자라 온다
소콧얼면 여홀도 됴ᄒ니 여홀도 됴ᄒ니

위의 가요는 <만전춘별사>의 네 번째 연이다. 앞에서 이 노래는 일반 민중들에 의하여 불려진 순수 민요 원가(原歌)가 악장으로 사용되는 과정에서 내용과 형식에 일대 수정이 가해지면서 지금의 모습으로 변형된 것이라 볼 수 있다고 했다. 그러나 아무리 궁중의 분위기나 상층계층의 취향에 맞도록 변개되었다 하더라도 본래의 태를 완전히 벗어버리기는 불가능했을 것이다. 그래서 이 노래에는 특별한 시어나, 생활과 관련이 먼 이미지보다는 일상적인 어휘와 서민들의 애정에 관한 직선적 생각이 주조(主調)를 이루고 있는 것이다. 그리고 이러한 일상적인 단어로써 그들의 애정을 소극적인 자세로 표현하고 있다. 이런 소극적 자세 내지 소박성 또한 민요의 한 특성이다.

"오리야 오리야 연약한 비오리야, 여울은 어디에 두고 소(沼)에 자러 왔느냐?" 하면서 자신을 남겨 두고 떠났다가 돌아 온 임에게 원망 섞인 어조로 다그쳐 묻는다. 어투로 보면 "왜 왔느냐"고 따지는 듯하지만 사실 임이 돌아 온 것을 싫어하는 것은 절대 아니다. 겉에 드러난 의미처럼 임이 다시 여울[灘]로 갔으면 하는 심정도 결코 아닌 것이다. 다만 그저 그렇게 형식적으로 물어 본 것에 불과할 뿐이다.

이와 같은 방식으로 자신의 간절한 사랑의 마음을 전달하는 관행은 우리 민족이 갖고 있는 보편적인 애정표현 양태의 하나라 하겠다. 이런 감정의 표현 방식은 남성들보다는 오히려 우리 여성들을 통하여 변하지 않은 채 계속 내려오고 있는 정서적 기본 바탕으로, 다른 민족의 여성들한테서는 쉽게 찾을 수 없다. 또 속마음과는 짐짓 다르게 자신의 마음을 표현하는 수법은 임을 온갖 좋은 말로 반겨 주는 것보다 훨씬 더 환영하는 뜻이 담긴 반어적·역설적인 표현임은 더 말할 여지가 없다. 이렇기 때문에 이런 투로 말을 하는 쪽이나, 그 말을 듣는 쪽이나 다 이 말의 뜻이 겉으로 드러난 것과는 달리, 실상은 환영하는 것임을 잘 알고 있으므로 불만과 오해가 생기지 않는다. 그만큼 이것은 우리 민족에게 익숙한 표현법인 것이다.

그런데 위의 연에서 겉으로 드러난 표현으로 볼 때는 화자[沼]가 자신의 내심과는 다른 내용으로 오리(임)에게 소(沼)에 왜 자러 왔느냐고 물으니, 오리 또한 물음에 대한 바른 대답은 하지 않고 엉뚱하게 대답해 버린 것으로 되어 있다.

즉, "오리야 오리야 연약한 비오리야, 여울은 어디 두고 소(沼)에 자러 왔느냐?"며 오리에게 소에 자러 온 이유를 물었으니, 응당 오리는 "여울이 얼면 소도 좋으니"로 대답을 해야 맞는 표현임에도 오리는 그렇게 대답하지 않고 물음과 전혀 맞지 않게 엉뚱하게 "소가 얼면 여울도 좋으니"로 대답한 것이다. 그런데 이 연의 표층적인 의미 구조는 여성 화자가 오리에 비유된 남자에게 묻고, 또 남자가 그것에 답하는 형식으로 전개된 듯하지만 기실은 여성이 스스로 묻고 스스로 답하는 독백형식이다.[22]

그러므로 겉으로 드러난 이 구절의 의미는 오리가 지금 소로 온 이유를 밝힌 것이 아니고, 오히려 과거 옛 소에서 여울로 간 이유를 말한 해명적 성격의 내용이다. 오리의 말투는 적어도 지금 내가 너[沼]에게 왔으니 이젠 왈가왈부하지 말라는 식이다. 그러면서 화자가 요구한 다답은 끝내 하지를 않고 있다. 사실 이 연의 화자는 "여울이 얼면 소도 좋으니"를 마음 속으로 기대하면서 오리에게 물었던 것인데, 오리(임)는 다만 과거의 일만 슬쩍 이야기하면서 그냥 넘어가려 한 표현형식을

---

22) 이 4연의 내용은 드러난 대로 해석하면 앞에처럼 할 수 있다. 그러나 실상은 화자의 독백일 뿐 오리(임)와 주고받는 내용이 아니다. 여기서는 편의상 나타난 대로 해석하면서 논지를 전개시켜도 이 글의 의도와는 전혀 배치되지 않으므로 이렇게 하였다.

취한 것이다. 여성화자의 독백형식이기 때문에 표현의 강도가 이러하
다고 볼 수도 있지만, 실제로 남자가 대답을 했었더라도 “여울(다른
여자)이 싫어서 소(화자)로 왔다”고 이야기했을는지도 모른다. 어쨌든
묻는 소(沼)의 표현 방식도, 대답하는 오리의 표현 방식도 다 지극히
은근하며 소극적일 뿐이다.

그리고 이 연에 나오는 ‘오리’·‘여울’·‘소’ 등은 전통적이며 세련된
시어와는 거리가 먼 아주 일상적인 시어이며, 우리의 생활 터전에서
쉽게 볼 수 있고 접할 수도 있는 낱말이다. 일반 서민들과 지극히 가까
운 이런 단어들은 서민 대중들의 소박하면서도 절실한 정서를 나타내
는 데 적당하다. 화자는 이와 같은 어휘를 사용하여 아픈 마음의 일단을
잔잔히 쏟아 내고 있다.

어쨌든 위의 여러 요소들이 이 노래에서 복합적으로 작용하여 소극적
인 정서를 표출하는 것으로 파악되는데, 이런 심리적 바탕을 속가 <가
시리>나 현대의 민요 <밀양 아리랑> 등에서도 쉽게 발견할 수 있다.

> 날좀 보소 날좀 보소
> 동지섣달 꽃본 듯이 날좀 보소
> 정든임 오시는데 인사는 못해
> 행주치마 입에 물고 입만 방긋

정든 임이 오랜만에 오면 만사 젖혀놓고 부리나케 달려가서 반겨야
할 텐데도 그렇게 하기는커녕 부엌에서 나오지도 못하고 행주치마만
입에 물고 웃었을 뿐이다. 이 민요에 나타나는 소극적인 애정표현이나
<만전춘별사>의 4연에 나타나는 애정표현은 그 바탕에서는 같은 점
이 많다.

이처럼 <만전춘별사>에 전통적인 소극적 애정표현 방식이 답습되

었으므로 이런 속성을 지닌 일반 민중의 공감과 호응을 얻어 이 노래는 민요로 정착되어 전승될 수 있었을 것이다. 또 기층민인 민중의 취향에 맞는 민요이었음과 동시에 본질적으로는 일반 서민과 심성면에서는 같을 수밖에 없었던 상층 계층에게도 감응을 줄 수 있어 결국 악장으로도 승화될 수 있었으리라 생각된다. 그러면 다음 장에서는 <만전춘별사>의 시적 화자에 대하여 살펴보겠다.

2. 시적 화자

<만전춘별사>는 여러 각도에서 다양하게 조명되어 이 작품의 형식과 내용에 대한 상이한 여러 견해가 많이 나와 있다.[23) 여기에서는 이 노래의 시적 화자를 한 여성으로 일관되게 보기 위한 하나의 작업으로 먼저 4연의 시적 화자에 대한 문제를 다루어 보려 한다. 이와 관련지어 내용에 관하여도 필자 나름의 소견을 밝혀 보려고 한다. 이는 극히 미미한 문제이긴 하지만 <만전춘별사>를 총체적으로 파악하려면 반드시 논급해야 할 일이라 생각한다. 그리고 이와 같은 차원에서 다음에는 5연의 시적 화자에 대하여도 논급했다. 1연과 2연, 그리고 3연의 화자에 대하여는 별 다른 이론이 없으므로 이들 두 연의 화자만 바르게 이해되면 이 가요의 시적 화자 문제는 풀어지리라 본다.

---

23) <만전춘별사>를 각 개 다른 여러 노래에서 일부를 따 와 편장한 것으로 보는 견해가 최정여, 김상억 등에 의하여 설득력 있게 제시된 바 있다. 또, 가집 『樂章歌詞』에는 6장으로, 『樂學便考』에는 '만전춘 5장'이라 하여 5장임을 명기한 이 가요의 형식도 3장 구성설(성현경)과 3장 7단으로 된 가극의 대본으로 보는 입장(여증동), 4연체로 간주하는 견해(김사엽), 그리고 5장 구성(박병채), 6장 구성(김승찬, 조동일)으로 처리하는 의견이 다양하게 개진되었다. 한편 내용에서는 많은 의견이 제시되었지만 대체로 고려 사회의 면모가 잘 반영된 에로티시즘의 작품으로 보는 견해가 지배적이다.

1) '4연'의 내용과 시적 화자

> (가) 올하 올하
>   아련 비올하
>   여흘란 어듸두고
>   소해 자라온다
> (나) 소콧얼면 여흘도 됴ᄒ니 여흘도 됴ᄒ니
>   * (가), (나)의 표시는 필자가 설명의 편의상 붙인 것임.

위 4연의 (가)와 (나)는 한 연이지만, 겉으로 보기에는 각 부분은 동일한 시적 화자가 아니고 서로 다른 화자가 묻고 답한 담화처럼 보인다. 즉, (나)의 내용은 (가)의 시적 화자인 일인칭 '나'의 물음에 다른 시적 화자가 답한 것으로 충분히 이해될 수 있다. 예컨대, 이 <만전춘별사> 4연의 시적 화자는 자신을 '소'(沼)에 비유한 여성화자와 '오리'[鴨]에 비유된, '소'를 떠난 남성화자 두 사람으로 설정되어 있으며 이것이 이 가요 4연의 내용구조이며 기본적 상징체계인 것으로 이해됨이 일반적이다.

그런데 위와 같은 비유체계를 바탕으로 하여 이 노래를 파악해 보면 <만전춘별사>의 (가) 부분은 시적 화자인 여인(소)이 남자(오리)에게 다시 돌아 온 이유를 물으면서 그를 힐난(詰難)하는 내용이 된다. 즉, (가)의 내용은 시적 화자가 자신에게 헤어짐의 아픔과 기다림의 고통을 주고 떠났던 남자에게 "자신을 떠나 여울에게로 갈 때는 언제인데, 어찌하여 이제는 그 여성(여울)을 두고 '소'인 나에게로 오느냐"고 묻는 내용이다. 그리고 (나) 구절은 '소'인 여성의 물음에 대해 '오리'에 비유된 남성이 자기가 다시 돌아 온 이유를 합리화(合理化)하면서 '소'(沼)에 비유된 여인에게 멋쩍게 변명하고 있는 내용인 것으로 보는데,24) 이것

---

24) 이 4연을 드러난 시적 화자('소'나 '오리')의 물음과 대답으로 보는 것과는 달리, 드러나지 않은 제3의 다른 사람이 어떤 사건을 보고 '오리'에게 던지는 물음으로도 볼 수 있다. 이

이 이 연에 대한 일반적인 해석이다.[25] 그러나 이렇게 풀이할 것 같으면 변명의 말로 해석되는 뒷구절 (나)는 지금의 일상적인 담화의 의미전달 체계에 비춰 볼 때 앞 구절 (가)의 내용과는 모순이 된다. 즉, '소'(沼)에 비유된 여인이 '오리'에 비유된 남자에게 자기한테 왜 자러 왔느냐고 이유를 묻는데도 그것에 대한 대답으로 '소'가 좋아서 왔다는 말은 없고 엉뚱하게도 대답이 될 수 없는 '여울'이 좋아서 왔다고 대답했는데 이는 물음과 대답에 대한 일반적인 조건으로 볼 때 앞뒤가 전혀 맞지 않다. 이 점이 4연의 바른 이해를 위해 해결되어야 할 문제이며, 이와 관련지 어 내용과 시적 화자 문제를 풀어 보려고 한다.[26]

우선 여성으로 비유된 '여울'과 '소', 그리고 남성에 비유된 '오리'의 성격을 생각해 볼 필요가 있다. 왜냐하면 '여울'과 '소'는 대치되는 성향 을 지닌 여성상징이며, '오리'는 남성상징이므로 이 작품, 특히 4연을 해석하는 한 열쇠가 될 수도 있기 때문이다.

렇게 되면 '나'(我)로 표현된 시적 화자는 '소'(沼)이지만 이 4연의 진술 주체는 '소'의 처 지를 딱하게 여기거나, '오리'의 행동을 못마땅하게 생각하는 사람으로, 드러나지 않은 시 적 화자가 될 수밖에 없다.

25) 이런 풀이 외에 막 찾아 온 남자(오리)에게 여자(소)가 따지며 힐책하자 이런 행동에 반 감을 가진 남자가 여자에게 "고마워하지 않고, 이런 식으로 따지면 다시 돌아갈 수도 있 다"는 공갈 협박성의 말로 볼 수도 있겠다. 실제로 곽동훈 등은 이 구절을 "(너 아니면 여자가 없느냐) 네가 이렇게 차갑게 굴면 다시 돌아가지"로 해석을 하기도 했다. (「만전 춘별사의 구조연구」, 『배달말』 7집, p.213.) 그러나 이는 이 가요 1연에서 노래된 정황을 보거나, '소'인 여자를 스스로 찾아 온 남자의 입장을 고려할 때 남자의 입에서는 나오기 어려운 말이라고 생각된다. 더구나 (나) 구절의 가사 내용으로 보건대, 남자는 자신이 처 음 떠났던 여자를 여성으로서 바람직한 이미지를 나타내는 어휘인 '소'(沼)로 비유하는 데 동의한 상태다. 자신이 떠났던 처음의 여성(沼)을 지금의 여성(灘)보다 좋은 여성으로 인정하고 다시 돌아 온 남자가 시비를 걸려고는 하지 않을 것이다. 어떻게 하든 무마하 면서 달래려고 함이 인지상정이다. 그러므로 이 (나) 구절을 시비조나 협박투의 내용으로 해석함에는 무리가 따른다고 할 수 있을 것 같다.

26) <만전춘별사>는 처음에는 고려 민중들이 즐겨 불렀던 유행민요였다. 그러다가 뒤에 악 장의 가사로 취택되었다. 이렇기 때문에 이 노래의 내용에 모순이나 의미상 불소통 요소 가 있다고 볼 수는 없다. 다만 지금의 일상적 의미 전달 측면에서 볼 때, 이 노래의 4연 은 이해하기 어려운 의미 전달 체계를 유지하고 있다는 것뿐이다.

  그러면 먼저 '여울'과 '소'에 관하여 알아 보기로 하자. 외형상 드러나는 특성만 갖고 보더라도 '여울'[灘]과 '소'(沼)는 확연히 구분이 된다. '여울'은 바닥이 얕거나 폭이 좁아 물살이 급하며, 쉬지 않고 흐르는 내[川]이거나 강인데 비하여 '소'나 '늪'은 물이 흐르지 않고 언제나 한 곳에 고여 있는 곳으로, 우묵하게 둘러 빠져 있다. '여울'은 새로운 다른 물을 받아들이면서도 그것을 간직하지 못하고 항시 다른 곳으로 흘려 보낸다. 그러므로 '여울'은 새로운 변화와 교체를 한없이 갈구하고 시도하는 여성상징어로는 제격이라 볼 수 있다. 이 가요의 내용과 견주어 볼 때 '여울'은 한 남자로서는 만족할 수 없으며, 그래서 한 남자에 안주하지도 못하고 만족하지도 못하는 그런 여성으로 비유된 것이다.

  이와 반대로 '소'나 '늪'은 묵은 물을 새로운 물로 교체시키는 것이 자체적으로 불가능하며, 언제나 같은 물을 가두어서 그 곳에 채우고 있을 뿐이다. 다만 새로운 물의 제한적 유입이 허용이 될 정도이다. 이렇기 때문에 '소'는 변화와 교체를 거부하는 소극적 속성을 지닌, 오직 지속의 의미를 내포한 것의 비유로 합당한 것이다. 이를 <만전춘별사>의 4연에 대비시켜 보면, 이 '소'는 오직 일편단심으로 옛날의 한 남자만을 생각하면서 그리워하는 그런 여성이다.

  그러므로 '여울'로 표현된 여성은 '소'로 나타내어진 여성과는 현격하게 다른 성향을 지녔으며, 애정관도 아주 대조적이라 하겠다. 또 임에 대한 심리적 반응도 다를 수밖에 없다. 그래서 '소'와 '여울'은 '오리', 즉 님에 대한 지속적 관계와 일시적 관계를 상징한다고 말하기도 했는데[27] 이와 같은 속성이 <만전춘별사> 1연에 나오는 '나'로 표현된 시적 화자의 진술에 극명하게 드러나고 있다.[28]

---

27) 곽동훈, 「만전춘별사의 구조연구」, 『배달말』 7집, 배달말학회, 1982, p.213.
28) 여기서 '나'는 4연에 나오는 '소'(沼)의 여성이 아닐 수도 있으나, 필자는 '나'='소'라는 전제 하에서 논지를 전개시킨다.

이 작품에서 '소'에 비유된 여성은 자신의 애정 문제에 관한 한 스스로의 감정을 잘 추스리지 못하고 한 대상에 연연하면서 한의 정서와 탄식을 싹 틔워서 키우고 있다. '소'로 비유된 여성은 감정 처리방식이나 애정표현의 방식으로 볼 때, 우리 민족 고유의 전형적 여성이다.

그런데 '소'에 비유된 여성의 성격이 이렇다고 해서 '소'는 여염집 여성이고, 그와 대비되는 '여울'에 해당되는 여성은 유녀(遊女)라고 단정하기는 어렵다. 왜냐하면 이 가요의 1연과 5연 등 다른 연의 내용에서는 시적 화자인 '소'로 표현된 여성도 애정표출면에서 과감하면서도 솔직한, 그리고 적극적인 면을 어느 정도 보여 주고 있기 때문이다.

다음은 남성으로 비유된 '오리'의 특성을 한번 살펴보기로 하자. 오리는 하늘 높이 날아서 올라가는 철새다. 대개의 새는 비상(飛翔)한다는 점에서는 상승의 이미지를 갖고 있으며 정신적 정화의 표상으로 상징되기도 한다.[29] '오리'도 새이므로 새 일반의 특성을 일단은 가지고 있다. 또한 '오리'는 지복(至福)의 상징이며[30], 그러면서 새로운 것, 한껏 높은 것에 대한 강한 갈망을 나타낸다. 그리고 '오리'가 텃새가 아니고 철새라는 점에서는 '불안과 방황', '떠남'의 이미지를 함께 소유한다. 그러나 철새는 언제나 떠났던 장소로 다시 돌아온다는 면에서 보면 어떤 것으로의 회귀는 물론이고, 이성에 대한 애정의 회복이나 관계의 재개까지도 함께 상징한다.

이런 까닭으로 '오리'는 <만전춘별사>의 4연에서 처음에는 '소'(여자)를 떠났다가 제멋대로 다시 '소'로 돌아오는 남자에 비유되었다.[31] <만전춘별사>에서 '오리'에 비유된 남자는 애정면에서 '소'에 비유된 여성에게 피해와 고통을 안겨 주면서도 정작 본인은 이에 대하여는

---

29) J. E. Cirlot, 『A Dictionary of Symbols』, Philosophical Library Inc, 1962, p.25.
30) C. A. S 윌리암스(이용찬 외 공역), 『중국문화 중국정신』, 대원사, 1989, p.330.
31) 시베리아 신화에도 저장고의 지배자인 여신 부트-이미의 아버지는 숫오리의 모습을 하고 있다고 했다 (V. 디오세지(최길성 역), 『시베리아의 샤머니즘』, p.520.).

별로 가책을 느끼지 않고 당연시하는 것으로 설정되어 있는데, '오리'는 위의 설명과 같은 속성을 지니고 있으므로 이 노래에 나오는 유형의 남자를 비유하기에는 어느 정도 적절하다 하겠다.[32] 그러나 철새가 어느 시점이 되면 또 다른 곳으로 가듯이 이 연의 '오리'도 시적 화자인 '나', 즉 '소'(沼)에 왔다가 또 다시 다른 여자에게로 갈 사람으로 생각되어진 것이다.

이런 여러 정황(情況)으로 생각해 볼 때, 여자인 '소'는 임인 '오리'가 찾아올 때의 기쁨도 잠시 뿐, 다음의 불안을 예견하고 4연의 마지막 행에서 자신의 생각을 독백처럼 읊고 있는 것이다. 결국 <만전춘별사>는 애정의 피해자이면서 남성으로부터 또 다른 고통을 받고 살아 온 옛 우리 여성들의 삶을 대변하는 노래임을 알 수 있으며, 그렇기 때문에 많은 민중들로부터 공감을 얻어 오랫동안 전승될 수 있었던 것이다.

이런 점들을 고려하여 <만전춘별사> 4연의 내용을 전반적으로 풀이해 보자. 그리고 시적 화자가 실제로 두 사람인지의 여부, 즉 '소'에 해당되는 여성이 묻고, 이 물음에 대해 '오리'에 해당하는 남자가 대답했는지도 점검해 보기로 한다.

앞에서 언급한 바와 같은, 우리 고유의 전통적 사고 방식과 애정관을 소유하고 있는 '소'에 비유된 여성이라면, 얼음 위에서 임과 같이 자다가 얼어 죽어도 좋다고 할 만큼 임에 대한 사랑이 강렬한 자신의 마음을 저버리고 다른 여자에게 자러 갔던 '오리'에 비유된 남자가 설령 일순간이더라도 다시 자기에게 왔을 때 어떻게 할 것인가? 속마음으로는 반기면서도 <만전춘별사>의 4연 (가) 부분과 같은 어투나 내용같이 따지는 것처럼 그렇게 했을 것이다. 이는 바람둥이 남성에 의한 예비된 이별을

---

32) 이 '오리'를 박병채 등은 노류장화를 찾아드는 탕아라 했다(『고려가요 어석연구』, 이우출판사, p.285). 그러나 필자가 생각컨대, 이 말은 바람기를 지닌 특별한 남자를 지칭하는 것이 아니고 한국적 남성 기질, 예컨대 여성에게 남성 우월주의를 철저하게 견지한 옛 한국남성 일반을 지칭하고 있다고 봄이 더 적당할 것 같다.

대개 알면서 각오하고 있기 때문이다. 그리고 이처럼 속마음과 다른 말투나 방식은 우리 옛 여성들이 임을 맞이하는 고유의 보편적인 애정 표현 방식이다. 이럴 때는 불만을 토로하는 여성들의 진심과는 거리가 먼 반어적·역설적인 경우가 일반적이다. 이는 시조나 시가 등에서 얼마든지 확인할 수 있다.

여기에 대응하는 남자도 여자의 말에 일일이 반응하지 않고 무시해 버리는 것이 애정면에서 남성 중심의 관념에 젖어 있던 우리 한국 남성 사회의 전통적인 사고방식일는지도 모른다. 이것은 남자다움의 표시며, 또 남자의 대범함으로 통하기도 했다. 여자들도 이를 예상하고 있으며, 남자들의 그런 행동을 체념한 채 그대로 받아들여 삭였다.

이렇게 볼 것 같으면 <만전춘별사> 4연에서 구사된 어투나 감정처리 방식, 그리고 표현 내용은 옛 우리 선조들이 남녀간 서로 주고 받았던 정형화된 애정표출 방식의 한 유형이라 할 수 있으며, 이는 고려시대나 그 이후의 사회에서 떠났던 남자가 돌아 온 경우의 남녀 사이에 오고 갔던 틀에 박힌 대화의 내용과 형식이라 할 만하다. 그러므로 이는 극히 일상적이며, 흔히 있을 수 있는 평범한 담화다.

그런데 문제는 이 노래 4연의 내용이 일상의 담화 체계로 볼 때 모순점을 내포하고 있어 평상적인 해석으로써는 바르게 설명이 안된다는 점이다. 그런데도 대개는 4연의 마지막 행인 "소콧 얼면 여흘도 됴ᄒ니 여흘도 됴ᄒ니"를 '소'의 물음에 대한 '오리'의 대답으로 확실하게 못박고 있으면서, 문면대로 풀이하고 있다.33)

그러면 4연의 마지막 행을 '오리'에 해당되는 남자의 대답으로 일단

---

33) 양주동은 『여요전주』(p.376)에서, 김사엽은 그의 『국문학사』(p.267)에서, 여증동은 그의 『한국문학역사』(p.153)에서 가능한 다른 경우는 설정하지 않고 이 구절을 '오리의 대답'이라고 단정하였다. 그리고 전규태는 4연의 마지막 구절에 대한 풀이를 다음과 같이 했다. 즉 (빗오리 대답하기를) 沼 곧 얼면 여울도 좋으니이다. 여울도 좋으니이다 (沼도 좋지만, 沼가 얼면 여울로 올 수밖에) (『논주 고려가요』, p.164).

전제하여 4연 전체를 해석해 보고, 그리고 난 후 어떤 점이 모순인지
알아보자.

부분적으로 이견이 있을 수 있지만 일반적인 해석은 대체로 다음처럼
할 수 있을 것이다.

> (가) (오리에 대한 소(沼)의 물음)
> 　　오리야 오리야
> 　　연약한 비오리(花鴨)
> 　　여울(灘)은 어디에 두고
> 　　소에 자러 오느냐
> (나) (소의 물음에 대한 오리의 대답)
> 　　소 곧 얼면 여울도 좋으니 여울도 좋으니

그런데 위에서 보면, "오리야 너는 여울[灘]인 여자가 좋아서 소(沼)인
나를 버리고 여울로 갔는데, 왜 이제는 여울을 버리고 소인 나에게 자러
오느냐"면서 '소'가 '오리'를 힐난하는 투로 쏘아붙이는데, '오리'의 한
다는 말이 "소가 얼면 여울도 좋으니"였다. 이는 요구하는 물음에 부합
이 전혀 안되는 동문서답식 대답인 것이다.

'소'의 물음인 "여울은 어디에 두고 소에 자러 오느냐"에 대한 '오리'
의 대답은 당연히 "여울이 얼면 소도 좋으니 ……"로 되어야 순리며,
또 그 물음에 대한 바른 대답이 된다. 그런데 '오리'는 '소'의 물음에도
배치(背馳)되는 내용인 "소가 얼면 여울도 좋으니"로 대답했다. 이 대답
은 '오리'가 '소'를 버리고 '여울'로 찾아 간 이유에 해당된다.

그런데 4연을 보면 '소'는 '오리'에게 왜 '소'에 자러 왔느냐[34]고 물었

---

34) 이 4연의 "소해 자라 온다"라는 시구로 미루어 볼 때, '소'와 '오리'는 긴 동안의 이별을
　　한 것 같지는 않다. 왜냐하면 "자러 오느냐?"라는 물음은 하루나, 이틀 정도 떨어져 있으
　　면서 집에 오지 아니했을 때의 표현이지 상당히 오랜 기간 떨어져 있을 때의 표현은 아
　　닌 것이기 때문이다. 즉, 몇 달이고 몇 년이고 헤어져 있다가 만난 사람에게 "너 왜 몇

지, 왜 '여울'을 좋아했느냐고 묻지 않았다. 이로 볼 때, 결국 '오리'는 '소'에게 대답해야 할 내용은 대답하지 않고 묻지도 않은 것을 말한 것이 된 셈이다. 그러므로 이 4연의 내용을 위에 예시한 것처럼 해석할 때는 논리상 모순이 된다. 그러나 이 가요는 처음에는 민요였지만 뒤에 내용과 형식 등에서 엄격해야 되는 악장으로 승화되어 노래로 불려졌기 때문에 가요 자체의 의미에 전혀 뒤틀림이 없어야 한다. 그렇기 때문에 지금의 풀이에 잘못이 있다고밖에 볼 수 없다. 이런 잘못된 해석을 논리상 부합이 되도록 바로 잡으려면 (가)는 '소'의 물음이고, (나)는 '오리'의 대답이라는 일반적인 풀이를 버려야 된다고 생각한다.

그래서 필자는 4연의 마지막 구절은 겉으로 볼 때는 순리상 '오리'의 대답인 것처럼 보이나 실상은 '오리'의 대답이 아니며, 이는 <만전춘별사>에서 '소'로 표현된 시적 화자인 '나'라는 여성의 말이 되어야 된다고 본다.

'소'에 비유된 시적 화자 '나'는 다른 여자에게로 자러 간 남자인 '오리'가 자기에게 다시 자러 오는데 그것을 반기는 진심과는 달리, 왜 나한테 자러 오느냐며 힐책한다. 이는 시적 화자인 '나'의 성격상 당연히 그럴 수 있는 말이다. 그러나 전통적인 남성권위에 젖어 있는 '오리'인 남자는 이 물음에 대하여는 일언반구의 대꾸도 없다. 그러니 남자에게서 반응이나, 해명성 대답을 듣기는 아예 기대하기 어렵다.[35] 그래서

___

년 동안 자러 안 왔느냐?"나, "왜 몇 년만에 자러 오느냐?" 등으로 묻지는 않는다. 다만 '자러 오느냐'란 말은 "왜 어제 밤에 집에 자러 안 왔느냐?" 등의 물음에 쓰일 뿐이다. 이로 볼 때 이 가요의 여자는 긴 이별로 인하여 임을 그리워한 것이 아니고, 오직 짧은 며칠 동안 자신에게 자러 오지 않고 다른 여자에게로 '자러 간 남자'를 두고 자신의 질투의 감정이나 애탐을 노래하고 있다고 봄이 옳겠다. 이런 사정 때문에, 이 노래는 음설의 노래로 배척되었다고 본다.

35) 주 25)에서도 언급을 했지만, 남자가 여자를 만나자마자 다시 '여울'로 갈 것이라는 위협투의 말을 했다기보다는 오히려 묵묵부답, 변명을 하지 않고 그냥 있었다고 함이 애정면에서 남성 중심적 권위를 주장하는 전통적 한국 남성의 이미지와 처신에 어울린다고 하겠다. 그러므로 위의 본문처럼 내용을 풀어가는 것이 맞으리라 본다.

제4연은 여성 자신이 '오리'인 남자에게 물은 물음에 대하여 스스로
대답한 것이다. 그리고 그 대답도 '오리'가 '소'에 온 이유를 대변해
준 것이 아니고, 여차하면 또 '여울'로 갈 것 같은 기세인 남자가 여자에
게 들려 줄 대답을 여성 스스로가 미리 한 것이 4연의 끝 행이다. 그렇기
때문에 이 행은 '소'인 나와 당신과 애정이 얼면(식으면 혹은 싫증이
나면) 여러 남자를 받아들이며, 나처럼 사랑의 맹세나 기다림 같은 것은
하지 않는 '여울'의 속성을 지닌 그런 여자라도 또 좋아하겠지(그러면
서 그리로 가겠지)라는 해석이 가능하다.

　이 가요의 첫 연에서 시적 화자는 이별을 죽음보다 두려워하면서 그
녀가 열렬히 사랑하는 임을 보내려 하지 않았다. 그런데 결국 임은 갔으
며, 그녀는 잡으려고 해도 그렇게 할 수가 없었다. 이와 같은 상황설정
과 결말처리 방식은 시적 화자가 자신을 '소'에 비유할 정도였으니 4연
은 이런 것에 잘 부합되는 서술내용이라 할 만하다. 그렇기 때문에 이
가요의 첫 연과 4연의 정서는 기본적으로는 같은 것이다.

　남성중심의 권위주의적 사회구조 속에서는 여성은 언제나 남성으로
부터 애정에 피해를 입으면서 한 평생 살아야 했고, 이것이 한국 여성의
전형적 삶의 한 유형이었다. 그렇기 때문에 우리의 옛날 사회구조는
여성에게 원(怨)과 한(恨)을 안겨 주는 특성을 갖고 있었음은 명백하다.
고려는 조선시대보다는 그와 같은 현상이 덜하긴 해도 역시 애정면에
서는 여성 쪽이 피해를 입고 살아야 하는 사회였다.[36] 그러므로 자연히
원과 한이 가슴 속 깊숙이 자리할 수밖에 없었고, 그런 감정에 휩싸여
밤이 되면 임이 올 것 같지 않은 불안과 기다려야 하는 안타까움을
지닌 채 지내야 했던 것이다. 이런 정황 때문에 우리의 고대 사회에는
여성 자탄조(自歎調)의 민요가 대량 생성된 것이다. 이 <만전춘별사>

---

36) 김용숙, 『한국여속사』, 민음사, 1989, p.65 참조.

의 생성도 동궤(同軌)에서 생각해 볼 수 있는 노래이며, 특히 4연은 여성
이 자신을 떨쳐 버리고 간 남자가 다시 온 것을 좋아하면서도 진심과는
달리 힐난조(詰難調)로 물은 부분과 자신에게 '자러 온 남자'가 '여울'과
같은 다른 여자에게로 갈 것을 예견하여 그 불안한 마음을 읊은 부분으
로 이루어진 것으로 볼 수 있다. 이렇게 보면 4연의 화자는 '소'에 해당
되는 시적 화자인 '나'뿐이며, '오리'는 시적 화자가 아니다. 그렇기 때
문에 1연과 같은 한 사람의 시적 화자가 계속 등장하고 있는 것이다.
　이상과 같이 시적 화자를 규정하고 나면, <만전춘별사> 4연을 일반
적으로 해석할 때에 생기는 (가)와 (나)의 논리상 모순과 불합리한 점이
해소되며, 따라서 풀이도 다음과 같이 자연스럽게 된다.

　　(가) ('소'로 비유된 여성의 '오리'로 비유된 남자에 대한 물음)
　　　　'오리'야 '오리'야 연약한(애정에 굳지 못한) '비오리'(빛이 찬란한 '오
　　　　리'처럼 잘생기기는 했으나 다른 여자를 찾아 나서는, 그러면서도 권
　　　　위를 세우려 하는 사람)야, (당신이 좋아서 찾아 간) '여울'(시적 화자
　　　　인 '나'와 적대관계에 있는 여성)은 어디에 두고 (이제 와서) '소'(시적
　　　　화자)로 자러 오느냐?
　　(나) ('소'인 여성 스스로의 대답)
　　　　(그래 지금 나에게 자러 오긴 해도) '소'가 얼면(애정이 식으면 혹은
　　　　싫증이 나면) '여울'도 좋으니(라고 말하겠지. 그러면서 철새인 '오리'
　　　　가 다시 날아가듯 다시 또 '여울'도 좋다며 자러 가겠지).

2) '5연'의 시적 화자와 어휘

　<만전춘별사>는 악장으로 쓰였던 고려 속악의 가사이므로 일반 민
중이 필요로 해서 만들어 불렀던 민요 바로 그것이라고 보아서는 안된
다. 그러나 앞 장에서 살펴 본 바와 같이 일상적인 구어체가 시어로
많이 사용된 점이나, 복잡한 이미지나 고차원의 사상성이 배제된 점,

성애(性愛)의 장면이 노골적으로 노래된 점, 그리고 관용어구의 사용이
라든지 다른 가요와의 내용 혼효(混淆) 등을 감안할 때 이 노래의 원가
(原歌)는 민요이었음을 알 수 있다.

그러므로 필자는 이 가요가 애초에는 민요였으며, 그렇기 때문에 아
직도 이 가요에 민요적 요소가 많음을 논의의 근거로 삼아서 논지를
전개한다. 또 이 가요의 구성은 『악장가사』의 편찬자 의도를 존중하여
전체 6연으로 보고자 하며[37), 따라서 "아소 님하 遠代平生애 여힐술
모ᄅᆞᆸ새"는 한 행으로 된 독립연으로 취급한다.

<만전춘별사> 5연은 남녀간의 '육욕적(肉慾的) 사랑'에의 희원과 그
것에서 발원(發源)되는 열정적 쾌감과 긴장 및 한이 주된 정서다. 이러
한 사랑과 성(性)을 통하여 획득되는 긴장과 쾌락 등은 우주적인 생명력
을 나타내는 긍정적이고 보편적인 의미를 가지므로 문학의 일반적 주
제가 됨과 동시에 인간과의 관계 속에서 바람직하게 풀고 넘어야 할
문학적 과제이기도 하다. 또한 이런 종류의 쾌락적 심리는 인간 공통의
보편적 관심과 흥미거리이며, 누구에게나 별 저항감 없이 쉽게 수용될
수 있는 요소 중의 하나로 어떤 정서보다 민중에로의 흡인력이 강하다.

<만전춘별사>에는 남녀간의 노골적인 애욕을 비교적 잘 드러내고
있는 구절들이 여러 군데 있다. 첫 연의 "댓닙자리 보와"나 넷째 연의
"소해 자라 온다"라는 구절들이 이런 내용에 해당되며, 5연의 "麝香각
시를 아나누어 藥든 가슴을 맛초ᄋᆞᆸ사이다"가 또한 그렇다.[38) 이들 어휘

---

37) 이형상의 『악학편고』에는 <만전춘별사>를 <만전춘> 5장이라 하여 5연 구성으로 구분한
   반면, 『악장가사』에는 "○" 표를 사용하여 6연으로 갈라 놓았다. 이 두 책이 연 구분에서
   차이를 보임에도 불구하고 "아소 님하 遠代平生애 여힐술 모ᄅᆞᆸ새"는 모두가 하나의 독
   립연으로 처리했다. 예컨대, 『악학편고』도 이 연과 앞 부분과를 "○"으로 단락 지음으로
   써 전체 가요를 크게 두 단락으로 분할하였다.

38) 서긍의 『고려도경』 권19, <民庶>조에 "…… 여색을 좋아하며 분별없이 사랑하고 재물을
   중히 여기며 남녀의 혼인에도 경솔히 합치고 쉽게 헤어지며 典禮를 본받지 않으니 실로
   웃을 만한 일이다……"라고 한 점이나 그 밖의 정황과 자료를 통해 고려 사회의 남녀 관

가 발산하는 정서는 일반 민중들의 호응을 쉽게 얻을 수 있었고, 이를 통해 결국 지금까지 존속이 가능한 생명력을 얻을 수 있었던 것이라 생각한다.

이 가요에서 사용되고 있는 '자다'라는 어휘는 일상적 담화나 진술에 사용될 때에는 단순히 '잠자리에 드는 행동'[就寢] 이상의 의미를 띨 수 없지만, 문학 작품의 구조 속에서 한 의미 요소로 역할을 할 때, 그 의미의 충위는 두 개 이상으로 형성되면서 단순한 사전적 의미에서 탈피하여 다른 차원의 의미로 확대 비약된다. 더구나 이 말이 남녀라는 말과 조응(照應)되어 사용될 때는 거의 '의미의 확대효과'를 수반하며 음설(淫褻)스러운 의미로 전환되기도 함이 특색이다. 또한 연상의 영역이 넓혀져서 새 의미망이 형성되기까지 한다. 더구나 '각시'와 '아나누어'라는 어휘가 결합하여 연출하는 의미의 상승효과는 아주 강렬하다. 특히 "藥든 가슴을 맛초옵사이다"라는 시구가 첨가된 형편이고 보면 이 노래가 생성해 내는 애욕적 의미의 효과는 극대화된다 하겠다.

이 가요의 1, 2연 등에는 몇 개의 다른 종류의 의미가 내재되어 있다. 그러나 5연은 임과 자고자 하는 강렬하고도 적나라한 욕망을 표출한 것 외에는 달리 어떤 의미를 발견해 낼 수 없다. 그리고 이 가요의 시적 화자는 성애의 직접적 표현인 "藥든 가슴을 맛초옵사이다"로써도 자신의 감정과 욕망을 완전히 누르거나 채울 수 없어 한 번 더 이 구절을 반복 표현했는데, 이로써 이 행위에 대한 열렬한 염원을 강조하는 효과를 거두고 있다.

다음에 이와 같이 남녀간에만 있을 수 있는 애욕적인 사실을 대담하게 표현한 5연의 내용 특성과 관련된 시적 화자 문제, 그리고 주요 어휘

<hr>

계는 개방된 사회생활 속에서 아주 자유스럽게 행해졌음을 알 수 있다. 이러한 사정에 비추어 보면 <만전춘별사>의 내용은 그렇게 음설스러운 표현은 아니며, 오히려 조선시대나 지금의 민요가 이보다 훨씬 노골적인 내용을 담고 있는 것들이 많다.

들에 내포되고 있는 의미에 대하여 살펴봄으로써 <만전춘별사>의 전반적 의미 해석에 효과적으로 접근하고자 한다.

(1) 내용과 시적 화자

먼저 <만전춘별사>의 5연을 보면 다음과 같다.

> 南山애 자리보와 玉山을 벼여누어
> 金繡山 니블안해 麝香각시를 아나누어
> 南山애 자리보와 玉山을 벼어누어
> 金繡山 니블안해 麝香각시를 아나누어
> 藥든 가슴을 맛초옵사이다 맛초옵사이다

앞 장에서는 <만전춘별사> 4연의 시적 화자 문제와 그것의 내용에 관한 언급에서 일반적인 이해와는 달리 이 연의 화자는 남성과 여성 두 사람이 아니라 여성화자 뿐이며, 당연히 그 내용도 1연의 현상적 화자인 '나'와 같은 사람인 여성화자 단독의 진술임을 밝혔다. 이와 마찬가지로 5연도 남성화자의 개입이 없는 여성화자 단독진술이며, 그 내용도 여성화자가 마음 속에서 생각하고 기대한 것일 뿐, 남성화자의 발화(發話)와는 전혀 무관한 내용임을 본장에서 밝히려 한다.

그런데 5연도 겉으로 표현된 내용만으로 볼 때 4연에 대한 여러분들의 견해처럼 남성화자의 진술로 볼 수도 있다.[39] 그러나 남성화자로 볼 것 같으면 의미상 모순이 생기는 점과, 이와 관련하여 이 연의 화자를 여성으로 보아야 하는 근거를 다음에서 제시하고자 한다.

---

39) 여증동은 <만전춘별사>를 무대에서 상연한 가극의 대본으로 파악하고 5연을 남자가 부른 노래로 규정했다 (김학성·권두환 편, 『고전시가론』, 새문사, p.239). 그리고 박진태도 <만전춘별사>의 1, 2, 3연은 여자의 노래, 4, 5연은 남자의 노래, 6연은 다시 여자의 노래로 보고 있다 (『한국시가의 재조명』, 형설출판사, p.50).

이 노래의 내용 중에는 앞에 보인 바와 같이 "金繡山 니블안해 麝香각시를 아나누어 藥든 가슴을 맛초 사이다"라는 구절이 있다. 이 구절의 발화 내용과 여기에 사용된 시어들은 남성 쪽의 입장에서 흔히 쓰는 남성적 내용이며 용어라는 것을 쉽게 알 수 있다. 아무리 사회 구조가 개방적이고, 성에 남녀의 구별이 전혀 없는 사회라 하더라도 성적 문제에 관한 한 남성이 주로 사용하는 남성 언어와 여성이 대부분 쓰는 여성 언어가 존재하기 마련이다. 이는 성의 역할과 특성에서 오는 언어 사용의 '주체 분할현상'이라고도 하겠는데, 이 연의 시구에서 보이는 내용과 시어들은 아무래도 남성 쪽에서 주로 사용하는 언어라 볼 수 있다.

'사향(麝香)각시를 안아 눕는 행위'는 여성을 대상으로 하는 남성의 행위다. 그리고 사향각시를 안아 누워서 가슴을 맞추자고 하는 언술은 남성 쪽의 발화 내용이라 하겠다. 왜냐하면 아무래도 상대를 '품에 껴안는 행위'[抱]의 주체는 사회 통념상 여성이라기보다는 남성이 됨이 보통이며, 또 시공을 초월하여 그렇게 이해되는 것이 순리이며 인간사회의 자연스러운 생각이기 때문이다. 그리고 "가슴을 맞추자"고 말하는 쪽도 그 어감이나 분위기로 볼 때 화자는 남성일 가능성이 크므로 이 5연의 화자를 남성으로 봄도 어느 정도 일 리는 있다 하겠다.

그러나 이와 같은 의미 파악은 대체로 단순한 사고에서 나올 수 있는 것이라고 본다. 왜냐하면 이런 관점에서의 의미 파악은 일상적인 담화 체계에서는 아무 이의없이 수용될 수 있지만, 특수한 시적 구조 속에서는 그것의 평면적 적용과 수용이 곤란할 때가 생기기 때문이다. 또 시적 구조 속에서는 새로운 차원의 의미가 형성되면서 일상적인 담화에서의 의미는 감쇄되거나 굴곡되든지, 파괴되는 수도 있기 때문에 그렇다. 이러므로 <만전춘별사> 5연의 시적 의미 파악도 앞에 언급한 바와는 다른 각도에서 이루어져야할 필요가 있다. 그렇지 않고 앞과 같이 평면적 방식으로 의미를 탐색한다면 이는 너무 피상적인 파악이 될 것이며 바른 의미의 추출은 불가능할 것이다. 실제로 이 5연의 시적 화자를 남성으로 보면 이 가요의 전체 내용과 맥이 닿지 않는 문제점이 발생되며 따라서 내용의 해석에도 무리가 생긴다. 그래서 5연의 시적 화자는 남성화자가 아닌 여성 단독화자로 보아야 된다고 생각한다.

<만전춘별사>는 그 내용의 음란성으로 조선시대 오랫동안 비리지사(鄙俚之詞)로 지목되어 배척의 대상이 되었고, 결국 그 가사는 <봉황음>으로 대체(代替) 사용되었다. 이런 점 때문에 이 노래의 작자를 아예 기녀나 유녀계층으로 단정하면서 춘화(春畵)를 연상케 한다고까지 하였다.40) 이처럼 이 노래의 작자를 유녀계층으로 볼 것 같으면, 이 노래의 화자는 여성으로 자연스럽게 귀결시킬 수 있다. 또한 속가의 화자는 거의 여성화자 일변도(一邊倒)이기도 하다. 개인 창작가요인 <정과정곡>에서 작자 정서(鄭敍)는 남자이면서도 완전한 여성의 탈을 쓰고 있다. <만전춘별사>도 이런 점으로 미루어 보면 더욱 이 작품의 시적 화자는 어느 연 할 것 없이 여성임을 일단은 추론할 수 있기도 하다. 이런 정황적인 이유뿐만 아니라, 이 노래의 내용이 갖는 구성상의 특징을 통해서도 이는 확인되는 사항이다.

<만전춘별사>는 앞 장에서 언급한 바와 같이 전체가 6연 구성이며 4연까지는 적어도 일관되게 여성화자이다. 연장체 형식을 이룬 한 편의 서정시가에서 어느 한 연에서만 다른 화자를 등장시킨다는 것은 특별한 경우가 아니면 생각하기 어렵다. 배우들이 나와서 벌이는 가극으로 볼 때는 이런 현상도 가능하지만 <만전춘별사>를 여증동의 주장처럼 가극 종류로 규정하는 것은 지나친 비약이라 생각된다. 이렇게 생각할 때 이 노래의 4연까지 일관되어 오던 여성화자의 진술이 5연에서 갑자기 남성화자의 진술로 바뀐 타당한 이유를 찾기 어렵다. 지금까지의

---

40) 박병채, 『고려가요의 어석 연구』, 선명문화사, 1973, p.285.

화자 목소리를 다른 화자의 것으로 바꿈으로써 오히려 이 노래의 내용 전달과 주지(主旨)의 부각에 혼란을 가져다 줄 뿐만 아니라 일관된 내용과 시상의 결여로 노래가 무질서하다는 느낌을 더욱 짙게 할 뿐이다.[41]

<만전춘별사> 1연은 1인칭 시적 화자의 이별에 대한 거부의 태도가 아주 결연하다. 그래서 얼음 위에서 댓잎으로 자리를 만들어서 임과 자다가 얼어 죽어도 좋으니 부디 임과 같이 있는 이 밤은 천천히 새었으면 좋겠다고 절규했다. 그러나 밤은 속절없이 새고 임은 무정히 떠나가 버렸고, 모든 상황은 자신의 뜻이나 바람에 역행했던 것이다. 그만큼 시적 화자에겐 좌절과 고통이 컸다. 그래서 그 비통의 마음은 2연과 3연으로 이어지면서 기다림과 원망의 감정으로 전환됐던 것이다.

2연은 임에 대한 알뜰한 기다림이다. 허드슨의 말처럼 진실은 문학의 본령이다. 임에 대한 시적 화자의 진실이 이 노래의 2연에 꾸밈없이 나타나 있고, 그런 만큼 이 노래에 담긴 정서와 사상은 공감의 폭이 크고 깊다. 이 시적 화자의 진술은 상황이 누구라도 감당하기 어려운 지경임을 잘 드러내 주는데, 그 구절이 "西窓을 여러ᄒ니 桃花ㅣ 發ᄒ두다"이다. 밤은 이슥함을 지나 이제는 새벽이다. 달이 서쪽 하늘로 기울어져 있음을 서창이 암시해 준다. 동창(東窓)과는 반대의 이미지를 나타낸다. 경경고침상(耿耿孤枕上)에서 시름에 겨워 잠 못 이루는 심정을 자연에 감정이입시켜 "笑春風 ᄒᄂ다"로 돌려 놓았다.

이런 시적 화자의 외로움과 기다림의 감정이 끝내 무위로 돌아가자 급기야는 임에 대한 원망의 마음을 품는다. 2연이 이별의 상황과 임에 대한 기다림을 주로 노래했다면, 3연은 그리움과 기다림의 끝에서 생기는 원망의 마음을 노래한 것이다. 예술이 인간의 정신적 비전의 직접적 척도라고 할 때, <만전춘별사>에도 시적 화자의 감정이행 과정과 비전

---

41) 최정여, 「고려의 속악가사 논고」, 『고려가요연구』, 정음사, 1979, p.114. 여기서 최정여는 <만전춘별사>의 표기상 잡연성과 편연에 관하여 상세하게 언급하고 있다.

이 잘 드러나고 있다. 그런데 3연의 임에 대한 원망은 단순히 일반적인 원망 그 자체는 아니며, 극대화된 그리움의 다른 표현일 뿐이다. 극대화된 그리움이 좌절된 후에 발생한 원망이기 때문에 그리움이 원망을 넘은 한의 감정으로 치달을 수도 있다. 이러한 복합성을 제3연의 구절들은 잘 나타내 주고 있다. 넋이라도 님과 함께 있어야 되겠다고 생각하는 그런 정황은 나와는 별 관계가 없는 남의 일로만 여겨 왔는데, 이제 이별을 하고 애타게 임을 그리워하고 있다. 정말 임과 이별하기 싫음에도 불구하고 이별하느니보다는 차라리 죽는 것이 좋다고까지 생각했는데, 그런데도 헤어지자고 우긴 사람은 정작 임이었다. 이 연에서는 시적 화자의 마음을 알아주지 못하고 정작 떠난 임이 원망스럽고, 자신의 처지가 한스럽다는 것이다. 문학 예술을 생성시키는 심각한 정서(情緒)의 하나는 고통의 감정이라고 리이 헌터가 말했듯이[42] 이 <만전춘별사>의 주된 정서도 임과의 이별에서 오는 괴로움과 고통이다. 임과 이별한 아픔이 그 어떤 것에서 오는 아픔보다도 심하기 때문에 다른 나라의 문학도 물론이거니와 우리들의 문학 작품에도 임과의 이별을 제재로 한 노래가 절대적으로 우세하다.[43]

4연은 임이 돌아 온 사실을 두고, 시적 화자는 자신의 기쁜 심정과 불안한 심리를 융합시켜 노래하고 있다. 이 4연은 남성화자와 여성화자의 두 진술로 이루어져 있다고 볼 수도 있으나, 여성화자의 단독 진술로 되어 있다고 앞 장에서 이미 논급했다. 이 4연은 돌아온 임에 대한 기쁜 감정이 깔려 있지만, 그 기조는 불안이고 미덥지 못함이다. '오리'와 같은 자신의 임이 또 다시 '여울'[灘]과 같은 여성에게 돌아갈 것 같다는

---

42) 최재서, 『문학원론』, 춘조사, 1957, p.276 참조.
43) 莊子도 슬픔 가운데 가장 큰 슬픔이 이별의 슬픔이라 했다. 그런가 하면 우리나라에도 "부모가 죽으면 눈물이 가려 먼산이 희미하게 보이고, 자식이 죽으면 세 발 앞이 안 보이고, 배우자가 죽으면 천지가 캄캄하다"는 말이 있는데, 이도 이런 사정을 어느 정도 말해 준다 하겠다.

불길한 예감과 불안이 주조(主調)를 이루고 있다. 그래서 "오리야, 오리야, 연약한 비오리야, 여울은 어디 두고 이제 와서 소(沼)인 나한테로 왔느냐"하면서 힐난(詰難)하고 있는 것이다. 물론 그 저변에 기쁨의 마음이 깔려 있지만 임을 오리로 표현한 이상 아무래도 불안의 정조를 기반으로 하고 있다고 봄이 옳을 것이다. 그래서 임이 자신에게로 돌아왔는데도 "소가 얼면 여울도 좋다고 하여 다시 여울로 가겠지" 하면서 자탄조로 읊었던 것이다.

위와 같은 내용을 기본적으로 깔고서 이 5연은 시작된다. 이런 사정과 연관시켜 본다면 이 5연의 시적 화자는 남녀 중 누구가 되어야 할 것인가? 만약 남성을 시적 화자로 본다면 이 연의 내용 해석에는 무리가 따른다.

시적 화자가 그렇게 가지 말라고 말했으나 기어이 떠났던 임은 결국 기다리던 여성화자의 곁으로 마침내 돌아왔다. 그러나 여성화자에게 비친 임은 반가운 임이지만 그 모습은 철 따라 다니는 오리, 그것도 연약한 오리로 비추어졌다. 그러나 비록 오리로 비춰졌을망정 그리운 사람임에는 틀림없다. 그렇기 때문에 이와 같은 심경과 연계되어 5연의 의미가 형성되어 있음이 순리이고, 당연한 이치라 하겠다. 그런데도 오랜만에 찾아 온 임인 남성이 만약 다른 여자인 "사향각시를 안아 누워서 약든 가슴을 맞춘다"고 한다면, 이는 앞의 내용과 연결이 잘 되지 않을 뿐더러 다음 6연의 내용과도 제대로 연결되지 않는 모순에 빠지게 된다.

5연의 시적 화자를 남자로 보면 이 연을 "南山에 자리보아 玉山을 베고누워 金繡山 이불 안에 麝香각시를 안아누워 藥든 가슴을 맞춥시다" 정도로 풀이할 수 있을 것이다. 이는 문면 그대로의 해석이다.

남성 자신이 스스로 떠났던 옛날의 여자 소(沼)에게로 돌아와서 한다는 말이 위의 풀이와 같은 내용으로 말했다면 이는 너무 사리에 맞지 않는 일이 될 것이다. 현실적인 남녀 사이에서 이는 가능한 일일 수도 있겠지만, 남자 자신이 스스로 찾아 온 여성을 두고 이와 같은 내용의 진술을 뱉을 사람은 드물 것이다. 그리고 이 연에서 시적 화자를 남성으로 보면 '사향각시'로 지칭되는 대상은 자신이 찾아 온 '소'인 여성이 아니라 또 다른 여인이라 봄이 오히려 자연스럽다. 다른 여인인 '사향각시'를 찾을 것 같으면 애초에 '소'인 시적 화자에게로는 오지 않았을 것이다. 또 이 연의 "금슈산 니블 안해 사향각시를 아나 누어 藥든 가슴을 맛초옵사이다"에 나오는 '맛초옵사이다'의 어말어미는 발화자가 다른 사람에게 그렇게 하자고 권유하거나 청하는 어미이다. 그렇기 때문에 이 대목을 놓고 보면 남성화자는 다른 남성에게 '사향각시'를 같이 안아 눕자는 의미로 해석되므로 아무래도 문맥상 무리가 있다. 이렇게 볼 때, 5연의 시적 화자도 1연에서부터 4연까지 일관되어 온 여성화자로 봄이 타당하다.

5연의 내용과 성격 규정에는 다양한 의견이 있지만 대체로 이 연의 내용을 시적 화자의 간절한 바람을 구체화한 것으로 보는 것이 일반적이다. 즉, 자신을 찾아 온 임이 다시는 자신을 떠나지 말았으면 좋겠다는 염원의 내용을 독백식으로 읊은 것으로, 이와 같은 내용과 음영(吟詠) 방식은 우리나라의 민요에서 흔히 볼 수 있다.

이 연의 내용에 대해 전규태는 5연의 내용은 현실이 아니고 "그러고 싶다"는 앞으로의 욕망과 공상 속의 성이라고 주장했다.[44] 또한 박노준도 공상 속에 들어간 화자가 사향 주머니를 가슴에 품고 임을 향해 가슴을 맞추자고 말한 것이라고 했다.[45] 모두가 공상적 측면에서 파악한 것이 특징이다. 그러나 이 연의 내용은 공상이 아니고 자신을 사향각시로 여겨 달라는 임에 대한 구체적 부탁이며, 희망으로 보아야 된

---

44) 전규태, 「만전춘별사고」, 『고려시대의 가요문학』, 새문사, 1992, p. Ⅰ-111.
45) 박노준, 「만전춘별사의 제명과 작품의 구조적 이해」, 『문학한글』 제1호, 1987, p.262.

다.46) 단지 그 표현수법이 지나치게 과장되어 있어 현실감이 약하기 때문에 공상적인 것으로 보이게 할 뿐이다. 임이 자신을 찾아 왔다. 정말 기쁜 일이다. 그러나 여러 가지 정황으로 보면 임이 자신 곁을 떠나 다시 어디론지 갈 것 같다. 그와 같은 좋지 못한 예감에 대한 대응책의 마련과 그 결과로 나온 탄성과 회한, 그리고 임에 대한 기원이 5연의 배면(背面)에 깔려 있다.

그러므로 시적 화자를 남성보다는 여성으로 봄이 내용 해석으로 보아도 적절하고 전체 문맥상으로도 자연스럽다. 또한 이러한 여성화자는 <만전춘별사>의 편장성으로 볼 때 많은 민요를 익히 알고 있는 계층의 여성임이 분명하나 유녀계층으로 못박는 것47)은 재고의 여지가 있다고 본다.

(2) '麝香각시'와 '藥든 가슴'의 문맥적 의미

시의 해석은 일차적으로 시어에 함의된 의미 파악에서부터 시작되어야 한다. 많은 단계를 거쳐서 시 전체의 구조적 특성과 내용이 밝혀지겠지만 하나의 시에 쓰인 핵심어를 바르게 이해하는 것은 대단히 중요하다. 그래서 여기서는 <만전춘별사> 5연의 중심적 어휘라 할 수 있는 '사향각시'와 또 그것의 의미와 깊게 관련되어 있는 '약든 가슴'의 뜻에 대하여 살펴본다.

지금까지는 이 말들에 대한 해석은 별 문제의식 없이 단순하게 내려졌다. 대개 이 어휘들이 갖고 있는 표시적 의미에만 유의하면서 그것의

---

46) 이와 같은 시적 화자의 희망적 사항이 제목인 <滿殿春別詞>에도 나타나고 있는 것으로 이해된다. 즉, '궁전에 가득한 봄', '봄으로 가득 찬 궁전'과 같은 좋은 분위기 속에서 임과 같이 영원히 살고 싶다는 열망이 엿보인다고 하겠다. 필자는 이 가요의 제목이 작가 계층을 암시해 주기보다는 그 내용과 깊은 관련이 있다고 본다.
47) 장덕순, 『국문학통론』, 신구문화사, pp.124~125. 여기서는 <만전춘별사>를 유녀들의 노래로 단정하고 있다.

의미를 규정하려 했다. 그래서 박병채는 '사향각시'의 의미를 궁노루의 향낭(香囊)을 가진 아름답고 젊은 여인으로 풀이했다.[48] 이러한 풀이는 이 말의 구조적 특징으로부터 아무런 장애없이 자연스레 내릴 수 있는, 전형적인 사전적 의미일 뿐이다. 그러나 이런 풀이는 정서적 언어인 시어로 전환되지 않은 직접적 진술인 일상 담화에서 단순하게 사용될 경우에만 적당한 것이다. 일상적인 언어가 시어로 차용되어 시의 작은 의미 단위로서 시 전체의 구조 속에서 역할할 때, 그 일상적 의미는 희석된다. 왜냐하면 일상적인 언어도 시어로 채택되면 보통 이상의 의미망을 형성하거나 함축해야 하기 때문이다. 이러므로 <만전춘별사> 5연에서 시적 화자를 가리키는 말인 '사향각시'와 '藥든 가슴'의 뜻은 이 말에 대한 사전적 의미로의 풀이만으로는 미흡하며 부적절하다 하겠다.

그런데 앞의 논자들과는 달리, 박노준은 이 말의 의미를 궁노루의 향랑을 찬 여인으로 하지 않고 각시 모양의 인형으로 된 향로 주머니를 가리킨다고 주장하였다.[49] 그는 그의 주장을 뒷받침하기 위하여 '죽부인'을 '바람각시'라고 한 것과 같은 예를 들기도 했다.[50] 어쨌든 그의 주장은 일반적인 풀이와 견주어 보면 이채롭다고 할 수 있다. 그러나 그의 견해는 '사향각시'는 여성화자가 아니라는 전제를 충족시키기 위하여 내린 결론이므로 '사향각시'를 이 시의 시적 화자와 동일인으로 보고 있는 필자의 견해와는 처음부터 다르다. 또 김용숙은 고려 여인의

---

48) 박병채, 앞의 책, p.283. 이 외에도 양주동은 『여요전주』에서, 전규태는 『논주 고려가요』에서 이와 유사한 해석을 하고 있다.
49) 박노준, 앞의 논문, p.262 참조.
50) 『동국세시기』 3월 월내조에 보면 각시놀음에 대한 이야기가 나온다(女娘採取靑草 盈把者 作髻削木而加之 着以紅裳 謂之閣氏 設褥席枕 屛以爲戱). 그리고 『경도잡기』에는 냄새 나는 벌레 '마륙'을 '香娘閣氏'라 지칭했다고 적혀 있다(香娘閣氏 蓋指馬陸也). 그러나 '사향각시'는 실제 여인이 아닌 다른 것을 지칭하는 말로 사용되었다는 문헌상 기록은 없는 것 같다.

두식(頭飾)에 관하여 기술하면서 '사향각시'는 사슴머리(생머리)를 한 각시(소녀)의 비유라고 말하기도 했다.[51]

그리고 '약든 가슴'에 대한 견해도 '사향각시'와 같은 입장에서 해석되었다. 양주동은 相思를 고칠 약이 든 가슴으로 이 말을 설명했다.[52] 이 풀이는 피상적인 생각에서 나온 애매한 견해다. 왜냐하면 '사향각시'는 향랑을 가진 여인이고, 이 여인의 가슴을 가리킨 것이 '약든 가슴'이니 자연히 '약든 가슴'은 '약(사향)을 넣은 주머니가 들어 있는 가슴'이라는 등식이 나와야 되는 데도 그는 '상사를 고칠 약이 들어 있는 가슴'으로 해석하고 있기 때문이다. 그런데 '상사를 고칠 약'이 실제의 사향을 말하는지의 여부를 이 문맥으로 보아서는 알 수가 없다. 물론 이 외에도 이 말에 대한 해석이 달리 시도되기도 했다. 그러면 '사향각시'와 '약든 가슴'을 어떻게 해석해야 할 것인가? 이의 해결을 위하여 이 말들이 갖는 좁은 사전적 의미가 이 노래의 내용과는 부합이 잘 되지 않는 점을 지적하면서 본고에서는 주로 문학 외적인 문맥과 관련지어 이들 어휘의 새로운 의미를 찾으려고 한다.

5연의 내용은 시적 화자의 소망을 진술한 것이며, 이의 극적 효과를 거두기 위하여 상징적이고도 과장된 표현법을 구사하고 있다. 그래서 단어도 남산(南山)이나 옥산(玉山)과 같은 현실성이 결여된 것들을 집중적으로 사용했다. 금수산 이불은 남산과 옥산으로 비유된 것보다는 비현실성에 있어 덜하겠지만 그래도 서민 대중에게는 거리가 느껴지는 침구이다. 이런 어휘들로 구성된 5연 그 자체도 다른 연들과는 좀 동떨어진 시적 정서나 분위기를 느끼게 한다.

'남산'은 고유명사일 수도 있고, 남쪽으로 향하고 있는 일반적인 보통의 산일 수도 있다. 그러나 이 노래의 내용과 같이 남산을 잠자리 그

---

51) 김용숙, 『한국여속사』, 민음사, 1989, p.69.
52) 양주동, 『여요전주』, 을유문화사, 1959, p.378.

자체로 볼 수는 없다. 이는 "얼음 위에 댓잎 자리 보아"보다 훨씬 과장된 표현으로 뭔가 다른 것을 상징하고 있음에 틀림없다. 이는 일반 서민들이 동경하는 고대광실이 될 수도 있으나, 시적 화자가 거처하고 있는 작기는 하나 따뜻한 온돌방의 구들목이어도 상관 없다. 다만 임과 함께 잘 수 있는 곳을 가리키는 것이어야 한다. 이는 시적 화자가 보통도 되기 어려운 자신의 거처를 보통 이상의 것으로 보이고 싶고, 생각하고 싶은 과장 심리가 반영된 말이다. 지금도 우리는 남산이나 동산을 과장된 의미로 비유하는데 사용하고 있다. 아이가 많이 먹어 배가 부른 모양을 "배가 꼭 남산만 하다, 동산만 하다"로 표현하는데, 이도 같은 맥락이다.

'옥산'도 경우는 마찬가지다. 이 옥산이 구체적으로 무엇을 가리키는지 단정하기는 어렵다. '玉'에 무게를 두어서 '옥산'이 여성을 가리킨다고 했지만[53] 오히려 옥근(玉根)과 같은 의미로 사용된, 남성적 의미 관련 어휘로 보는 것이 더 나을 것 같다. 왜냐하면 베고 눕는 행위는 남녀의 성 행위를 의미하고, 여성 쪽에서 보면 남성의 팔을 베고 눕는 것과 옥근을 베고 눕는다는 식의 표현은 아주 동떨어진 것은 아니기 때문이다. 그러나 여기서는 그렇게 보는 것보다는 일반적인 풀이대로 임과 같이 베고 자는 큼직한 베개를 가리킨다고 함이 좋을 것 같다. 그러나 옥산도 남산과 같은 산인데 남산은 방의 따뜻한 쪽인 구들목이고, 옥산은 규모가 작은 베개라고 함에는 설득력이 부족한 면도 있다. 상징에는 아무리 원관념이 숨는다 하더라도 같은 경우에는 동일한 원리가 적용되어야 하기 때문이다.

옥산의 상징이 무엇이든, 5연의 내용대로 보면 베고 눕는 대상임은 분명하다. 베고 누울 수 있는 대상은 사랑하는 상대방의 팔이나 무릎도 되겠고 실제 베개도 된다. 그러나 어느 것이든 '옥산'은 산 그 자체는

---

53) 이어령, 『고전을 읽는 법』, 갑인출판사, 1985, p.108.

아닌 것이다. 다만 무엇을 상징하고 있을 뿐이며, 우회적으로 표현된 것이다. 이렇다면, 옥산은 상징되는 대상과는 형태면에서나 규모면에서 유사성이 없는 동떨어진 어휘다.

'사향각시'도 남산, 옥산과 같은 의미 차원에서 사용된 단어이며, 이런 측면에서 이 말의 내포적 의미를 이해해야 되리라 본다.

물론 '사향각시'의 사전적 의미가 사향주머니를 가슴에 차고 있는 젊은 여자가 되어도 좋겠고, 각시 모양의 인형으로 된 사향주머니라도 무방하다. 그리고 이 말이 사슴머리(생머리)를 한 각시(소녀)이거나 민간의 이야기에 나오는 것처럼 임을 위하여 사향과 같은 향을 복용하며 지내 온 여자의 가슴이라도 역시 무방할 것이다. 그러나 <만전춘별사> 5연과 관련시켜 설명할 때는 사전적 의미를 그대로 적용하는 것은 문제가 있다. 남산이나 옥산이 상징어인 것과 같이 '사향각시'도 상징어로 보아야 하기 때문이다. 즉, 남산이 실제의 남산이 아니고, 옥산이 글자 그대로의 실제 산이 아닌 것이 확실하므로 이 '사향각시'도 여성은 여성이되 사향을 갖고 있는 사실과는 무관한 여성으로 보아야 된다고 생각한다.

또 남산이나 옥산은 상징하는 대상들보다 색채감이 화려하고, 의미가 확대되어 있으며 단어 자체가 야기(惹起)하는 분위기도 환상적이며 비현실적이다. 이는 연의 내용 특성과도 맞아떨어지는데, '사향각시'도 이런 모든 어휘들의 상징기법들과 깊게 관련되어 있다. 오히려 남산이나 옥산보다 일반 서민의 여성들에게는 '사향각시'라는 말이 더 생소하며 비현실적일지 모르므로 더욱 그렇다.

자신이 거처하는 방이나 베개 등속을 남산이나 옥산으로 비유하여 나타냈듯이 시적 화자는 자신을 '사향각시'로 미화시켜 표현했으리라 생각된다. 그렇기 때문에 '사향각시'는 시적 화자 자신이 열망하는 대상의 미화적 표현에 불과할 뿐이며, 그녀는 사향을 가슴에 품고 있는,

사전적 의미 그대로의 '사향각시'는 아닌 것이다.

사향(麝香)은 사향 노루의 수컷 아랫배와 음경 주위 포피선(包皮腺)에 있는 검푸른 고약과 같은 것으로 향료·각성제·흥분제 등에 사용된다. 이 사향과 같은 것으로는 영묘향(靈猫香)과 용연향(龍涎香)이 있는데 다 영약으로 꼽혔다. 영묘향은 사향 고양이의 암컷 생식기에서 채취한 것이고, 용연향은 큰머리 고래의 몸으로부터 얻은 향이다. 우리나라에서도 직접 사향 노루에서 채취하기도 했으나 대부분 예부터 중국에서 고가로 수입하였다. 중국에서도 왕실이나 지방 토호들의 내실에서 은밀하게 사용되기도 한 이 사향을 민간의 부녀자들이 주머니에 넣어 차고 있다는 것은 도저히 불가능한 일이며, 이것은 다만 강렬한 희망사항일 뿐이다. 특히 남성을 끄는 신비한 효험이 있다고 한다면 <만전춘별사>의 시적 화자도 사향을 가슴에 갖고 있는 여자가 되고 싶었을 것은 불문가지다. 사향을 갖고 있지는 못한다 하더라도 사향을 가슴에 차고 있는 사향각시와 같이 자신도 그런 힘을 갖고 있어 '방황하는 임', '떠나려는 임'을 잡아 둘 수 있었으면 좋겠다는 생각을 가졌을 것이다. 이와 같은 심리적 배경 속에서 사용된 어휘가 '사향각시'라고 본다.[54]

그러므로 여기의 '사향각시'는 임으로부터 관심과 흥미를 전폭적으로 갖게 하는 여성의 비유일 뿐이며, 시적 화자는 자기 자신도 임을 끌 수 있는 그런 여성이 되었으면 좋겠다는 생각과 함께 임도 그렇게 자신을 알아 주기를 바라고 있다. 또 여성화자는 스스로가 어떤 다른 여성보다도 임에게는 자신이 '사향각시'일 수 있다는 내심의 확신도 갖고 있다. 그래서 5연에서 '사향각시'가 되고 싶은 자신을 안아 누워

---

54) <만전춘별사>는 민중계층에서 처음 창작되었으나 결국 악장으로 승화되었다. 이 가요의 내용과 형식의 변개는 필연적이었다고 생각된다. 이런 측면에서 보면 이 노래도 嬖倖이나 고려후기 민간에서 차출된 官婢·女巫·妓女 등 음악에 밝은 사람들에 의하여 첨삭되는 과정에서 '사향각시'와 같은 특수계층의 고급어가 첨가되어 타락한 성으로 가득찬, 원 복속기의 고려후기 궁정 놀이 등에서 사용되었으리라고 볼 수도 있다.

가슴을 맞추자고 임에게 요구를 한 것이다.

다음에는 '사향각시'의 의미를 주로 시적 화자의 심리와 관련시켜 살펴보겠다.

앞에서도 언급했듯이 <만전춘별사>는 여성의 심리적 세계에 대한 여성의 진술이다. 이와 관련시켜 시적 화자도 전체의 연에 걸쳐 여성임을 필자는 일관되게 주장했다. 그래서 '사향각시'의 의미도 여성심리를 고려하여 파악해야 그 완전한 뜻을 캐낼 수 있다고 생각한다.55)

5연의 시적 화자는 1연에 나오는 현상적 화자인 '나'이며, 그녀는 자신에게 돌아 온 임을 향하여 사향각시인 자신을 안아 누워 가슴을 서로 맞추자고 했다. 어떻게 보면 굉장히 음설스러운 내용이며, 그 표현이 대담하다 하겠다. 그러나 표현에는 '드러냄'보다는 감춤이 오히려 더 우세하다. "가슴을 맞추자"는 "가슴을 합하자"나 "가슴을 나누자"와 같은 의미 차원의 말로서, <쌍화점>의 손목을 쥐는 것과 같은 내용으로 남녀의 성적 결합을 어느 정도 우회적으로 표현한 것이다. 지금의 민요에서 흔히 볼 수 있는 외설적 내용과 비교하면 상당히 순화된 것이다. 시적 화자는 임과의 열정적 행동을 머리 속에 그리고 있으면서도 자신의 마음을 걸러 직설적으로 드러내지 않았다. 이로 볼 때, 이 시적 화자의 마음은 대담한 일면과 소극적인 면을 동시에 갖고 있다고 보아야 된다. 이러한 시적 화자의 소극적 태도와 심리는 4연을 비롯한 다른

---

55) 물론 작가가 가면을 쓰고 나오기 때문에 현상적 화자인 작품 속의 진술자와 심리적 상태가 동일하다고 보기는 어려울 수도 있지만 두 화자의 심리적 바탕은 동일하므로 결국은 일치한다고 본다. <만전춘별사>가 민중 속에서 민요로 불려질 당시의 작가계층은 일차적으로 민중으로 볼 수 있으며, 이것이 악장으로 승화되어 궁중에서 불려질 당시의 작가계층은 폐행 등 관료계층이거나 관현방에 소속되어 있던 재인들과 기녀였다고 볼 수 있다. 그러나 이들이 어떤 계층이든 시적 화자는 이들의 또 다른 한 모습이다. 그러므로 실제 진술자인 시인과 현상적 화자의 심리는 궁극에는 같은 것이라 하겠다. 여기서는 이런 점을 감안하여 시적 화자의 심리는 곧 당시의 민중계층이나 왕을 위요(圍繞)한 폐행과 기녀계층의 심리 바로 그것이라 여겨 논지를 전개시킨다.

연에서도 잘 드러나고 있다. 이러한 태도와 정서는 우리 민족이 갖고 있는 심리적 특성과도 결코 무관하지 않으며, 결국 우리 문학의 한 전통으로 운위되기도 한다.[56]

위와 같은 심리구조와 특성을 지닌 시적 화자는 어쨌든 돌아 온 자신의 임에게 사랑을 받고 싶었던 열망이 너무 컸다. 그래서 가장 인상적이고 효과적인 진술 방식인 노래를 애정표현의 방법으로 이용했으며, 그 속에 자신의 심정을 대변해 줄 수 있는 재료인 남산과 옥산, 금수산 이불, 그리고 '사향각시'를 동원했던 것이다. 이들 소재에서 시적 화자 자신과 동일시된 '사향각시'가 가장 중심이 되는데, 과연 이 낱말이 일차적·사전적 해석처럼 '사향을 가슴에 품고 있는 각시'라는 뜻으로 될 수 있으며, 또 실제로 사향 주머니를 차고 있는 처지일까?

위에서 본 바와 같이 <만전춘별사>의 여성은 전통적인 한국 여성의 심성을 지닌 소극적인 여성이다. 이런 여성이 임으로부터 사랑을 받고 싶은 마음이 아무리 크다 하더라도 미약(媚藥)인 사향을 구해 가슴에 차고 그 사정을 임에게 알리면서까지 사랑을 구하려 했겠는가? 4연에서 보는 바와 같이 <만전춘별사>의 시적 화자는 임에게 대놓고 투정을 부리거나 공박도 못하는 그런 여성이다. 그러나 사랑을 얻고자 하는 강한 마음은 모든 합리적인 사고와 이성을 막히게 하고, 수단을 가리지 않게 하므로 어떠한 방법을 동원해서라도 사향을 구하여 가슴에 차는 일은 가능한 일로 볼 수도 있다. 그렇다 하더라도 사향 주머니를 가슴에 차고 있으면서 "내가 사향 주머니를 가슴에 찬 사향각시오" 하면서 임에게 약든 가슴을 맞추자고 할 수 있는 여자가 어디에 있겠는가? 사향

---

56) 장덕순, 앞의 책, p.422.
　　김용숙, 『조선조 여류문학의 연구』, 숙명여대출판부, 1979, p.7. 문학에서 볼 수 있는 여성
　　의 소극적인 태도는 '밀양아리랑' 등 일련의 민요와 이와 유사한 민요적 성격의 시가에도
　　잘 드러나고 있다.

은 여자들이 남자의 사랑을 모르게 얻으려고 할 때 사용하던 미약이다. 그러므로 비밀스러움이 일차적으로 요구된다. 그런데도 이것을 사용한 여성이 그러한 사실을 대 놓고 임에게 외쳐댈 리도 없을 것이고, 더구나 한국의 전통적인 여성심리를 갖고 있는 여성이라면 그렇게 말하는 것은 불가능한 일일 것이다. 여성의 전통적인 심리를 거론할 것까지도 없이 애정면에서 아무리 적극적인 여성이라도 정상적인 심리이면 사향을 가슴에 간직하고 임을 맞이하려는 사실을 어떤 경우에도 임에게 감추려 함이 사람의 일반적인 심리가 아니겠는가? 만약 남성을 사로잡는 비약(秘藥)인 사향을 여성이 사용한 것을 뒤에라도 남성 쪽에서 안다면 여성의 공들임은 일시에 수포로 돌아갈 것이 뻔하다. 그런데도 <만전춘별사>의 시적 화자는 자신이 사향 주머니를 찬 각시라고 노골적으로 이야기하면서 임에게 사랑을 구했다고 보기는 어렵다. 그렇기 때문에 이 '사향각시'는 상징적인 의미일 뿐이므로 5연에서의 이 말을 사전적인 의미로 해석해서는 안된다.

앞에서 이미 밝혔지만 <만전춘별사>는 원래는 민요였고 그렇기 때문에 민중의 보편적인 정서에 부합이 되었다. 만약 민요가 민중의 보편적인 정서에서 벗어난다면 그 생명을 유지할 수 없다. 전통적인 민중 정서는 오랜 기간 동안 진리와 상식으로 남아 그것과 대척되는 것은 배격한다. 이는 민중적 습관이라 해도 좋을 것이다. <만전춘별사> 5연의 '사향각시'가 일반 민중이 받아들이기 어려운 정서를 풍기는 단어이거나 그러한 상황에서 사용된 말이라면, 이 노래는 민요에서 악장으로 승화되기도 전에 소멸되든지 또 악장으로 취택되기도 어려웠을 것이며, 그 결과 상실된 많은 가요 중의 하나가 되어 우리의 기억 속에서 사라지게 되었을 것이다.

다음으로는 '사향각시'와 의미상 관련된 '약든 가슴'의 뜻을 한번 생각해 보기로 하겠다.

'약든 가슴'은 '사향각시'와 관련되어 있으므로 이 말의 뜻과 연관시켜 풀이를 해야 되리라 생각한다. 즉, '사향각시'가 '사향 주머니를 가슴에 찬 여인'이면, '약든 가슴'은 당연히 사향을 소유하고 있는 가슴이 될 수밖에 없다. 그러나 본 가요의 '사향각시'는 앞에서 논급한 바와 같이 어디까지나 상징적 의미를 갖는 말이므로 시적 화자의 사향 소유 유무와는 전혀 관련이 없다. 따라서 '약든 가슴'도 약과는 아무런 관련이 없는 단어로 보아야 된다. 실제로 '약든 가슴'은 약을 차고 있는 가슴으로 보통 풀이를 하지만 임의 아픈 마음을 치유해 줄 수 있는 가슴 정도로 달리 해석도 한다.[57]

그런데 앞의 '사향각시'는 다른 문헌들에서 그 용례를 찾기가 쉽지 않으나, '약든 가슴'은 그것과 유사한 의미 구조를 가진 단어의 예를 지금의 말에서도 찾을 수 있다. 그 대표적인 것이 약이라는 말과 합쳐져서 사용되는 약손이라는 말이다.[58] 이 말은 앓는 아이를 위로하기 위하여 어머니나 할머니가 아픈 데를 어루만져 주는 손을 이른다. 어머니나 할머니의 약손에 의하여 어린아이들의 앓던 배가 낫는 경우가 있다. 그러나 그것은 사실 심리적인 효과가 아주 많이 차지한다. 그런데도 우리는 어머니나 할머니의 따뜻한 손이 약손으로 아픔을 치유하는 데에 실제로 대단한 효험이 있는 것으로 믿고 있다.

필자가 생각해 보건대, 이 '약든 가슴'도 지금의 약손과 같은 암묵적인 의미 구조를 갖고 작용을 하는 어휘라 여겨진다. 마치 약손으로 앓는 아이의 배를 만져 주면 그 배가 낫듯이 '약든 가슴'은 임의 아픈 가슴과 외로운 마음을 한 번 맞춤으로써 낫게 하는 힘이 있는 것이다.

---

57) 이어령, 앞의 책, p.108.

58) 물론 '약손'과 '약든 가슴'은 같은 시기에 사용된 말이 아니므로 이 둘을 비교하는 데 무리가 있으며, 의미를 유추하는 데에도 한계가 있다. 그러나 '언어'의 의미는 변화를 수반하긴 하지만 의미가 고정된 채 다음 세대로 계속 내려오기도 하므로 일단은 이렇게 비교 대상으로 삼았다.

임은 소(沼)에서 여울로, 그리고 다시 여울에서 소로 가고 오는 방황을 계속했으며 앞으로도 계속할 가능성이 있다. 이는 임의 가슴이 병든 탓이며 임의 마음이 외로운 까닭일 것이다. 이와 같은 병을 앓고 있는 임의 가슴과 외로운 마음을 치유해 줄 수 있는 가슴은 어떤 다른 여성의 가슴이 아닌 시적 화자 자신의 다정한 가슴이며, 또 사향 주머니를 차고 있는 그런 가슴이 아닌 임에 대한 사랑으로 가득 찬 자신의 뜨거운 가슴이라는 것이다. 이런 가슴이 임에게는 약이 되는 좋은 가슴인 '약든 가슴'인 셈이다.

이처럼 '약든 가슴'의 의미를 지금 사용하고 있는 '약손'으로 미루어 생각해 보면 위와 같은 해석이 가능하리라 본다. 그리고 이렇게 의미를 풀이하면 '사향각시'의 문맥적 의미와도 잘 맞아떨어진다 하겠다.[59]

(『한국문학논총』 18집, 한국문학회, 1996)

---

59) '약손'처럼 '약'이란 단어와 복합되어 있는데도 실제 약의 효과를 나타내지 않는 말로는 '약수', '약밥' 등도 해당되리라 본다.

찾아보기

(ㄱ)

과부처녀추고별감(寡婦處女推考別監)
　　252, 311
과전법(科田法) 65
과정삼기곡(瓜亭三機曲) 215
곽홍 190
관사(觀射) 78
관습적 상투어구 273
관습적 표현(conventional expression) 273
관현방 45, 46, 58, 95, 96, 104, 191, 301,
　　302, 383
광덕(廣德) 179
교방악 43~49, 54, 58, 71, 78, 103~106,
　　108, 111, 112
교방악인 당악 100, 103, 105, 111
교방여기(敎坊女妓) 45, 95, 327, 331
구가세족(舊家世族) 65
구일(丘日) 33
구장기별기 45, 46, 55, 58, 103, 105,
　　112
구지가 71, 208, 229
구호 37, 39, 56, 58, 104, 105
국사(國師) 332
국신물(國信物) 34, 44
국존(國尊) 333
군역(軍役) 315
굴봉정촬토(掘峰頂撮土) 296
궁수분 73, 76
궁중무악의 창사 265, 266, 271, 280
궁중음악 48, 103, 107, 263, 271, 276
권단(權㫜) 334
권문세족 48, 65, 93, 142, 229, 230, 280,
　　312
권문세족계층 271
권위주의적 사회구조 366
권지합문지후(權知閣門祇侯) 168
귀법사 321

균여대사 101, 193, 221
근원적인 슬픔 117
금강성(金剛城) 82
금비회회 321
금제의미(禁制意味) 288
급암 민사평(及菴 閔思平) 307
기다림의 정서104, 147, 282, 290, 295,
　　297, 298
기본 신화 268, 297
기본정서 147, 148
기악(妓樂) 75, 78
기영회(耆英會) 304
기창오악(妓唱娛樂) 265
기층문화(基層文化) 23
기층적(基層的)인 정신 268
김득우(金得雨) 45
김만중 83, 195
김부식80, 190, 192, 193, 194, 315
김부일 37, 105
김선장(金善莊) 325
김시영 170
김여영(金呂英) 45
김원상 48, 49, 50, 84, 93, 95, 98, 99,
　　111, 191, 245, 248, 271, 301, 302,
　　303, 336, 343, 344
김존중 133, 158, 160, 162, 167, 169
김택영 42
김해후(金海候) 42
김행성 34

(ㄴ)

낙양춘(洛陽春) 106
낙원 122, 234, 235, 237~240, 249

프로이트 25, 233, 288

(ㅎ)

하서국(河西國) 329
학연화대처용무합설(鶴蓮花臺處容舞
    合設) 265, 275, 276, 286
한(恨) 21, 113, 114, 190, 208, 342, 366
한계상황 147
한림별곡 32, 36, 38, 54, 102
한림제유(翰林諸儒) 102
한문현토식(漢文縣吐式) 210
한안인 37
한역가요(漢譯歌謠) 300
한유(韓愈) 36
한의 긍정적인 측면 117
한의 발생 117, 118, 119
한의 부정적인 측면 117
한의 사전적·외연적인 의미 115
한의 속성 116, 117, 132
한의 양상 113, 118, 140
한의 의미 115, 116
한의 정서 25, 26, 114, 120, 121, 125,
    130, 133, 135~139, 141, 147, 148,
    192, 206, 207, 208, 212, 265, 360
해금(奚琴) 255
해패(解佩)영(令) 109, 110, 112
행신(倖臣) 37, 47, 98
행행(行幸) 78
향낭(香囊) 378
향악(鄕樂) 92, 187
향토적 특수성 275, 276
헌선도(獻仙桃) 44
헌화가 125, 314
현단복(玄端服) 98

현상적 화자 370, 383
현실도피 227, 228, 229, 240
현실지향적 행동 233
현실집착 227, 228, 229, 239, 242, 249,
    258~262
현실참여의 노래 228, 229
혜공왕 245
혜성가 71
혜영(惠永) 333
瓠木謠 21, 257
화계유시(畵鷄流矢) 164, 170
화맥(context) 257
환멸의 세계 30
환자공출문제(宦者供出問題) 253
환정적 기능(換情的 機能) 272
활활대(濶濶歹) 330
활활불화(濶濶不花) 330
黃鳥歌 91, 135
회골(回鶻) 330
회귀심리 67
회의군(懷義君) 329
회회아비 83, 84, 126, 127, 309, 312,
    313, 315, 329, 335, 337, 338
횡적·수평적 영향 관계 201
후전진작(後殿眞勺) 62
後庭花 25, 152
훈요10조(訓要十條) 100, 331
홀절사팔(吃折思八) 332
희망적·긍정적 양상 21

고려 속가의 연구

인쇄일 초판 1쇄   2006년 02월 17일
        2쇄   2007년 03월 20일
        3쇄   2014년 07월 15일
발행일 초판 1쇄   2006년 02월 25일
        2쇄   2007년 03월 23일
        3쇄   2014년 07월 18일

지은이 김 쾌 덕
발행인 정 구 형
발행처 국학자료원
등록일 1987.12.21, 제17-270호

서울시 강동구 성내동 447-11 현영빌딩 2층
Tel : 442-4623~4 Fax : 442-4625
www. kookhak.co.kr
E- mail : kookhak2001@hanmail.net
ISBN 978-89-5628202-2 *93900
가 격 20,000원

*저자와의 협의 하에 인지는 생략합니다.